ཨ་རྡོ་ཀའི་སྐུ་འདྲ་བྱིན་རླབས་ཞིན་ཏུ་ནས་ཆེ་བ་ཡིན།

རིན་པོ་ཆེའི་པད་ཞྭ་དང་ཟ་འོག་གི་བེར་གསོལ་བའི་སྐབས།

ཆགས་མེད་རིན་པོ་ཆེས་ལོ་རྒྱུས་དང་ལྡན་པའི་དབུ་ཞྭ་བསྣོན་པའི་སྐབས།

ཞུ་སྒྲིག་པའི་གསལ་བཤད།

དེ་ཡང་མདོན་རྟོགས་རྒྱན་ལས། བསམ་བཞིན་སྲིད་པ་ལེན་པ་དང་། ཞེས་གསུངས་པ་བཞིན་ངོམ་གནས་མདོ་ ༧ ཀརྨ་ཆགས་མེད་སྐྱེ་ཕྲེང་རིམ་པར་བྱོན་པ་རྣམས་ཐུགས་བསྐྱེད་དང་སྨོན་ལམ་གྱིས་དབང་གིས་བསྟན་འགྲོའི་དོན་དུ་མཛད་པ་རླབས་ཆེན་སྐྱོང་བ་ཤ་སྟག་བྱོན་ཞིང་། ལྷག་པར་དུ་སྐྱེ་ཕྲེང་བདུན་པ་རང་ཅག་གི་འཁོར་ལོའི་མགོན་པོ་དོན་གྱི་སྣད་དུ་མཚན་ནས་སྨོས་ན་ ༧ ཀརྨ་བསྟན་འཛིན་ཕྲིན་ལས་ཀུན་ཁྱབ་དཔལ་བཟང་པོ་མཆོག་གི་ངེས་པ་དོན་གྱི་རྣམ་པར་ཐར་པ་ནི་རང་རེའི་གཞལ་བའི་ཡུལ་ལས་འདས་པ་དང་། རིན་པོ་ཆེ་ཐུགས་སྐམ་ཞིང་གསང་བ་ངོམ་སོར་འཁྱེར་བའི་དེང་དུས་ཀྱི་སྐྱེ་བོ་ཕལ་པ་ལྟར་མ་ཡིན་པས་ཕྱི་ནང་གི་ཡོན་ཏན་རྣམས་སྦས་ནས་སློམ་ཆུང་འཁོས་ཞན་གྱིས་མཛད་པ་བསྐྱངས་བ་ནི་ཐུན་མོང་ཡོངས་གྲགས་ཀྱི་རྣམ་ཐར་ཡིན་ལ། ད་ལྟ་འདིར་ཅུང་ཟད་བྲིས་པ་འདི་ནི་རིན་པོ་ཆེས་ཞལ་སློབ་ཐུན་མོང་ནས་མ་བསྒྲོས་བསམ་པ་གཅིག་མཐུན་གྱིས་ཡང་དང་ཡང་དུ་བསྐུལ་བ་ལ་བརྟེན་ནས། ཉིན་གཅིག་རིན་པོ་ཆེས་གཅིག་མ་བྲིས་ན་འདུག་འཇུག་གི་མི་འདུག

དེ་ཡིན་དུས་ཨ་ཕོ་ཁྱོད་ཀྱིས་འབྲི་དགོས་ཀྱི་འདུག
གསུངས་བྱུང་བས། ལགས་སོ། ངས་གང་ཐུབ་འབྲི་ཆོག་ཞུས་པ་ཡིན།

ཡིན་ནའང་ཁས་ལེན་སླ་སྟེ་ཉམས་ལེན་དཀའ་ཞེས་པའི་དམར་ཁྲིད་དེས་རང་ཉིད་ཀྱི་མཚང་ལ་རྐྱལ་ཞིང་རིན་པོ་ཆེ་དགུང་ན་མཐོ་བ་དང་།

རྒྱུན་པར་རིན་པོ་ཆེ་སྔ་མའི་ལོ་རྒྱུས་དང་འདས་སོང་གི་བྱ་བ་ལ་རྩིས་གདབ་ཆེར་མི་དགོས་པའི་ངོ་མཚར་བ་ཞིག་ཡིན་པས་ཞལ་ནས་ཤིན་ཏུ་ཐོན་དཀའ་བ་དང་། སྙན་ཡང་ཐང་པོ་མེད་པས་ཡར་ཞུས་པ་རྣམས་ཇི་བཞིན་མི་གསན་པའི་དཀའ་ངལ་ཆེན་པོ་ཡོད་པས་མཁའ་འགྲོ་དང་། བུ་རིས་གཉིས་ཀྱིས་དྲན་བསྐུལ་ཡང་ཡང་དུ་ཞུས་ཤིང་སྟབས་བདེ་ཤོས་སྒྲ་འཛིན་འཁོར་ཐག་ཏུ་བཙུག་ནས་ཕབ་བཤུ་བྱ་རྒྱུའི་མགོ་བརྩམ་པ་ཡིན། དེ་ནས་བཟུང་མཁན་ཆེན་རིན་པོ་ཆེ་དང་། སྲས་མོ་བདེ་ལྷ། མཁའ་འགྲོ་སྒྲོལ་དཀར་སོགས་ཀྱིས་དཀའ་བ་དང་དུ་བླངས་ནས་སྒྲ་འཁོར་ནང་དུ་བཙུག་རོགས་མཛད་སོང་བས་ཕན་ཐོགས་ཆེན་པོ་བྱུང་།

སྤྱི་ལོ་ ༢༠༠༩ ལོར་མགོ་བརྩམས་ནས་གཟའ་ཉི་མ་གང་ཡིན་དང་ཉིན་གུང་བར་སེང་རྣམས་སུ་རང་ནུས་གང་ཡོད་ཀྱིས་ཤོག་ཐོག་ཏུ་ཕབ། དེ་ཡང་ཕབ་པའི་སྐབས་སུ་རིན་པོ་ཆེའི་གསུང་གདངས་ཇི་མ་ཇི་བཞིན་འཕེབ་གང་ཐུབ་བྱས་ཀྱང་རང་ཉིད་སྐྱེས་སྦྱང་གི་ཡོན་ཏན་ཞན་པ་དང་ཉམས་མྱོང་དམན་པའི་སྟབས་ཀྱིས་བློ་ཡིད་ཚིམས་པ་ཞིག་རྩ་བ་ནས་མ་བྱུང་། འོན་ཀྱང་མ་འོངས་པར་ང་དང་ང་འདྲ་བའི་རིན་པོ་ཆེ་ལ་དད་འདུན་ཅན་གྱི་གང་ཟག་མང་པོ་ཞིག་ལ་དཀར་པོ་རྣམ་པར་

འཕེལ་བའི་རྒྱུ་དང་། ཟྲན་ཧེན་གྱི་གཟུགས་བརྙན་ཙམ་ཞིག་ཡིག་ངོར་འབེབ་ཐུབ་པ་འདིར་རང་ཉིད་ལ་རང་ཉིད་ཡི་རངས་སྐྱེ་འོས་པའི་བྱས་པ་དོན་ཡོད་པ་ཞིག་མཐོང་སོང་།

གང་ཡིན་ཞེ་ན། རིན་པོ་ཆེ་ལྷ་བུའི་བླ་མ་མཚན་སྙན་ཅན་ཞིག་གིས། ཐོས་བསམ་གང་བགྱིས་པ་རྣམས་གཟིགས་ལྷུགས་གཡོགས་པའི་བོང་བུའི་དཔེ་ཆླ་ལ་མ་སོང་པར་རང་རྒྱུད་ལ་ཉམས་ལེན་རྣལ་མ་བགྱིས་ཤིང་། གཞན་ཕན་བྱང་ཆུབ་སེམས་ཀྱིས་ཐུགས་རྒྱུད་བརླན་པ། གསང་བ་སྔགས་ཀྱི་ཉམས་ལེན་སྨད་དུ་བྱུང་ཀྱང་གསང་བ་བསྲུང་བ་ལ་ཤིན་ཏུ་ནས་མཁས་པས་ཉམས་རྟོགས་ཀྱི་གློང་རྫོལ། གྲུབ་པའི་གོ་འཕང་མཐོན་པོར་གཤེགས་པ་ཞིག་ཡིན་ནའང་སྤྲོས་མེད་བྱ་བཏང་གི་རྣལ་འབྱོར་ཁོ་ནའི་རྣམ་ཐར་བདག་གིར་བཞེས་ནས་དུས་འདའ་བར་མཛད། དམན་པ་བདག་ལྷ་བུའ་ཞལ་མཇལ་ཞིང་གསུང་གི་གདམས་པ་ཟབ་མོ་སྤྱོད་པའི་སྐལ་བཟང་དུ་གྱུར་པ་དང་། དེ་ཙམ་དུ་མ་ཟད་དམིགས་བསལ་ཐུགས་བརྩེ་བ་ཆེན་པོས་རྒྱུན་པར་ཕ་མས་བུ་ཚ་སྐྱོངས་བ་ལྟར་གནང་བའི་སྒོ་ནས་རྗེས་སུ་བཟུང་ཞིང་རྣམ་ཐར་འབྲི་བའི་ལས་སུ་བཀོལ་བ་འདི་གཅིག་པུའི་ཀྱང་སྐལ་པ་སྨོན་པོར་བགྱིས་པ་དང་།

རྣམ་ཐར་འབྲི་བའི་སྐབས་སུ་ང་ལྷ་བུའི་མི་ལེ་ལོ་ཅན་ཞིག་ལ་དོན་མེད་རྣམ་གཡེང་གི་གཉིད་མཐུག་དཀྲིག་བྱེད་ཀྱི་དུང་བརྡ

ཞིག་དང་། ལས་སྒྲིབ་སྦྱོང་བའི་ཕྱུགས་མ། མ་བཅོས་ལྷུག་པར་བརྗོད་པའི་རྩོམ་རིག་ལ་བློ་ཁ་ཕྱོགས་པའི་བསམ་བློ་པ་ཞིག་གི་ཕྱོགས་སུ་བློ་ཁ་དྲངས་པ་དང་། དྲང་པོའི་མི་ལ་ལྷ་ཡང་དགའ། ཞེས་པ་ལྟར་མི་ཡི་མི་ཚེ་དེ་ཀྱོག་པོ་ཞིག་གི་ལམ་འཕྲང་བརྒྱུད་མི་དགོས་པར་བྱ་མིག་ཡར་ལྟོས་ཀྱི་བློ་ཤུགས་འཕེལ་བའི་ཆ་རྐྱེན་དུ་གྱུར་པའི་དབང་གིས་མི་ཚེ་ལ་སྙིང་པོ་ཏིལ་འབྲུ་ཙམ་མཐོང་མགོ་རྩོམ་པ་མ་ཡིན་ནམ་སྙམ་མོ།།

བདག་ལ་སློག་སྐད་ཀྱི་ཉམས་མྱོང་མེད་པའི་རྐྱེན་གྱིས་སློག་སྐད་དུ་མ་དཔེ་བཅུག་ཚར་བ་ལན་གཉིས་སུ་བརླགས་པ་དང་། སླར་ཡང་ཚ་བ་སྒང་དཔལ་ལྡན་རྒྱ་མཚོས་རིན་པོ་ཆེ་ལ་དད་ཞེན་གྱིས་རོགས་ཕན་གང་དྲག་གནང་བ་དང་། རྟ་ས་ལྷ་ཚོགས་པའི་འགན་འཛིན་ཀན་ངག་དབང་རབ་རྒྱས་ཀྱིས་དེབ་ཀྱི་ཆེ་ཆུང་དང་བཟོ་དབྱིབ་ལ་གང་ཡོང་ཅི་ཡོང་གི་རོགས་པ་གནང་བས་ངས་སྙིང་ཐག་པ་ནས་ཐུགས་རྗེ་ཆེ་ཞུ།

རྣམ་ཐར་འདི་གློག་པ་པོ་རྣམས་ལ་ཞུ་རྒྱུ། འདི་འབྲི་བའི་སྐབས་རིན་པོ་ཆེས་གསུང་གི་བྲི་བ་བརླགས་དོགས་ཀྱིས་ཁམས་སྐད་ཐོག་ཏུ་འགྲོ་གང་ཐུབ་བྱས་ཀྱང་། ཁམས་སྐད་ཁོ་ནའི་ཐོག་ཏུ་སོང་ན་དཔེ་ཐོག་ཏུ་དེ་སྔོམ་བྲགས་པའི་ཐ་སྙད་གསར་པ་མང་པོ་ཞིག་བཟོ་དགོས་པ་དང་། དེ་ཡང་དེ་སྔོ་ཡིག་ཐོག་ཏུ་བྲགས་ཆུང་བའི་དབང་གིས་བྱ་རོག་དཀར་པོ་ཞིག་ཏུ་མི་འགྱུར་བའི་ངེས་པ་མི་འདུག

དེང་སང་ཐོས་བསམ་ཕྱོགས་རེ་བ་ལོ་འགའ་ཤས་ལ་གཞུང་ལུགས་རེ་ཟུང་གི་ཚིག་དུམ་འགའ་ཤས་ཁ་ལ་སྐྱོར་ནས་མཁས་དབང་གི་གོ་ས་ལ་བསྙེགས་མཁན་ཚོས་སྐྱོན་འདོག་བྱས་ཀྱང་ཅི་ལྟ་སྟེ། ཉན་འདོད་དང་ཀློག་འདོད་ཅན་གྱི་གང་ཟག་རྣམས་ལ་གོ་སླ་ཞིང་ཉན་བདེ་བ་ཞིག་མ་བྱུང་ན་བརྩམ་པའི་དགོས་པ་ཡོངས་སུ་སྟོར་བས་དེ་ལྟར་བགྱིས་ཁྱུལ་བགྱིས་ནའང་སྐབས་སྐབས་སུ་ཁམས་སྐད་ཀྱི་སྒྲ་གདངས་དང་ཡི་གེའི་སྒྲ་གདངས་བར་དུ་བར་མཚམས་ཆེན་པོ་ཞིག་གིས་ཆོད་ནས་ཡོད་པའི་དབང་གིས་ཇི་མ་ཇི་བཞིན་འབྲི་ཐུབ་ཐབས་རྩ་བ་ནས་མེད་པས་དགོངས་འགལ་མེད་པ་ཞུ། གང་ཡིན་ཞེ་ན། ཕལ་སྐད་ཐོག་ཏུ་བྲིས་པའི་དབང་དུ་བཏང་ན།

དཔེར་ན། ང་ཕ་འ་འགྲོ་འདུག་དགོ་རུས། ཞེས་པ་ལྟ་བུར་ཡིག་ཐོག་ཏུ། ང་ཕར་འགྲོ་དགོས་དུས། ཞེས་པ་ལྟ་བུ་དང་། ཚིག་འིག་མ་པེས་ན་འདུག་སྐྱི་ཤེ་མི་གདའ། ཞེས་པ་ལྟ་བུར། གཅིག་མ་བྲིས་ན་འདུག་འཇུག་གི་མི་འདུག ཞེས་འབྲི་བ་ལས་གཞན་ཐབས་ཤེས་མེད་པས་ཡིག་ཕྱིད་གོ་བས་ཀློག་ཞེས་པའི་གདམས་ངག་དེ་ཐུགས་ལ་འཇོག་པར་ཞུ། གཞན་ཡང་གོང་འོག་བར་མཚམས་ཐམས་ཅད་དུ་སྡེབ་སྦྱོར་ཉམས་པ་དང་ཡིག་ནོར་མི་ཉུང་བ་ཡོད་ངེས་པས་རྒྱ་ཆེའི་ཀློག་པ་པོ་རྣམས་ཀྱིས་ཐད་ཀ་ཐད་ཀར་གོ་ནོར་མི་མཛད་པར་ཞིབ་གཟིགས་མཛད་དགོས་པ་ཤིན་ནས་གལ་ཆེའོ།། བུ་རིས་སྨྱུན་མཆེད་རིགས་སློབ་ཆོས་ཀྱི་ཉི་མ་ནས།

དཀར་ཆག

སྐྱ་ཕྲེང་དང་པོ་ནས་རིམ་པར་གླིང་བསྒང་བ།

སྐྱ་ཕྲེང་དང་པོ་མཁས་གྲུབ་ཀརྨ་ཆགས་མེད་ནི་ས་སྟེང་མཁས་གྲུབ་ཡོངས་ཀྱི་གཙུག་རྒྱན་ཨོ་རྒྱན་གྱི་སློབ་དཔོན་པདྨ་འབྱུང་གནས་ཀྱིས་ཞལ་ནས། འདི་ནས་ཏོམ་དུ་ནྲ་གའི་མཚན་འཛིན་པ༔ སྤྲུན་རས་གཟིགས་དབང་སྐྱེ་བ་བཅུ་གསུམ་འབྱུང་༔ ཅེས་དང་།

གཞན་ཡང་། སྣང་བ་མཐའ་ཡས་ཐུགས་རྗེའི་མཁའ་ཀློང་ལས༔ སྤྱན་རས་གཟིགས་དབང་ཉི་མའི་དཀྱིལ་འཁོར་རྒྱས༔ པདྨ་འབྱུང་གནས་ཐུགས་ལས་འོད་ཟེར་འཕྲོས༔ འགྲོ་བའི་ མྱུན་པ་མ་ལུས་སེལ་མཛད་པའི༔ ཀརྨ་ཆགས་མེད་ཞེས་གྲགས་ཏོམ་དུ་འབྱུང༔ དེ་ཡི་སྤྲུལ་པ་པདྨ་ཚུ་སྐྱེས་མིང༔ སྨན་བླའི་ཞིང་དུ་འགྲོ་ལ་《རྟག་ཏུ་》 གུག་རྟགས་ནང་གི་ཚིག་འདི་དཔེ་རང་དུ་མི་འདུག་པས་དཔྱད། མཆན། གཟིགས༔ ཛ་ཡབ་གླིང་དུ་རྨ་བྱ་འདྲེན་པའི་རྒྱལ༔ ཞེས་དང་། མདོ་ཏིང་ངེ་འཛིན་རྒྱལ་པོ་ལས།

མདོ་སྡེ་གཅིག་གི་ཕྱོགས་ཀྱང་ཅྱེ་བ་སྟེད། །བསམ་གྱིས་མི་ཁྱབ་ཆོས་རྣམས་དེས་སྟོན་འགྱུར། །ཆགས་མེད་སྟོན་པ་ཚིག་དང་དོན་ལ་མཁས། འཁོར་གྱི་ནང་ནས་དེ་བཞིན་ཆགས་མེད་

འབྱུང་། ཞེས་དང་།

འཇམ་དཔལ་རྩ་རྒྱུད་ལས། དང་པོ་ཡི་གེ་ཨ་དགེ་སློང་། །བློ་ལྡན་ཆེ་ལམ་དྲུག་ཅུ་འཚོ། །ཐུབ་པའི་བསྟན་པ་གསལ་བར་བྱེད། བསྟན་བཅོས་ཐམས་ཅད་དེ་བཞིན་འགྱུར། ཞེས་རྡོ་རྗེའི་ལུང་གིས་ཡང་ཡང་དུ་བསྔགས་པའི་གནས་མདོ་ཀརྨ་ཆགས་མེད་སྐུ་ཕྲེང་དང་པོ་ནི། དོམ་རྒྱུད་དུ་ཆོས་རྒྱལ་ཁྲི་སྲོང་ལྡེའུ་བཙན་གྱི་གདུང་རྒྱུད་མཁའ་སྤྱོད་པ་ཡབ་ཨ་ནུ་པདྨ་དབང་རྒྱལ་དང་། ཡུམ་ཆོས་སྐྱོང་སྐྱིད་གཉིས་ཀྱི་སྲས་སུ་སྤྱི་ལོ་ ༡༨༠༣ ལོར་སྐུ་འཁྲུངས། སྐུ་ཆུང་ངུའི་དུས་ནས་དམ་པའི་རང་རྟགས་ལྷན་སྐྱེས་སུ་མངའ་ཞིང་། དགུང་ལོ་ལྔ་ཡི་ཐོག་སེམས་ཀྱི་གནས་ལུགས་མཁྱེན་པ་དང་བསྐྱེད་རིམ་གསལ་ནུས་པ་སོགས་ཕལ་པའི་སྤྱོད་ཡུལ་ལས་འདས་པའི་ཉམས་དང་རྟོགས་པ་མངའ། དགུང་ལོ་དགུ་ཡི་ཐོག་ཟླ་དམ་དུ་ཕེབས་ནས་གྲྭ་སར་བཞུགས། གཞུང་གི་དཀའ་བའི་གནད་དང་མན་ངག་རྣམས་དཀའ་ཚེགས་ཆེར་མ་དགོས་པ་མཁྱེན་ཅིང་མཁས་པའི་ཁྱུ་མཆོག་ཏུ་གྱུར།

༄འདྲེན་མཆོག་མཚུངས་མེད་གར་དབང་ཆོས་ཀྱི་དབང་ཕྱུག་རིགས་བདག་ཏུ་བསྟེན་ནས་ཕྱག་རྫོགས་གཙོ་བོར་གྱུར་པའི་གངས་ཅན་ལྗོངས་སུ་བཞུགས་པའི་མན་ངག་རྣམས་ཕལ་ཆེར་མ་

གསན་པ་མེད་པ་ལྟ་བུར་གྱུར། ཕྱག་རྫོགས་ཟུང་འཇུག་གི་ཤིང་རྟའི་སྲོལ་ཕྱེས་ཤིང་། མན་ངག་ཟབ་དགུ་རྣམས་ཡོང་བ་ལ་མིག་སྤྲིན་པ་ལྟ་བུར་མཛད།

སྐུ་ཚེ་སྨད་ལ་གནས་མདོ་དཔལ་རི་རྩེ་ལ་གཙོ་བོར་བཞུགས། ལྷག་པའི་ལྷ་དུ་མས་ཞལ་གཟིགས། ཆོས་སྐྱོང་ཐམས་ཅད་བྲན་དུ་ཁོལ། མངོན་པར་ཤེས་པ་སོགས་ས་ལམ་གྱི་ཡོན་ཏན་ཐུན་མོང་མ་ཡིན་པ་སྐྱེས་པའི་ལམ་རྟགས་ཁྱད་པར་ཅན་མངའ་བ་དང་། རང་ཉིད་ཀྱི་ཞལ་ནས་ཀྱང་། རྒྱལ་འབྱོར་བཞི་རིམ་གྱི་རོ་གཅིག་གི་རྟོགས་པ་བརྙེས་པར་ཞལ་གྱིས་བཞེས། སྐལ་པ་ལྡན་པའི་གང་ཟག་མང་པོ་ལ་སྨིངས་ཡིག་གི་ལམ་ནས་གནས་ལུགས་རྟོགས་པ་མང་པོ་བྱུང་ཞིང་སློབ་ཚོགས་ཀྱིས་ས་སྟེང་ཁྱབ་པ་བྱུང་། གནས་མདོ་བཀའ་བརྒྱུད་ཅེས་གྲགས་པ་དོན་དང་ལྡན་པས་མཁས་རྫོངས་ཀུན་གྱིས་གླེང་རིན་ཆེག་པ་ཞིག་བྱུང་བས་གཟུར་གནས་ཀྱི་གང་ཟག་ཆོས་སྤྱན་དང་ལྡན་པ་ཡོངས་ཀྱིས་བསྔགས་པའི་གནས་སུ་གྱུར།

ཞལ་སློབ་གཙོ་བོ་རྩ་བའི་བུ་ཆེན་ལྔ་ཞེས་གྲགས་པའི་སྙིང་ལུགས་གཙོ་བོར་འཛིན་པ་དཔལ་ཡུལ་ཀུན་བཟང་ཤེས་རབ། གནམ་ཆོས་མི་འགྱུར་རྡོ་རྗེ། རྫོགས་ཆེན་པདྨ་རིག་འཛིན།

གནས་ལུགས་གཙོ་བོར་འཛིན་པ་གོ་ཆེ་ཨོ་རྒྱན་མཐར་ཕྱིན་དང་། གནས་མདོ་བདེ་ཆེན་རིན་པོ་ཆེ་སོགས་བརྒྱུད་འཛིན་སྤྲུལ་པའི་སྐྱེས་ཆེན་འཁྲུན་རླ་དང་བྲལ་བ་མང་པོ་ཕེབས་པ་དང་།

གསུང་རྩོམ་ཐུན་མོང་རིག་གནས་ཀྱི་སྐོར་ལ་སྒྲ། རྩིས། སྙན་ངག བཟོ་དང་། གསོ་བ་རིག་པ། བརྟག་པ་སྣ་ཚོགས་པ། རིན་ཆེན་གྱི་རིགས་འདུལ་སྦྱོང་བྱ་ཐབས། ཐ་ན་ཐུག་པ་བཀོལ་སྟངས་སོགས་བསྟན་བཅོས་སྣ་ཚོགས་པ་དང་། ཐུན་མིན་མདོ་སྔགས་ཀྱི་ཟབ་གནད་མཐའ་དག་བསྡུས་པ་རི་ཆོས་མཚམས་ཀྱི་ཞལ་གདམས་དང་། སྐུ་མཚམས་ལོ་བཅུ་གཉིས་རིང་བཞུགས་པའི་སྐབས་གུ་རུ་རིན་པོ་ཆེས་ཞལ་གཟིགས་ཞིང་གདམས་པ་བསྩལ་བའི་ཕྱག་རྫོགས་ཟུང་འཇུག་གི་ཁྲིད་ཡིག་དམར་ཁྲིད་ཅེས་གྲགས་པ་དང་། མདོར་ན་གཏོ་བཅོས་དང་། སྤར་བཅོས། མདོས་དང་། བསྐང་བ་སོགས་ཆོག་འཕྲིན་སྒྲུབ་རིགས་ཀྱིས་བོད་ཡུལ་ཁྱབ་པར་མཛད་པ་དང་། ཕྱིས་ཀྱི་མཁས་དབང་དུ་གྲགས་པའི་དགེ་འདུན་ཆོས་འཕེལ་གྱིས་རྩོམ་ཟེར་དུས་ཆགས་ལོའི་བདེ་སྨོན་འདྲ་དགོས་པ་རེད་ཅེས་བསྔགས་པ་ལྟར་དོན་ལ་གནས་པ་ཡོད། གནམ་ཆོས་མི་འགྱུར་རྡོ་རྗེའི་དགོངས་གཏེར་གྱི་ཟུར་རྒྱན་སོགས་གཏེར་ཞབས་སྐྱོང་བའི་མཛད་པ་འདི་གཅིག་པུའི་ཀྱང་བཀའ་དྲིན་གཞལ་དཀའ

བའི་ཚོད་དུ་ཡོད།

ད་ལྟ་དངོས་སུ་བཞུགས་པའི་གསུང་འབུམ་པོད་ ༡༡
ཙམ་མཇལ་དུ་ཡོད་པ་དང་། དེ་དག་རྩོམ་པའི་སྐབས་སུ་རང་གར་
བརྩམས་པ་མ་ཡིན་པར་ཡི་དམ་ལྷ་ཡིས་གནང་བ་བྱིན་ཞིང་དགོས་
པ་ཁྱད་པར་ཅན་རེ་ཡོད་པ་ཡིན་པས་མཁས་བླུན་སུས་བལྟས་ན་
གོ་བདེ་ཞིང་བྱིན་རླབས་ཀྱི་འཇུག་པ་བདེ་བ་ཤ་སྟག་ཡོད། རྟགས་
འཛིན་ཅན་གྱི་གདུལ་བྱ་རྣམས་ཆོས་ལ་བསྐུལ་བའི་ཕྱིར་དུ་དགུང་
གྲངས་རེ་དགུའི་ཐོག་ཞིང་ཁམས་གཞན་དུ་ཕེབས། གདུང་ཞུགས་
སུ་ཕུལ་བས་རིང་བསྲེལ་དང་སྐུ་རུས་ལ་ཡི་དམ་ལྷ་ཚོགས་ཀྱི་སྐུ་
རང་བྱོན་དུ་མ་དང་། དབུ་ཐོད་ལ་ཨ་ཡིག་རང་བྱོན་སོགས་ངོ་
མཚར་བ་དཔག་ཏུ་མེད་པ་བྱོན།།

སྐུ་ཕྲེང་གཉིས་པ།

སྐུ་ཕྲེང་གཉིས་པ་མཆོག་སྤྲུལ་འཕྲིན་ལས་དབང་འབྱུང་ནི་ནང་ཆེན་ཚམ་གཤིས་ཤོར་ལུང་དུ་སྐུ་འཁྲུངས། གདན་ས་དཔལ་རི་རྩེར་ཁྲི་འདོན་ཞུས་ཏེ་གསན་བསམ་སློབ་གཉེར་ཚུལ་བཞིན་དུ་བགྱིས་ཤིང་རྟོགས་པས་བདག་རྒྱུད་གྲོལ་བ་དང་། ཐུགས་རྗེས་གཞན་རྒྱུད་གྲོལ་བའི་སྐྱེས་བུ་ཁྱད་པར་དུ་འཕགས་པ་ཞིག་བྱོན། གནས་མདོ་གསེར་ཕྲེང་དུ་ཕེབས་པ་སོགས་བསྟན་པ་ལ་མཛད་རྗེས་ཆེ་ཡང་འགྲོ་བའི་ལས་བསོད་ཀྱིས་མ་འཚུན་ནས་དགུང་ན་ཆུང་བའི་སྐབས་ཞིང་གཞན་དུ་གཤེགས།

སྐུ་ཕྲེང་གསུམ་པ།

སྐུ་ཕྲེང་གསུམ་པ་འཕྲིན་ལས་བསྟན་འཛིན་ནི། ངོམ་སྟོད་ཟླ་དབྱིབས་སྐྱོ་ཐང་དུ་སྐུ་འཁྲུངས། གདན་ས་དཔལ་རི་རྩེར་ཁྲི་ལ་བཀོད། མཁས་པ་ཟུལ་དུ་ཕྱིན་ཅིང་གནས་མདོ་པཊ་ཊེ་ཏར་གྲགས། རེ་ནེ་དགོན་ལ་ཅུང་ཟད་བཞུགས། སླར་ཡང་དཔལ་

རི་རྩེ་ལ་ཐེབས་སྐབས་དགོན་པའི་ཉེ་འགྲམ་རྫིང་ཁ་ལར་དགུང་ན་གཞོན་པའི་སྐབས་གཟིགས།

སྐུ་ཕྲེང་བཞི་པ།

སྐུ་ཕྲེང་བཞི་པ་ཀརྨ་བསྟན་འཛིན་འཕྲིན་ལས་ཞེས་གྲགས་པ་མཁས་བཙུན་གྲུབ་པའི་ཁྲི་མཆོག་ཆེན་པོར་ངོམ་སྟོད་ཨ་ནུ་དཔོན་ཚང་དུ་སྐུ་འཁྲུངས། སི་ཏུ་པདྨ་ཉིན་བྱེད་གཙུག་གི་ནོར་བུར་བསྟེན། འཇམ་མགོན་བློ་གྲོས་མཐའ་ཡས་ཀྱིས་བླ་མར་བཀུར། རྒྱལ་དབང་བཅུ་བཞི་པ་ཆེན་པོས་ཀྱང་ཡོངས་འཛིན་དུ་བསྟེན་པ་སོགས་འགྲོ་དོན་མཁའ་ཁྱབ་ཏུ་བརྡལ་བ་བྱུང་།

དཔལ་རི་རྩེར་ཐུགས་སྒྲུབ་ཡང་སྙིང་འདུས་པའི་བསྙེན་སྒྲུབ་ལ་བཞུགས་སྐབས་ཨཱ་ར་གས་ཡང་གཏེར་དུ་རྒྱས་བཏབ་པའི་ནོར་ལྷ་དབྱུག་གུ་མཆེད་གསུམ་གྱི་སྒྲུབ་ཐབས་ཕྱག་ཏུ་བབས་པས་སྨིན་གྲོལ་གྱི་རྒྱུན་སྤེལ། གུ་རུའི་སྐུ་ཚབ་དང་སྐུ་པོད་ཟ་ཧོར་མ་གཏེར་ནས་བཞེས། གནས་མདོའི་གསེར་ཕྲེང་དུ་ཐེབས་ཤིང་དགུང་གྲངས་བཞི་བཅུའི་སྐོར་ལ་ཀརྨ་དགོན་དུ་བཀའ་འགྱུར་ལྷུགས་

ལུང་གསན་སྐབས་སྐུ་གཤེགས། སྐུ་གདུང་མཆོད་རྟེན་ཀརྨའི་སྣར་དུ་བཞུགས།

སྐུ་ཕྲེང་ལྔ་པ།

སྐུ་ཕྲེང་ལྔ་པ་གསང་སྔགས་བསྟན་འཛིན་ནི། ནཱ་གའི་སྤྲུལ་སྐུ་གཙོ་བོ་གཉིས་འབྱུང་བ་ནཱ་གའི་ལུང་བསྟན་ལས། གཅིག་ནི་མི་འགྱུར་རྡོ་རྗེའི་གདུང་རིགས་སྐྱེཿ །གསང་སྔགས་སྙིང་མའི་བསྟན་ལ་ཕན་པ་འབྱུང་ཿ ཞེས་དང་། དཔལ་གྱི་དབང་ཕྱུག་སྤྲུལ་པ་ངོམ་དུ་འབྱུང་ཿ ཞེས་གསུངས་པ་བཞིན་མཆོག་གླིང་ཐུགས་ཆེན་པདྨ་གར་དབང་གི་ཆོས་བདག་ཏུ་ལུང་གིས་ཟིན་པ་བཞིན་མི་འགྱུར་རྡོ་རྗེའི་གདུང་རིགས་ངོམ་ས་སྣང་སྟེ་པའི་ནང་དུ་སྐུ་འཁྲུངས། གཏེར་ཆེན་མཆོག་གྱུར་གླིང་པ་དང་ ༧ དཔལ་རྒྱལ་དབང་ཀརྨ་པ་མཁའ་ཁྱབ་རྡོ་རྗེ་བྲུང་གིས་དག་སྣང་ལུང་བསྟན་ཐུགས་དགོངས་གཅིག་མཐུན་གྱིས་གཏེར་ཉ་པདྨ་མཐོང་གྲོལ་དབུ་ལ་གསོལ་ཞིང་གསང་སྔགས་ཀྱི་རྡོ་རྗེ་སློབ་དཔོན་ཆེན་པོར་མངའ་གསོལ། ཉ་

པདྨ་མཐོང་གྲོལ་འདི་ཉིད་མཇལ་ཚད་བདེ་བ་ཅན་དུ་སྐྱེ་བའི་ཞལ་བཞེས་གནང་། བཟ་བསྟོད་སོགས་མཛད། ཆགས་སྤྲུལ་ལྷ་པ་ཨོ་རྒྱན་དངོས་དང་མཉམ། ཞེས་གསུངས་པ་ལྟར་སྐུ་དངོས་ཟངས་མདོག་དཔལ་རི་ལ་ཕེབས་ནས་ཆོས་བཅུ་གསར་འཛུག་གནང་། ཟབ་མོ་གཏེར་ལ་དབང་བ་ཞིག་ཡིན་པས་གཏེར་ཆོས་པོད་ལྔ་བཞུགས། དགུང་གྲངས་དྲུག་ཅུའི་ནང་དུ་སྐུ་གཤེགས།

སྐུ་ཕྲེང་དྲུག་པ།

སྐུ་ཕྲེང་དྲུག་པ་ཀརྨ་ཚུལ་ཁྲིམས་རྣམ་རྒྱལ་ནི། ནང་ཆེན་རྫ་ཉིན་ནེའུ་ཚུང་ཚང་དུ་སྐུ་འཁྲུངས། དགུང་ན་ཆུང་སྐབས་གསན་བསམ་རྒྱ་ཆེར་གནང་། རྗེ་དྲུང་བྱམས་པ་འབྱུང་གནས་ཀྱིས། འདི་ཉིད་བྱང་ཆུབ་སེམས་དཔའ་ཆེན་པོ་ཡིན་པས་སྐུ་ལ་མཚོན་བཞེས་ཐུབ་ན་འཛམ་གླིང་དུ་མཚོན་གྱིས་བསྐལ་པ་འབྱུང་ཉེ་བས། དེ་ཉིད་ཀྱི་སུམ་ཆ་གཉིས་བཟློག་ཐུབ་ཅེས་ལུང་བསྟན་པ་ཐོག་ཏུ་ཁེལ་བ་ལྟ་བུར་གྱུར་ནས། འབྲུག་འབྲས་ལྗོངས་སོགས་སུ་ཕེབས་ནས་ཚུར་བོད་དུ་ཕེབས་སྐབས། མཛད་པ་ཐ་མའི་སྐབས་གཙང་ར་

ལུང་དུ་བཞུས་ལུག་བདུན་ཙུ་ཚེ་ཐར་བཏང་ནས་ལམ་དུ་ཕེབས་པའི་སྐབས་ཆིབ་འཛོགས་པའི་རྐྱེན་གྱིས་སྐུ་ལ་མཚོན་ཕོག་སྟེ་དགུང་གྲངས་དྲུག་ཅུའི་ནང་དུ་གཤེགས།

མཁའ་འགྲོ་གཡང་དགའ་ལ་ ༧ རྒྱལ་དབང་བཅུ་དྲུག་པས་མཚོན་དུ་ཏུ་ཊའི་བསྟན་པ་དར་ཉེན་ཡོད་པས། སྐལ་ངན་བཟློག་པའི་ཆེད་དུ་མཚོན་བཞེས་ནས་གཤེགས་པ་ཡིན་པས་ཤིན་ཏུ་ནས་བཟང་གསུངས་པ་སོགས་ང་ཚོའི་བློ་ལས་འདས་པ་ཞིག་གོ།

དང་པོ། མཆོད་པར་བརྗོད་པ་དང་རྩོམ་པར་དམ་བཅའ་བ།

།ཀུན་ཁྱབ་འགྲོ་འོང་བྲལ་བ་གདོད་མའི་གཞིས།
།མཚན་དཔེར་ཤར་བ་དམར་སེར་ལི་ཁྲིའི་མདོག
།ཀུན་བཟང་གདོད་མའི་མགོན་པོ་འོད་མི་འགྱུར།
།སྣང་མཐའ་མཉམ་བཞག་མཛད་ལ་ཕྱག་འཚལ་ལོ།

།འགྲོ་ཁམས་རྒྱ་མཚོའི་སྐྱོ་གདུང་སེལ་བའི་ཆེད།
།ཐུགས་མཆོག་བསྐྱེད་ནས་པོ་ཏ་ལ་རུ་གཤེགས།
།མགོན་མེད་ཉམས་ཐག་ཟད་པ་མེད་མཐོང་ནས།
།ཐུགས་རབ་གཡོས་པའི་མིག་མི་འཛུམ་ལ་འདུད།

།འཛམ་གླིང་མཁས་གྲུབ་བྱེ་བའི་གཙུག་གི་རྒྱན།
།བརྩུས་སྐྱེས་ཚུལ་གྱིས་ལྷ་བདེའི་རྒྱུ་རྒོད་རྣམས།
།འདུལ་མཛད་འགྲོ་བའི་བླ་མ་པདྨ་འབྱུང་།
།བརྩེ་བའི་ཕྱག་གིས་ལུས་ཅན་བསྐྱབ་ཏུ་གསོལ།

ཞེས་མཆོད་པར་བརྗོད་ནས་གང་ཞིག་གླེང་བར་བྱ་བ་ནི་མདོ་རྒྱུད་

གྱི་དོན་ཟབ་མོ་དང་། དམ་པའི་སྐྱེས་བུ་མི་ཚེ་ཐོས་བསམ་སྒོམ་གསུམ་ལ་སྐྱེལ་ཞིང་། ཆོས་བརྒྱུད་འགྲོ་བའི་ནད་བཞིན་དོར་ནས་བཀའ་གདམས་པའི་ཕུག་ནོར་བཞི་ལ་སྒྲུབ་པ་སྙིང་པོར་བྱེད་པའི་རྣམ་པར་ཐར་པ་ལྟ་བུ་ཞིག་ནི་མི་རྐན་བདག་ལ་རྨི་ལམ་དུ་ཡང་མེད་ལ། འཇིག་རྟེན་ཕལ་པའི་སྤྱོད་ཚུལ་ཞིག་བྲིས་ན་དགོས་པ་ཆེར་མ་མཐོང་ཡང་དེང་དུས་སྐྱ་སེར་ཚང་མས་རང་གི་ལོ་རྒྱུས་རེ་འབྲི་བའི་སྲོལ་དར་ཁྱབ་ལ་སོང་བའི་སྐབས་འདིར།

ང་ལ་ཆགས་སྤྲུལ་སྐྱེ་ཕྲེང་བདུན་པའི་མིང་སྐམ་པོ་ཞིག་ཡོད་པས་མ་འོངས་པར་གཞོན་སྐྱེས་རྣམས་ལ་ང་ཚོའི་མི་ཐོག་འདིར་དཀའ་སྡུག་གི་ལམ་འཕྲང་བརྒྱུད་ཚུལ་ཞིག་ངོ་སྤྲོད་པའི་ཆེད་དུ་ངལ་བ་དང་དུ་བླང་ནས་ཉུང་ཟད་དྲན་ཡུལ་དུ་ཡོད་པ་གྲྭ་སློབ་རྣམས་ཀྱིས་བསྐུལ་བའི་ངོ་མ་ལྡོག་པ་དང་།

རྣམ་ཐར་འབྲི་བའི་དགོས་པ་རྗེས་འཇུག་གི་མི་རབས་ཕྱི་མ་ལ་མིག་དཔེར་འོས་པ་ཞིག་རི་བོང་རྭ་ཡི་དཔེ་ཟླར་སོང་ཀྱང་། སྐྱེས་ཕྲེང་གི་གྲལ་དུ་གཏོགས་པ་ཞིག་ལ་བཟང་ངན་གང་བྱུས་ཀྱི་ལོ་རྒྱུས་མེད་དུ་མི་རུང་བར་མཐོང་ནས་འབྲི་བ་ལ།

གཉིས་པ། ངའི་ཕ་ཡུལ་དང་ཆོས་འཛིན་གྱི་སྐོར།

ཐོག་མར་ང་སྐྱེས་སའི་དགྱེས་མདའ་གི་ས་ཆ་དེ་རྗེ་ཙོང་ཁ་པའི་དངོས་སློབ་བྱང་སེམས་ཞེས་རབ་བཟང་པོས་ཕྱག་བཏབ་པའི་མཉམ་མེད་རི་བོ་དགེ་ལུགས་པའི་སྲོལ་འཛིན་ཆབ་མདོ་དགེ་ལྡན་བྱམས་པ་གླིང་དང་ཐག་མི་རིང་བར། ལྷ་ཐོག་རྒྱལ་པོའི་ཁོངས་གཏོགས་སུ་ཡོད། ངའི་ནང་དེ་ཁེར་སྟོད་ཀྱི་ས་ཆ་སོགས་གང་ལེགས་ཡོད་པ་དང་། རྒྱབ་རི་དཀྱིལ་རྒྱལ་མི་ཏ་དཀར་ཆུང་ཟེར་བ་དང་། མདུན་རི་རི་བོ་མཆེད་བརྒྱད་ཟེར་བའི་རི་མཐོན་པོ་གཉིས་ཡོད། རི་བོ་དེ་གཉིས་ནི་ཙཱ་རི་ཊ་དང་གཉིས་སུ་མེད་ཟེར་ནས་ཡོན་དགེ་མི་འགྱུར་རྡོ་རྗེ་དང་། ཁམས་སྤྲུལ་རིན་པོ་ཆེ་རྣམ་པ་གཉིས་ཀྱིས་གནས་སྒོ་ཕྱེས་པར་གྲགས་པའི་གནས་ཆེན་པོ་ཞིག་ཏུ་བརྩི། དེ་ལ་བསྐོར་བ་བཅུ་བརྒྱབ་ན་ངན་སོང་ལ་མི་འགྲོ་ཟེར་ནས་ཡུལ་མི་རྣམས་བསྐོར་བ་ལ་འགྲོ་བའི་ལུགས་སྲོལ་ཡོད་པ་རེད། རི་བོ་དེ་གཉིས་ཀྱི་རྩེ་མོ་རྫ་དང་གཡའ་སྤང་ཡིན་པས། རྫ་འདབ་གཡའ་སྤང་གི་ངོགས་སུ་རྫ་སྨན་གྱི་རིགས་མི་འདྲ་བ་དང་། གནའ་བ། དགོ་བ། ཤ་བ་སོགས་བག་ཡངས་སུ་རྒྱུ་བ་དང་། གཤམ་དུ་ཤིང་ནགས་ཐང་ཤིང་དང་། ཤུག་པ། སུར་དཀར། སླང་མ།

སེ་བ་མི་རྟོག་སོགས་རིན་ཐང་ཆེ་བའི་སྲོག་ཆགས་དང་རྩི་སྨན་རིགས་མི་འདྲ་བ་སྣ་ཚོགས་པ་ཡོད་པ་དང་། དགྲེས་ཆུ་སྔོན་མོ་ཉེ་འདབ་ནས་གྱ་གྱུར་འབབ། དཔེན་ཞིང་ཉམས་དགའ་བའི་ས་ཆ་དེ་ལ་སྤྱི་མོ་དགྲེས་མདའ་ཞེས་ཐ་སྙད་ཡོངས་གྲགས་སུ་ཡོད་པ་ལ་ང་སྐྱེས་པའི་སྐབས། བརྟག་ཡིག་ཏུ་དགེ་མདའ་ཞེས་ཡོད་པས། རྒྱལ་དབང་ཀརྨ་པས་དགྲེས་དང་དགེས་དོན་གཅིག་རེད། ཡི་དམ་དགྲེས་པ་རྡོ་རྗེ་དང་དགེས་པ་རྡོ་རྗེ་གང་ཟེར་ན་ཁྱད་པར་མེད་པ་རེད་བརྟགས་ཡིག་ཏུ་དགེ་མདའ་ཞེས་ཡོད་པའང་གཅིག་པ་རེད། རྟེན་འབྲེལ་ལེགས་གསུངས་ནས་མིང་དགེ་མདའ་རུ་བསྒྱུར་བ་རེད་ཅེས་ངའི་ཨ་ཁྱུས་རྗེས་ནས་སྤྲོབ་པ་དང་བཅས་ཡང་ཡང་བཤད་ཀྱི་ཡོད།

རི་གཤམ་དུ་སྤང་སྤེགས་ཆུང་ཆུང་ཞིག་གི་སར་ང་ཚོའི་ཁང་པ་ཐོགས་སོ་གཉིས་ཅན་གཞི་རྒྱ་ཆེ་བ་ཐོག་ཏུ་བང་བ་ཡོད་པ་ཞིག་ཡོད་པ་རེད། དེའི་ནུབ་ངོས་སུ་ང་ཚོའི་ནང་གི་ཨ་ནེ་ཚོ་བཞུགས་སའི་རི་ཁྲོད་དང་མཆོད་རྟེན་ཡོད་པ་དེ་རྣམས་རིག་གནས་གསར་བརྗེ་ཟེར་བའི་ལས་འགུལ་སྐབས་ཨ་ནེ་རྣམས་ལ་བཙན་བཀའ་བཏང་ནས་བཤིག་བཤུག་བྱུང་ཟེར། དེའི་རྗེས་ངའི་སྤྱུན་མཆེད་བླ་མ་བསོད་མགོན་གྱིས་ཡར་བཞེངས་ནས་ཡག་པོ་རེད་འདུག

ཡུལ་འབྲོག་གཉིས་ཀ་ཡོད་པ་རེད། ལྷ་ཐོག་རྒྱལ་པོའི་བར་དུ་ཧྲ་བཅའ་ནས་སོང་ན་ཆུ་ཚོད་བཞི་ལྔ་ཙམ་གྱིས་སླེབ་ཐུབ་པ་རེད། ལྷ་ཐོག་རྒྱལ་པོའི་རྒྱལ་དགོན་ཟེར་ནས་ཀར་ལེབ་དགོན་པ་དེར་ཡོད། དེ་སྐབས་གྲྭ་པ་བརྒྱ་ཡས་མས་ཙམ་རྒྱུན་བཞུགས་གནང་མཁན་ཡོད་པ་རེད།

ངའི་ནང་དུ་ཕ་ལ་སྤུན་གསུམ་ཡོད། ཕ་ཆེ་བུ་རབས་ནས་སྨན་ལ་མཁས་པའི་སྐད་གྲགས་ཡོད་པ་རེད། ངའི་ཕ་ཡེ་ཤེས་རབ་རྒྱས་ཀྱིས་ལྷ་དང་ཀླུ་མ་ཞིག་མཇལ་ནའང་སྨན་གྱིས་ཕན་ཐོགས་ཡོང་བའི་སྨོན་ལམ་རྟག་པར་རྒྱགས་ནས་ནད་པ་ཉམས་ཆུང་ལ་བུ་གཅིག་པ་ནང་བཞིན་བརྩེ་བ་བྱེད། དཀའ་ཚེགས་དང་ངལ་དུབ་ལ་མི་འཛེམ་པར་བུ་ཕྲུག་རྣམས་ལའང་སྨན་སློབ་ནས་ཕན་ཐོགས་ཡོང་བའི་སྨོན་ལམ་འདེབས་པའི་མི་བཟང་པོ་ཞིག་ཡོད། མི་རྒྱུད་དེ་ཡར་བཤད་ན་ང་ཚོ་བོད་པའི་ལུགས་སྲོལ་ལ་ལོ་རྒྱུས་རིང་པོ་ཞིག་བཤད་རྒྱུ་ཡོད་པ་བཞིན་བོད་ཡུལ་དུ་བཀའ་དྲིན་གཞལ་བར་དཀའ་བའི་ཆོས་རྒྱལ་ཁྲི་སྲོང་ལྡེའུ་བཙན་དང་། སློབ་དཔོན་པདྨ་འབྱུང་གནས་གཉིས་ཀྱིས་བཀའ་བགྲོས་ནས་མདོ་ཁམས་སྨར་དྲུག་གི་སྐྱེ་འགྲོ་སྐྱོང་ཞིང་མཐའ་ཡི་སོ་ཁ་བསྲུང་བར་བསྐོས་པའི་རྗེ་བོ་ལ་བྱིན་པ་སྟ་བར་གྲགས་པའི་ལྷ་ཐོག་རྒྱལ་པོའི་བློན་ཆེན་དུ་

མངགས་པའི་གེ་མོ་ཞེས་མི་རྒྱུད་དེ་ལ་དར་རྒྱུད་ཆེན་པོ་མ་བྱུང་བའི་དྲུང་ཡིག་གེ་མོ་ཚང་ཡབ་ཡེ་ཤེས་རབ་རྒྱས་དང་། ཡུམ་ཡང་ལོ་རྒྱུས་རིང་བ་སྲོང་བཙན་གྱི་སྟར་ནས་ཡོད་པའི་སྲིན་ཚ་བུ་དགུའི་ཐ་ཆུང་དཔའ་བོ་གཟིགས་ཡག་གི་སྲས་འབྲང་ཆུང་དང་། གུང་ཆུང་གཉིས་ལས་གུང་ཆུང་གི་འོག་སྡེ་ལ་ཁྲོ་སྡེས་ཡོབ་གསུམ་ཟེར་ཡོད་པའི་ཡ་གྱུལ་ཁྲོ་ཏུ་ཚང་གི་བུ་མོ་བསོད་ནམས་སྒྲོལ་མ་ཞེས་ཉམ་ཆུང་མགོན་མེད་ལ་ལྷག་པར་བརྩེ་ཞིང་གཤིས་རྒྱུད་བཟང་བ། མི་ཚེ་ལ་ཁོང་ཁྲོ་ལང་མ་མྱོང་བར་བཤད་རྒྱུ་ཡོད་པ་ཞིག་གི་རྒྱུད་དུ་མ་ལ་གནོད་པ་མེད་པར་ང་སྐྱེས་འདུག

དེའི་སྐབས་མེ་ཏོག་གི་ཆར་བབས་པ་དང་། སྤྱང་ཞོན་མས་སྲུང་བའི་རྟགས་སུ་སྦྲ་ནང་དུ་གཉིད་སྐབས་ཕྱི་རོལ་ཏུ་ཁ་བ་བབ་ཡོད་པས་སྤྱང་ཀིས་བསྐོར་བ་ལན་གསུམ་བརྒྱབ་པའི་རྗེས་ཤུལ་གསལ་བར་ཡོད་པས། རྗེས་སུ་གནས་མདོ་དགོན་པས་ཡང་སྲིད་ངོས་འཛིན་གྱི་བཀའ་ལུང་ཞུས་སྐབས་གནང་བའི་ ༄ རྒྱལ་དབང་ཀརྨ་པའི་བརྟག་ཡིག་ནང་དུ་སྟགས་སྲུང་མས་རྟགས་བརྒྱབ་ནས་ཡོད་པར་གསུངས་པ་དང་ར་འཕྲོད་པ་བྱུང་རེད་ཅེས་བཤད་སྲོལ་འདུག

༄ རྒྱལ་དབང་ཀརྨ་པ་བཅུ་དྲུག་པ་རིག་པའི་རྡོ་རྗེ་སྡེ་དགེ་

ནས་མཚུར་ཕུ་ལ་ཕེབ་པའི་སྐབས་ཀརྨའི་སྒར་དུ་གྲ་བསྒྲིགས་བཟོས་ནས་ཀརྨའི་སྒར་དུ་བཞུགས་སྐབས། ངའི་ཨ་མ་གྲོང་ནས་བསྔོ་རྟེན་འབུལ་དུ་ཨ་ཁུ་རྡོ་དཔལ་ཀརྨ་པ་མཇལ་ལ་སོང་ཡོད་ས་རེད། དེ་དུས་ ༸ རྒྱལ་དབང་ཀརྨ་པས་དགེ་མདའ་གེ་མོ་ཚང་ལ་བུ་མེ་སྟག་པ་ལོ་པ་ཞིག་ཡོད། དེ་ཚགས་སྤྲུལ་ཡིན་གསུངས་ནས་ཐུགས་ཐག་བཅད་ཡོད་འདུག རྡོ་དཔལ་གྱིས་ང་ཚོའི་བུ་ཀརྨ་ཚགས་མེད་མ་འདས་གོང་ནས་ཡོད། དེ་རྩ་བ་ནས་ཡིན་གྱི་མ་རེད་ཞུས་ནས་ཕྱུ་ཚུགས་བྱས་དགོངས་པ་ཞུས་སྐབས། ༸ རྒྱལ་དབང་ཀརྨ་པས་དེ་མ་འདས་སྤྲུལ་སྐུ་ཡིན་ཀརྨ་ཚགས་མེད་ངོ་མ་ཡིན་གསུངས་བཀའ་གནང་ནས་རྡོ་དཔལ་གྱིས་ཞུ་ས་མ་རྙེད་པ་རེད་ཟེར།

༸ རྒྱལ་དབང་ཀརྨ་པའི་བཀའ་ཡིག་དང་། ལྷ་ཐོག་རྒྱལ་པོའི་བཀའ་ཡིག་དང་། སངས་སྤྲུལ་རིན་པོ་ཆེ་དང་། ཁ་སྤྲུལ་རིན་པོ་ཆེ་སོགས་ཀྱི་བཀའ་ཡིག་མང་པོ་ཞིག་རྡོ་དཔལ་ཚུར་སླེབ་སྐབས་ཁྱེར་འདུག རྡོ་དཔལ་ངུས་ནས་ད་ཕྲུག་གུ་ས་མཐའ་ལ་བསྐྱལ་དགོས་ཐུག་སོང་། ༸ རྒྱལ་དབང་ཀརྨ་པས་ཐུགས་ཐག་བཅད་ནས་ལྷ་ཐོག་རྒྱལ་པོ་དང་། གནས་མདོ་ཚང་སོགས་ཀྱིས་ཁས་བླངས་སོང་ཟེར་བཤད་སོང་། འགའ་ཤས་ཀྱིས་སྤྲད་རྒྱུ་མེད་རེད་

ཟེར་བཤད་སོང་། དེ་ནས་འགའ་ཤས་ཀྱིས་སྤྲུལ་སྐུ་སྤྲུལ་སྐུའི་ལམ་ལ་མ་བཞག་ན་ཡག་པོ་མ་རེད་པའི་ལོ་རྒྱུས་མང་པོ་ཡོད་རེད། ང་ཚོ་ལ་བུ་འགའ་ཤས་ཡོད་རེད། ཀརྨ་ཆགས་མེད་ཟེར་དུས་དཔེ་བླ་མ་གྲགས་པ་ཆེན་པོ་རེད་སྤྲད་དགོས་རེད་ཟེར་ནས་བཤད་སོང་། ང་ལོ་བཅུ་གཅིག་བཅུ་གཉིས་རེད། དེ་དུས་ངའི་མིང་ལ་ཚེ་རིང་རྣམ་རྒྱལ་ལབ་ཀྱི་ཡོད། ངེད་ཚང་གི་སྤྲ་དེ་ལ་དཔེ་མི་སྲིད་པའི་ཆེན་པོ་ཡོད་རེད། ལོ་ཉུང་དུས་རུ་བ་བཀལ་སྐབས་ཞིག་ལ་ང་ཡིས་དེ་གཡག་གི་གོང་དུ་བཀལ་བའི་སྐད་གྲགས་ཆག་པ་རེད། དེ་དུས་ང་ལ་ཀ་ཁ་བསླབ་ཡོད་མ་རེད། ང་ཡི་སྤུན་ཆེ་བ་བསོད་ནམས་མགོན་པོས་ཡིག་གེ་བསླབ་ཀྱི་ཡིན་ཟེར་ནས་ཡིག་གེ་བསླབ་སོང་། དུས་ཚོད་དཔྱིད་ཀ་རེད། དབྱར་ངོ་ཡི་གེ་བརྟོན་པ་ཡིན། ཞེ་དྲག་རྩེ་མོ་ལ་གཡེང་ནས་འདོན་ཐུབ་ཀྱི་མི་འདུག སྔོན་ཀ་ཡུལ་འབྲོག་བསྒོམས་ཚར་དུས་ཡིག་གེ་སྐྱོན་མེད་ཤེས་སོང་།

གསུམ་པ། སྟོན་སྨོན་དབང་གིས་དྲིན་ཆེན་གྱི་བླ་མ་མཇལ་བ།

དེ་སྐབས་ཞིག་ལ་གཞན་སུ་ལའང་གོ་མ་བཅུག་ནས། ཨ་ཁུ་རྗེ་དཔལ་གྱིས་རྟ་ཆིབ་རྒྱུ་སྤྲངས་བཞག་པས་རྐང་འགྲོས་ཀྱིས་རོགས་པ་ཁ་ཤས་བཅས་སྙིགས་དུས་འགྲོ་བའི་དེད་དཔོན་མི་ཡི་ཤ་ཚུགས་སུ་བྱོན་པ། བཀའ་དྲིན་མཚུངས་པ་མ་མཆིས་པའི་སྐྱབས་གཅིག་འཁོར་ལོའི་མགོན་པོ་མཚན་བརྗོད་པར་དཀའ་བ་ ༧ དྲུང་རམ་རྒྱ་སྤྲུལ་མདུན་ཁྲིད་བྱུང་བས་སོང་བ་ཡིན། གཞན་གྱིས་གོ་ན་འགྲོ་ལམ་ནས་མང་ཚོགས་ཀྱིས་འཚང་ཁ་ཡོང་བ་རེད་ཅེས་སུ་ལ་ཡང་མ་བཤད་པར་ཉིན་འགའ་ཤས་སོང་།

ང་ཚོ་མ་སླེབ་གོང་མར་གཟིགས་དུས་མཐོང་འདུག་པའི་ཐང་གཞུང་དེ་ནས་ཡར་འགྲོ་དུས་གཟིགས་པ་མ་གཏོགས་གཞན་གོ་དོན་མེད་པ་རེད། བླ་མའི་ལྷམ་སྲིང་མ་ཨ་ནེ་ཨ་སེང་ལ་གླང་མ་ལ་ཁྲི་རྒྱག་བཅུག་ནས་བཞུགས་འདུག དེའི་སྟེང་དུ་ང་བཞགས་བྱུང་། རི་ཁྲོད་དུ་ཕུག་པ་ནང་ལ་བཞུགས་ཡོད་རེད། ང་ཚོ་ཉིན་འགའ་ཤས་ལ་བསྡད་པ་ཡིན། ང་ལ་ཐུགས་མཉེས་མཉེས་མཛད་ནས་སྐྱབས་འགྲོའི་སྡོམ་པ། འབྱུང་འགྱུར་གྱི་བསླབ་བྱ་དང་གསུང་ཆོས་མང་དུ་གནང་། ཐུགས་བརྩེ་ཤིན་ཏུ་ཆེན་པོ་མཛད་བྱུང་བས

ཚུར་ཡོང་ཁར་འབྲལ་དཀའ་མོ་བྱུང་ཞིང་ལམ་བར་ནས་ཡོང་སྐབས་བླ་མའི་ཞལ་རས་དང་། གསུང་གི་གདངས། ཐུགས་ཤིན་ཏུ་ནས་དགྱེས་པའི་རྣམ་འགྱུར་སོགས་ཡིད་ལ་འཁོར་ནས་ད་ལྟ་རང་སྐུ་མདུན་དུ་ཡར་འགྲོ་དགོས་པ་མིན་འགྲོ་བསམ་ནས་སྐྱོ་དུང་ངེ་བའི་ངང་དུ་ཚུར་ནང་དུ་ལོག་དགོས་པ་ཞིག་བྱུང་སོང་།

ང་དེ་དུས་ལོ་ཆུང་ཆུང་ཡིན་ནའང་ཆེ་རབས་ལས་ཀྱི་བླ་མ་དངོས་གནས་དེ་མཇལ་དུས་དད་མོས་རང་ཤུགས་ཀྱིས་ཡོང་བའི་བླ་མ་གོང་མ་རྣམས་ཀྱི་གསུང་དེ་ལ་རྗེས་ནས་བསམ་བློ་གཏོང་དུས་གོ་རྒྱུ་ཆེན་པོ་འདུག་བསམ་པ་བྱུང་། དེ་ནས་བཟུང་ཏེ་བླ་མ་ལ་དད་གདུང་འབད་པ་མེད་པ་རང་ཤུགས་ཀྱིས་སྐྱེ་བ་ཞིག་བྱུང་བས་ཐ་མལ་མི་རུ་བཟུང་བའི་བློ་སྐད་ཅིག་མ་གཅིག་ལ་སྐྱེ་མ་མྱོང་། དེས་རྟེན་འབྲེལ་གྱི་དབང་གིས་རང་ལ་སྐྱིད་སྡུག་ལེགས་ཉེས་ཅི་བྱུང་ཡང་བློ་གཏད་བླ་མ་ལས་ལྷག་པ་ཞིག་མེད་པའི་བློ་ལིང་གིས་འགེལ་ཐུབ་པ་བྱུང་བས། བླ་མ་སངས་རྒྱས་བླ་མ་ཆོས། །དེ་བཞིན་བླ་མ་དགེ་འདུན་ཏེ། །ཀུན་གྱི་བྱེད་པོ་བླ་མ་ཡིན། །བླ་མ་དཔལ་ལྡན་རྡོ་རྗེ་འཆང་། ཞེས་གསུངས་པའི་དོན་དེ་ཚིག་ཙམ་དུ་མ་སོང་བར་སེམས་ནས་གང་ཤེས་པའི་ཉམས་ལེན་རྣམས་བླ་མའི་རྣལ་འབྱོར་གྱི་སྲོག་དང་མ་བྲལ་བ་ཞིག་ལ་འབད་པ་བྱས་པས་མདོ་

སྔགས་ཀྱི་ཟབ་གནད་ཐམས་ཅད་ཆུ་བཀྲུ་ཟམ་འོག་ཏུ་ཆུད་པའི་ངེས་པ་རྙེད། ཡིད་བརྟན་མེད་པའི་རླུང་གསེབ་ཀྱི་མར་མེ་ལྟ་བུའི་དལ་འབྱོར་ཐོབ་པ་སྟོང་ལོག་ཏུ་མ་སོང་བར་སྨོན་བྱས་ཀྱི་ལས་ལ་འཁྱིད་མ་དགོས་པ་ཞིག་གིས་ཕྱི་མའི་བསྒྲུབ་ཐག་ཐུང་དུ་སོང་།

བཞི་པ། ཕ་ཡུལ་ནས་གདན་སར་སོང་བའི་སྐོར།

དེའི་ལོར་ལྷ་བབ་དུས་ཆེན་ལ་ཁྲི་སྟོན་མཛད་དགོས་ཟེར་ནས་སྡེ་པ་གཞུང་གི་མདའ་ཡིག་དང་བཅས་གྲ་བསྒྲིགས་མཛད་རོགས་ཟེར་ནས་མངགས་བྱུང་བས་དེར་ཡོད་ཚང་མ་འཛོམས་ནས་ཉིན་བཞི་ལྔ་ཞིག་གཙང་སྦྲ་དང་གྲ་བསྒྲིགས་བྱས་བྱུང་། དེ་མ་བཟོས་གོང་ཉིན་བཞི་ལྔ་ཞིག་གི་སྔོན་ང་ལ་ཡུལ་ཕྱོགས་ཀྱི་གླུ་རིགས་ཀུན་གྱིས་ཛོང་བ་ལ་ནོར་བུ་ཞིག་འབུལ་གྱི་ཡོད་རེད། དེའི་དོན་དུ་མཚོ་ཁ་ལ་ཕེབ་དགོས་རེད་ཟེར་རྨི་ལམ་གསལ་ལ་མི་གསལ་བ་ཞིག་རྨིས་བྱུང་།

ཕྱི་ཉིན་མོ་རེ་ཆུའི་གཞུང་ཁ་དེར་སོང་བ་ཡིན། མཚོ་འཁྱིལ་ཞིག་གི་ནང་དུ་རྡོ་ནག་རིལ་རིལ་མི་འདྲ་བ་ཞིག་འདུག ཞིབ་བལྟ་བྱེ་དུས་རྡོ་དེ་ལ་རི་མོ་འདུག ཆུ་ཆེན་པོ་གང་ཡང་མེད་པས་ཕར་ཆུ་ནང་དུ་སོང་ནས་ཆུ་ཁའི་རྡོ་དེ་བླང་ནས་བལྟས་པ་ཡིན། དེ་དུས་དུང་དཀར་ལ་གང་འདྲ་ཡོད་མི་ཤེས་ཀྱང་རི་མོ་སླེང་རྗེ་བོ་དེ་འདྲ་འདུག ནང་དེ་ཚོ་དཀར་པོ་རེད་འདུག་མདང་ནུབ་རྨི་ལམ་དེ་མིན་འགྲོ་བསམ་ནས་དེ་ཕྱུར་ཁུར་ཡོང་སྐབས་འོད་འདྲ་བོ་ཞིག་བརྒྱབ་བྱུང་། དེ་ན་ལྷ་དུས་རྡོ་ནག་པོ་ཞིག་གི་ངོས་སུ་ཉི་ཟླ་སྐར་གསུམ་

གསལ་པོ་ཡོད་པ་ཞིག་རགས་སོང་། ཆེ་ཆུང་ལག་མཐིལ་ཙམ་འདུག ཡར་ཁུར་ནས་ཁྱིམ་ནང་དུ་བསྟན་པས་ཚང་མས་ཧ་ལས་ལས་བཟོས་སོང་། ང་རང་གི་ཡག་པོ་ཡིན་གྱི་རེད་བསམ་སོང་། དེའི་སྐབས་སུ་གནས་མདོ་དགོན་པ་བསུ་མཁན་ཕེབ་སོང་། དེའི་ནང་དུ་གཙོ་བོ་གནམ་ཆོས་སྤྲུལ་སྐུ་འདུག དེ་ནས་དབུ་མཛད་ལས་སྣེ། སྡེ་པ་གཞུང་གི་མི་སྣ་འགའ་ཤས་འདུག ཆབ་མདོ་ཚང་གི་མི་སྣ་འདུག དཔེ་རྒྱ་ཆེན་པོ་འདུག གུར་མང་པོ་ཁྲ་བསྒྲིགས་བྱས་ནས་དེའི་ནང་ཞག་པོ་འགའ་ཤས་ལ་བཞུགས་སོང་།

དེ་དུས་གསོལ་ཁ་འཚོགས་ནས་དེའི་དཀྱིལ་དུ་ཁྲི་བརྒྱབ་འདུག ང་དེར་འདུག་དགོས་རེད་ཟེར། ང་ཁྲི་ཁ་ལ་བཞག་བྱུང་བས་ཁྲི་ཁར་བསྡད་ནས་འཚོགས་པ་ཡིན། འདོན་རྗེས་མི་དུས། དེ་ནས་ཚུར་ཚོག་སྐབས་སྤྱན་མཆེད་ནང་མི་ཚང་མས་ཐོད་པ་གཏུགས། སྤྱན་མཆེད་དང་ཡུལ་མི་ལ་ལ་ངུ་གི་འདུག ལ་ལས་ནི་སྨོན་ལམ་བརྒྱབ་ནས་ཟིང་ཆ་ཆེན་པོ་བཟོས་སོང་། ཡུལ་གྲོགས་ཀྱི་གཞི་བདག་རྣམས་ཀྱིས་ང་ལ་སྐྱེལ་མ་ཞུ་ཡི་ཡོད་པའི་རྟགས་མཚན་འདྲ་པོ་མང་པོ་བྱུང་། ངས་ཕར་མགྱོགས་པོ་སླེབ་ཡོང་གི་ཡིན་ལབ་ནས་གནས་མདོ་དགོན་ལ་ཡོང་བ་ཡིན།

ལམ་འགག་ནས་ཆབ་མདོ་ཚང་སོགས་ཀྱིས་ཁྲ་བསྒྲིགས་རྒྱ

ཆེན་པོ་ལམ་ཁ་ལ་བཟོས་འདུག སང་ཉིན་ཞོགས་ཀ་སློབ་འགྲོ་ཡི་རེད་ཟེར་ས་ཞིག་ཏུ་སྐར་བབ་ནས་བསྡད་སོང་། དེའི་བར་དུ་ཉིན་གསུམ་བཞི་ཞིག་འགོར་སོང་གསལ་པོ་བཤད་རྒྱུ་མི་འདུག སང་ཉིན་ཁྲི་སྟོན་དང་ཆིབ་བསུ་མཉམ་དུ་རེད་ཟེར་ནས་བཤད་སོང་། ཐབ་གསོལ་ཁ་ལ་ཁ་སྤྲུལ་གོང་མ་སྐུ་འཕོར་དང་བཅས་པ་བསུ་བར་ཕེབས་ནས་མཇལ་ཁ་དར་སྟོན་བཟོས་སོང་། ཁ་སྤྲུལ་རིན་པོ་ཆེ་ལ་བླ་མ་རྗེག་པོ་ཞིག་འདུག ཕྱི་ཉིན་ཞོགས་ཀར་ཡར་ལང་ནས་ཁྲུས་བརྒྱབ་དུགས་ལྷོག་གཟབ་འཕྱོར་སྤྲད་དགོས་རེད་ཟེར། གཟབ་འཕྱོར་སྤྲད་ཕྱི་ཁྱམས་ལ་ཞིང་ཁ་རྒྱ་ཆེན་པོ་འདུག དེ་ན་ཆིབ་བསུ་དང་གྲ་བསྒྲིགས་ས་ལ་མི་ཤོང་བ་བཟོས་འདུག དེ་ནས་གནས་མདོ་དགོན་དུ་སེར་བསུའི་གྲ་བསྒྲིགས་རྒྱ་ཆེན་པོ་བྱས་འདུག དགོན་པའི་འདུ་ཁང་ནང་དུ་གོང་མའི་ཁྲི་སྟེང་དུ་གདན་དྲངས་ནས་གསེར་ཁྲིར་མངའ་གསོལ་མཛད་སོང་། མཋ་ཊལ་རྟེན་གསུམ་བཀྲུགས་མཁན་སངས་སྤྲུལ་རིན་པོ་ཆེ་རེད།

༧ ཀརྨ་པ་དེ་བཞིན་གཤེགས་པ་སྐུ་འཁྲུངས་པའི་སྐབས་སེམས་ཚང་དེའི་ཁྱིམ་གསལ་ཆེམ་མེར་བཟོས་པས་མིང་ཐོགས་པར་གྲགས་པའི་གསལ་ཆེམ་བུ་སྐལ་བཟང་ཟེར་ནས་སྐུ་གོང་མའི་གྲྭ་པ་མོ་ལྷ་སོགས་བཤད་རྒྱུ་ལ་མཁས་པར་གྲགས་པ་དེའི་མཋ་ཊལ་

རྒྱས་བཤད་སྐབས། གནས་མདོའི་ལོ་རྒྱུས་སོགས་རྒྱ་ཆེ་ལ་རྒྱུན་རིང་བ་བཤད་ནས་ཉིན་གང་མཛད་སྒོ་ལ་ཐེངས་སོང་།

གྲ་བསྒྲིགས་རྒྱ་ཆེན་པོ་དེ་རི་བོ་ཆེ་ནས་རྗེ་དྲུང་རིན་པོ་ཆེ་དང་། ཆབ་མདོ་ཚང་སོགས་ཀྱིས་རོགས་པ་བཟོས་པ་རེད་འདུག དེ་ཚོ་ཕར་ཡོལ་ཚར་དུས་ཞེ་དྲག་གང་ཡང་མི་འདུག་སངས་སྤྲུལ་བླ་བྲང་དུ་གྲྭ་པ་འགའ་ཤས་དང་། ངའི་མཉམ་དུ་གྲྭ་པ་འགའ་ཤས་དང་ལྷ་ཐོག་ནས་ཡར་ཁྲིད་ཡོང་བའི་ཞབས་ཕྱི་འགའ་ཤས་ཡོད་རེད། གཉེར་ཚང་དུ་འགའ་ཤས་ཡོད་རེད་དེ་མ་གཏོགས་རྒྱུན་པར་བཞུགས་མཁན་ཞེ་དྲག་མེད་པ་འཛམ་ཐིང་ཐིང་རེད་འདུག དགོན་པ་ཁ་ཐབས་ཞན་པོ་འདུག སྐུ་ཐོག་གོང་མ་དེ་གྲུབ་ཐོབ་འདྲ་བོ་བྱུང་ཡོད་ས་རེད།

དེའི་ཡར་མར་ཞིག་ལ་ཆགས་སྤྲུལ་སྐུ་གོང་མའི་མཁའ་འགྲོ་གཡང་དགས་ང་ཡང་སྲིད་ངོས་ཟིན་ཚར་བའི་སྐབས་ཁས་མ་བླངས་ནས་རྙོགས་དྲ་བྱུང་འདུག སྐུ་གསུང་ཐུགས་རྟེན་སོགས་ཕྱི་ལོག་ཏུ་ཡོད་པ་རེད། སྤྲུལ་སྐུ་ངོས་འཛིན་སྐབས་གཡང་དགའ་ལ་སྐད་ཆ་བཤད་རྒྱུ་རེད་ཡོད་ས་མ་རེད། དེ་དག་གིས་རྐྱེན་བྱས་ནས་ས་ཞིང་དང་སྐུ་གསུང་ཐུགས་རྟེན་ཚུར་མ་སྤྲད་ནས་གླེང་རྙོགས་མང་པོ་བྱུང་ཞིང་མདོ་སྨད་ས་དབང་ལ་གྱོད་གཏུག་ནས་

བསྟོད་ཡོད་པའི་སྐང་ཞིག་ལ་གཡང་དགའ་གནས་མདོ་དགོན་དུ་སླེབས་བྱུང་། གནས་མདོ་དགོན་པའི་སྟོམ་བཞིན་གྲ་བསྒྲིགས་ཡག་པོ་དགོས་ཀྱི་རེད་བཟོས་སོང་། ངའི་དྲུང་དུ་ཐེང་མ་འགའ་ཤས་ལ་སླེབས་སོང་། སྐད་ཆ་བཤད་ནས་བསྟོད་པ་ཡིན།

ཉུབ་གཅིག་གཡང་ག་ཡོང་ནས་ཉམས་ཚད་ལེན་པའི་ཆེད་དུ་རྒྱ་ཡི་ཨ་རག་མང་པོ་ཞིག་ཁྱེར་བྱུང་། སྐུ་གོང་མས་ཨ་རག་གཚད་གསོལ་ན་བཟི་རྒྱུ་ཡོད་མ་རེད། ཁྱེད་ཀྱིས་ཨ་རག་བཞེས་དང་སྐྱོན་གྱི་མ་རེད་ཟེར་འཐུང་བཙུགས་སོང་། གླུགས་མཁན་མོ་རང་བཟོས་ནས་ཤེལ་དམ་དྲུག་ང་ལ་བླུད་སོང་། ང་ལ་བཟི་སྐྱོན་གང་ཡང་མ་བྱུང་། དེ་ཉུབ་མོ་གང་ཡང་ལབ་མ་སོང་།

ཕྱི་ཉིན་པར་ཞོགས་པ་སྟ་མོ་ཀར་དཔལ་ཟེར་ནས་གནས་མདོ་དགོན་གྱི་གྲྭ་པ་གཡང་དགའི་ཞབས་ཞུ་ཞིག་ཡོད་པ་དེ་ལ་དར་དང་ཡི་གེ་བཅས་བསྐུར་ནས་མངགས་འདུག ཡི་གེའི་ནང་དུ་ཁྱེད་མ་འདས་སྤྲུལ་སྐུ་བཟོས་པ་དང་། གྲྭ་ཚང་གི་ལས་ཀ་སོགས་ཡག་པོ་རེད་མ་སོང་། དེ་དག་གི་རྐྱེན་བྱས་ནས་མོ་ནོར་འཁྲུལ་བྱུང་བ་རེད། ཁྱེད་ཆགས་སྤྲུལ་མ་ནོར་བ་རེད་འདུག མོས་བཤགས་པ་འབུལ་གྱི་ཡིན་ཟེར་འདུག དེ་ནས་མོ་རང་ཡོང་ནས་དད་གུས་ཚོད་མེད་བྱས། སྐུ་གོང་མའི་སྐུ་གསུང་ཐུགས་རྟེན་སོགས་གནས་མདོའི

ཅ་ལག་རྣམས་ཚུར་ཕྱུལ་ལབ་གླེང་མེད་པ་ཆག་པ་རེད།

ཆགས་སྤྱུལ་དྲུག་པའི་མཁའ་འགྲོ་གཡང་དཀའ་འབྲུག་འབྲས་ལྗོངས་སོགས་ལ་སོང་ནས་རིན་པོ་ཆེ་ཕྱི་ལོག་ཏུ་གཤེགས་སོང་བ་རེད། དེ་མ་གཤེགས་གོང་གི་སྔོན་ལ་མཁའ་འགྲོ་དང་འབྲུགས་པ་ཧ་ཅམ་ཤོར་འདུག་པ་རེད་ཟེར། དེ་འདྲའི་གནས་སྐབས་ཤིག་ལ་ཐུགས་ཤིན་ཏུ་སྐྱོ་བའི་ཚུལ་བསྟན་ནས་ངའི་རྣམ་ཤེས་སོང་ཚར་བ་ཡིན་གསུངས་པ་དང་། དེ་རྗེས་བླ་མའི་ཞབས་ཞུ་ལ་ཆུང་ཆུང་དུས་ནས་བཅར་བའི་སོལ་གྲོང་བཀྲ་ཤིས་ཚེ་རིང་གི་བུ་རྡོ་རྗེ་ཕུན་ཚོགས་ཞེས་གནས་མདོ་ནས་ཡར་སོང་བའི་རིན་པོ་ཆེའི་ཞབས་ཞུ་སྒྲུབ་པའི་དམ་གཙང་བླ་མས་གང་གསུང་ལ་ལགས་སོ་མ་གཏོགས་གཞན་གང་ཡང་མི་ཞུ་བར་གྲགས་པའི་སྐད་གྲགས་ཡོད་པ་དེ། འབྲས་ལྗོངས་ནས་ངས་རྩད་བཅད་པས་ཐུག་སོང་། ཁོ་ལ་སྐད་ཆ་དྲི་དུས་སྐུ་གོང་མ་ཕར་བོད་ལ་བྱོན་པའི་གྲ་བསྒྲིགས་བཟོས་ནས་ཕེབ་ཁར། ཁོ་ཞབས་ཞུ་ལ་ཕར་འགྲོ་ཞུས་པས། ད་ཁྱོད་བོད་ལ་ཕར་མ་འགྲོ། སོང་ན་དཀའ་ལས་ཁག་པོ་ཡོང་གི་རེད། ངའི་རྣམ་ཤེས་སོང་ཚར་བ་རེད། ཕེམ་པོ་འདི་འགྲོ་འདུག་པ་རེད་མ་གཏོགས་གཞན་གང་ཡང་མེད་པ་རེད། ཁྱོད་རང་ངས་འབྲས་ལྗོངས་རྒྱལ་པོ་ལ་གཏམ་པོ་བཟོ་དགོས། འདིར་སྡོད་

དང་ཡག་པོ་ཡོང་གི་རེད། ཁྱོད་རང་ཕར་སོང་གསུངས་བྱུང་བས་ཁོ་གཅིག་ངུས་པ་ཡིན། རྒྱུན་པར་གང་གསུངས་ན་ལགས་སོ་ཞུ་ཡི་ཡོད། དེའི་ཉིན་པར་བློ་ལ་མ་བབ་ཀྱང་བླ་མའི་བཀའ་རེད་བསམ་ནས་ལགས་སོ་ཞུས་ནས་འབྲས་ལྗོངས་རྒྱལ་པོའི་མདུན་དུ་སོང་བ་ཡིན་ཟེར་ནས་བཤད་བྱུང་། ཁོ་རང་ནི་འབྲས་ལྗོངས་ཚང་གི་ཆ་འཛོག་ཡོད་པ་མ་ཟད་དོན་དག་ཐག་གཅོད་ཐུབ་པའི་མི་རེད་འདུག དེ་ཚོ་གོང་འོག་གི་སྐད་ཆ་ལ་ལྟ་དུས་ཁེ་མཚར་དེ་འདྲ་འདུག

ལྔ་པ། ཐོས་བསམ་ལ་བརྩོན་པ་ཆེར་བསྐྱེད་པ།

བྱང་ཆུབ་སྙིང་པོའི་བར་དུ་བཀའ་དྲིན་གཞལ་བར་དཀའ་བའི་གནས་མདོ་དགོན་གྱི་བླ་མ་རྣམ་གཉིས་ཀྱི་ཡ་གྱལ་སངས་སྤྲུལ་རིན་པོ་ཆེས་གཟིམ་ཤག་ཏུ་རྟག་པར་མདོ་སྔགས་ཀྱི་བཀའ་ཁྲིད་དང་དབང་ལུང་སྐྱུངལ་ལ་འཛེམ་པ་མེད་པར་གནང་ནས་གཅེས་སྐྱོང་མཛད། དམིགས་བསལ་ཁ་སྤྲུལ་རིན་པོ་ཆེ་དང་བཀའ་བགྲོས་ཀྱིས་ཁ་སྤྲུལ་རིན་པོ་ཆེ་དཔལ་རི་རྩེ་ལ་ཡར་ཕེབ་ནས་གནམ་ཆོས་སྐོར་ཆབ་ཚང་དང་། ཆགས་མེད་བཀའ་འབུམ་གྱི་སྐོར་གཅེས་སྐྱོང་དང་ཐུགས་བརྩེ་ཆེན་པོས་ཆོས་བདག་པོ་ལ་འཁྲོད་པ་ཡིན་གསུངས་ནས་གནང་སོང་། དེ་དུས་གསུངས་མ་ཐུབ་པའི་རིགས་ཆགས་མེད་སྐུ་རབས་རེར་གྲྭ་པ་མཁས་པ་རེ་ཡོང་བའི་ལུང་བསྟན་ཡོད་རེད། དེའི་སྐབས་སྐལ་ཚེ་རེད་ཟེར་ནས་མགོན་བླ་ཆོས་པ་ཤིན་ཏུ་ནས་བཟང་པོ་ཡོད། དེའི་མདུན་ནས་བཀའ་འབུམ་ནང་ནས་ལུང་མ་ཐོབ་པའི་རིགས་མང་པོ་ཞུས་པ་ཡིན། དེ་རྗེས་དཔལ་རི་རྩེ་ལ་སྒྲུབ་མཚོད་ཞིག་གི་སྐབས་ཁ་སྤྲུལ་རིན་པོ་ཆེས་མང་པོ་གསུངས་སོང་།

དེ་དུས་བྱ་བྲལ་རིན་པོ་ཆེ་སངས་རྒྱས་རྡོ་རྗེ་དཔལ་རི་རྩེར་

ཐེབས་བྱུང་། དང་པོ་བླ་མ་རྩར་ཆེན་ཡིན་པ་མ་ཤེས་ཀྱང་ག་ལེར་ཉམས་རྟོགས་ཡོན་ཏན་ཅན་ཡིན་པ་ཧ་གོ་བ་རེད། ཆགས་མེད་ཀྱི་བཀའ་འབུམ་བཀའ་རྒྱ་མ་དང་། གདམས་ངག་གི་སྐོར། གཡང་སྐྱབས་ཀྱི་སྐོར་སོགས་མང་པོ་ཞིག་ཡང་བསྐྱར་ཁོང་དང་མཉམ་དུ་ཞུས་པའི་མཆེད་གྲོགས་དམ་གཙང་ཡིན་པས། ཁོང་གི་སྐུ་ཡོན་དང་མཁྱེན་རྒྱ་སོགས་ཧ་གོ་དུས་གནས་མདོར་གདན་དྲངས་ནས། བྱེད་བཀྲོལ་གསེར་གྱི་ལྡེ་མིག་སོགས་དབང་ལུང་ཁྲིད་ཁ་དང་བཅས་མང་པོ་ཞུས་པ་ཡིན། དེ་མཚམས་ཁོང་ཆུ་འཁོར་མདོ་བར་དུ་ཐར་བསྐུལ་མ་ཞུས་པ་ཡིན། ཆགས་སྤྲུལ་བཞི་པ་དང་ལྔ་པའི་བཀའ་འབུམ་སྐོར་དེ་སངས་སྤྲུལ་རིན་པོ་ཆེའི་མདུན་ནས་ཞུས་པ་ཡིན། དཔལ་རི་རྩེ་ལ་ཐེབ་ནས་གནང་སོང་། ཆགས་མེད་ཀྱི་གསུང་རྒྱ་ཆེ་བས་ཚང་མ་གང་ཤེས་ཏེ་ཐལ་ཆེར་ཐོབ་སོང་། དེ་སྐབས་བླ་མ་འགྲན་ཟླ་དང་བྲལ་བ་གཉིས་བཞུགས་འདུག དེ་ངའི་མི་ཚེའི་ནང་གི་བསོད་ནམས་ཆེ་ཤོས་དེ་རེད་འདུག ཁོང་རྣམ་པ་གཉིས་ཀྱི་བཀའ་དྲིན་ལ་བརྟེན་ནས་རང་ཉིད་ཕྱི་ནང་རིག་གནས་ལ་བག་ཆགས་བཟང་པོ་ཞིག་འཇོག་རྒྱུ་བྱུང་བ་རེད།

དྲུག་པ། དགོན་པའི་དོན་དུ་དགོར་སྡུད་དུ་སོང་བ།

ང་དགོན་པའི་དགོར་གཡོགས་འདྲ་པོ་ལ་དབྱར་ཁ་དབྱར་ལྷོམ་དང་དགུན་ཁ་དགུན་ལྷོམ་ལ་འགྲོ་དགོས་ཀྱི་འདུག ང་དགོན་པར་ཁྲི་འདོན་བཟོས་ནས་ལོ་གཅིག་མ་ལོན་གོང་ཙམ་ལོ་མཇུག་སྐྱོན་ཀ་ངོམ་སྣད་ལ་སོང་བ་ཡིན། སྐྱོན་མ་ཡིན་ན་ཆོས་ལུགས་ལ་འཐེན་ཁྱེར་གང་ཡང་མེད་པ་ཡག་པོ་ཡོད་ས་རེད། དེ་སྐབས་ཕ་བོང་ཁ་དང་། བྲག་ཡབ་རྒྱལ་པོས་ཆོ་འཕྲུལ་སོགས་ཀྱིས་རྙིང་མ་བཀའ་བརྒྱུད་ལ་སྡང་ཟུག་མཛད་པའི་རྐྱེན་གྱིས་དེ་ཚོ་ཡང་རྙིང་མ་བཀའ་བརྒྱུད་ལ་སྡང་བ་ཚོད་མེད་འདུག ཤུགས་ལྡན་བརྟེན་གསོལ་ཆེ་ཐག་ཆོད་ནས་ཆོས་ལུགས་བསྒྱུར་བ་སོགས་འདྲ་མི་འདྲ་བཟོ་བའི་དུས་ཚོད་རེད་འདུག

མི་ཚོས་མཐུ་ནུས་ཆེན་པོ་མེད་ན་ངོམ་སྣད་ལ་འགྲོ་ན་ཉེས་འགལ་ཆེན་པོ་ལ་བརྩི་བའི་ལུགས་སྲོལ་འདུག ངག་ནུས་ཟེར་གང་ཡང་མེད་ནའང་མ་སོང་རང་སོང་རེད་འདུག སྒོམ་ལུང་ཚང་ཞེས་སྤོན་མ་གནས་མདོ་ཚང་གི་སྦྱིན་བདག་ཡག་པོ་ཡིན་ས་རེད། སྤ་མ་ཡང་དེ་ཚང་ལ་འགྲོ་སྲོལ་ཡོད་འདུག་པ་བཞིན་དེ་ཚང་ལ་སོང་བ་ཡིན། ཡར་སྒོ་ནང་ནས་འཛུལ་བ་དང་གྲྭ་པ་འགའ་ཤས་

མར་ཡོང་པ་དང་ཁ་ཐུག་བརྒྱབ་སོང་། ཁང་པ་ཐོག་ཁ་དེར་མེས་ཚང་དེའི་ཞབས་བརྟན་བྱ་ཡི་འདུག ང་ཚོ་ལ་གྲ་བསྒྲིགས་འབྲིང་ཙམ་བྱས་སོང་།

ཁང་པ་ཐོག་ཁ་དེར་གཤག་གཅིག་གི་ནང་ལ་བསྡད་པ་ཡིན། ང་གི་སྤྱན་མཆེད་ཚོ་དབང་ཡང་མཉམ་དུ་ཉལ་ཡོད། དེའི་ནུབ་མོ་རྨི་ལམ་འཁྲུགས་ནས་གཉིད་རྩ་བ་ནས་ཡག་པོ་ཁུག་མ་སོང་། བར་སྐབས་ཤིག་ལ་རྣ་ལམ་དུ་སྒྲ་ཞིག་གོ་ནས་གཟབ་གཟབ་གནང་དགོས་ཞེས་གོ་བྱུང་། དེ་དང་མཉམ་དུ་གཉིད་སད་སོང་། ཁང་པ་ནང་དུ་ཟླ་བ་སྐེའུ་ཁུང་ནས་ཚུར་ཤར་འདུག ཁང་པ་ནང་གསལ་ཆིལ་ལེར་འདུག དེར་བན་རྗེ་ཤ་དཀར་པོ་འགག་བཙད་དང་དཔུང་རྗེན་གཟན་ཤམ་བསེར་པོ་གྱོན་པ་ཕྲེང་བ་ནག་རུག་རུག་བཏགས་མཁན་ཞིག་གིས་ང་ཡི་སྤྱན་མཆེད་དེའི་སྟེང་དུ་གོམ་པ་གཅིག་སྤོས་ནས་ཚུར་ཡོང་བྱུང་།

ཡ་ད་ཁོ་སླེབས་འདུག་བསམ་གུ་རུ་རིན་པོ་ཆེར་གསོལ་བ་བཏབ་ནས་བསྡད་པས། དེ་དུས་ང་རང་གསར་པ་རེད་གང་ཡང་ཤེས་ཀྱི་མེད་དེ་སྐྱོན་མ་བྱུང་། ཁོ་རང་ཕར་ཁ་བསྐོར་ནས་འགྲོ་སོང་། ཉམ་ཆུང་མདོག་ཁ་པོ་འདྲ་འདུག སོང་ཚར་དུས་ང་གི་ཚོ་དབང་སྐད་བཏང་བ་ཡིན། ཁོ་གཉིད་སད་སོང་རྨི་ལམ་

ག་འདྲ་བྱུང་དྲིས་པས། གཉིད་ཡག་པོ་རྒྱ་བ་ནས་ཁུག་མ་སོང་རྨི་
ལམ་འཁྲུགས་སོང་ལབ་བྱུང་། གཟབ་གཟབ་བཟོ་དགོས་ཀྱི་
འདུག་ལབ་ནས་མར་ཞལ་བ་ཡིན། དེ་མཚམས་ཁང་པ་རྒྱ་བ་ནས་
མེད་པ་འདྲ་པོ་ཞིག་ཏུ་གྱུར་ནས་ཚང་མ་གསལ་ཆིལ་ལིར་འདུག
དེ་དང་མཉམ་དུ་གོ་ཤེ་འདྲ་པོ་གཅིག་ངེད་གཉིས་ཀྱི་གླད་དེ་ནས་
ཕར་འཕང་སོང་བས་རི་ཕར་ཛོགས་དང་ཚུར་ཛོགས་སུ་ཕར་རྒྱུག་
ཚུར་རྒྱུག་འགའ་ཤས་བཟོས་སོང་། ཁང་པ་ཡང་གཡོ་འགུལ་ཤིག་
ཤིག་བཟོ་ཡི་འདུག ད་རྒྱ་བ་ནས་འདུག་བཙུག་གི་མི་འདུག་བསམ་
ནས་ངས་ཞེ་དྲག་གང་ཡང་ཤེས་ཀྱི་མེད་དེ་གུར་དྲག་ཞིག་སྨོན་པས།
ལག་ནང་དུ་སྡིག་པ་ར་ཙ་ཞིག་བཟུང་ནས་འདུག ཕོ་ཕར་ཁ་
བསྐོར་སོང་བས་ངས་ཕོའི་སྟེང་ནས་མར་མནན་པས་ངོམ་ཚུ་ནང་
དུ་ཅལ་སྒྲ་དང་བཅས་ལྷུང་སོང་། ངས་སྐྱུ་སྨོན་པ་ཡང་རང་ཡལ་
དུ་སང་འདུག དེ་ནས་གོ་རྒྱུ་རིགས་རྒྱུ་གང་ཡང་མི་འདུག

དེ་ནས་ཡར་ས་སྣང་སྲེ་པ་སར་སླེབས་སྐབས་
གཉིད་མ་ཁུག་གོང་སྤུས་མགོ་ལ་ར་ཡོ་རྒྱ་པོ་ཆེ་ཆུང་འབྲི་ཙམ་ཞིག་
འདུག་པ་མཐོང་བྱུང་། ངོམ་སྣང་དུ་འགྲོ་སྐབས་ག་དུས་ཡིན་ན་
དེ་རྨིས་ཀྱི་འདུག ད་ང་ལ་དམ་ཅན་གྱིས་རོགས་པ་མཛད་པ་ཡིན་
ས་རེད་བསམ་ནས་སེམས་པ་བདེ་སོང་། དེ་སྐབས་རྨི་ལམ་དུ་མི་

མང་པོ་ཞིག་ཆས་གོས་མཐོང་མ་མྱོང་བ་གྱོན་མཁན་ལག་ཏུ་མདའ་དང་མདུང་སོགས་ཐོག་ནས་ང་ལ་བཙུག་གྲབ་བཟོ་ཡི་འདུག ང་གང་ཡང་ཞེད་སྣང་སྐྱེ་མ་སོང་། དེ་ནས་ཁོ་ཚོ་ཚང་མ་ངོ་ཚ་སོང་བསམ་བསམ་འདྲ་བྱས་ནས་མར་རྒྱུགས་སོང་། ཕྱི་ལོག་ཏུ་ཐོན་པའི་ཚོད་ཙམ་དུ་ཁྱིས་དེད་འགྲོ་བའི་ཝུར་སྒྲ་གྲག་སོང་། རྗེས་ནས་ལྷ་དུས་རྒྱ་ཆས་རེད་འདུག དེ་རྒྱ་འདྲེའི་ཚོ་འཕྲུལ་ཡིན་ས་རེད།

ཡང་ཉུབ་གཅིག་ཤར་རབ་གསལ་ནང་དུ་ཉལ་ཡོད། སྐས་མགོ་ནས་མི་ཞིག་ཡོང་གི་ཡོད་པའི་སྐད་གོ་བྱུང་། སྒོ་རྩར་སླེབས་ནས་སྒོ་ལྕགས་ལན་འགའ་བསྐྱུལ་སོང་། ཧོག་ཙམ་རྗེས་སྒོ་ཕྱེས་ནས་སྐྱེ་དམན་ཆེན་པོ་ཞིག་སྒྲ་ཡིས་གདོང་བཀབ་པའི་བར་ནས་མིག་ཆེན་པོ་ཁྲ་ཧྲིག་གེར་ཡོད་པ་ལག་ཏུ་རྐྱལ་པ་ཐོགས་པ་ཞིག་འཛུལ་ཡོང་ནས། འདི་ཁྲག་རེད་ངོམ་ཆུ་ནང་ལ་བླུགས་དགོས། ཡིན་ནའང་ཁྱོད་ཀྱིས་བླུགས་བཙུག་གི་མི་འདུག ད་ལྟ་བླུགས་དགོས་ཟེར། ཁྲག་དེ་གང་རེད་དྲིས་པས་མི་ཡི་ཁྲག་རེད་ཟེར། ངས་འདི་ན་བླུགས་ཚོག་གི་མ་རེད་གཞན་པ་ག་བ་འགྲོ་ན་སོང་། ཁྱོད་ལ་བཙན་པ་སྤྲད་ཡོང་། བཙན་པ་གསུམ་ཁྱོད་ལ་བསྡོ་ཡོང་ལབ་པས་མོ་རང་སེམས་སྡུག་མདོག་གིས་ཁ་ཕར་བསྐོར་ནས་སོང་ཐལ། སྒོ་ཡང་མར་སྒྲ་དང་བཅས་བརྒྱབ་སོང་།

དེ་རྗེས་སངས་སྤྲུལ་རིན་པོ་ཆེ་ལ་ཞུས་པས། མདོ་ཁམས་གཞུང་སོགས་ལ་སྐྱེ་ནད་དཔེ་སྐྱུག་ཅག་ཅིག་ན་འདུག་ཟེར། དེས་ནད་བདག་ཡིན་གྱི་རེད། ང་ཚོས་བསུར་བསྔོ་ཡག་པོ་ཞིག་བྱེད་དགོས་གསུངས་སོང་། པོ་ཐོག་གྲོང་དང་། ཟིལ་མདའ་གྲོང་སོགས་སྐད་བཏང་ནས་ཉི་མ་བཞི་ལྔ་རིང་བསུར་བཏང་བ་ཡིན།

ང་ཁྱུང་པོ་ལ་དགོན་པའི་དོན་དུ་ལྗོམ་བུ་ལ་སོང་ན་ཡག་པོ་འདུག་ཟེར་ནས་ཁྱུང་པོ་ལ་འགྲོ་བའི་ལམ་ཁ་ནས་རི་བོ་ཆེ་ལ་ཁེལ་བས། རི་བོ་ཆེ་སྙིང་མ་གྲྭ་ཚང་གིས་གྲྭ་བསྒྲིགས་རྒྱ་ཆེན་པོ་བཟོས་འདུག ཉིན་གཅིག་ལ་ཞབས་དྲུང་བླ་བྲང་། ཉིན་གཅིག་ལ་འཕགས་མཆོག་བླ་བྲང་སོགས་ཀྱིས་མགྲོན་དུ་བོས་ནས། རི་བོ་ཆེ་དང་གནས་མདོ་གཉིས་སྔ་མོ་ནས་འདྲིས་འབྲེལ་ཆེ་ལུགས་དང་། དེ་སྐབས་རི་བོ་ཆེ་ཡི་བསྟན་པ་འཛིན་སྐྱོང་སྤེལ་གསུམ་བྱེད་ཚུལ་སོགས་ནང་སོལ་གྱི་གསུང་གླེང་དང་།

མ་འོངས་པ་ལ་གནས་མདོའི་སྡེ་དགོན་དང་། རི་བོ་ཆེའི་སྡེ་དགོན་རྫོག་རྩ་གཅིག་ཏུ་བསྒྲིལ་ནས་མཐུན་སྒྲིལ་དགོས་ལུགས་སོགས་ང་གསར་པ་ཡིན་དུས་ངོ་སྤྲོད་གནང་གི་འདུག དེ་ནས་བཟུང་རི་བོ་ཆེའི་བླ་མ་རྣམས་དང་། དམིགས་བསལ་རྗེ་དྲུང་རིན་པོ་ཆེ་དང་འབྲེལ་ལམ་ཡག་པོ་ཡོད། ཆགས་མེད་རིན་པོ་ཆེ་སྐུ་ཕྲེང་

སྡུག་པ་དང་དམིགས་བསལ་ཐུགས་ནང་གཉིན་པོ་ཡོད་པས་ངའི་དུས་ལ་ཡང་ཡག་པོ་ཡོད་ཀྱང་དུས་ཟིང་རྗེས་ནས་མཇལ་འདོད་ཤིན་ཏུ་ནས་ཆེན་པོ་ཡོད་ཀྱང་མཇལ་མ་སོང་།

བདུན་པ། མཚན་ལྡན་བླ་མའི་མདུན་ནས་མི་ཚེའི་སྙིང་པོ་རྙེད་པ།

དེ་རྗེས་ཡང་བསྐྱར་སྟོན་མོ་གནམ་རྫོང་དུ་རིགས་བརྒྱའི་ཁྱབ་བདག་བྱང་ཆུབ་སྙིང་པོའི་བར་དུ་བཀའ་དྲིན་གཞལ་བར་དཀའ་བ་༧ རྒྱ་སྤྲུལ་རིན་པོ་ཆེའི་སྐུ་དྲུང་དུ་བཅར་བ་ཡིན། སྟོན་འགྲོ་བློ་ལྡོག་རྣམ་བཞི་ནས་མགོ་བརྩམ་ནཱ་རོ་ཆོས་དྲུག་ཆབ་ཚང་གནང་བྱུང་བས་རང་ནུས་གང་ལྕོགས་ཀྱི་ཐོས་ལོ་ཙམ་ལ་མ་བཞག་པར་ཉམས་སུ་བླངས། འཕྲུལ་འཁོར་སྐབས་བྲག་ཕུག་ནང་དུ་རྒྱུག་དགོས་དུས་དང་པོ་གནམ་གཤིས་གྲང་བ་སོགས་དཀའ་ལས་ཁག་པོ་འདུག་ཀྱང་རྗེས་ནས་ཡག་པོ་ཡོང་གི་འདུག བླ་མའི་ཐུགས་རྗེས་སློབ་མ་རྣམས་ལ་བརྡབ་སྐྱོན་སོགས་གང་ཡང་རེད་མ་སོང་། དེ་མཚམས་བླ་མས་གནམ་ཆོས་ཀྱི་ཆོས་སྐོར་དབང་ལུང་འབུལ་དགོས་གསུངས་ནས་བཀའ་ཕབ་བྱུང་། རང་ཉིད་སྐྱེས་སྦྲུང་གི་ཡོན་ཏན་ཤིན་ཏུ་ནས་ཞན་པས་འཆེར་སྣང་ཚོད་མེད་བྱུང་ཀྱང་བླ་མའི་བཀའ་ལྡོག་པའི་ཐབས་མ་བྱུང་བས་སྐུ་མདུན་བྲག་ཕུག་ནང་དུ་ཡར་བསྐྱར་ནས་ཆབ་ཚང་ཕུལ་བ་ཡིན། དེ་ནས་བདེ་མཆོག ཕག་མོ་སོགས་ཡི་དམ་ཁག་གི་བཀའ་ཁྲིད་གནང་བ་དང་སྒྲུབ་བསྙེན་

པ་བཏང་ནས་ལོ་གཅིག་རིང་སྐུ་མདུན་དུ་བསྡད་པ་ཡིན། རྩ་རླུང་ལ་རང་དབང་ཐོབ་པའི་རྟགས་གསལ་པོ་ཡོད་པ་རེད། རི་མཐོན་པོ་གནམ་གཤིས་གྲང་ངར་ཤིན་ཏུ་ནས་ཆེ་བས་གྱོན་ཆས་སྲུ་སྲབ་པའི་བར་ནས་ཀྱང་རིག་མདའ་རྒྱུགས་པ་བཞིན་མི་བཟོད་པ་ཡོང་གི་རེད། དུགས་ཉོགས་སྲབ་པའི་རིགས་ལ་དཀའ་ངལ་ཚོད་མེད་འཕྲད་ཀྱི་འདུག བླ་མས་ནབ་བཟའ་འབུ་རས་འགག་ཐུང་ཞིག་མ་གཏོགས་མནབ་མེད་པ་རེད། ང་ཚོས་གྱོན་ཆས་ཐྲོན་པོ་རེ་གྱོན་ནས་ཡོང་དུས་བླ་མའི་མདུན་ནས་རིམ་པ་བཞིན་མ་ཕུད་ན་ཚ་བས་འཚིག་གི་རེད།

དེའི་སྐབས་ཞིག་ལ་འཛི་སྨར་མཆོག་སྤྲུལ་གྱིས་གནམ་ཆོས་སྐོར་དབང་ལུང་དགོས་གསུངས་ནས་མི་བཏང་བྱུང་། རྒྱལ་སྤྲུལ་རིན་པོ་ཆེས་བཀའ་གནང་ནས་འཛི་སྨར་མཆོག་སྤྲུལ་ལ་གནམ་ཆོས་སྐོར་ཕུལ་དགོས་རེད་གསུངས་མངགས་བྱུང་བས་མཆོག་སྤྲུལ་རིན་པོ་ཆེ་དཔོན་སློབ་རྣམས་ལ་གནམ་ཆོས་སྐོར་ཆབ་ཚང་ཕུལ་བ་ཡིན། དེའི་རྗེས་དྲུང་རམ་དགོན་པའི་ནང་དུ་རིན་ཆེན་གཏེར་མཛོད་གནང་སྐབས། བླ་མ་གཟིམ་མི་དགོས་པས་མཚན་མོ་དབང་སྒྲུབ་མཛད་ནས། ནམ་མ་གསལ་བར་དུ་ནམ་སྨད་ལུང་གསུངས། ནམ་གསལ་བ་དང་མཉམ་དུ་དབང་གསུངས་ནས་ཉིན

མཚན་མགོ་སྙེལ་བས་སློབ་མ་རྣམས་ཐང་ཆད། ཁ་ལག་ཡང་ཡག་པོ་མ་རག་པའི་དཀའ་ངལ་བྱུང་ཀྱང་ག་ལེར་གསུངས་དགོས་ཞུ་ཕོད་མཁན་སུ་ཡང་མེད། ང་ལ་ཁྲི་རྒྱ་ཆུང་ཆུང་མཐོན་པོ་ཞིག་བརྒྱབ་འདུག་པས། གྱོན་ཆས་འཐུག་པོས་གཡོགས་ནས་བསྡད་པས་ཆོས་ཞུ་བ་སྤྱི་མཚུངས་ལྷར་ཐང་ཆད་ནས་གཉིད་མང་པོ་ཁུག་གི་འདུག གནམ་གཤིས་དཔེ་མེད་གྲང་མོ་རེད། ཆོས་ཞུ་བ་ཚང་མ་དཀའ་ངལ་ཆེན་པོ་ཟེར་ནས་སྐད་ཤོར་དགོས་པ་བྱུང་། རྒྱལ་སྤྲུལ་རིན་པོ་ཆེའི་མདུན་ནས་ལྷ་ཐོག་རྒྱལ་པོའི་སྲས་དཀར་ཚེ་བླ་མའི་དུས་བཀའ་བརྒྱུད་སྔགས་མཛོད་དང་། གདམས་ངག་མཛོད་གཉིས་མཉམ་དུ་ཞུས། རྗེས་ནས་སྐྱུ་ས་ལ་བབ་པ་རེད། ཀར་ཚེ་འདས་སྐབས་སྲས་བླ་མ་རྒྱལ་པོ་མཛད་ཀྱང་བླ་མ་གྲུབ་ཐོབ་རེད་ནས་མཛད་སྤྱོད་ཡ་མཚན་ཅན་མང་པོ་བསྟན་པ་རེད།

ཡང་བསྐྱར་བླ་མས་ཀརྨའི་སྒར་དུ་གཡེར་མོ་ཆེའི་ནང་དུ་སེར་སྐྱ་མང་པོ་ལ་རིན་ཆེན་གཏེར་མཛོད་ཆེན་མོའི་དབང་ལུང་སྐབས། ཡང་བསྐྱར་སོང་ནས་ཞུས་པ་ཡིན། སེར་སྐྱ་ཆོས་ཞུ་བ་ཀརྨའི་གཡེར་མོ་ཆེའི་གང་ཡོད་པ་རེད། དེ་རྒྱབ་མཛོ་རྫེ་དགོན་དུ་བླ་མའི་མདུན་ནས་རྗེ་དྲུང་རིན་པོ་ཆེ་དང་མཉམ་དུ་ཤེས་བྱ་ཀུན་ཁྱབ་མཛོད་ཆབ་ཚང་ཞུས་པ་ཡིན། དེ་ནས་ཡར་ཡོང་ནས་རང་

དགོན་དུ་དབང་ལུང་ཁྲིད་གསུམ་ཞུ་རྒྱུ་དང་མཚམས་སྒྲུབ་ཉམས་ལེན་གང་ཐུབ་བྱས་ནས་དུས་ཚོད་ཆུད་ཟོས་ལ་མ་བཏང་ནས་བསྡད་པ་ཡིན། དུས་ལོག་མ་བྱུང་བར་བླ་མའི་སྐུ་མདུན་དུ་ལོ་རྟག་པར་སྟོན་དགུན་གང་རུང་དུ་དབང་ཁྲིད་དང་དོགས་སེལ་བླང་དོར་གྱི་བཀའ་སློབ་སོགས་ཞུ་ལ་བསྐྱུར་གྱི་ཡོད། རྗེས་མའི་མཇལ་བཅར་སྐབས་བླ་མས་རྒྱ་གར་དུ་སོང་ན་བཟང་བའི་བཀའ་གནང་བྱུང་། དེ་ནས་བཟུང་བླ་མ་ཞལ་མ་མཇལ་བ་རེད།

དེ་ནས་ཚུར་ལམ་གཏམ་གཞུང་ལ་སྐར་བསྡད་ཡོད། མཛོད་རྩེ་དགོན་ནས་རྗེ་དྲུང་རིན་པོ་ཆེས་ང་ཡོང་གི་ཡོད་པ་གསན་ནས། ཞབས་ཞུ་བཀྲ་དགའ་ཟེར་བ་ཞིག་མངགས་ནས་ང་མདུན་དུ་ཤོག་གསུངས་སོང་། མདུན་དུ་བཅར་བས་ཐུགས་མཉེས་ཚོར་ཚོད་མེད་དང་བཅས་ནང་ལུགས་ཀྱིས་གསུང་གླེང་གང་མང་གནང་ཞིང་། ད་དུས་ཚོད་ཡག་པོ་ཡོང་ས་མ་རེད། ཁྱེད་རྒྱ་གར་ལ་ཕེབ་ཐུབ་ན་ཡག་པོ་ཡོད་རེད། ཐར་འགྲོ་ཡི་རེད། ང་ནི་གཟུགས་པོ་ལྷི་མོ་རེད་རེ་བ་གང་ཡང་མེད་པ་རེད། རྐང་པ་ཡག་པོ་མེད། ང་གཉིས་བླ་མ་གཅིག་གི་སློབ་མ་རེད། དད་པ་དང་དམ་ཚིག་ལ་སེལ་ཞུགས་དོན་རྩ་བ་ནས་མེད། སྨོན་ལམ་ཡག་པོ་གནང་ཤོག ང་གིས་སྨོན་ལམ་རྒྱག་ཡོང་ད་ཚེ་འདི་ར་ང་གཉིས་ཐུག་གི་

མ་རེད། མ་འོངས་པར་ཐུག་ཡོང་གསུངས་ནས་སྐྱོ་སྣང་ཚད་མེད་མཛད་ནས་དབུ་ཐོད་གཏུག་ཞིང་ཞལ་གྱིས་དགོས་ཐུག་སོང་། ང་ནི་དེའི་ཉིན་པར་སེམས་སྐྱོ་ནས་ག་ཡིན་འདི་ཡིན་མ་རེད། ལུང་བསྟན་ངོ་མ་རེད་འདུག དེ་ནས་ཞལ་གྱིས་ནས་ཞལ་མ་མཇལ་བ་རེད།

རྗེས་ནས་ཡང་སྲིད་མཆོག་སྤྲུལ་རིན་པོ་ཆེ་ཞལ་མཇལ་སྐབས་སྔ་མའི་ཐུགས་སྨོན་གནང་བ་བཞིན་དམ་ཚིག་ལ་སེལ་མེད་དུས་སྤུན་མཆེད་ཀྱི་བརྩེ་གདུང་ལྷར་ཕན་ཚུན་འབྲལ་དཀའ་བ་ཡོང་གི་འདུག སྔོན་མོ་གནམ་རྫོང་དུ་བླ་མའི་མདུན་དུ་ག་དུས་སོང་ན་ལྷ་ཐོག་རྒྱལ་པོའི་ནང་ལ་འགྲོ་ནས་མཇལ་བཅར་དང་། དེ་ནས་ལམ་འགག་ནས་རྐུན་མ་སོགས་ཉེས་འགལ་ཆེན་པོ་ཡོད་པས་ཟུར་དམག་མངགས་ནས་རྟ་ཁལ་སོགས་བདག་རྐྱེན་གཞན་དང་མི་འདྲ་བ་གནང་བའི་ལུགས་སྲོལ་ཡོད་པ་རེད།

དེའི་ཡར་མར་ཞིག་ལ་ནུབ་གཅིག་རྨི་ལམ་དུ། གྲྭ་པ་ལོ་ཆུང་ཆུང་མཛེས་ཉམས་དང་ལྡན་པ་ཞིག་ཡོང་ནས་ཁྱེད་ལྷོད་གཡེང་ཤོར་བའི་ཚེ་འདས་མང་པོ་ཞིག་ངས་རུག་རུག་བཟོས་ཡོད། ཁྱེད་ཀྱིས་ཐུགས་སྨོན་དང་སྨར་ཚིག་གནང་མ་གཏོགས་ང་གཅིག་པུའི་ཡོང་གི་མི་འདུག འགྲོ་ཐེར་བྱུང་བས། འགྲོ་ས་ཐེར་གང་ཡང་

མི་འདུག ངས་ཁང་པ་མཐོན་པོ་རྒྱ་མཐོང་ཡོད་པ་ཞིག་གི་ཐོག་ཁ་ནས་མར་བལྟས་པས་སེམས་ཅན་ཇར་རེ་ཇོ་རེ་མང་པོ་ཞིག་བསྟན་བྱུང་།

འདི་ཚོ་ཡར་འདྲེན་མ་ཐུབ་ན་ཡག་པོ་ཡོང་ས་མ་རེད་ཟེར། ང་སྙིང་རྗེ་ཚད་མེད་སྐྱེས་སོང་། འོད་དཔག་མེད་སྨོན་ནས་གསོལ་བ་རྩེ་གཅིག་ཏུ་བཏབ། འཕོ་ལུང་བཞིན་གསལ་བས་ནུབ་ཕྱོགས་ནས་འཇའ་སྲུ་གུ་ཡོད་པ་ཞིག་རྩེ་མོ་ཕྲ་ས་དེ་ཁང་པ་དེའི་རྒྱ་མཐོང་ཁ་ལ་ཟུག་ནས་སྒྲོས་ཤེལ་གྱིས་རྡལ་ལེན་པ་བཞིན་བྱས་ནས་འཇའ་ནང་དུ་སེམས་ཅན་དེ་ཚོ་ཡར་ནུབ་ཕྱོགས་སུ་སོང་ཐལ། ཕོ་ཚོས་ང་ལ་མར་ལྟ་ནས་དགའ་བའི་རྣམ་འགྱུར་མང་པོ་སྟོན་གྱི་འདུག དེ་ནས་རིམ་བཞིན་འཇའ་དང་ཁང་པ་ཚང་མ་ཡལ་སོང་། གྲྭ་ཆུང་དེས་ང་ལ་ད་ཡག་པོ་རེད་སོང་། ཕྱིན་ཆད་གཟབ་གཟབ་བཟོ་དགོས་རེད་མ་གཏོགས་དཀའ་ལས་ཁག་པོ་ཡོང་གི་རེད། གཤིན་པོའི་འབྲེལ་བ་དེ་གལ་ཆེན་པོ་རེད་ཟེར། དེ་ཕྱིན་ཆད་རང་ནུས་གང་ཡོད་གཟབ་གཟབ་བཟོ་ཡི་ཡོད་ལ་ཕྱིས་ནས་བླ་མ་སྤྲུལ་སྐུའི་མིང་འཛིན་རྣམས་ཀྱིས་ཕྱིན་ཆད་དང་ཟས་གཤིན་སྐོར་ལ་བསྔོ་སྨོན་སོགས་ནན་ཏན་མ་གནང་ན་འོ་བརྒྱལ་ཆེན་པོ་ཡོང་བའི་ཉེས་འགལ་ཆེན་པོ་རེད་འདུག སྔར་གཙང་བླ་ཧ་ནག་ཅན་གྱི་ལོ་རྒྱུས་

དེ་བདེན་པའི་ངེས་པ་རྙེད་པ་ཞིག་བྱུང་།

དེའི་སྐབས་ང་གི་སྤྱན་མཆེད་ཚེ་དབང་ཟེར་ནས་ཆོས་ཀྱི་སྐོར་དང་རིག་གནས་སོགས་ཤེས་པ་ཡོན་ཏན་ཡག་པོ་མི་མང་གི་ཆགས་འཇོག་ཆེ་བའི་ཆོས་པ་བཟང་པོ་ཞིག་ཡོད། དེས་ངའི་སྐོར་དང་། དུས་ཚོད་ག་འདྲ་ཡོང་བ་སོགས་བརྟགས་ལུང་ཞུ་བར་གོ་འཇོར་ཞག་བླ་བྱང་ཆུབ་རྡོ་རྗེའི་མདུན་ལ་སོང་དུས། དུས་ཚོད་འབྲིང་ཙམ་མ་གཏོགས་ཡོང་བའི་བཟོ་མི་འདུག མཁའ་འགྲོ་ཞིག་བཞེས་ན་འགྲོ་དོན་ལ་ཅུང་ཙམ་ཕན་པའི་ངོ་འདུག་གསུངས་ནས་ད་ལྟའི་མཁའ་འགྲོ་པདྨ་འདི་དང་། དེ་མ་ཡིན་པའི་མཁའ་འགྲོ་གཅིག་གཉིས་ཤིག་ཡུལ་ལུང་དང་། ཁྱིམ་ཚང་སོགས་ཀྱི་གནས་ཚུལ་གསལ་པོ་གསུངས་ནས་གང་རུང་གཅིག་བཞེས་ན་འགྲིགས་ཀྱི་འདུག་གསུངས་འདུག དེ་ལ་ཆག་བཞག་ནས་མདོ་ཁམས་གཞུང་ནས་ཡོར་སྐྱིད་ཚང་གི་བུ་མོ་མཁའ་འགྲོ་པདྨ་འདི་བཞག་པ་རེད། མཁའ་འགྲོ་གནས་མདོ་དགོན་དུ་མ་ཡོང་གོང་ཁྱིམ་དུ་ཡོད་དུས་ཉིན་གཅིག་འཇའ་ཤར་ནས་ཡ་མཚན་ཆེན་པོ་བྱུང་ཀྱང་དེ་སྐབས་ཏ་མ་གོ་བར་སྤྱན་ཞིག་གིས་ཁྱེད་ལ་སྤྲུལ་སྐུ་འཁྲུངས་རྒྱུ་རེད་ཟེར། ངོ་ཚ་བས་ཕོང་ཁྲི་ལང་ནས་ལྡི་བ་གཏོར་དེ་འདྲ་བཟོས་པ་ཡིན་ཟེར། མཁའ་འགྲོ་ཆུང་ཆུང་དུས་མི་མ་ཡིན་མཐོང་བའི་སྐད་

གྲགས་ཡོད་འདུག

དེའི་སྐབས་ངོར་མཁན་ཆེན་གྱིས་ནང་ཆེན་རྒྱལ་པོའི་ནང་དུ་མདོས་ཆེན་བཀུགས་དུས་མཁའ་འགྲོ་ཤོག་ཅེས་སྐད་བཏང་ནས་དེ་རིང་ག་རེ་འདུག་དྲི་བ་མཛད་པས། མཁའ་འགྲོས་མི་མ་ཡིན་གྱི་ཁྱིངས་ཚུལ་གསལ་པོ་བཤད་པས་ཤོང་གི་དངོས་གནས་རེད་འདུག་གསུངས་ནས་ཏ་ལས་པ་རེད་ཟེར། སྐྱེ་དམན་ཞིད་སྣང་ཚ་པོ་ཞིག་འདུག་ཚུལ་བཤད་པས་འབར་མོ་རེད་འདུག་གསུངས་ནས་ཏང་སང་བའི་གནས་ཚུལ་མང་པོ་བཤད་རྒྱུ་འདུག ཚུར་གནས་མདོར་བསྡུས་དུས་གཟིམ་ཁང་གི་བར་དུ་འཇའ་ཤར་ནས་ཆར་ཟིམ་བབ་པ་སོགས་བྱུང་སྐབས། མི་དགའ་མཁན་རྣམས་ཀྱིས་ལོ་སད་འགྲོ་བའི་ཉེས་འགལ་ཡོད་པ་རེད། ལྷས་ངན་རེད་ལབ་མཁན་བྱུང་བ་རེད་འདུག་ཅེས་བཤད་པ་རེད་ཟེར། གང་ལྟར་ཡང་དེའི་ལོ་མོ་ཆར་མ་བབ་པ་ཡིན་དུས་ཆར་ཆེན་པོ་བབ་པ་སོགས་ཚང་མར་ཡ་མཚན་ཆེན་པོ་བྱུང་བ་རེད་ཟེར། དུས་ཟིང་སྐབས་སུའང་ལམ་འགག་ནས་དཀའ་ངལ་འཕྲད་སྐབས་མཁའ་འགྲོ་ལ་རྨི་ལམ་གསལ་པོ་རྨིས་རྒྱུ་འདུག དེ་ལ་ཆ་འཛོག་བཟོ་ནས་འགྲོ་དུས་ཕན་ཐོགས་ཆེན་པོ་བྱུང་སོང་།

བརྒྱད་པ། ངོ་མཚར་ཆེ་བའི་ལུང་བསྟན་དང་པོ་བྱུང་བ།

དེ་སྐབས་རྒྱ་དམག་སླད་ནས་ཡར་ཡོང་གི་འདུག་ཟེར་ནས་བོད་དམག་མར་བཤར་བའི་དུས་ཚོད་ཞིག་ལ་ང་ཕ་ཚང་དུ་ཡོད། ནུབ་གཅིག་ཐོ་རེངས་རྨི་ལམ་མ་ཡིན་པར་གཉིད་སད་ཚར་བའི་སྐབས་ཕྱི་ལོག་ནས་གཅིག་ཡོང་གི་འདུག་བསམ་པ་ཞིག་བྱུང་། ཁང་པ་ཐོགས་ཁ་ལ་རེད། ཁང་པ་དེ་སྒོ་ཕྱེས་ནས་བུ་ཆུང་འདྲ་བོ་ལྷ་ནང་ལ་སླེབས་སོང་། ཚང་མ་ཞྭ་དཀར་པོ། ནང་འཛམ་དཀར་པོ། ཕྱུ་བ་དཀར་པོ། ལྷམ་ནག་པོ། གཟུགས་ཡག་པོ། ཞལ་ངོ་དཀར་པོ་ལོ་བཅོ་ལྷ་ཙམ་ཡིན་ས་རེད་བསམ་བསམ། རྒྱབ་ཏུ་གོས་ཆེན་གྱི་འབོག་དྲིལ་སེར་པོ་རེ་རེ་ཁྱེར་འདུག བུ་ཆུང་སྔོན་མ་དེ་ཡིས་འབོག་དྲིལ་སེར་པོ་དེ་ཚུར་བསྔོགས་བྱུང་། དེའི་ནང་དུ་ཤིང་ལོ་སྔོན་པོ་རིང་པོ་ཞིག་འདུག ང་ལ་ཚུར་བསྟན་ནས་མདོ་ཁམས་ཕྱོགས་ནས་སྐྱེས་ཆེན་ལྷ་གདན་འདྲེན་ཞུ་དགོས་ཀྱི་ཡོད། ང་ཚོ་མི་རེ་ལ་བླ་མ་རེ་གདན་འདྲེན་ཞུ་རྒྱུ་ཡོད། ང་ཀརྨ་ཆགས་མེད་གདན་འདྲེན་ཞུ་མཁན་ཡིན་ཀརྨ་ཆགས་མེད་ཁྱེད་རེད་འདུག ཡི་གེ་འདི་ལ་གཟིགས་ཟེར་བསྟན་བྱུང་།

ཡི་གེ་བརྟོན་རིམ་བཞིན་ཤིང་ལོ་དེ་རང་ཡལ་ལ་འགྲོ་གི་འདུག དུས་ཚོད་ཡག་པོ་ཡོང་གི་མེད་རྒྱ་གར་འཕགས་ཡུལ་དུ་ཕེབས་ཤོག རྒྱ་གར་འཕགས་ཡུལ་དུ་ཕེབས་ན་སྐྱ་ངལ་མེད་ཅིང་འགྲོ་དོན་འབྱུང་ཞེས་པ་ཞིག་འདུག ཁོང་ཚོ་མར་ཁ་བསྐོར་བ་དང་མཉམ་དུ་རང་ཡལ་དུ་སོང་ནས་ཁྱིམ་གསལ་ཆིལ་ལེར་བྱུང་བ་དེ་ཡང་མེད་སོང་།

ནམ་ལང་མི་འདུག ང་ཙུག་ཙུག་བཟོས་ནས་བསྡད་འདུག ཡ་ད་འགྲོ་དགོས་པའི་དུས་ཚོད་ཡིན་ས་རེད་དུས་ཚོད་ཡག་པོ་ཡོང་ས་མ་རེད་བསམ་ནས་སེམས་མི་བདེ་བ་ཞིག་རེད་སོང་། ཞོགས་པར་ང་གི་སྤྱན་མཆེད་བསོད་མགོན་ཟེར་ནས་དགེ་སློང་ཆོས་པ་ཡག་པོ་ཞིག་ཡོད།། དེ་ལ་དེ་ལྟར་བྱུང་ཚུལ་བཤད་པ་ཡིན། ཁོང་གི་ད་ཁྱེད་ཕེབ་པའི་དུས་ཚོད་ཡིན་གྱི་རེད། ཕེབས་ན་ཡག་པོ་ཡོད་རེད། ང་ཚོ་ལ་བསམ་བློ་གཏོང་རྒྱུ་གང་ཡང་མེད་པ་རེད་གསུངས་སོང་། སྐད་ཆ་དེ་གཞན་སུ་ལ་ཡང་མ་བཤད། དེ་ནས་ཚུར་ཡོང་གནས་མདོ་དགོན་ལ་བསྡད་པ་ཡིན།

དེའི་ཡར་མར་ཞིག་ལ་དཔྱིད་ཁ་རེ་ནི་དགོན་པར་སྒྲུབ་ཆེན་ཞིག་གི་དབུར་ཡོང་དགོས་གསུངས་བ་བཞིན་སོང་། དེ་སྐབས་ལྷ་སྲིན་དམ་བསྒྲགས་དགོས་ཟེར་བ་བཞིན་བྱས་པས་ཉིན་

གཅིག་དགོན་ཕྱི་ནང་ཚང་མར་བདུད་རྩི་བབ་འདུག་ཟེར་ནས་འུར་རྒྱབ་སོང་། ལྟ་དུས་རྩེ་ཤིང་གི་ལོ་མའི་ཁ་ལ་བུ་རམ་གྱི་ཁུ་བ་ལྟ་བུས་ཁེངས་འདུག ལྕེ་རྩེར་ལེན་དུས་སྦྲང་རྩིའི་རོ་ཧྲི་ལྟ་བ་བཞིན་འདུག གྲུབ་རྟགས་ཡིན་མིན་མ་ཤེས་ཀྱང་དད་པ་དང་དམ་ཚིག་ལ་སེལ་མེད་པའི་ངེས་པ་རྙེད་བྱུང་།

དགུ་པ། སྨིན་པ་བཞིན་རྒྱུགས་པའི་ཟྭེ་ལིང་རྟ་དམག་གི་སྐོར།

རྒྱ་ཡར་ཡར་སླེབ་ནས་ཡུལ་ལུང་གི་བླ་མ་དང་མི་ཆེ་བ་ཕལ་ཆེ་བ་རི་ལ་བྲོས་པ་དང་། ང་ཚོ་ཡང་ཅ་ལག་ཚང་མ་ཕར་བཅོལ་ཚུར་བཅོལ་བྱས་ནས་རི་ལ་བྲོས་ནས་འདུག་དགོས་བྱུག་སོང་། དེ་སྐབས་ཞིག་ལ་ཟྭེ་ལིང་རྟ་དམག་ཡོང་ནས་ཐམ་ཀ་ལ་སྐར་བརྒྱབ་ནས་དེ་ན་གྱི་མི་མདའ། རྟ་པོ་ཡི་རིགས་ཚང་མ་ཁྲིད་འོག་གལ་སྲིད་མ་སྲུད་ན་མར་ཡོང་ནས་ལེན་གྱི་ཡིན་ཟེར་ནས་བཙན་བཀའ་བཏང་འདུག ང་དང་སངས་སྤྲུལ་བླ་བྲང་གཉིས་གཤའ་རྫ་ནང་ལ་བྲོས་པ་ཡིན། ངོམ་སྟོད་ཀྱི་མི་ཕལ་ཆེར་ཐམ་ག་ལ་སོང་ནས་རྟ་དང་ལག་ཆ་རྫིས་སྤྲུད་སོང་།

ང་ཚོས་གནས་མདོ་དགོན་པའི་གྲྭ་པ་བཀྲ་ཤིས་དང་། བློ་བཟང་རྡོ་རྗེ་གཉིས་ལ་རྟ་རྐྱོད་མ་འགག་ཤས་དང་། གྲི་འགའ་ཤས་བསྐུར་ནས་མངགས་པ་ཡིན། དེ་ཚོ་ཡར་རྫིས་སྤྲུད་ནས་དགོང་མོ་མར་སླེབ་སོང་། ཚགས་མེད་རིན་པོ་ཆེ་དང་། སངས་སྤྲུལ་རིན་པོ་ཆེ་གཉིས་ཡོང་མི་འདུག་ཟེར་ནས་བཀའ་བསྒོན་དེ་འདྲ་བཏང་སོང་ཟེར་ནས་སླེབས་བྱུང་ཟེར། སང་ཉིན་མར་ས་སྣང་ལ་ཡོང་

གི་ཡིན། སངས་སྤྲུལ་རིན་པོ་ཆེ་དང་ངེད་གཉིས་ཡོད་པ་གྲིས་གལ་སྲིད་མི་འདུག་ན་དགོན་པ་གཏོར་གྱི་ཡིན་ཅེས་བཤད་འདུག དེ་ནས་ཚང་མས་ངེད་གཉིས་འདུག་རྒྱུ་མེད་པ་རེད། ཚབ་གཅིག་བཞག་དགོས་ཀྱི་འདུག་ཟེར་ནས་ཐག་བཅད་སོང་། ཚབ་གྲྭ་པ་གཉིས་བཞག་ནས་ང་ཚོ་ཡར་རི་ལ་བྲོས་ནས་མར་བལྟས་ནས་བསྡད་པ་ཡིན།

ཉིན་གུང་མཚམས་སོལ་དུད་ཐང་ནས་རྟ་པོ་སྨྲད་བཞག་པ་རྣམས་ཆིབས་ནས་ལམ་སེང་གི་ཤར་དང་བཅས་སླེབས་བྱུང་། དགོན་པའི་ཉེ་སར་སླེབས་དུས་དམག་མི་རྣམས་རྟ་ལས་བབ་ནས་སྒུར་སྒུར་བཟོས་ནས་འཛབ་སྟེ་དགོན་པ་བསྐོར་བྱུང་། དེའི་རྗེས་ནས་སླེབས་པའི་དམག་མི་རྣམས་དགོན་པར་འཛུལ་ནས་གསེར་ཏོག་མན་ཆད་ཁེངས་སོང་།

དེ་མཚམས་སངས་སྤྲུལ་རིན་པོ་ཆེའི་སྐུ་ཚབ་ལ་ཨོ་རྒྱན་ཟེར་ནས་བླ་ཀན་ཞིག་བཞག་པས། དེ་རྒྱ་ཡིས་བཟུང་ནས་གཏོར་ལྷེབ་སྣ་ནས་ཡར་འཁྲིད་མར་འཁྲིད་བཟོས་སོང་། ངའི་ཚབ་ཏུ་ཀརྨ་རིན་ཆེན་བཞག་ཡོད་རེད། ཁོ་ནི་གོ་རྒྱུ་རིག་རྒྱུ་གང་ཡང་མི་འདུག དེ་ནས་གང་མཚམས་རྗེས་དགོན་པ་ནས་ཐོན་ཏེ་མར་སྐྱོན་པ་རྒྱུགས་པ་བཞིན་རྒྱུགས་སོང་། སངས་སྤྲུལ་རིན་པོ་ཆེའི་སྐུ་ཚབ་

དེ་ཁྲིད་མ་བྱུང་། དགོང་མོ་གྲྭ་པ་འགའ་ཤས་ཀྱི་ལས་བྱུད་ནས་ང་ཚོའི་སར་འཁོར་བྱུང་། ད་དེ་རིང་ཡག་པོ་རེད་མ་སོང་། སངས་སྤྲུལ་རིན་པོ་ཆེའི་སྐུ་ཚབ་བླ་ཆུན་དེས་རིལ་མདོག་བཟོས་ནས་རྒྱ་ཡིས་ཡར་འཛིན་ཀྱང་ལང་མ་སོང་། རྒྱ་ཡིས་ཅི་བཟོ་མ་རེད་ནས་ཤི་ཤི་བརླག་བརླག་ཅེས་བཞག་སོང་།

ངའི་ཚབ་དེ་ནི་རྒྱ་ཡིས་ང་མ་ཡིན་པ་ཤེས་སོང་ན་ཡག་པོ་རྩ་བ་ནས་ཡོང་གི་མ་རེད་ཟེར་ནས་བྲོས་སོང་ཟེར། ཆགས་མེད་པོ་གཏུག་མི་ཉན་པའི་རྒྱུ་མཚན་གང་ཡིན་ན། སང་ཉིན་ང་ཚོ་ཡར་ཡོང་གི་ཡིན། དེ་དུས་མི་འདུག་ན་ཡག་པོ་མི་ཡོང་ཟེར་ནས་སོང་ཐལ། ད་ཡག་པོ་ཡོང་སམ་རེད་ཟེར་བཤད་སོང་། དེར་ཡོད་ཚང་མས་ང་རྩ་བ་ནས་གཏུག་ཉན་གྱི་མ་རེད། ས་ཆ་གཞན་པ་ཞིག་ཏུ་ཉེན་ཡོལ་ལ་འགྲོ་དགོས་པ་རེད། དགོན་པ་ནི་སྤྱི་ཕྱི་མ་གཏོག་བཤིག་མི་བཤིག་མེད་པ་ཐག་ཆོད་པ་རེད་ཅེས་ཚང་མས་བཤད་སོང་།

ངའི་བསམ་པར་ང་རང་གང་རེད་ན་རེད། ཆགས་མེད་ནཱ་གས་ཕྱུག་བཏབ་ནས་བྱིན་གྱིས་བརླབ་པའི་རྟེན་གསུམ་དང་གཙུག་ལག་ཁང་འདི་ཉིད་ཞམས་ཆག་ལ་ཉེན་གཅིག་མ་སོང་ན་འགྲིགས་པ་རེད། ང་རྒྱ་ཡིས་བཟུང་ཡང་གོ་ཆོད་པ་རེད་བསམ་

ནས། ང་རང་གི་ངོས་ནས་འགྲོ་རྒྱུ་ཐག་བཅད། ཕོང་ཚོ་སེམས་བདེ་བའི་ཆེད་དུ་སངས་སྤྲུལ་རིན་པོ་ཆེར་མོ་ཞིག་ཞུ་ཁུལ་བཟོས་ན་ཕོང་ཚོས་ཁས་ལེན་པ་ལ་ཕན་ཡོང་བསམ་ནས། རིན་པོ་ཆེར་ཕྱག་མོ་ཞིག་ཞུས་པས། མོ་ཡག་པོ་འདུག གནས་ཚུལ་ལ་བལྟས་ན་ཉེས་ཁ་ཆེན་པོ་རེད་མ་ཕེབ་ན་ཡག་གི་རེད་གསུངས་བྱུང་། རིན་པོ་ཆེའི་ཕྱག་མོ་དེ་ཁག་བཞག་ས་ཡོད་དུས་ད་རིན་པོ་ཆེའི་ཕྱག་མོ་ཡག་པོ་འདུག སུ་གང་གི་དགོན་པ་མ་གཏོར་གོང་ང་ཚོའི་དགོན་པ་གཏོར་སོང་ན་མི་ཡི་སྡོན་ལ་ངོ་ཚ་པོ་ཆག་གི་རེད། ང་གཅིག་འགྲོ་བཞག་ཅེས་བཤད་ནས་ཐག་བཅད། ཚེ་དབང་དགྲ་འདུལ་དང་། བློ་བཟང་དགྲ་འདུལ་གཉིས་རོགས་པ་དང་། རྟ་རྒོད་མ་ཁྲིད་ན་ཕོ་ཚོས་འཕྲོག་འགྲོ་དུས་རྒོད་མ་ཞིག་འཁྲིད་རྒྱུ་བཟོས་པ་ཡིན། ཕོང་རྣམ་པས་ང་མི་འགྲོ་བའི་ཐབས་ཤེས་མང་པོ་བཟོས་ཀྱང་། ངས་མ་ཉན་པས་ཅི་བྱེད་མེད་དུས་ཕོང་ཚོ་ཚང་མ་འགྲོ་ཡི་ཡིན་ཅེས་བཤད་སོང་། ངས་སངས་སྤྲུལ་རིན་པོ་ཆེ་དགུང་ལོ་མཐོན་པོ་རེད། ང་ཚོ་ཚང་མ་རྒྱ་ཡིས་ཟིན་ན་ཡག་པོ་མེད་པ་རེད་ཅེས་བཤད་པས་ཕོང་ཚོའི་མ་རེད་ཟེར་བཤད་ཐུབ་མ་སོང་། ང་འཆི་བ་ལ་འགྲོ་བའི་སྡུག་བསྔལ་ཙམ་བྱས་ནས་དུ་ངག་གིས་ལུང་པ་བཀང་ནས་གསོལ་འདེབས་དང་སྨོན་ལམ་བཅས་ང་ཚོ་ཚང་མ་

ཐོད་པ་གཏུག་རེས་དང་། འཐམ་རེས་བཟློས་ཞལ་གྱིས་དགོས་ཐུག།

གཙོ་བོ་ང་གི་རྩ་བའི་བླ་མ་སངས་སྤྲུལ་རིན་པོ་དང་ཞེན་ཁ་ཆེན་པོའི་སྐབས་ཞལ་གྱིས་དགོས་ཐུག་པ་ཐེངས་དང་པོ་ཡིན་པས་འཁྲལ་དཀའི་སྐྱོ་གདུང་དེས་ང་རྒྱ་མི་ལ་འཇིགས་སྐྲག་དང་ཞེད་སྣང་གང་ཡང་ཡོང་གི་མི་འདུག དེ་ནི་དུས་ཕྱིས་ཡང་བསམ་མི་ཐོད་པ་བྱུང་། འདུས་པའི་ཐ་མ་འཁྲལ་ཞེས་པའི་ཚིག་དེས་སེམས་གསོ་གཏོང་གི་སོང་བས་ས་སྣང་ལ་སླེབས་སོང་། དམག་མི་དང་བོད་མི་མང་པོ་འདུག ང་ཟུར་ཞིག་ཏུ་བསྡད་ནས་སྐད་ཆ་དྲིས་ཤོག་ཅེས་བློ་བཟང་རྡོ་རྗེ་ཡར་མངགས་པས་ཁོ་ལམ་སེང་མར་སླེབས་སོང་། ཏོག་ཙམ་སྒུག་དང་མི་མངགས་ཡོང་ཟེར་གྱི་འདུག་ཟེར། ངེད་གཉིས་ཙུང་ཙམ་བསྡད་པས་སྐད་གཏོང་མཁན་མི་མངགས་བྱུང་། ཁོ་རང་གི་སྒོ་དྲུང་དུ་དམག་མི་རྣམས་མེ་མདའ་འཛུས་ནས་ཞེད་སྣང་སྐྱེ་དགོས་པ་ཞིག་བཟོས་ནས་བསྡད་འདུག་ཀྱང་ཞེད་སྣང་སྐྱེ་མ་སོང་། ཡར་ནང་དུ་འཛུལ་ནས་སོང་བས་ཉལ་ཁྲི་ཞིག་གི་ཁ་ལ་གྲུམ་གདན་བཏིང་འདུག དམག་དཔོན་དེས་ལག་ཏུ་ཐྭ་དབྱུག་ཞིག་ཐོགས་ནས་བསྡད་འདུག སྟོན་མ་གོ་ཐོས་ལ་རྒྱ་ལ་གུས་ཞབས་རྩ་བ་ནས་མི་བྱེད་པར་འདྲ་མཉམ་བཟོས་ན་ཡག་པོ་ཡོད་རེད་ཟེར་ནས་གོ་བས་དེ་ལམ་སེང་དྲན་བྱུང་། ཁོ་རང་གི་

གདན་དེ་ལ་རྒྱ་ཆེན་པོ་གང་ཡང་མི་འདུག་ཀྱང་ང་ཁོ་རང་གི་གདན་ཁར་འཚང་ག་བརྒྱབ་ནས་བསྡད་པ་ཡིན། ཁོ་ཁོང་ཁྲོ་ལང་ནས་གདོང་པའི་མདོག་དམར་པོ་ཆག་སོང་ཀྱང་ཚིག་ངན་པ་གང་ཡང་བཤད་མ་སོང་། གཞན་སྐད་ཆ་གང་ཡང་མེད་པར་ཁྱོད་ཐམ་ཀ་ལ་ཡོང་མི་དགོས་པའི་རྒྱུ་མཚན་གང་ཡིན་ཟེར། ངས་ང་ཤོག་ཟེར་གོ་མ་སོང་། རྟ་དང་གྲི་མེ་མདའ་ཁུར་ཤོག་ཟེར་གྱི་འདུག་ཟེར། དེ་ཚོ་ཡར་བསྐྱུར་བ་ཡིན་ཅེས་བཤད། གཉིས་པ་ལ་ང་ཚོ་གནས་མདོ་དགོན་ལ་སོང་དུས་ཁྱོད་མི་གདུག་པ་གང་རེད་ཟེར། ང་ཚོའི་ལུགས་སྲོལ་ལ་མི་ཤི་སར་བླ་མ་འགྲོ་བའི་ལུགས་སྲོལ་ཡོད་པ་རེད། ང་མི་ཤི་སར་འགྲོ་བའི་ཁ་ཐུག་དང་ཁེལ་བྱུང་བས་གདུག་ཐུབ་མ་སོང་ཅེས་བཤད། གསུམ་པ་ཁྱེད་ལ་རྟ་ཡག་པོ་ཡོད་པ་ང་ཚོས་གོ་བྱུང་དེ་ང་ཚོ་ལ་སྤྲད་མ་བྱུང་ཟེར། ངས་ཕོ་གཅིག་ཡོད་སྔོན་མ་སྤྲད་ཚར་བ་ཡིན། དེ་མ་གཏོགས་རྟ་ཕོ་མེད་རྒོད་མ་འགའ་ཤས་ཡོད། དེ་རིང་གཅིག་བཅའ་ཡོད་གཞན་རྟ་མང་པོའི་ང་ལ་དགོས་པ་མེད་པ་རེད། ཕར་ཚུར་འགྲོ་དགོས་ན་གཞན་པའི་རྟ་ཆིབས་ཆོག་པ་རེད། བླ་བྲང་ལ་དཔལ་འབྱོར་ཡག་པོ་མེད་པས་རྟ་ཆས་དཀོན་པོ་ཡོད་ཅེས་བཤད་པས་དམིགས་བསལ་ཁོས་དེའི་སྐོར་ནས་བཤད་རྒྱུ་གང་ཡང་རག་མ་སོང་། ཁྱོད་ང་ཚོ་ལ་ཁག་མང་པོ་

ནས་མ་གདུག་པས་ཁྲིམས་འགལ་རེད། ཁྱོད་ལ་རྟ་ཡག་པོ་ཡོད་པ་སངས་སྤྲུལ་རིན་པོ་ཆེས་བཤད་སོང་། ཁྱོད་ཀྱིས་ང་ཚོ་ལ་ཁ་གཏད་བཟོ་ནས་ཟིང་འཁྲུག་བཟོ་བའི་འཆར་གཞི་རེད་འདུག ང་ཚོས་ཧ་གོ་སོང་ཟེར། ངས་ཁྱེད་ཚོ་གནམ་སའི་བདག་པོ་རེད་ངས་ཟིང་འཁྲུག་བསླང་ཐུབ་ས་རེད་དམ་མ་རེད་ངའི་དགོན་པ་ཁྱེད་ཚོསམཐོང་བ་རེད། ཐུགས་བསམ་བཞེས་རོགས་གྱིས་ཅེས་བཤད་པ་ཡིན། ཁོ་རང་གི་ཟུར་དུ་མི་རྫིག་པོ་གཡི་ལྷུགས་གོས་ཆེན་དམར་པོའི་གཡོག་ཅན་གྱོན་པ་ཞིག་འབོལ་གདན་སྟེང་དུ་བསྡད་འདུག དེ་ཡིས་ངས་གང་བཤད་པ་ཧ་གོ་དུས་ཁོ་ལ་འགྲེལ་བཤད་འདྲ་ཧྲིག་ཙམ་བརྒྱབ་སོང་བསམ་པ་བཟོས་སོང་། ཁོ་གཉིས་སྐད་ཆ་ཧྲིག་ཙམ་བཤད་སོང་།

དེ་ནས་སྐད་བསྒྱུར་དེས་ང་ལ་ཁྱོད་དགོངས་པ་ཞུས་ཡོད་གནས་ཚང་ག་བ་ཡིན་ན་སོང་ཟེར་ནས་སྒོ་རྒྱར་མར་ཁྲིད་ནས་གནས་ཚང་ག་བ་ཡོད་ཟེར་དྲིས་བྱུང་བས། ས་སྣང་སྡེ་པའི་རྒྱར་མཛུབ་མོ་བཙུགས་ནས་བསྟན་པས། ཁོ་དོ་ནུབ་ཡོང་གི་ཡིན་གཉིད་ཁུག་མ་འདུག་ལབ་བྱུང་། ས་སྣང་སྡེ་པའི་ནང་མི་ཚང་མ་བཟུང་ནས་ཁྲིད་ཚར་འདུག སྤུ་མོ་ཡིན་ན་ཕེབ་ཡོང་རོགས་བྱས་ན་སྐྱིད་པོ་ཡོད། ང་ཚོ་ཚང་མ་དགའ་པོ་ཡོད། ད་ག་འདྲ་བཟོ་ཡོང་

ན་བསམ་ནས་ཞེད་ཀྱི་འདུག་ཟེར་ནས་ཞེད་སྣང་ཚོད་མེད་བྱེད་ཀྱི་འདུག ངས་ཁག་མི་འདུག་བསམ་ཀྱང་དེ་ནུབ་མོ་སྐྱོན་མི་ཡོང་ཅེས་བཤད་ནས་བསྡད་པ་ཡིན། སྐད་བསྒྱུར་མི་དེ་སློབ་ཡོང་གི་ཡོད། དེ་དུས་སྒོ་སྨེ་རོགས་ཀྱིས་ཅེས་བཤད་པས། ཁོ་ཚོ་ནི་ནང་མི་ཚང་མ་བཟུང་ཚར་དུས་གཉིད་ཡོང་གི་མི་འདུག་སྒོ་སྨེ་ཚོག་ཟེར། ང་ཚོས་སྐྱུག་བསྡད་པ་ཡིན། ཚང་མ་ཉལ་ཚར་དུས་ཁོ་སློབས་བྱུང་། ཁོ་རང་ཟེ་ལིང་གི་རྒྱ་རེད་འདུག སྐད་ཆ་བཤད་དུས་ཅུང་ཅུང་དུས་སློབ་གྲྭ་ལ་སོང་ཚུལ་སོགས་སྐད་ཆ་མང་པོ་བཤད་སོང་། ང་ཚོའི་རེ་བ་ལ་རྒྱ་ཡི་གནས་ཚུལ་དང་། དེ་སྐབས་ཐག་གཅོད་ག་རེ་ཡོད་ན་བསམ་ནས་སྐྱུག་ཡོད་ཀྱང་ཟུར་ཙམ་དེའི་ནུབ་མོ་བཤད་མ་སོང་། ཨ་རག་ཁུར་ཤོག་ཟེར་ནས་ཨ་རག་མང་པོ་འཐུང་སོང་། ནམ་སྣང་བར་དུ་བསྡད་ནས་ད་ཁོ་དོ་ནུབ་འདུག་པ་མ་གཏོག་དམག་མིས་ངོ་ནོར་གྱིས་མེ་མདའ་རྒྱག་ཡོང་བའི་ཉེས་འགལ་ཆེན་པོ་ཡོད་རེད། གྱོན་ཆས་ཁུར་ཤོག་ཟེར་ནས་ཉལ་སོང་། ཁོ་རང་ནི་དོགས་པ་སོགས་གང་ཡང་ཡོད་ས་མ་རེད། གཉིད་ལམ་སེང་ཁུག་སོང་། ང་ནི་གཉིད་ཁུག་མ་སོང་། རོགས་པ་གཉིས་ཞེ་དྲག་གཉིད་ཁུག་ཡོད་པའི་བཟོ་མི་འདུག་འགུལ་བསྐྱོད་རྒྱག་གི་འདུག ནམ་ལང་པ་དང་མཉམ་དུ་ད་ཁོ་འགྲོ་ཡི་ཡིན་ཟེར། སྐས་མགོ་ལ་

མར་སླེབས་དུས་ག་ལེར་བླ་མ་སོགས་མང་པོ་ང་རང་གིས་ཡག་པོ་འདུག་དྲན་པ་རྣམས་ལ་ངས་རོགས་པ་བཟོ་ཡི་ཡོད། ཁྱེད་ལ་ཡག་པོ་འདུག ངས་ཐག་ཆོད། རྒྱ་དཔོན་དེ་ལ་སྐད་ཆ་ཡག་པོ་བཤད་ཡོང་། ཁྱོད་ཚོའི་བསམ་པ་ལ་པདྨ་བཀོད་དུ་འགྲོ་བསམ་གྱི་ཡོད་རེད་ངས་ཤེས་ཀྱི་ཡོད། སོང་ན་ཕན་ཐོག་ཡོད་མ་རེད། ངས་རྒྱ་སྐོར་དཀར་པོ་ཁྲི་གཅིག་ཁྱོད་ལ་སྤྲད་ན་དབང་ཆ་ཡོད་རེད། དེས་ཁྱོད་ལ་ཕན་ཐོག་ཆེན་པོ་གང་ཡང་ཡོད་མ་རེད། ངས་གལ་ཆེན་གྱི་ཡི་གེ་ཞིག་སྤྲད་ཡོང་གྲྭ་པ་གཅིག་མངགས་ཤོག སྐད་ཆ་ཁར་སང་དང་གཅིག་པ་ཤོད་ཅེས་ཡར་འགྲོ་སོང་།

ཧོག་ཙམ་རྗེས་ནས་ངས་གློ་བཟང་རྡོ་རྗེ་མངགས་པས། རྒྱ་དཔོན་དེས་ལམ་ནས་འཁྱོག་ཡོང་བའི་ཧ་རྣམས་རྩེད་མོ་གཙོ་ནས་རྒྱུགས་བཞིན་འདུག ཡི་གེ་འདི་སྤྲད་སོང་ཟེར་ནས་རྒྱ་ཡིག་ཐེལ་ཙེ་དམར་པོ་མང་པོ་བརྒྱབ་པའི་ཡི་གེ་ཞིག་ཁུར་བྱུང་། དེ་ཁོ་རང་གིས་སྤྲད་ཞོར་སང་ཉིན་ཁོ་རང་ཚོ་ཡར་ཡོང་དུས་ཇ་མདོང་ཀྲུང་ཀྲུང་ཞིག་གི་ནང་དུ་ཨ་རག་ཁུར་ཆོག་ཆོག་གྱིས་ནས་སྤྱོད་ཟེར། ད་འགྲོ་ཆོག་སོང་ཟེར་ནས་ཚུར་སླེབ་བྱུང་། ང་ཚོས་དེའི་སྔོན་ནས་ཧ་ལ་སྒ་བརྒྱབ་ནས་འགྲོ་ཆོག་ཆོག་བཟོས་ནས་བསྡད་ཡོད་པས་ལམ་སེང་ཡར་ཡོང་བ་ཡིན། ཡུལ་མི་དང་གྲྭ་ཚང་གིས་ང་བཟུང་

སོང་མེད་འགྲོ་གང་ཡིན་ན་བསམ་ནས་སེམས་པ་མ་བདེ་ནས་ཟང་ངེ་ཟིང་ངེ་བཟོས་ནས་སྐྱུག་འདུག་པས། ང་ཚོ་ཡར་ཡོང་རྒྱུ་བྱུང་བས་འཆི་གསོན་ཐུག་པ་ལྟ་བུའི་དགའ་སྤྲོ་ཚད་མེད་བྱས་སོང་།

ཕྱི་ཉིན་པར་སྐྱུག་བསྡད་པས་སྨྱོན་པ་རྒྱུགས་པ་བཞིན་རྒྱུགས་བྱུང་། དམག་མང་རྣམས་ཡར་བཏང་ནས་ཁོ་རང་ཟུར་དུ་ང་ཚོ་ཡོད་སར་ཚུར་རྒྱུགས་ནས་ཨ་རག་ བླུག་བཞག་པའི་ཇ་མདོང་དེ་ཁུར་ཆོག་ཆོག་བཟོས་ནས་ཡོད་པས་མཛའ་བརྩེའི་རྣམ་འགྱུར་དང་བཅས། ང་གིས་བཤད་པ་བཞིན་རང་འཛག་སྟོད་མ་གཏོག་རྒྱ་ཡི་འོག་ནས་མི་ཐར་བ་སེམས་ཐག་ཆོད་པ་རེད། རྒྱ་གར་དུས་ཡོང་ན་ཡི་གེ་དེ་སྟོན་དང་དགའ་ངལ་ཡོང་གི་མ་རེད། དེས་གོ་ཆོད་པ་རེད་ཟེར་ནས་རྒྱུགས་སོང་། དེ་ནས་ང་ཚོ་སེམས་པ་ཏོག་ཙམ་བདེ་ནས་གནས་སྐབས་སྐྱིད་པོ་བྱུང་། ཡུལ་དགོན་ཚང་མས་ངའི་ཐུགས་རྗེ་དང་མདོན་མཁྱེན་རེད་ཟེར་ནས་ཞུར་ལང་སོང་། ང་ལ་ཐུགས་རྗེ་དང་མངོན་མཁྱེན་གང་ཡང་མེད་ཀྱང་བླ་མ་གོང་མའི་བྱིན་རླབས་དང་། རང་གིས་དཀོན་མཆོག་དང་ལས་འབྲས་ལ་ཡིད་ཆེས་འགྱུར་བ་མེད་པ་ཞིག་ཡོད་པའི་བདེན་མཐུ་ཡིན་པའི་ངེས་ཤེས་སྐྱེས་བྱུང་།

ཁོས་བཤད་པ་ལ་ཡིད་ཆེས་དཀའ་མོ་རེད་ཡིད་ཆེས་མ་

བྱུང་། ཁོ་མི་གཞི་བཟང་པོ་ཞིག་དང་ཕན་སེམས་ཆེན་པོ་ཡིན་པ་ཤེས་ཀྱང་རྒྱ་ཡི་སྲིད་ཇུས་འགྱུར་ལྡོག་རྐྱེན་པས་སེམས་གཏིང་ནས་ཞེད་སྣང་མེད་པ་ཞིག་དེ་སྐབས་མི་ཡོང་བ་རེད། ཁོས་སྦྲད་བཞག་པའི་ཡི་གེ་དེ་སྣང་མེད་དུ་བཞག་པ་རེད་མ་གཏོགས་ཐེངས་མ་འགའ་ཤས་ལ་ཕན་ཐོག་སྲིད་པ་ཡིན་ས་རེད། ཡང་བསྐྱར་རྒྱ་རྒྱུགས་ཡོང་བའི་སྐད་ངན་ཡང་ཡང་ཕྱོགས་ཐམས་ཅད་དུ་ཁྱབ་བཞིན་ཡོད་པས་ཡར་མར་གཞུང་ཁ་ལ་མི་འགྲོ་མཁན་མེད་པར་ཕལ་ཆེར་རི་ལ་བྲོས་ཚར་བ་རེད། ང་ཚོ་ཡང་འདུག་མ་ཐོད་ནས་ང་དང་ཞབས་ཕྱི་དྲུག་བདུན་ཙམ་ཞིག་རོ་ཡོ་ནང་དུ་ཉེན་ཡོལ་དུ་སོང་བ་ཡིན།

བཅུ་པ། ངོ་མཚར་བའི་བརྡ་ལུང་གཉིས་པ།

དེ་ན་བསྡད་སྐབས་ཤིག་ལ་སྔ་མ་ནང་བཞིན་ནམ་ཐོ་རེངས་ཞིག་གི་དུས་སུ་གཉིད་དང་མ་གཉིད་གསལ་པོ་ངོས་མི་ཟིན་པའི་སྐབས་སུ་ལུང་པ་མདའ་ནས་མང་པོ་ཞིག་ཡར་ཡོང་གི་ཡོད་པའི་སྣང་བ་ཤར་སོང་། དེ་ཚོ་ཡར་མཁྲིས་ལ་སླེབས་སྐབས་དེའི་ནང་དུ་གཙོ་བོ་ལ་ནི་སྐུ་གཟུགས་རིང་པོ། ཞལ་ངོ་སྨུམ་པོ་དབུ་སྐྲ་ལྷུང་ལོ་ཅན་མཛེས་ཤིང་ལྷན་སྐྱུག་པ་གཟན་ཁྲ་མནབ་མཁན་ཞིག་འདུག ངས་པདྨ་འབྱུང་གནས་ཡིན་གྱི་རེད་བསམ་ནས་དང་གུས་ཚོད་མེད་བྱུང་། དེ་དང་མཉམ་དུ་བུད་མེད་མཛེས་མ་ཚས་བོད་ཆས་མ་ཡིན་པ་འགའ་ཤས་འདུག དེ་ཚོས་ཤིང་ཏོག་སྟར་མཐོང་མ་མྱོང་བ་མང་པོ་ཕུལ་བྱུང་། གཙོ་བོ་དེས་ད་ཕྱིད་རང་མ་བཞུགས་ཐེབས་རན་པ་ཡིན་ཐེབས་པའི་དུས་ལ་བབ་ཡོད། ཚེས་གྲངས་འདི་ལ་སོང་དང་འདི་འདྲ་བོ་ཡོང་གསུངས་ནས་ཕྱག་གཡོན་པའི་མཛུབ་མོ་དེ་བསྐྲད་ནས་བསྟན་བྱུང་། དེའི་བར་དུ་ཐུར་མ་རིང་པོ་གཉིས་ཡོད་པ་ཞིག་བསྟན་ནས་འདིའི་ཐོག་ཏུ་སོང་བ་འདྲ་བོ་ཞིག་ཡོང་། རྒྱ་གར་ལ་འགྲོ་དགོས་རེད། ད་བསྡད་ན་ཡག་པོ་མི་ཡོང་གསུངས་ནས་ཞལ་འཛུམ་བག་དང་བཅས་ཐུགས་

བརྩེ་ཚད་མེད་གནང་བའི་ཚུལ་བསྟན་བྱུང་། སྐུ་འཁོར་ཚང་མས་ང་ལ་གུས་པ་དང་བཅས་ཡོད་པའི་སྐབས་སུ། ངའི་རྟ་དྲེལ་ཚང་མ་དེར་འདུས་སོང་། དེ་ཚོ་ལ་ཕྱག་མཛུབ་བཙུགས་ནས་རྟ་དྲེལ་འདི་ཁྲིད་འདི་ཁྲིད་ཞབས་ཞུ་འདི་དང་འདི་ཁྲིད་གསུངས་ནས་རང་ཡུལ་དུ་སོང་། ད་འགྲོ་རན་འདུག་བསམ་ནས་འགྲོ་བའི་ཐབས་ཤེས་མང་པོ་བྱས་ཀྱང་། ཡུལ་ལུང་དང་དགོན་པ་སོགས་ཀྱིས་འདོད་མོས་མེད་པས་དཀའ་མོ་འདུག ཕར་ཚུར་སོང་ནས་རི་ལ་གབ་པ་ཡིན།

བཅུ་གཅིག་པ། བརྡ་ལུང་ཐ་མའི་སྐབས་བྲོས་བྱོལ་དུ་ཡོང་བ།

ཐ་མ་སློམ་ལུང་ནང་ཟེར་ས་ཞིག་ཏུ་སླེབས་སོང་། སྔོན་མ་དེ་སྐུ་རྒྱུད་བྱུས་ནས་ཕེབ་འདུག ཅུང་ཟད་ཁྲོ་བའི་ཉམས་དང་བཅས་ད་ཁྱེད་ཕེབས་ཞུས་པའི་དུས་ཚོད་ལ་ཕེབས་མ་བྱུང་། ད་ཕེབས་ན་འདི་འདྲ་པོ་ཞིག་ཡོང་གི་རེད་གསུངས་ནས་ཕྱག་གཡོན་པ་དེ་སྟར་བཞིན་པར་བསྐྱངས་ནས་ཁ་ཕྱུར་འདྲ་གཅིག་ལྷང་ནས་ད་སོང་ན་འདིའི་ཐོག་ཏུ་སོང་བ་ལྷ་བུ་ཞིག་ཡོང་། དཀའ་ངལ་ཆེན་པོ་འཕྲད་ཀྱི་རེད། ཕྱུག་ལ་ཐར་ནས་ཡག་པོ་ཡོང་གི་རེད། ད་ལྟ་མ་ཕེབ་ན་ཡག་པོ་མི་ཡོང་གསུངས་ནས་ཁྲོ་ཉམས་དང་བཅས་པར་ཁ་བསྐོར་བ་དང་མཉམ་དུ་སྟམ་བཞིན་རང་ཡལ་དུ་སོང་ཐལ། ད་མ་སོང་ན་འགྲིགས་མི་འདུག་བསམ་ནས་འགྲོ་བའི་ཐབས་ཤེས་བྱས་ཀྱང་ཕྱག་མཛོད་རྣམ་རྒྱལ་སོགས་ཀྱིས། རི་བོ་ཆེ་སོགས་དགོན་ཚང་ཕལ་ཆེར་ཆམ་མེར་བསྡད་འདུག ང་ཚོ་སོང་བཞག་ན་དགོན་པ་འཐོར་ཞིག་ཏུ་འགྲོ་བའི་ཉེས་འགལ་ཆེན་པོ་ཡོད་རེད་ཅེས་བཤད་ནས་ཉེ་མ་འགའ་ཤས་ལ་འགྲོ་ཐུབ་མ་སོང་། ཡུལ་ལུང་གི་མི་འགའ་ཤས་འདྲེ་ལ་གྱུར་ནས་ཡོད་པས་རྒྱ་ལ་རྩིས་སྤྲོད་འགྲོ་

བའི་ཉེས་འགལ་ཆེན་པོ་ཡོད་པ་རེད། མང་ཆེ་བས་ཐབས་ཤེས་གང་དྲག་ལྟ་ཡི་ཡོད་རེད། དེ་ནས་ཉིན་གཅིག་ངས་ཐག་བཅད་ནས་ང་འགྲོ་ཡི་ཡིན། རོགས་པ་འདི་དང་འདི་དགོས། དེ་མ་རེད་ན་ང་རང་གཅིག་པུ་འགྲོ་ཡི་ཡིན་ལབ། མནའ་བསྐུལ་ཚད་བཙུགས་དེ་འདྲ་བཟོས། མཁའ་འགྲོ་ལ་འགྲོ་ཡི་ཡིན་ན་འགྲོ་ཅེས་བཤད་ཤོར་རྟ་ལ་སྒ་བརྒྱབ་པས་ཚང་མ་ཟིང་ལང་ནས་འགྲོ་རྒྱུར་ཐག་ཆོད་ཙམ་བྱུང་། དེ་ནས་ཞབས་ཞུ་འགའ་ཤས་དང་བཅས་འགྲོ་རྒྱུ་བྱུང་། ལམ་འགག་ནས་དཀའ་ངལ་མང་པོ་ཞིག་འཕྲད་བཞིན་ཡོང་བས་ཉེས་འགལ་ཆེ་ས་རེ་ནས་དཀོན་མཆོག་ལ་གསོལ་བ་བཏབ་ནས་ཡོང་པས་སྐྱོན་གང་ཡང་མ་བྱུང་། དེ་སྐབས་ཆོས་སྲུང་རྣམས་ཀྱིས་རོགས་པ་བཟོས་སོང་བསམ་པའི་རྟགས་མཚན་མང་པོ་བྱུང་།

བཅུ་གཉིས་པ། དམག་འཁྲུགས་སོགས་ཞུར་ཟིང་ཆེ་བའི་ལྷོ་རྫོང་དུ་འབྱོར་བ།

དེ་ནས་རིམ་བཞིན་ཤོ་སྟར་ལྷོ་གསུམ་ལ་འབྱོར་སྐབས་བསྟན་སྲུང་གི་དམག་མི་དང་། ཤོ་སྟར་ལྷོ་གསུམ་སོགས་འདྲ་མི་འདྲ་འདུག དམག་འཁྲུགས་དང་ཡུལ་བྱུད་ཀྱི་ལམ་འགག་ལ་ཁེལ་ནས་དཀའ་ངལ་གང་མང་འབྱུང་བཞིན་འདུག དེ་སྐབས་ལྷུགས་ར་དཔལ་འབར་ན་བསྟན་སྲུང་གི་དམག་དང་མདེའུ་མཚོན་སོགས་ཕྱི་རྒྱལ་གྱིས་རོགས་རམ་སླེབས་ནས་མདའ་མཚོན་སོགས་གནམ་ནས་གཡུག་གི་འདུག ད་ཕལ་ཆེར་རྒྱ་དམག་བཟློག་ཐུབ་ས་རེད་བསམ་པ་འདྲ་འདུག དེ་ལ་མགོ་འདྲ་འཁོར་ནས་ཡུན་རིང་ཙམ་ལྷག དེ་ནས་རྒྱ་དམག་གི་དྲག་དཔུང་མང་སྣ་ཞུང་གིས་མ་བརྟན་ནས་བོད་དམག་ནི་ཕལ་ཆེར་བྲོས་ཚར་འདུག ཡོད་པ་རྣམས་ཕྱོགས་མཐར་བསྐྲད་སོང་། ལྷུགས་ར་དཔལ་འབར་ལ་གོ་ལག་བསྡུས་ནས་ཡུལ་བྱུད་ལ་བགོ་བཤའ་བརྒྱབ་ཐལ། དེའི་ཡས་མས་སུ་དཀའ་ངལ་མང་པོ་ཞིག་འཕྲད་སོང་། དེ་སྐབས་དམག་གི་གྲ་བསྒྲིགས་ཆེན་པོ་བཟོས་སོང་། དེ་ནས་ཕར་སྤོ་བོ་ལ་དམག་རྒྱུག་ལ་ཐེངས་གཅིག་སོང་ཡོད་ས་རེད་དེ་ལམ་འགྲོ་ཡག་པོ་རེད་

མི་འདུག་ཟེར་ནས་གོ་བྱུང་། དེ་ནས་འདུག་མ་ཐོད་ནས་སོང་བས་ལྷོ་རྫོང་ཉེ་ས་གཏམ་གཞུང་ཟེར་ས་ཞིག་ཏུ་འགྱུར་བས་ཡུལ་བུད་མང་པོ་འདུག དེ་ན་ཚ་བ་སྣང་ནས་ཡུལ་བུད་མང་པོ་འདུག དེ་ནས་ཕར་འགྲོ་དུས་ལྷོ་རྫོང་སོགས་ནས་བཙོམ་འཕྲོག་མང་པོ་ཡོང་གི་འདུག་ཟེར་ནས་ཚང་མས་ཞེད་སྣང་ཆེན་པོ་བྱེད་བཞིན་འདུག ཚང་མ་ལྷགས་ར་དཔལ་འབར་ལ་སླེབ་ན་སྐྱོན་གྱི་མ་རེད་ཟེར་ནས་བཤད་བཞིན་རེ་བ་ཆེན་པོ་བྱེད་བཞིན་འདུག

ཚ་བ་སྣང་པ་རྣམས་ཀྱིས་ཆགས་མེད་རིན་པོ་ཆེ་འདིར་ཕེབས་འདུག་ཟེར། ག་བ་འདུག་ཅེས་གུར་ཡར་མར་དུ་སྐད་ཆ་དྲི་བཞིན་འདུག་པས། ཆགས་མེད་རིན་པོ་ཆེ་ཕེབ་མི་འདུག ཞབས་ཞུ་ཞིག་ཕེབ་འདུག་ཅེས་ཁྱབ་བསྒྲགས་བཟོས་ནས་མ་བཤད། འོན་ཀྱང་ཕོ་ཚོས་ག་ལེར་ཧ་གོ་སོང་འདུག་པས་གྱོན་ཆས་དང་ཧ་ནོར་བཟའ་བཅའ་སོགས་རྒྱ་ཆེན་པོ་ཞིག་ང་ལ་ཕུལ་བྱུང་། དུས་ངན་འདི་འདྲ་ཟེར་ནས་སེམས་ངལ་དང་བཅས་དུས་ཚོད་ག་འདྲ་ཆགས་འགྲོ་ན་ཟེར་ནས་རེ་དོགས་ཀྱིས་ཉེན་མཚན་འཁྱོལ་དཀའ་བའི་གནས་སུ་འདུག སྙིང་རྗེ་ཚོད་མེད་སྐྱེས་ཀྱང་རང་གཞན་ཚང་མ་གཅིག་མཚུངས་སུ་སོང་སྟབས་ཐབས་ཤེས་གང་ཡང་མི་འདུག་པས་སྨོན་ལམ་བརྒྱབ་པ་ཡིན། ཕོ་ཚོས་ང་ངོ་ཤེས་

པ་ནས་བཟུང་ང་ལ་ནོར་རྫས་མང་པོ་ཡོད་པ་ཆགས་སོང་། དང་པོ་མཁོ་ཆས་ཙམ་ལས་གཞན་གང་ཡང་ཁྱེར་མེད་པ་རེད། དེ་ཚོ་དཀའ་མོ་རེད་སོང་། ང་ཚོའི་མཉམ་དུ་མི་གྲངས་ག་ཚོད་ཡོད་ན་མེ་འབུད་སུམ་ཅུ་ནང་ཙམ་ཡོད་པ་ལྷོ་རྫོང་ནས་ཟམ་པ་བཀལ་ནས་སྙེབ་གཅིག་ཏུ་འགྲོ་དགོས་དུས་ཤོ་སྟར་ལྷོ་གསུམ་གྱི་དམག་མི་མང་པོ་འདུག དེ་དག་གིས་བཙེམ་འཁྲུག་བཟོ་ནས་ཡུལ་བུད་ལ་དཀའ་ངལ་མང་པོ་འཕྲད་བཞིན་འདུག ང་ཚོས་ཁོ་རང་ཚོ་ལ་བརྟན་པ་སྦྲིད་ནས་ཐབས་ཤེས་གང་དྲག་བྱས་པས་འཁྲུག་བཙེམ་གང་ཡང་མ་བྱུང་བར་ཐར་སོང་། དེ་ནས་ངོམ་འདུའི་ཉེ་ས་སྒོམ་ལུང་ནང་ཟེར་ས་ཞིག་ཏུ་སྒར་བརྒྱབ་ནས་བསྡད་པ་ཡིན། དེ་ན་ས་ཆ་རྒྱ་ཆེན་པོ་འདུག ཡུལ་བུད་ཡང་མང་པོ་འདུག རྒྱ་དམག་གིས་ཞུར་ཟིང་ཆེ་བས་སྐད་ཅིག་གཅིག་ལ་བག་ཕེབ་དང་སྡོད་མི་ཚུགས་པར་ཉ་བྲེ་ཚན་དུ་ལྷུང་བའི་དཔེ་ལྟར་བསྡད་པ་ཡིན།

བཅུ་གསུམ་པ། མཁའ་འགྲོའི་རྨི་ལམ་ལ་བརྟེན་ནས་ཁམས་འདུས་ནད་ལས་གྲོལ་བ།

དེའི་སྐབས་ངའི་མཁྲིས་པ་ལ་ན་ཚ་ཞིག་ཕོག་ནས་དཀའ་ངལ་ཆེ་ཙམ་བྱུང་། ཕ་ཡིས་བཀའ་དྲིན་གྱིས་སྨན་ཕྲན་བུ་ཤེས་ཀྱང་ང་ལ་སྨན་གྱི་རིགས་ཅི་ཡང་མེད། ངོམ་འདུ་ལ་སྨན་པ་ཞིག་ཡོད་པའི་སྐད་ཆ་གོ་འདུག་པས་དེ་ན་བཅར་ནས་ཕོ་ཚོས་ཉིན་རྟག་པར་ཆབ་བརྟག་སོགས་ཁུར་ནས་སྨན་སྣང་བྱུང་ཀྱང་ན་ཚ་ནི་སྡུག་ཏུ་འགྲོ་བ་ལས་ཡར་དྲག་སྐྱིད་གང་ཡང་མ་བྱུང་། གཏམ་གཞུང་ནས་ཕུལ་ཡོད་པའི་སེམས་ཅན་དང་ཅ་དངོས་སོགས་ཐམས་ཅད་དངོས་ལུང་དགོན་པའི་ཡར་ནང་དུ་ཕྱང་ལུང་དགོན་ཟེར་བའི་དགོན་པ་ཞིག་ཡོད་རེད་དེ་ཚོ་ལ་ཕུལ་ནས་ཞབས་བརྟན་ཡག་ཐག་ཆོད་རེད་སོང་། དེ་སྐབས་སྨན་པས་ཁྱེད་རྣམས་ཀྱི་གཞན་ཐབས་ཤེས་ཞིག་བཙལ་ན་ཡག་པོ་འདུག ང་ཡིས་གང་ཡང་བཟོ་ཡག་མི་འདུག སླ་མ་ནི་ཕར་ཆེར་བཞུགས་ཐུབ་ས་མ་རེད་གྲོང་འགྲོ་བའི་ཉེས་འགལ་འདུག་ཅེས་བཤད་འདུག་པས། ཚང་མ་སྡུག་བསྔལ་དང་སེམས་ཁྲལ་གྱིས་ནོན་ནས་ཅི་བྱེད་མེད་པ་འདྲ་པོ་ཞིག་ཆགས་སོང་།

དེའི་ཕྱི་ཉིན་མཁའ་འགྲོ་པདྨ་ལགས་ཀྱིས་རྨི་ལམ་ཞིག་མདང་

དགོང་རྫིས་བྱུང་། འདིའི་ལ་ཕར་རྒྱབ་ན་གངས་རི་ཞིག་གི་ཟུར་དུ་སྨན་པ་ཞིག་འདུག དེ་གདན་འདྲེན་ཐུབ་ན་རིན་པོ་ཆེ་འདས་ས་མ་རེད་ཅེས་བཤད་ནས་དེའི་ས་ཆ་དེ་ཤེས་མཁན་ཡར་མར་ཐམས་ཅད་ལ་རྩད་གཅོད་དུ་ཕྱིན་པས་དཀོན་མཆོག་ལྷ་རྒྱལ་ཟེར་བའི་མི་ཞིག་ལ་རྒྱུས་འདུག་པས་དེ་འདྲ་ཞིག་ཡོད་རེད། ཁོ་ལ་རྒྱུས་ཡོད་ཅེས་བཤད་བྱུང་། ཁྱེད་འགྲོ་ཐུབ་ས་རེད་པས། ཁྱོད་གཅིག་འགྲོ་རོགས་གྱིས་ལབ་བྱུང་བས་ཁོ་ས་ཆ་ག་བ་འགྲོ་དགོས་ཐུག་ན་འགྲོ་ཆོག འགྲོ་ཟེར་ནས་ཁས་བླང་སོང་། དེ་ནས་ལམ་སེང་གྲོད་ཁ་དང་དཔེ་ཤག་འདྲ་ཧོག་ཙམ་བསྐུར་ནས་མངགས་སོང་བས་ཞག་གཉིས་ཡིན་ནམ་གསུམ་ཡིན་གསལ་པོ་མ་དྲན་ཀྱང་ཉིན་གཅིག་ཀོམ་བུའི་དུགས་ལྷོག་ཀྱོན་མཁན་མི་ཆུང་ཆུང་སྨན་ཁུག་རིལ་རིལ་འདྲ་པོ་ཆུང་ཆུང་ཁུར་མཁན་ཞིག་ཁྲིད་ནས་སླེབ་སོང་། སྨན་པས་ང་ལ་རྩ་བརྟག་ནས་སྨན་གྱི་འགྲིགས་ན་བཅོས་ཕལ་ཆེར་ཐུབ་ས་རེད་ཅེས་གསུངས་བྱུང་བས་ཡར་མར་ཐབས་ཤེས་བྱས་པས་སྨན་རགས་སོང་། སྨན་བཏང་ནས་ཉིན་གཉིས་གསུམ་མཚམས་རྒྱ་སླེབས་འདུག་ཟེར་ནས་ཚང་མ་ངོམ་འདུ་ཕྱོགས་ལ་ཡར་འགྲོ་སོང་། ངེད་ཚོ་ཁ་ཤས་ཤིག་ང་འགྲོ་མ་ཐུབ་ནས་ལྷག་བྱུང་བས་ད་ང་ཚོ་འགྲོ་ན་མ་གཏོགས་འདུག་དགོས་ན་དཀའ་ལས་ཁག་

པོ་རེད་ལབ་ནས་ཡར་རྟ་གོང་ལ་ཐེབ་ཆག་སོང་བས་རླུང་ཁ་བྱས་ནས་རྟ་ལས་བབ་དགོས་བྱུང་ཞིང་དུ་ཕལ་ཆེར་འཆི་བ་ལས་གསོན་པའི་ཐབས་ཤེས་བྱུང་མ་སོང་བསམ་དགོས་པ་ཙམ་བྱུང་། དེ་ནས་ལུང་པ་སྟོང་པ་ཞིག་འདུག དེའི་ནང་ལ་ཕར་འགྲོ་ཐུབ་ཙམ་བྱུང་། དེ་ན་རྒྱ་སློབ་མ་བྱུང་སྨན་གྱིས་ཕན་སྐྱིད་བྱུང་ནས་ཡར་ཡར་དྲག་སོང་།

མཁའ་འགྲོ་པདྨ་ལ་སྡེ་ལམ་གསལ་པོ་སྡེས་རྒྱུ་ཡོད་པས་ངའི་ཕྱག་མཛོད་བསོད་ནམས་ཟེར་ཡོད། དེ་ཡིས་ཞོགས་པ་རྟག་པར་མཁའ་འགྲོ་ལ་འདྲི་དུས། དེ་རིང་རྒྱ་འདི་ནས་ཡོང་ས་རེད་འདི་ནས་ཡོང་ས་མ་རེད་ལབ་དུས་ཧག་ཧག་ཐོག་ཏུ་ཁེལ་གྱི་འདུག ཉག་བླ་བྱང་ཆུབ་རྡོ་རྗེས་ལུང་བསྟན་པ་དེ་དོན་ཐོག་ཏུ་ཁེལ་སོང་བསམ་པ་བྱུང་། ཚང་མ་ཡར་ལྷགས་ར་དཔལ་འབར་ལ་འགྲོ་སོང་། ང་ཚོའི་སྐར་པ་ལ་མང་པོ་ཡོད་རེད་མི་ཚང་མ་ང་གྲོང་འགྲོ་བའི་འཇིགས་སྐྲག་གི་ཕར་ཁ་ཚུར་ཁ་ལ་བསྟད་ཡོད་རེད། དེ་ནས་ང་ན་ཚའི་ཉེན་ཁ་ལས་ཐར་བས་ཚང་མ་དགའ་དགའ་སྐྱིད་སྐྱིད་བྱ་རྒྱུ་ཡོད་པ་བྱུང་། བཀྲིན་ཤིན་ཏུ་ནས་ཆེ་བའི་སྨན་པ་དེ་ལ་ཡོན་ཏྲ་ཞིག་དང་གཞན་ཙ་དངོས་ཀྱི་རིགས་གང་ཡོད་ཕུལ་ནས་ཕར་བསྐྱལ།

བཅུ་བཞི་པ། བསྟན་སྲུང་དམག་ལ་རེ་བ་ཆེན་པོ་བྱས་པས་མགོ་སྐོར་ཐེབ་པ།

དེ་ནས་ང་ལྷུགས་ར་དཔལ་འབར་ལ་ཁྲུག་སྐོར་ཞིག་ཏུ་འགྲོ་རྒྱུ་བྱས་ནས་སྐྱིད་ལོ་བཀྲིས་དོན་གྲུབ་དང་། ཀརྨ་དཔལ་བཟང་གཉིས་ཀྱིས་གཙོས་ང་ཚོ་ཁ་ཤས་ཞིག་གནས་ཚུལ་ག་འདྲ་འདུག་སྐད་ཆ་དང་ལྷ་ཞིབ་ལ་སོང་བ་ཡིན། ཆབ་མདོ་ཞི་བ་ལྷ་དེར་རྒྱ་ལ་བྲོས་ནས་ཕེབས་འདུག་པས་མཇལ་སོང་། ད་ཁམས་པ་ཚོའི་མཉམ་དུ་འགྲོ་ན་མ་གཏོགས་རྒྱ་ཡིས་ཁག་པོ་བཟོ་ས་རེད་གསུངས་ནས་ཞེད་སྣང་ཆེན་པོ་མཛད་ཀྱི་འདུག ང་ཚོ་མཉམ་དུ་རེད་ན་ཡག་པོ་འདུག་གསུངས་སོང། དེ་ནས་ང་ཚོ་མཉམ་དུ་ཕེབ་གྲོས་བཟོས་ནས་ང་ཚོ་སྔོན་དུ་མར་ཡོང་། ཕོང་རྗེས་ནས་ཕེབ་རྒྱུ་བཟོས་ཀྱང་མར་ཕེབ་ཐུབ་མ་སོང་། མར་སླེབས་སྐབས་རྒྱ་ཕོན་ཆེན་སླེབས་ཚར་ནས་ཚང་མ་རྒྱ་ཡིས་ཁེངས་ནས་འདུག སྤོ་མོ་གོ་ལག་གནམ་ནས་གཡུགས་བཞག་པའི་ལག་འབམ་དང་ཙ་དངོས་ཚང་མ་བགོ་མ་ཐུབ་པ་རྣམས་འཕྲོག་ཚར་འདུག ཡུལ་ལུང་གི་མི་མང་པོ་བསད་ཅིང་། འཁྲིད་རྒྱུ་ཚོ་ནི་ཁྲིད་ནས་ལས་ཀ་ཚང་མ་ཚར་འདུག དེ་ནས་ངེད་ཚོ་ལུང་པ་ཞིག་གི་ནང་དུ་བསྡད་ཡོད་པས་

ཚོས་བཅུ་ཞིག་འཚོགས་པའི་གྲ་བསྒྲིགས་བྱ་བཞིན་པའི་སྐབས། མི་ཚང་མ་རྟ་ཡོད་མཁན་གྱི་རྟ་དང་མེད་མཁན་རྣམས་རྐང་འགྲོས་ཀྱིས་ལུང་པའི་ཕུ་ལ་ཡར་བྲོས་ནས་ཡོང་གི་འདུག ངེད་རྣམས་ཀྱིས་རྟ་དྲེལ་རྣམས་ཚུར་བསྡུས་ནས་ལུང་པ་ཞིག་གི་ནང་དུ་ཡར་སོང་ནས་མར་ལྟ་སྐབས། མར་གྲོང་གསེབ་ཏུ་རྒྱ་སྐྱ་ཐ་རེར་ཁེངས་ནས་ཡར་མར་དུ་རྒྱུགས་བཞིན་འདུག་པས། དགང་དྲག་ཅི་བྱེད་ལབ་ནས་ཚང་མས་ཞེད་སྣང་ཚོད་མེད་བྱེད་བཞིན་འདུག་ཀྱང་མུན་མ་རུབ་བར་དུ་ཐབས་ཤེས་གང་ཡང་མེད་པས་དེར་ཡིབ་ནས་བསྡད།

རི་རྩེ་དེར་ཙ་ལག་ཚང་མ་ཡོད། ཕྱི་ཉིན་མོ་རྒྱ་རི་བཤེར་ལ་སླེབས་བྱུང་བས་ང་ཚོ་ཡོད་ས་དེར་རྒྱ་རི་བཤེར་ལ་སླེབས་ནས་སྐྱེས་ལོ་ཚང་ཟེར་ནས་མི་ཚང་རྒྱུ་ཆེན་རེད། ཙ་དངོས་རྣམས་གཏོར་འཕྲོག་ཅི་རིགས་བྱས་ནས་སོང་འདུག དེ་ནས་ང་ཚོ་བྲོས་ནས་ཕྱིན་པས་སྐྱེས་ལོ་ཚང་གི་ཕ་ཀན་དེ་རྒྱབ་ལ་ལྷག་འདུག ཁོ་ཙ་ལག་ལ་སེམས་འདྲ་ཆགས་ཡོད་ས་རེད་ཙ་ལག་རྒྱ་ཡིས་གཏོར་བ་རྣམས་ཀོ་བཏ་འཁྲོད་ཨེ་ཡོང་བསམ་ནས་དེའི་ནུབ་མོ་དེར་ལྷག་ཡོད་ས་རེད། ནམ་སྣང་ཁ་བ་ཏོག་ཙམ་བབ་འདུག་པས་ཁོ་ཁ་བ་ནང་ནས་ཡོང་དུས་རྗེས་དེ་ཁ་བ་ལ་པར་བཏབ་པ་བཞིན་ཆགས་

ཡོད་ས་རེད། ཁོ་ཡིས་ང་ཚོ་གར་ཡོད་ཤེས་ཡོད་ས་རེད། ང་ཚོ་ཡོད་སར་སླེབས་བྱུང་། རྒྱ་དེའི་རྗེས་ནས་ཡོང་བས་ཁོས་རྗེས་དེ་དེད་ནས་རྒྱ་ཤོག་ལབ་པ་ནང་བཞིན་རེད་ཡོད་ས་རེད།

རི་མགོ་ལ་རྒྱ་མི་ཡོད་མེད་དང་ཡོང་མིན་སོ་པ་ལ་ང་རི་འབུར་ཞིག་འདུག དེའི་རྩེར་སླེབས་པ་དང་རྒྱ་མི་ཡར་སླེབས་པ་དུས་མཉམ་ཧག་ཧག་རེད་འདུག ང་རི་ཟུར་དེ་ནས་མར་བབ་ནས་ང་ཚོ་སྟག་མ་ཞིག་གི་ནང་ལ་མི་བཅུ་ཁ་ཞིག་ཡོད་གབ་ནས་བསྡད་པ་ཡིན། དེ་ནས་རྒྱ་མིས་ང་ཚོ་མཐོང་ནས་སྟག་མ་དེའི་ཕྱི་ནས་མེ་མདའ་སོགས་ཁ་གཏད་ནས་ཨ་ལོང་བཞིན་དུ་བསྐོར་སོང་། ངེད་ཚོ་ཁ་ཤས་ཤིག་ལ་ལག་ཆ་ཕྲན་བུ་ཡོད་པས། ད་འཛིངས་ན་དྲག་ཐལ་འཛིངས་དང་ཅི་བྱེད་ཅེས་ང་ལ་སྐད་ཆ་འདྲི་ཡི་འདུག ངས་འཛིངས་བཞག་ན་ང་རང་ཕལ་ཆེར་ཐར་གྱི་རེད་དེ་མི་མང་པོ་ཤི་སྨས་གཏུག་རྒྱུ་མ་གཏོགས་ཡོད་ཀྱི་མ་རེད་བསམ་ནས།

ད་དེ་རིང་མགོ་བཏགས་ན་དྲག་རྒྱུ་རེད། ཁོ་ཚོ་ནི་འདི་འདྲའི་མང་པོ་རེད། ང་ཚོ་ཉུང་ཉུང་མ་གཏོགས་མེད་པ་རེད། གོ་མཚོན་ཡང་ཉུང་ཉུང་རེད་ཅེས་བཤད་པས་ཁོ་ཚོས་དེ་རེད་ཟེར་ནས་ཁས་བླངས་སོང་། དེ་ནས་ང་ཚོ་ཚང་མ་ལག་པ་གནམ་ལ་བསྐྱོགས་ནས་མགོ་བཏགས་པ་ཡིན། མགོ་བཏགས་ཚར་དུས་རྒྱ

ཡིས་སྐད་བསྒྱུར་ཁྲིད་བྱུང་ནས་ང་ཚོ་གཞུང་དེར་མར་འགྲོ་དགོས་རེད་ཅེས་བཤད་ནས་མར་ཁྲིད་སོང་། མར་སླེབ་པ་དང་། པོ་ཚོ་ཕྱོགས་གཅིག་ལ་བཞག་སོང་། ང་ཕྱོགས་གཅིག་ལ་བཞག་སོང་། དེ་ནས་པོ་ཚོས་འཕྲུལ་ཆས་བཙུགས་ནས་ཁ་པར་ཡར་གཏོང་མར་གཏོང་འདྲ་བཟོས་སོང་། དེ་ན་རྒྱ་སྐར་ཆེན་པོ་ཆགས་ཚར་འདུག ཡར་མར་ཚང་མ་རྒྱ་ཡིས་ཁེངས་འདུག པོ་ཚོས་མི་བྱུས་ནས་ཧ་འཐུང་བྱུང་། ཆགས་གཞི་འདྲ་བཏིང་གི་འདུག དེ་ནས་ང་ཕར་ཟུར་དུ་སོང་བས་སྐད་བསྒྱུར་ཁྲིད་བྱུང་རྒྱ་དམག་བཅུ་ཁ་ཞིག་སླེབས་བྱུང་། སྐད་ཆ་མང་པོ་དྲིས་ནས་ཕ་ཡུལ་ག་བ་ནས་ཡིན། མིང་ལ་ག་རེ་ཟེར་སོགས་དྲིས་བྱུང་བས་ལན་དུ་རྫུན་བཤད་པ་ལས་བདེན་པ་བཤད་ཐབས་མི་འདུག པོ་ཚོའི་ཁྲིད་ཆུ་བཞི་སྒང་དྲུག་གི་དམག་དཔོན་རེད་འདུག ཁྱོད་དང་མི་གཞན་ཙ་བ་ནས་འདྲ་མི་འདུག ཁྱོད་མི་ཉེས་ཆེན་པ་རེད། ཁྱོད་གསོད་ཀྱི་ཡིན་སྐད་ཆ་དྲང་པོ་ཤོད་ཅེས་བཤད་བྱུང་བས། ད་ཤི་ན་ཐབས་ཤེས་མི་འདུག་བསམ་ནས་སྐད་ཆ་གཞན་མེད་པར་འོ་ཡ་ཅེས་ལབ་པ་ཡིན། པོ་ཚོས་ང་ཆུ་སྐོག་ཞིག་འདུག་པས་དེར་འགྲོ་ཟེར་ནས་གྱོན་ཆས་ཚང་མ་ཕུད་ནས་གཅེར་བུ་དམར་རྗེང་དུ་བཟོས། གནམ་

ཆོས་མི་འགྱུར་རྡོ་རྗེའི་ཐུགས་སྐྱེ་ལ་བཏགས་ཡོད་པ་དེ་བླངས་ནས་འོག་དེར་གཡུགས་སོང་།

ང་དམར་རྫིང་མར་རྒྱུགས་ནས་དེ་ཡར་བླང་ནས་མགུལ་དུ་ཡར་གྱོན་པ་ཡིན། གནམ་ཆོས་མི་འགྱུར་རྡོ་རྗེ་ངོམ་དུ་འཁྲུངས་པ་རེད། ལྷག་སངས་དགོན་གྱི་སྤྲུལ་སྐུ་ཡིན་དུས་ལྷག་སངས་དགོན་གྱིས་སྤྲུལ་སྐུ་མར་གདན་འདྲེན་དགོས་ཟེར་ནས། རྙོག་དྲ་བྱུང་སྐབས་རཱ་གས་ང་དང་མཉམ་དུ་མེད་ན་དགོངས་གཏེར། ཐུགས་གཏེར། ས་གཏེར་གསུམ་ཡོད་པ་ལས་དགོངས་གཏེར་གཅིག་པུ་མ་གཏོགས་ཕབ་ཐུབ་ཀྱི་མ་རེད། མར་གདན་དྲངས་ན་སྤྲུལ་སྐུ་དཀུང་ལོ་ཆེན་པོ་བཞུགས་ཀྱི་མ་རེད་གསུངས་ཀྱང་། ཕོ་ཚོས་མ་ཉན་པས་རཱ་ག་ཨུ་ཐུག་ཏེ་མར་མངགས་མཛད་པ་རེད། སྐུ་འཁྲུངས་དུས་མ་ཧེ་རང་བྱོན་ཡོད་པ་དེ་ཉིན་གཅིག་མགོ་མཇུག་ལོག་པ་རེད་འདུག དེ་སྐབས་ཉིན་གཅིག་རཱ་གས་དེ་རིང་སྤྲུལ་སྐུ་གཤེགས་སོང་གསུངས་དུས་ཏག་ཏག་རེད་ཟེར། དེ་ནས་ངོམ་ས་སྔང་སྡེ་པ་ནས་སྐུ་གདུང་ཡར་གདན་འདྲེན་དགོས། གལ་སྲིད་མ་བསྐྱུར་ན་དམག་རྒྱག་གི་ཡིན་གསུངས་ནས་རྙོག་དྲ་བྱུང་སྐབས་རཱ་གས་ཐུགས་གསུམ་ཡོད་པའི་ནང་ནས་གཅིག་ཡར་གདན་རྫོངས་གསུངས་པ་བཞིན་བྱས་ནས་གཉིས་དམར་གདུང་ནང་དུ

བཞག་པ་རེད་ཟེར་ལོ་རྒྱུས་ཡོད་པ་རེད།

ཁོ་ཚོས་མེ་མདའ་ཁུར་ནས་ང་དམར་རྫིང་མར་ཆུ་འགག་དེར་ཁྲིད་ནས་བསྡད་སོང་། དགོང་གི་རེད་བསམ་ནས་ཞེད་སྣང་ཅི་ཡང་མི་འདུག བླ་མ་དཀོན་མཆོག་ལ་གསོལ་བ་དྲག་ཏུ་བཏབ་ནས་ཉམས་ལེན་ལ་གསོས་བཏབ་མཉམ་པར་བཞག་ནས་བསྡད་པས་མེ་མདའ་རྒྱག་ཡོང་རྒྱུ་མི་འདུག དེ་ནས་ཁོ་ཚོས་གྱོན་ཆས་ཁུར་ཡོང་ནས་ཡར་བཀོན་གྱི་འདུག ཁྱོད་སྐར་མ་ཁ་ཤས་ལ་བཞག་གི་ཡིན་སྐད་ཆ་དྲང་མོ་བཤད་ཀྱི་འདུག་མི་འདུག་བརྟག་དཔྱད་བྱ་ཡི་ཡིན་ཡར་འགྲོ་ཟེར་ཡར་ཁྲིད་སོང་། ཁོ་ཚོས་མཐོང་ས་ཕར་ཁ་དེར་བཞག་སོང་"། རི་ངོགས་སློ་ཉལ་དུ་འདུག་པ་མ་གཏོགས་འདུག་མི་བདེ་བ་ཞིག་འདུག དེ་ནས་སྐྲག་ཟེར་སྐྲག་རྒྱུ་མི་འདུག སྡུག་ཟེར་སྡུག་རྒྱུ་མི་འདུག ད་ཁྱད་མཚར་ཞིག་རེད་སོང་བསམ་ནས་བསྡད་པ་ཡིན།

རྒྱ་དཔོན་འགའ་ཤས་སླེབས་བྱུང་སྐད་སྒྱུར་ཡང་ཁྲིད་འདུག ཡང་བསྒྱུར་བྱེད་ཀྱི་ཕ་ཡུལ་ག་བ་ནས་ཡིན། མིང་སུ་ཡིན། མི་སུ་ཡིན་སོགས་སྐད་ཆ་མང་པོ་ཞིག་དྲིས་བྱུང་། དེའི་སྐབས་སུ་རྫུན་རྐྱང་པ་བཤད་པ་ལས་གཞན་ཐབས་ཤེས་མི་འདུག བདེན་པ་བཤད་དགོས་ན་བཤད་ཐབས་མི་འདུག ལོ་ངོ་ལ་ཡར་ཐུ་ལ་

སོང་མདའ་ལ་སོང་ཕན་ཐོག་གང་ཡང་མེད་པ་ཁྱད་མཚར་རེད་སོང་། མཐར་ཀུ་མ་ཞིག་བཟུང་བ་བཞིན་ལྟགས་ལག་པ་ལ་བརྒྱབ་ནས་འདི་འདྲ་ཞིག་བྱས་ནས་བཟུང་སོང་། ད་ང་དེ་འདྲ་རེད་དེ། གཞན་རོགས་པ་ཚང་མ་དེ་འདྲ་བྱས་ནས་བཟུང་ཐལ། ཨ་ཁྱད་མཚར་བསམ་ནས་གད་མོ་ཞིག་ཤོར་སོང་། དེ་ཤོར་བ་དང་མཉམ་དུ་ཕོ་ཆོས་ཁྱོད་ཀྱིས་ང་ཚོ་ལ་ཁྲེལ་དགོད་རེད་ཟེར་ནས་མེ་མདའི་ངར་ཡུ་མགོ་ལ་བརྒྱབ་བྱུང་། རྒྱབ་ལ་བརྒྱབ་བྱུང་། ཁ་ནས། ཁྱོད་བསམ་བློས་ཟིན་མི་འདུག་མི་སྡུག་ཅག་མི་ངན་ཞིག་རེད་འདུག་ཟེར་གཤེ་གཤེ་དང་བརྡུང་བརྡེག་མང་པོ་བཏང་བྱུང་ཀྱང་ན་མ་བྱུང་ཚམ་བྱུང་། བརྡུང་ཚར་ནས་ང་དེ་ན་བཞག་ཕོང་ཆོམ་ར་སོང་ཐལ།

དེ་ནས་ཧོག་ཙམ་རྗེས་རྒྱ་འགའ་ཤས་ཡོང་ནས་དེ་རིང་སྐྱིད་པོ་བཟོ་ནས་འདུག་རྒྱུ་ཡོད་རེད་ཟེར་ནས་མི་ལྔ་ཐམ་པས་ཐག་པས་བསྡམས་ནས་སྔོན་རྒྱབ་དང་གཡས་གཡོན་ནས་ཐག་སྣེ་རེ་བཟུང་། ཟུར་དེ་ནས་མི་གཟུགས་རིང་པོ་ཡོད་པ་ཞིག་མེ་མདའ་ཁུར་ནས་སླེབ་བྱུང་བས་འགྲོ་སྟངས་ཧོག་ཙམ་དང་། ཁ་བསྐོར་ལུགས་ཧོག་ཙམ་མ་འགྲིགས་ན་མེ་མདའི་ངར་ཡུ་དང་རྗོག་ཐོ་གཞུ་བ་དང་། མེ་མདའི་ཁ་གྲི་བཙུགས་པ་སོགས་བཟོས་ནས་ཁྲིད་བྱུང་། དེའི་ཉིན་

མོ་དེ་ན་དམག་ལྔ་བརྒྱ་ནང་ཡོད་རེད་ཟེར་རྗེས་ནས་གོ་བྱུང་། གང་ལྟར་ཀྱང་ལུང་པ་ཚང་མ་དམག་གིས་ཁེངས་ནས་འདུག

བཅོ་ལྔ་པ། རྒྱ་ཡི་ལག་ནས་ཡ་མཚན་ཆེན་པོའི་བྲོས་ཐར་བྱུང་བ།

མཁའ་འགྲོ་ཟླུར་དེ་ནས་འགྲོ་རྒྱུ་ཡོད་པ་ཞིག་ཁེལ་བྱུང་བས་རྒྱ་ཡིས་གོ་གྱི་མ་རེད་བསམ་ནས། མཁའ་འགྲོ་ལ་དེ་རིང་མ་ཐར་ན་ཐར་གྱི་མ་རེད། དེ་རིང་ཐར་ཐབས་བྱ་དགོས་རེད་ཅེས་བཤད། དཀོན་མཆོག་ལ་གསོལ་བ་དྲག་ཏུ་བཏབ་ནས་སངས་རྒྱས་ཀྱི་བསྟན་པ་མཐའ་ལ་ཐུག་ན་ང་འདི་ན་ཤི་དགོས། དེ་མིན་ན་དེ་རིང་ཐར་དགོས་ཞེས་ཡིད་རྩེ་གཅིག་ཏུ་གཏད་ནས་དམོད་པོར་བས་མཚམས་ཤིག་ཏུ་སླེབས་སོང་། དེ་ནས་བར་གཅིག་ལ་ང་ནི་ཤིན་ཏུ་ཆེན་པོ་ཞིག་ཏུ་གྱུར་ནས་རྒྱ་ཚོ་ཆུང་ཆུང་འདྲ་རེད་སོང་བསམ་པ་འདྲ་པོ་ཞིག་རེད་སོང་། དེའི་སྐབས་ལ་ལྷ་ཡི་ང་རྒྱལ་ཆེན་པོ་འདྲ་རེད་སོང་། དེ་ནས་ངས་ལག་པ་གཡས་པས་རྒྱ་མི་མདའི་ཁ་གྲི་སོགས་རྒྱག་མཁན་དེའི་མེ་མདའི་ཁ་འབེབ་ནས་འཇུས་ས་ལ་གཅིག་བརྒྱབ་པའི་སྣང་བ་འདྲ་ཞིག་ཤར་བྱུང་ཀྱང་། དེ་དངོས་གནས་ཡིན་ནམ་རྫུན་མ་ཡིན་མི་ཤེས། དེ་སྐབས་ཅི་ཆ་འདི་ཆ་མེད་པར་གྱུར་འདུག་པས་ཡུན་རིང་ཐུང་ཇི་སོང་མ་ཤེས་ཀྱང་ང་རི་མགོ་ཞིག་ཏུ་སླེབས་འདུག ཕར་བལྟ་ཚུར་བལྟ་བྱ་སྐབས་སུ་ཡང་མི་འདུག རྒྱ་ནི་ཟིང་ཆ་ལང་ནས་ཝུར་གྱིས་ཁེངས་འདུག ཕར་བྲོས་

དགོས་ཀྱི་འདུག་བསམ་ཀྱང་ཕར་བྲོས་དགོས་ན་ལུས་པོ་ཐང་ཆད་འདུག་པས་འགྲོ་ཐུབ་ཀྱི་མི་འདུག ད་དཀོན་མཆོག་གིས་བསྐྱབས་ཀྱིན་འདུག་བྲོས་མ་ཐུབ་ཀྱང་གནད་འགག་མི་འདུག་བསམ་ནས་དཔའ་གདེང་ཆེན་པོ་ཞིག་རྒྱུད་སོང་། དེ་ནུབ་མོ་ཤུག་པ་གསེབ་དེར་གཉིད་བསྡད་པ་ཡིན།

རྒྱ་ཚོ་ཁུར་ལང་ནས་སྐད་སྐྱོར་དང་བཅས་མེ་མདའ་མང་པོ་འཕེན་གྱི་ཡོད་པའི་སྐད་གོ་རྒྱུ་འདུག ཡུན་རིང་ཙམ་སོང་མཚམས་འཇམ་ཐིང་ངེར་རེད་སོང་། ང་གཉིད་ཀྱི་ངང་དུ་ནག་ཐོམ་མེར་རེད་སོང་འདུག ཡང་གཉིད་སད་པ་དང་མཉམ་དུ་རྒྱ་ཁུར་ཟིང་ངང་ཡར་ཡོང་གི་ཡོད་པ་འདྲ་པོ་འདུག ང་བཙལ་མཁན་ཡིན་གྱི་རེད་བསམ་ནས་ཕར་ཙམ་སོང་སྐབས་རི་འབུར་སྟག་མ་དང་ཤུག་པ་ཡོད་ས་ཞིག་འདུག བྲག་འབུར་ཞིག་འདུག་དེ་ག་རང་ལ་གཉིད་སོང་འདུག དེ་ནས་རྒྱ་མང་པོ་ཡར་བཞར་ཡོང་གི་འདུག ཕར་ཀའི་རི་མགོ་དེར་ཤོ་སྐར་ལྔ་གསུམ་གྱི་དམག་ཡིན་ས་རེད་བསམ་པའི་བོད་ཆས་གྱོན་པའི་མི་ཞིག་འདུག རྒྱ་ཡི་སོ་པ་ཡིན་ས་རེད། ཁ་བྱུབ་ཏུ་བསྡད་ནས་མེ་མདའ་ཟུར་དུ་བཞག་སོང་། ང་མཐོང་མ་སོང་། དེ་ན་ས་ཆ་ཆུང་ཆུང་ཞིག་ཏུ་རྒྱ་ཡོང་གི་མི་འདུག དེ་མིན་ཕྱོགས་ཐམས་ཅད་རྒྱ་མིས་ཁེངས་ནས་རྒྱ་ཐམས་ཅད་ཡར་

ཕུ་ལ་བཤར་སོང་། ང་འདུག་སའི་བྲག་མགོ་དེར་སླེབས་བྱུང་ཀྱང་ང་མཐོང་གི་ཡོད་ས་མ་རེད། དེ་ནས་རྒྱ་རྣམས་ཀྱི་མེ་མདའ་དང་ལག་རྫོགས་གང་ཡིན་མི་ཤེས་མང་པོ་ཞིག་རྒྱག་གི་ཡོད་པའི་སྒྲ་སྒྲོགས་བཞིན་མར་ལུང་པའི་ནང་ནས་བཤར་སོང་།

ང་གཅིག་པུ་མ་གཏོགས་གཞན་ཚང་མ་རྒྱ་ལག་ཏུ་སོང་ཚར་བ་རེད། ང་རང་ལ་དཀོན་མཆོག་གིས་བསྐྱབས་ཀྱི་འདུག སངས་རྒྱས་ཀྱི་བསྟན་པ་མཐའ་ལ་ཐུག་ཡོད་ས་མ་རེད་བསམ་ནས་དཔའ་གདེང་ཏོག་ཙམ་སྐྱེས་བྱུང་། མཁའ་འགྲོ་དང་གཡོག་པོ་རྣམས་རྒྱ་ཡིས་ཁྲིད་ཚར་བ་རེད། བཟའ་རྒྱུ་གང་ཡང་མེད་པ་རེད། རྒྱ་ཡིས་སྤྱི་མ་ང་ཚོ་གཏོར་བཅོམ་བཟོས་ནས་བཟུང་ཤུལ་དུ་གྱོན་རྒྱུ་དང་། བཟའ་བཅའ་ཏོག་ཙམ་ཡོད་ན་བསམ་ནས་བསམ་བློ་འཁོར་བྱུང་། སྤྱི་མ་ཕྲུག་གོས་ཞིག་གྱོན་ཡོད་པ་དང་བཀྱིགས་ཐག་སོགས་གང་ཡང་མི་འདུག དོར་མ་ཞིག་དང་། འབུ་རས་ཀྱི་སྟོད་ཐུང་ཞིག་མ་གཏོགས་གཞན་ལུས་ལ་སྐེ་རགས་ཙམ་ཞིག་ལྷག་མི་འདུག ལྷམ་དང་ལྷམ་སྒྲོག་ལྷག་འདུག སྔོན་མའི་ཤུལ་དུ་ཡར་སོང་བ་ཡིན། རི་རོང་དང་གཡང་གཟར་ཆེ་བའི་འགག་ངན་པ་ཞིག་ནས་ཡར་འགྲོ་དགོས་ཀྱི་འདུག སྔོན་མ་གཏོར་བཅོམ་སྐབས་ལྷག་པའི་ཁྲི་མང་པོ་འདུག་པས་ང་ཡར་འགྲོ་མ་བཙུགས་ནས་

བཀག་བྱུང་བས་དཀོན་མཆོག་ལ་རྩེ་གཅིག་ཏུ་གསོལ་བ་བཏབ་ནས་སྐྱིད་སྡུག་ཟད་མེད་ 《སྐྱིད་སྡུག་ཟད་མེད་ཞེས་པ་ནི་ཁམས་སྐད་དུ་འུ་ཐུག་ནས་ཤི་ཡང་ཅི་བྱ་བསམ་པ་ཞིག་ལ་གོ། མཆན།》 བྱས་ནས་ཡར་སོང་བས་ཐེབ་ཆག་ཐར་སོང་།

སྔ་མ་བསྟོད་ཤུལ་དུ་ཟ་རྒྱུ་ནི་ཆེན་པོ་མི་འདུག ཇ་རྫ་མ་གང་ལྷག་འདུག་ཀྱང་མོ་རེད་ཚར་འདུག་ཀྱང་དེ་འཐུང་རྒྱུ་བྱུང་བས་དཔེ་མི་སྲིད་ཕན་སོང་། ཁ་སྐོམ་པ་དང་གྲོད་ཁོག་ལྟོག་རྒྱུ་སོགས་མ་ཤི་ཙམ་རེད་སོང་། དེར་ཚོལ་ཤི་ཞིག་དང་ལུག་ཤ་ལག་པ་ཞིག་ཧ་སྒྲོ་ནང་དུ་བཙུག ཚར་རྩུག་ཤིག་ཁུར་ནས་མཁའ་འགྲོ་ཤོ་ཧ་མདོ་ལ་ཕལ་ཆེར་མེད་འགྲོ་འཆག་འཁེང་གི་ཤི་ 《འཆག་འཁེང་གི་ཤི་ཞེས་པ་ནི་གྲང་ཤི་ཐེབ་པའི་ཉེས་འགལ་བྱུང་བའི་དོན་ཡིན།》 ཡི་མེད་འགྲོ་སྒྲོད་ས་ཞིག་རག་ཨེ་ཡོང་བསམ་ནས་ཁུར་ཡོང་བས་མར་ཙམ་སླེབ་སྐབས་ཚོག་གི་མི་འདུག་དེ་ན་གཡུགས་ནས། མར་ཁྲི་ལ་འཛེགས་བཞིན་ཡོང་བས་ང་ཚོའི་ཧ་དྲིལ་རྣམས་ལུང་པ་དེའི་ཁྱེད་ཁུག་ཙམ་དུ་འདུག་པས་དྲིལ་གཅིག་ལ་སྣ་འདུག་པས་ཁུར་པོ་ཕར་གློ་ཡ་ལ་བཀལ་ནས་མཚན་མོ་མར་ཡོང་བས། རྒྱབ་ནས་མང་པོ་ཞིག་ཡོང་གི་ཡོད་པའི་སྒྲ་གྲག་བཞིན། སྔོན་ནས་ཡོང་གི་ཡོད་པའི་སྒྲ་གྲག་བཞིན་འདུག སྐབས་སྐབས་ལ་འོད་འདྲ་སློག་ཞུ་མིན་འགྲོ་བསམ་

བསམ་རྒྱུག་གི་འདུག་སྟེ་ད་སྐྲག་དགོས་མི་འདུག་བླ་མ་དཀོན་མཆོག་གི་བསྐྱབ་ཀྱིན་འདུག་བསམ་ནས་མར་ཡོང་བས་རྒྱབ་ནས་རྒྱ་མང་པོ་ཡོང་གི་འདུག་སྔོན་ནས་ཡར་ཡོང་གི་འདུག དེ་གཉིས་ཀྱི་བར་དུ་ཚུད་ནས་གཞན་གྲོས་ས་གང་ཡང་མི་འདུག དེ་ནས་ཏྲེལ་དེ་དེ་ན་ཕར་བདགས་ཀོ་ཧྲ་དེ་ཚུར་བླངས་དེ་འདྲ་བཟོས་པ་ཡིན།

དེ་ནས་རྒྱ་ཚོས་གར་འགྲོ་བ་ཡིན་ཟེར་གྱི་ཡོད་ས་རེད། ང་གི་ཧོ་ཁ་མདོ་ནས་ཡར་ཡོང་བ་ཡིན། མར་ཧོ་ཁ་མདོ་ལ་འགྲོ་བ་ཡིན་ཅེས་ཧོ་ཁ་མདོ་མང་ཙམ་གླིང་ནས་གོ་ཐབས་བྱུས་པ་ཡིན། གོ་ཡོད་མེད་མི་ཤེས། དེ་ནས་ནམ་སྨད་རེད་ཕོ་ཚོས་ས་ཁྲ་དེ་ཁུར་བྱུང་། མེ་ཡར་བཞག་ནས་ས་ཁྲ་དེ་ལ་བལྟས་ནས་བསྡོད་ཐལ། ང་མེ་རྩ་དེར་བསྡོད་པ་ཡིན། སྐབས་སྐབས་ལ་གཉིད་ཁུག་གི་འདུག དེ་ནས་ང་གི་མཁའ་འགྲོ་དང་གཡོག་འཁོར་རྣམས་ལ་ཐུག་པའི་སྨོན་ལམ་བརྒྱབ་བླ་མ་དཀོན་མཆོག་ལ་གསོལ་བ་དྲག་ཏུ་བཏབ། གཞན་དཀའ་ངལ་འདི་དང་འདི་འདྲ་འཕྲད་བཞིན་པའི་དཀའ་ངལ་ཅན་རྣམས་ཀྱི་ཡ་ང་བའི་འཇིགས་པ་འདི་དག་ལས་མྱུར་དུ་ཐར་བའི་སྨོན་ལམ་ཡང་ཡང་བཏབ། མེ་ཡི་མདུན་དུ་ཉལ་བས་མེ་ཕྱོགས་དྲོས། རྒྱབ་ཕྱོགས་ནས་གྲང་བཞིན་བསྡོད་བསྡོད་ནས་

ནམ་ལང་ལ་ཉེ་ནས་བྱིས་ཀྱི་སྐད་ཙུང་ཙམ་གྲག་བྱུང་། བཤུད་པ་འདྲ་བོ་ཞིག་གི་སྒྲ་ཤིག་གྲག་བྱུང་བས་དམག་ཚང་མ་མི་མདའ་ཁུར་ནས་དེ་ཕྱོགས་སུ་རྒྱུགས་ཐལ། རྒྱ་གཅིག་གིས་ངའི་རྒྱབ་ལ་སྟོད་ཟེར་བའི་ཐུག་ཐུག་ཞིག་བྱས་ནས་རྒྱུགས་སོང་། དེ་དང་མཉམ་དུ་ཁ་བ་དང་དྲག་རླུང་ན་བུན་སོགས་ཀྱིས་ཟུར་དུ་ཡོད་པའི་ཆ་དངོས་མཐོང་དཀའ་བ་ཙམ་བྱས་བྱུང་བས། ད་དཀོན་མཆོག་གི་ཐུགས་རྗེས་བསྐྱབས་སོང་བསམ་པའི་དཔའ་གདེང་བཅས་ཏྲ་སྒྲོ་དེ་ཁུར་དྲིལ་དེ་ཕར་མངགས། ཕར་ཀའི་ཟུར་དེར་ཤུག་གསེབ་ཞིག་འདུག་པས་དེར་ཕར་འགྲོ་དུས་ང་རང་འགྲོ་སའི་ལམ་འགག་ལས་གཞན་གང་ཡང་མཐོང་གི་མི་འདུག ཕར་སེམས་ཐག་བཅད་ནས་སོང་བས་ཐག་རིང་དུ་སླེབས་སོང་། གནམ་ཡང་དང་ནས་ཉི་མ་ཤར་བྱུང་། ཤིང་མེ་ལ་ཚོག་པའི་ཤུལ་ཞིག་འདུག་དེར་འབོ་ལོ་གི་ཟོམ་ཆེན་པོ་ཞིག་འདུག་པས་དེ་ནང་དུ་ཉལ་འདུག་དུས་དཀའ་ངལ་ཆེ་དྲག་པས་ཏྲོ་འཛམ་གཉིས་ཀ་འདུག་པས་དཔེ་སྐྱིད་པོ་རེད་སོང་། ཉིན་གསུམ་བཞི་ཞིག་ལ་དེ་ན་ལྷག་སོང་། རྒྱ་ཡིས་གང་སར་ཁྲབ་འདུག་ཀྱང་ཚུར་ཉེ་ས་ལ་སླེབས་མ་བྱུང་། ཕར་ནང་དུ་ཁ་སྤྱིལ་རྣམ་ཚང་གི་མ་ཡུམ་དེ་ཡོད་རེད་ཟེར་སྟོན་ནས་གོ་བསྟོད་ཐལ། ད་གཅིག་གཏུག་མ་ཐུབ་ན་འགྲིགས་མ་བྱུང་བསམ་

ནས་ཕྱི་རྡོ་དེ་ནས་ཡར་འབྱར་ནས་རི་རྩེ་ནས་མར་ལྷ་དུས་གྲོང་པ་ཆུང་ཆུང་ཞིག་འདུག ཟློག་སེམས་ཅན་འགའ་ཤས་འདུག ནག་མོ་དང་ཕྲུག་གུ་འགའ་ཤས་འདུག ཕྱིར་བབ་ནས་སོང་དུས་ས་རུབ་ནས་འགྲོ་ཐུབ་མ་སོང་ཤུག་པ་ཞིག་ལ་རྗོག་བྲད་ནས་གཉིད་ཉལ་བ་ཡིན། རྗོག་མ་བྲད་ན་ནུབ་འགྲོ་ནས་འདུག་ས་མི་འདུག གཉིད་དཔེ་ཡག་པོ་ཁུག་སོང་ཉིན་ཁར་ཐང་ཆད་བྲག་པས་རེད་འདུག

ཞོགས་པ་སྔ་མོ་ལང་ནས་ཤུག་གསེབ་དེ་ནས་མར་བབ་སོང་བས། ཁོ་ཚོའི་ཕར་ཁ་དེ་ན་རི་རྩེ་འདྲ་འདུག་དེ་ན་བསང་གཏོང་གི་ཡོད་ས་རེད། དེ་ནས་དུ་བ་བཟོས་བྱུང་བས་རྒན་མོ་ཞིག་འདུག ང་མཐོང་བ་དང་མཉམ་དུ་མོ་རང་ཞེད་སྣང་འདྲ་བཟོས་ནས་བྲོས་འགྲོ་ཆེས་བྱེད་བཞིན་འདུག ང་གི་ཨ་ཞེ་ང་སྐྲག་དགོས་པའི་མི་མིན། ང་ལ་རོགས་པ་བཟོ་རོགས་གྱིས་ཅེས་བཤད་པ་ཡིན། མོ་རང་གིས་སྐྲུག་བྱུང་བས་ཟུར་དུ་སོང་ནས། སྐེ་ལ་སྔོ་མོ་བཏགས་བཞགས་པའི་ཧ་གཟི་འདྲ་དང་། མཆོང་ཕྲ་མེན་བཏགས་ཡོད་པས་དེ་ཧླང་ནས་མོ་རང་ལ་སྤྲད་ནས་འདི་ཁྱེད་ལ་གླ་ཆ་ཡིན་ཅེས་བཤད་ཞོར། སློ་གྲི་ཐེབ་ཆག་ཞིག་བཏགས་འདུག་དེ་ཚུར་ཧླང་ནས་སྟོན་མ་ལུག་ཤ་དེ་ཁམ་བུ་འགའ་ཤས་ཟོས། དེ་ནས་སྐད་ཆ་ཕར་དྲི་ཚུར་བཤད་བྱས་ནས་ལྟོད་ལྟོད་ཆག་བྱུང་། ཁ་སྤྲུལ་ཚང་

ཟེར་བ་ཞིག་དེ་ཕྱོགས་སུ་ཡོད་མེད་དྲིས་པས། འདུག ཁར་སང་རྒྱ་རྒྱུགས་ནས་ལྷ་མ་ཁྲིད་ཚར་བྱུང་། སྐྱེས་དམན་ཞིག་དང་། ཕྲུག་གུ་ནད་པ་ཞིག་དང་། ནག་མོ་ཁ་ཤོ་ཞིག་བཅས་འདུག་ཅེས་བཤད་བྱུང་། དེ་སྟེང་ཉིན་རྟག་པར་རྒྱ་ཨེ་ན་སླེབས་ཡོང་གི་འདུག་ཟེར། ཕྱོགས་ཕྱོགས་ང་ཡིས་ངོ་ཞིག་ཤེས་ཀྱི་ཡོད། (ཕྱོགས་ཕྱོགས་ང་གི་ངོ་ཞིག་ཤེས་ཀྱི་ཡོད་ཞེས་པ་ནི་ཧ་ལམ་ཧ་ལམ་ང་གི་ངོ་ཤེས་ཀྱི་ཡོད་ཞེས་པའི་དོན་ཡིན།) དེ་ཚང་ལ་ང་འདི་ན་འདུག་ཅེས་བཤད་རོགས། གཅིག་གཏུག་ཡོང་གི་རེད་ཅེས་བཤད་པས་ཡ་ཟེར་ནས་སོང་བཞག་ཐལ།

ཉོག་ཙམ་རྗེས་ནག་མོ་ཞིག་སྒོ་ལ་ལང་བྱུང་བས་ཁ་སྤྲུལ་གྱི་མ་ཡུམ་དེ་མིན་འགྲོ་བསམ་ནས་མར་ཙུང་ཙམ་སོང་ནས་བསྡད་བཞག་པ་ཡིན། དེར་སླེབས་བྱུང་། སླེབས་མ་ཐག་ཏུ་ང་གི་རྐང་པ་ལ་འཛུས་ནས་ཁོང་ཚོ་ཚང་མ་རྒྱུས་འཛུས་ནས་ཁྲིད་སོང་། ལྷ་མ་གྲྭ་པ་འགའ་ཤས་ཡོད་པ་གཅིག་ཀྱང་ལྷག་མ་བྱུང་། ང་ཚོ་འདིར་བསྡད་ཡོད། ཁྱེད་ལ་དཀའ་ངལ་འདི་ཙམ་འཕྲད་པ་རེད། ད་ཅི་བྱེད་དགོས་རེད་ཟེར་སྡུག་གཏམ་མང་པོ་བཤད་བྱུང་། ད་ཅི་བྱེད་གང་ཡང་ཡོད་མ་རེད། སེམས་སྡུག་ཞེ་དྲག་མ་བཟོ་ཞེས་བཤད་ཞོར། ད་ང་འདིར་བསྡད་ན་དྲག་མི་འདུག་བསམ་ནས། ང་ལ་ཁ་ལག་ཞིག་ཁྱེར་ཤོག་ང་འདི་ན་བསྡད་བཞག་ན་ཁྱེད་ཚོ་ལ་

གཏོང་བསྐྱལ་གྱི་རེད། གཞན་ཞིག་ལ་འགྲོ་ན་དྲག་གི་རེད་ཅེས་བཤད་པས། ཡ་ཟེར་ནས་མོ་རང་མར་རྒྱུགས་ནས་ཤ་སྐམ་དང་རྩམ་པ་ཡག་ཐག་ཆོད་འདུག་ཁུར་བྱུང་། དེ་ཚོ་ཟོས་ནས་སྐྱིད་པོ་བཟོས་ནས་དེ་ན་བསྡད་པ་ཡིན།

བཅུ་དྲུག་པ། མ་ནི་དང་མཉམ་དུ་སོང་བས་མཁའ་འགྲོ་དང་ཐུག་པའི་སྐོར།

དེ་ནས་ཉི་མ་ཁ་ཤས་ཤིག་ལ་རི་ལ་ཡར་སོང་ནས་གབ་པ་ཡིན། ནུབ་གཅིག་ཁོ་རང་ཚང་གི་ནང་དུ་རྒྱ་སྐྱིབ་མི་ཡོང་བསམ་ནས་དཔའ་གདེང་འདྲ་འདུག མར་སོང་བ་ཡིན། མ་ནི་ཟེར་མི་ཞིག་འདུག ཁོ་ནད་པ་ཡིན་ཁེལ་གྱིས་ལྐུག་བསྡད་འདུག ཁོ་ཁྲིད་སོང་ཟེར་བས། ཁོ་རང་གི་འགྲོ་ཡི་ཡིན་ཟེར་ནས་ཡར་ལང་བྱུང་། དེ་ནས་ངེད་གཉིས་ཀྱི་གང་དུ་འགྲོ་བ་དྲག་ན་ཟེར་བས། དབྱི་སྟོད་དུ་ནགས་འཐུག་པོ་ཡོད་རེད་དེ་ན་སོང་ན་དྲག་གི་རེད་ཟེར་བས་དེ་ཕྱོགས་སུ་སོང་། ཁོ་རང་ནི་ནགས་གསེབ་ཏུ་འགྲོ་དུས་མགྱོགས་མྱུར་ཏ་ལས་དགོས་པ། བྲོས་དགོས་བྱུང་ན་གར་སོང་ཆ་མེད་དུ་འགྲོ་རྒྱུའི་ཉེན་ཁ་འདུག་བསམ་བསམ་འདུག ཅིའུ་ཉལ་བ་འཕུར་ཡོང་དུས་འཛྲོགས་ན་ཕར་ཚད་དུ་སྐྱིབས་ཚར་བ་ཞིག་འདུག དེ་འདྲའི་མི་གྲུང་པོ་ཞིག་ཁྲིད་རྒྱུ་རགས་སོང་། དེ་ནས་སྔོན་མ་དུས་ཚོད་མ་སྐྱོན་ཅམ་གྱི་གོང་གཡར་པ་ཚང་ཟེར་བའི་མི་ཚང་ཞིག་ཡོད་རེད། དེ་ན་གཏུགས་ནས་གཅིག་འགྲོ་བ་དྲག་གི་འདུག་ལབ་ནས་དེ་ཚང་ལ་ཡར་སོང་བས་ཁོ་ཚོ་ཚང་མ་ནང་དུ་བསྡད་འདུག སྐོ་

ར་ནང་དུ་ཡར་འཛུལ་ནས་སྒོ་དྲུང་དེར་སོང་ནས་ཕག་ཉན་བཟོས་པས། ཁོ་རང་ཚོའི་ཁར་སང་པོན་གྱི་མ་ལ་རྒྱ་པོ་ (རྒྱ་པོ་ཞེས་པ་ནི་རྒྱ་རྒྱུགས་ནས་ཁྲིལ་མེད་ལུང་མེད་ཀྱིས་གཏོར་བཅོམས་བྱས་པའི་དོན་ཡིན། མཆན།) ནས་ཚང་མ་གཏོར་བཅོམས་དང་འཇུ་བཟུང་བྱས་ནས་བླ་མ་ཆགས་མེད་རིན་པོ་ཆེ་ཟེར་བ་དེ་ཞི་བུ་རེད་ཟེར་ནས་བཤད་རྒྱུ་འདུག་ཀྱང་། གང་ཡང་རེད་མི་འདུག་ཁོ་ཚོའི་བསད་ཡོད་ཟེར་བ་དང་། སྐྲ་རགས་དང་བཀྱིགས་ཐག་མ་བཀྲོལ་བར་སྟོན་རྒྱུ་ཡོད་ཟེར་ནས་ཚང་མ་ལ་བསྟན་ནས་དེ་འདྲ་བྱས་སོང་ཞེས་བཤད་ཀྱི་འདུག་ཟེར་བཤད་ཀྱི་ཡོད་ཀྲག། བླ་མ་ཆགས་མེད་བཀྲོངས་ཚར་འདུག་དེ་འདྲ་བཟོས་རིག་ཟེར་ནས། ཁོ་ཚོས་འཁྱིད་པ་མང་པོ་ཁ་ཞེ་གཉིས་མེད་ཀྱིས་བཟོ་ཡི་འདུག

དེ་ནས་ངས་མ་ཅི་ལ་ནང་དུ་གཅིག་སོང་ནས། ང་འདིར་སླེབས་ཡོད་ཅེས་ཤོད། རོགས་པ་ཧོག་ཙམ་ཐུབ་མིན་སྐད་ཆ་དྲིས་ཤོག་ལབ་པས། ཁོ་ནང་སྒོ་ཕྱེས་ནས་འཛུལ་བའི་ཐལ། ཁོ་སྔོན་མ་ནས་ཁོ་རང་ཚོས་ངོ་ཤེས་ཀྱི་ཡོད་རེད། ཀ་རེ་ཅི་ཡིན་ཞེས་དྲིས་ཐལ། ཆགས་མེད་རིན་པོ་ཆེ་འདིར་བྱོན་ཡོད་རྒྱུ་ཡིས་བཀྲོངས་ཐུབ་ཡོད་མ་རེད། རི་ལ་ཡར་གབ་དགོས་ཀྱི་འདུག ཐབས་ཤེས་

ག་རེ་དྲག་ན་ལབ་བྱུང་བས། དེ་གོ་བ་དང་མཉམ་དུ་ཚང་མ་ཞུར་དེར་རེ་ཡར་ལང་ནས་ཇ་འདེར་ཡོད། ཙམ་པ་འདེར་ཡོད། མར་འདེར་ཡོད་ཟེར་ནས་མགྱོགས་པོ་གྱིས་མ་གཏོགས་རྒྱ་ཡིས་བསྐོར་བསྡད་ཡོད་རེད། ཁོང་ཚང་གི་མི་ཚང་མ་ནགས་གསེབ་ཏུ་གབ་བསྡད་ཡོད་རེད་ཟེར། ནག་མོ་རྐྱང་པ་མ་གཏོགས་སུ་ཡང་མི་འདུག ཁོ་མར་རྒྱུགས་ནས་ངའི་དྲུང་དུ་སླེབས་བྱུང་། ཁོ་ཚོ་དོགས་པ་ཟ་ནས་ཁོ་ལ་རོགས་པ་འདྲ་མི་འདྲ་མེད་དམ་སྐམ་ཐལ་ཅེས་བཤད་བྱུང་། ངས་ངེད་གཉིས་སྐྱོན་ས་མ་རེད་ད་ནང་ལ་ཡར་བྱུད་འགྲོ་ཅེས་བཤད་ནས་ཡར་ནང་དུ་འཛུལ་སོང་བས་ཁོ་ཚོ་ཚང་མ་འཆི་གསོན་འཕྲད་པ་བཞིན་དགའ་དགའ་སྐྱིད་སྐྱིད་བྱས་བྱུང་། ཁར་སང་རྒྱ་ཡིས་བཀྲོངས་སོང་རེད་ཟེར་ནས་བཤད་བྱུང་། བཀྲོངས་མ་ཐུབ་དེ་འདྲའི་ཡ་མཚན་ཆེན་པོ་རེད་འདུག་ཅེས་ཧ་ལས་སོང་། ཚང་མས་ངའི་རྐང་པ་ལ་འཇུས་ནས་ཐོད་པ་གཏུག་དད་གདུང་ཚད་མེད་བྱེད་ཀྱི་འདུག ཁ་ལག་ཤ་དང་མར་ཙམ་སོགས་ཁྱུར་རྒྱུའི་གྲ་བསྒྲིགས་བྱས་ནས་འདི་ན་འདི་ལྷར་སོང་ཅེས་ལམ་སྟོན་བྱས་བྱུང་། ངེད་གཉིས་ནི་དགའ་དགོས་པ་ཞིག་བཟོས་མངགས་བྱུང་། དེ་ན་ཞག་ཁ་ཤས་ལ་བཞུགས་དང་དེ་ནས་གནས་ཚུལ་ལྷ་ཡི་ལྷ་ཡི་བྱེད་ཅེས་བཤད་བྱུང་།

དེ་ནས་ངེད་གཉིས་ཁོ་ཚོས་ལམ་སྟོན་བཟོས་པའི་ཕྱོགས་སུ་ནགས་ཚེན་པོ་འདུག་དེ་ན་ཁ་གཏད་ནས་གབ་ཁུང་ཞིག་བཙལ་བཞིན་སོང་བས་ནགས་གསེང་དུ་སླེབས་སོང་། ཉི་མའི་གུང་ལ་དུ་བ་འཐྲག་ས་གང་ནས་བྱེད་ཀྱི་འདུག མི་ནི་སུ་ཡང་མཐོང་རྒྱུ་མི་འདུག དེ་ན་ཉི་མ་གསུམ་བཞི་ཞིག་ལ་བསྡད་པ་ཡིན། ཉིན་གཅིག་མཁའ་འགྲོ་ལ་གཅིག་ཐུག་ཡོང་རྒྱུ་རེད་བསམ་པ་འཐྲ་བྱུང་ནས་ཁོ་ཚང་ལ་གཅིག་སོང་ན་བསམ་བྱུང་། དེའི་སྔོན་ཁོ་ཚོ་ལ་ཧྲོ་ཁ་མདོ་ལ་སྣན་མེད་བཟོས་ནས་མཁའ་འགྲོ་འདུག་མིན་ལྷ་རོགས་ཅེས་ཆ་བཞག་པ་ཡིན། ངེད་གཉིས་དེ་རིང་ཁོ་ཚང་ལ་གཅིག་གཏུག་ཨི་འགྲོ། མཁའ་འགྲོ་དང་གཅིག་ཐུག་ན་ཅི་ཤེས་ལབ་པས། ཁོས་འོ་རེད་ཟེར། དེ་དུས་ང་ལ་ཐང་པོ་ཡོད། ཁོ་ལ་འགྲོ་འདུག་ཏ་ལས་པ་ཡོད་རེད། ཁུར་རྒྱུ་ནི་ཅི་ཡང་མེད། དེ་ནས་ངེད་གཉིས་མར་སོང་བ་ཡིན། དེ་ནས་ཉེ་མ་རིང་ལ་སླེབ་དུས་གཡར་མ་ཚང་སར་ཁོ་རང་མར་མངགས། ང་དེར་བསྡད་པ་ཡིན། ཁོ་རང་ཧྲོག་ཙམ་འགོར་སོང་དེ་ནས་ཡར་སླེབས་སོང་།

ཁོ་ཚོ་མཁའ་འགྲོ་ལ་ཐུག་སོང་ཡག་པོ་ནི་བཟོ་ཐོད་མ་བྱུང་། ལུང་པའི་མི་མང་པོ་འདྲེ་ལ་གྱུར་ཚར་བ་རེད། ཁོ་ཚང་གིས་ཆུ་ཧ་ཞིག་ཕྱུད་པ་ཡིན། མཁའ་འགྲོས་སང་ཉིན་ཐུག་ན་ཐུག་རེད། དེ་

མིན་ན་མོ་ལ་པར་སི་ཞིག་སྤྲད་བྱུང་དེ་དུས་ཆོད་རྫོགས་འགྲོ་ཡི་ཡོད། མར་མ་སོང་ན་ཕོད་ས་མེད་ཅེས་ཆ་བཞག་སོང་ཟེར་སླེབས་བྱུང་། འོ་ཡ་ལབ། དེ་ནས་ཛ་ཁུར་བྱུང་བས་ཛ་བཏུང་། ད་ངེད་གཉིས་དོ་ཉུབ་མ་སོང་ན་རེད་མི་འདུག་ལབ་ནས་དེ་ཉུབ་ཁ་སྤྲུལ་ཚང་གི་མ་རྒྱན་ཡོད་ས་དེར་སོང་བས་དཀོན་མཆོག་གི་ཐུགས་རྗེ་ལ་བསླུ་བ་མེད་དུས་ངེད་གཉིས་དེར་སླེབས་པ་དང་། མཁའ་འགྲོ་དེར་སླེབས་པ་དུས་མཉམ་རེད་འདུག འཆི་གསོན་མཉམ་དུ་འཕྲད་པ་བཞིན་གྱུར།

གཞན་གཡོག་འཁོར་བཟུང་སོང་བ་རྣམས་སུ་གཅིག་གོ་རྒྱུ་ཆོལ་རྒྱུ་ཅི་ཡང་མི་འདུག མཁའ་འགྲོ་གཅིག་པུ་ཐར་འདུག སྐད་ཆ་དྲི་དུས་མོ་བཙོན་ལ་བཙུད་སོང་། དེ་ནས་མགོ་བསྐོར་འདྲ་གཏོང་ཨི་ཐུབ་བལྟས་ནས་དཀོན་མཆོག་ལ་གསོལ་བ་བཏབ་ནས་བསྟུད་པས་ཐབ་ཆག་དགོངས་པ་ཞིག་ཐོབ་སོང་ཟེར། དེ་ནས་ང་ཚོ་རི་ལ་བྲོས་ནས་འགྲོ་བ་མ་གཏོགས་གཞན་ཐབས་ཤེས་མེད་དུས་རི་ལ་འགྲོ་རྒྱུ་བྱས། སྔོན་མ་རྒྱ་ཡིས་གཏོར་ཤུལ་དེར་མཁའ་འགྲོའི་རོགས་པ་ཞིག་སོང་འདུག རྟ་དྲེལ་ནང་ནས་སྔོན་ནས་འབྲེལ་བ་ཡོད་ས་རེད། རྟ་དུང་འཛོ་ཟེར་བ་ཞིག་སྔོན་མ་ང་ན་དུས་འཚག་རོམ་ཁ་ནས་ག་ལེར་ལག་པ་རྐྱོངས་ནས་ག་བ་སྤྱོ་དགོས་ས་

འདུག་ལྷ་ནས་འགྲོ་མཁན་ཞིག་ཡོད་པས་དེ་རྒྱ་ཡིས་ཁྲིད་འདུག

མཁའ་འགྲོ་རྒྱ་ཐེངས་གཉིས་པ་པོ་དུས་འཁྲིད་རྒྱུ་རེད་མི་འདུག་སྐྱུགས་པ་སྐྱུགས་སོང་བས་ལྷག་བྱུང་ཟེར། ང་ཚོ་ནགས་གསེབ་ཏུ་སོང་ནས་བསྡད། དེ་ནས་ཡར་འགྲོ་དུས་ཁྱུང་ཐོ་ལ་ཁུག་ཏུ་ཐུག་གི་འདུག དེའི་རྒྱུད་དུ་ཀར་རུ་ཚང་སོགས་མེས་ཚང་མང་པོ་ཡོད་རེད། དེ་ཚོ་ལ་ཐུག་སོང་། ཁོ་ཚོས་བཤད་རྒྱུ་ལ། ཤོ་སྟར་སྨྲོ་གསུམ་གྱི་མི་དེ་འདྲ་ཡོང་ནས་ཆགས་མེད་རིན་པོ་ཆེ་འཕུར་ནས་རིའི་རྩེ་ལ་བབས་པ་རེད། བླ་མ་ཧ་ལས་པ་རེད་འདུག ཁྱེད་ཚོའི་སར་འབབ་མི་ཡོང་བའི་ངེས་པ་ཡོད་མ་རེད། ང་ཚོ་ལ་མཚོན་སྒྲུང་ཞིག་རག་ཐབས་བྱེད་རོགས་གྱིས་ལབ་བྱུང་ཟེར་ནས་རྩམ་པ་དང་། དཔེ་ཤག་དང་། ཇ། གཞན་ཡང་ཙ་ལག་ཙག་ཅིག་བཞག་པ་མང་པོ་འདུག

དེ་ནས་ཞག་མ་ཁ་ཤས་བསྡད་ཀྱང་ཕྱོགས་མཐའ་ཚང་མ་ནས་རྒྱ་ཡིས་བསྐོར་འདུག་ཟེར། བླ་མ་དཀར་པོ་ཞིག་ཡོད་རེད་དེ་གར་ཨེ་འདུག དེ་འདུག་ས་མཐོང་སོང་ན་ཁོ་ཚོ་ལ་ཤོད་དང་། མའོ་ཀྲུའུ་ཞི་མཇལ་ཁ་ལ་འཁྲིད། ཟོག་སེམས་ཅན། ཞིང་ཁ། དངུལ། གོ་ས་གང་དགོས་སྤྲད་ཆོག་ཅེས་སྒྲུལ་མ་གཏོང་གི་འདུག་ཟེར། དེའི་རྒྱུད་ལ་སྒྲུལ་མས་ཁེངས་ཡོད་གྱི་རེད་ཟེར། དེའི་སྔོན་

ནས་ཚགས་མེད་བསད་ཡོད་ཟེར་ནས་ཚང་མ་ལ་ཁྲབ་བསྒྲགས་བྱས་སོང་ཟེར། ཡང་ཉིན་ཁ་ཤས་རྗེས་ནས་ང་སོད་མ་བྱུང་མི་རེད་མི་འདུག་འདྲེ་རེད་འདུག སྐྲ་རགས་དང་བཀྱིགས་ཐག་མདུད་པ་མ་གྲོལ་བར་ཤོར་སོང་བ་རེད་ཅེས་སྟོན་གྱི་འདུག་ཟེར། ཁོ་འདི་འདྲ་བཟོས་འཕུར་སོང་བ་རེད། དེ་ཁྲིད་ཆོས་ཟིན་བྱུང་ན་བཙན་པ་ཆེན་པོ་སྒྲད་ཚོག་ཅེས་ཁྲབ་བསྒྲགས་གཅིག་བྱས་ནས་གསོད་ཐུབ་ན་མ་གཏོགས་བཟུང་ན་ཐུབ་རྒྱུ་མ་རེད་ཅེས་ཁྲབ་བསྒྲགས་མང་པོ་ཞིག་བྱས་བྱུང་། པོ་ཏི་མ་ལ་ཚོགས་འདུ་བྱས་བྱུང་འདི་ཕྱོགས་ལ་ཉུལ་མ་མང་པོ་བཏང་ཡོད་ཐལ། སླེབ་ཡོང་ས་ཡོད་ཐལ་ཟེར་ནས་མི་ངོ་ཤེས་པ་ཞིག་ཡོད་དེས་ད་གཟབ་གཟབ་ཡག་པོ་མཛད་དགོས་ཐལ། ཅེས་བཤད་སོང་།

ཨ་མི་བདེན། ཤོ་སྟར་ལྷོ་གསུམ་གྱི་མི་གསུམ་ལམ་ཆུང་ཆུང་ཞིག་གི་ནང་ནས་ཐུག་བྱུང་། ང་ལ་གྲི་ཆུང་ཆུང་ཞིག་རྐེད་རྒྱུ་ཡོད། ཁོ་ཚོ་གསུམ་ཀ་ལ་གྲི་རྐེད་རྒྱུ་འདུག ད་ང་བཟུང་མཁན་ཡིན་གྱི་རེད་བསམ་ནས་དཀོན་མཆོག་ལ་གསོལ་བ་རྩེ་གཅིག་ཏུ་བཏབ་ནས་ཙ་ཐུག་ན་གྲི་ཡིས་ལས་ཀ་ལས་དགོས་ཀྱི་རེད་བསམ་བྱུང་། ང་ལ་ལྷ་ཡག་འདྲ་བྱས་བྱུང་། དེ་ནས་ལམ་འོག་ཏུ་མར་གཡོལ་སོང་། དེ་ནས་ད་ས་ཆ་གཞན་པ་ཞིག་ཏུ་འགྲོ་དགོས་ཀྱི་རེད།

ད་འདི་ན་རྒྱ་ཡིས་འདུག་འཇུག་རྒྱུ་མ་རེད་བསམ་ནས་ས་ཆ་གཞན་པ་ཞིག་ཏུ་ཕར་སྤྲོས་པ་ཡིན།

རྒྱ་ཡིས་དེ་སྐོར་ང་ལ་ཞེ་གནག་ནས་བཟུང་ཐབས་དང་གསོད་རྒྱུའི་ཐབས་འདྲ་མིན་གྱི་ལས་ཀ་འདྲ་མི་འདྲ་བཟོ་བའི་གདོང་རེད། དེ་ནས་ཁྱུང་ཐོ་ལ་རྩར་ང་ཚོའི་ཡུལ་བུད་མང་པོ་ཡོད་རེད། དེ་ནས་དེ་ན་ཕར་སོང་བས་སླེབ་སོང་། དེ་ན་ཡོད་པ་ཚང་མ་ཕར་པདྨ་བཀོད་དུ་འགྲོ་རྒྱུའི་ཐབས་ཤེས་ཀྱི་སྒྲོ་བོ་ལ་འགྲོ་གྲབ་འདུག དེ་ནས་ཁྱུང་ཐོ་ལ་ཐེ་བྲབ་འདུག ཐེ་ཚར་མི་འདུག་དེ་ནས་ང་ཚོ་སྡེབ་གཅིག་ཏུ་བཙན་པོ་བཟོས་ནས་ལ་བརྒལ་སོང་བས་ལ་ཕར་ནང་གི་རྐེད་པ་མ་གནོགས་འགྲོ་ཐུབ་མ་སོང་། ཁ་བ་ཆེན་པོ་དཔེ་མི་སྲིད་འདུག ཁ་བ་ནང་དུ་དེའི་ནུབ་མོ་ལྷག་སོང་། ཕྱི་ཉིན་མོ་ང་དང་། མདོ་སྟེ་སོགས་འགའ་ཤས་མིག་གངས་ཀྱིས་ཕྱིད་སོང་བས་སྔ་དྲོ་འགྲོ་ཐུབ་མ་སོང་། ཕྱི་དྲོ་ཉིན་ཕྱེད་ཡོལ་མཚམས་སྐྱོན་མེད་ཙམ་འདུག དེ་ནས་ང་ཚོ་གཞུང་ཁ་དེར་མར་བབ་པ་ཡིན། རྟ་དྲེལ་དང་མི་དཔེ་མི་སྲིད་མང་པོ་ཡོད་སའི་ལུང་པ་ཆུང་ཆུང་ཞིག་འདུག་དེའི་ཕར་ཁ་ཚུར་ཁ་ལ་བསྡད་པ་ཡིན།

བཅུ་བདུན་པ། རྒྱ་མིའི་དྲག་དཔུང་དང་རྐོལ་འཛིང་།

ཕྱི་ཉིན་མོ་རྒྱ་དང་ཞུལ་མ་གང་དུ་ཡོད་མེད་སོགས་ལྷ་རྟོགས་བྱེད་ལུགས་ང་ཚོས་གྲོས་བསྡུར་བྱ་བཞིན་པའི་སྐབས། ལ་བཙས་མཁྲིས་ནས་མི་མང་པོ་ཞིག་ཡོང་གི་ཡོད་པ་འདྲ་པོ་འདུག མི་ཡིན་དང་ཕྱུག་ཡིན་ད་དུང་གསལ་པོ་ཤེས་ཀྱི་མི་འདུག་ཟེར་ནས་སྐར་འོག་མ་ནས་མི་འགའ་ཤས་སླེབས་བྱུང་། དེ་ནས་མར་འགྲོ་ལམ་ཚང་མ་རྒྱ་ཡིས་བཟུང་ཚར་འདུག་ཟེར་ནས་བཤད་བྱུང་། ད་ཅི་དྲག་གང་དྲག་ཟེར་ནས་ཐམས་ཅད་ཟིང་ལང་ཐལ། དེ་ནས་ང་ཡིས་ད་རྒྱ་ཡིན་ན་དེ་རིང་ངོ་ལེན་ཐུབ་ཐབས་བྱ་བ་ལས་ལག་འོག་ཏུ་འཛུལ་ཅིག་བྱས་ན་ད་ཐར་གྱི་མ་རེད་ལབ་པས། རི་འབུར་གླང་མ་དང་རྗེ་ཕ་བོང་ཧྲག་གེ་ཧྲུག་གེ་ཡོད་ས་ཞིག་འདུག དེར་ང་ཚོ་མི་འགའ་ཤས་སོང་བས་དེའི་རྗེར་སླེབས་པ་དང་རྒྱ་སོ་པ་སླེབས་པ་ཏག་ཏག་རེད་འདུག རྒྱ་ཡིས་མེ་མདའ་མར་ཁ་གཏད་བྱུང་བས། ཀརྨ་དཔལ་བཟང་གིས་མེ་མདའ་ལམ་སེང་བརྒྱབ་བྱུང་བས་རྒྱ་ཡི་མེ་མདའ་དེ་ཏེད་དུམ་དུ་བཏང་རྒྱ་དཔོན་དེ་བསད་བཞག་པ་རེད་འདུག རྗེས་ནས་ལྷ་དུས་སུམ་ཅུ་ཁ་གྲགས་ཞིག་རེད་འདུག

རྒྱ་ཡིས་མི་མདའ་མང་པོ་ཞིག་འཕེན་བཞིན་འདུག་པས་གཞན་ཅི་བྱེད་མི་འདུག་ང་གིས་བླ་མ་དཀོན་མཆོག་ལ་གསོལ་བ་དྲག་ཏུ་བཏབ་ནས་སྲུང་འཁོར་སྒོམ་ནས་བསྡད་པ་ཡིན། རོགས་པ་གཞན་པ་རྣམས་ཀྱིས་ཕར་མེ་མདའ་འཕང་སོང་། མདེའུ་རྫས་ཉུང་ཙམ་མ་གཏོགས་ཡོད་མ་རེད་དེ་ཕར་ངོ་གཅིག་ལེན་ཐབས་བཟོས་ནས་འཕང་པ་རེད། མི་ཁ་ཤས་ཀྱིས་ལག་རྡོ་འཕེན་ས་ལ་ཐུག་སོང་། ཚུར་མདའ་གཚད་འཕང་ཀྱང་ཐེབས་མ་བྱུང་། ང་གི་རོགས་པ་བྲ་ཡུ་ཀརྨ་དཔལ་བཟང་ཟེར་བ་ཞིག་ཡོད། ཁོ་མི་རྒྱུད་ཡག་པོ་རེད། མི་ཤེས་པ་ཡོན་ཏན་ཡག་པོ་ཡོད་རེད། མི་བཟང་པོ་དཔེ་མེད་རེད། དཔའ་བློ་ཁོག་དཔེ་མེད་ཆེན་པོ་རེད། ཁོ་རང་ང་ལ་བློ་རྩེ་གཏད་ཅིག་རེད། ཁོ་ལ་སྤྱི་མོ་ར་སྦྲེང་བླ་བྲང་གཏོར་བཙོམ་སྐབས་དམག་མིས་མ་རབ་བྱས་ཁུར་ཡོང་ནས་རག་པའི་ལི་མ་རྩ་ཆེན་མཚོན་སྲུང་དུ་ཡོད་རེད། ཁོ་སྐྱོན་གྱི་མ་རེད་བསམ་བྱུང་སྲུང་འཁོར་གཅིག་པ་གཅིག་ཀྱང་བསྒོམས་པ་ཡིན། ཁོ་ལ་མདེལ་རྒྱས་ཐེབ་བྱུང་། ཁོ་བློ་ཁོག་ཤིན་ཏུ་ཆེན་པོ་ཡིན་སྟབས་མདའ་ཕོག་ཡོད་ཀྱང་ཉམས་སྣང་མི་འདུག དེ་ནས་རྒྱ་དེ་ཚོ་ཕར་བྲོས་སོང་བས་དེ་ཉིན་མོ་བཀག་ཐུབ་ཙམ་བྱུང་། རྒྱ་མང་པོ་རང་ཡོད་ས་མི་འདུག

དེ་ནས་མུན་རུབ་པ་དང་ཆར་མུན་ཤིན་ཏུ་སྟུག་པོ་འཁྲིགས་བྱུང་། དེ་ནས་ཆུ་ཕར་ཁ་དེར་འགྲོ་བའི་ཐབས་ཤེས་བྱས་པས་ས་གསལ་པོ་བྲག་དང་གས་ཤུལ་ཡོད་ས་ཞིག་འདུག དེར་རྒྱ་མེད་པ་ཤེས་ནས་ངའི་རྟོགས་པ་མི་འགའ་ཤས་ཡོད། ཟ་རྒྱུ་འཐུང་རྒྱུ་མཁའ་འགྲོས་འགྲོ་ཆེས་བཟོས་ནས་ཐབས་ཤེས་ཐེབ་ཆག་ཞིག་འགྲིགས་སོང་བས་ཕར་སོང་བ་ཡིན། མི་རྟོགས་པ་རྣམས་ལ་ང་ག་བ་སོང་ན་དེ་གར་ཤོག་ཅེས་སོང་བས། ཆུ་བརྒྱལ་དགོས་ཀྱི་འདུག་པས་ཆུ་དེ་འཁྱུག་པ་ཡོང་བའི་སྐད་རེད་འདུག ཆུ་ཆེན་པོ་རེད། དེ་ནས་མ་གཅོད་རང་གཅོད་རེད། ང་སྔོན་ལ་ཆུ་ནང་དུ་ཕར་སོང་བས་ང་ཆུ་ཡིས་ལྷིང་ལྷིང་ལྷིང་བཀྱུགས་སོང་། ཁྲམ་ཧྲུག་རྫོ་ཧྲུག་དཔེ་མི་སྲིད་འདུག ཕར་འཛུ་ཚུར་འཛུ་བཟོས་ནས་ང་ཐེབ་ཆག་ཕར་ཐར་བའི་ཐལ། ཁོང་ཚོ་ཡང་ཐར་བྱུང་། དེ་ནས་གོག་འགྲོས་བྱས་ནས་ས་རྟེང་གཡང་གཟར་དེ་བརྒྱུད་ནས་རི་མགོ་དེར་གབ་ས་རག་བྱུང་། ཀརྨ་དཔལ་བཟང་སོགས་མི་ཁ་ཤས་ཤིག་ང་གར་སོང་ཡོད་པ་མ་མཐོང་ནས་ཁ་འཐོར་སོང་འདུག

དེ་ནས་ཁོ་ཚོ་སོང་ས་དེ་ནས་ཀརྨ་དཔལ་བཟང་དཀའ་ངལ་ཆེ་དྲག་ནས་སྙུང་ཁ་བཟོ་ཆེས་བཟོས་ནས་མེ་མ་བུད་རང་བུས་ཆག་ནས་མེ་བཏང་བས་དེ་རྒྱ་ཡིས་མཐོང་ནས་

རྒྱ་དེར་རྒྱུགས་ནས་ཁོ་ཚོ་བཟུང་སོང་འདུག དེ་ནས་རི་ཕར་ཆུར་ཚང་མ་བཤེར་ནས་རྒྱ་རྣམས་སྐྱོན་པ་རྒྱུགས་རྒྱུགས་བྱས་ནས་ཁོ་ཚོ་མར་ཁྲིད་སོང་འདུག དེ་ནུབ་དགོང་མོ་ངའི་སྐར་པ་དེ་རྒྱ་ཡིས་བསྐོར་ནས་ནམ་སྨད་ཁང་ཆུང་ནང་དུ་ཛ་ཆེན་བརྟུང་བ་བཞིན་མེ་མདའ་བྱེ་བྲག་གི་སྐད་གོ་རྒྱུ་གང་ཡང་མི་འདུག

དེ་ནས་སྐར་པ་རྣམས་མགོ་བདགས་པའི་ཐབས་ཤེས་བྱེ་བ་མ་གཏོགས་རྒྱ་མང་ཆེ་ནས་ཐབས་ཤེས་གཞན་གང་ཡང་མེད་པར་གྱུར་ནས་མགོ་བདགས་པ་རེད། དེ་ནས་ཀརྨ་དཔལ་བཟང་ཚང་ཚང་མ་རྒྱ་ཡིས་ཁྲིད་ནས་རྒྱ་ཞབས་ལ་ཤོར་སོང་། དེའི་ནུབ་མོ་ང་ཚོ་ཆུ་དེ་བརྒྱབ་སྐབས་གྱོན་ཆས་ཚང་མ་རློན་པ་རེད་ཤོར་བས་དེ་ཚང་མ་འཁེང་ནས་དཀའ་ངལ་ཚད་མེད་མྱོང་། ད་ཕལ་ཆེར་གྲང་ཟུག་གི་ཤི་བའི་ཉེས་ཁ་འབྱུང་ས་རེད་ཅེས་བཤད་དགོས་པ་ཙམ་བྱུང་། ང་ཚོ་མི་བཞི་ལྔ་ཞིག་ལས་གཞན་ནི་ཐར་མེད་པ་རེད། ཁོ་ཚོ་ལ་ཤ་ཚ་དང་སེམས་ཁྲེར་ཚད་མེད་བྱུང་ཀྱང་ཐབས་ཤེས་གང་ཡང་མི་འདུག དེ་ནས་ཕར་ཕར་སོང་ཕར་ཕར་སོང་བས་ཧ་ཐེབ་ཆག་རག་སོང་། དེ་ནས་འདར་རྒྱུ་མཚམས་འཛོག་ཐུབ་ཙམ་བྱུང་།

བཅོ་བརྒྱད་པ། བྲག་ཕུག་ཞིག་གི་ནང་དུ་རྐུ་མ་བཞིན་གབ་པ།

དེ་ན་བྲག་ཕུག་ཞིག་འདུག་དེར་ཉི་མ་ཁ་ཤས་ལ་གབ་ནས་བསྡད་པ་ཡིན། ཡར་ལྷ་དུས་སྨར་པ་ཚང་མ་རྒྱ་ཡིས་བསྐོར་ནས་འདུག སྤྱི་ནུབ་མོ་རྒྱ་ཡིས་མི་མདའ་བརྒྱབ་དུས་མི་ཆེ་བ་གཅིག་དང་། ཕྲུག་གུ་གཅིག ཧ་ཟློག་སེམས་ཅན་མང་པོ་བསད་འདུག ཁྱུང་ཐོ་ལ་ནང་རྒྱ་ཟང་ཕུག་པ་ལ་བསྡད་སྐབས་ཟིང་འཁྲུག་དེས་སྐྱེན་གྱིས་མར་སྤྱོ་བོ་ལ་འགྲོ་མ་ཐུབ་པ་རེད། སླང་འཕྲང་ཟེར་སར་རི་ཕ་ཏུ་པ་དང་། རི་ཁྲོད་ཚང་སོགས་མང་པོ་ཕར་བྲོས་འདུག་དེར་རྫ་འཕྲང་འགག་དོག་པོ། ནང་དུ་སོང་ན་གཞལ་ཡས་ཁང་འདྲ་པོ་རྒྱ་ཆེན་པོ་ནང་དུ་མི་གཏོང་དུས་དུ་བ་རི་ཡི་རྩེ་ནས་མ་གཏོགས་མི་མཐོང་པའི་ཕུག་པ་ངོ་མཚར་ཅན་ཞིག་གི་ནང་དུ་འདུག་ས་རག་བྱུང་བས་དཔེ་སྐྱིད་པོ་རེད་སོང་། དཀོན་མཆོག་གི་ཐུགས་རྗེ་རེད་མ་གཏོགས་དེ་རག་རྒྱུ་རྩ་བ་ནས་ཡོད་ས་མ་རེད། དེ་ནས་ཕར་གངས་ལ་བརྒལ་ནས་འགྲོ་དུས་སྤར་དུང་མཚོ་ཕུ་ལ་ཐུག་གི་འདུག སླང་འཕྲང་ལ་བསྡད་དུས་ནས་གྲྭ་པ་དང་ཞབས་ཞུ་མང་ཆེ་བ་དང་ཁ་ཁ་རེད་ནས་ཞབས་ཞུ་ལ་བསྟན་དར་དང་།

ཨ་འཇམ་ཉི་མ་ཟེར་བ་གཉིས་ཡོད། ཕྱི་ལོག་ནས་བསྐྱུང་མཁན་འབུ་ལུ་དཀོན་མཆོག་ལྷ་རྒྱལ་ཟེར་ས་ཞིག་ཡོད། དེ་ནས་ངོ་ཤེས་ཚོའི་སྐར་དུང་མཚོ་ཐུ་ལ་རྒྱ་ཡོད་མ་རེད་ཅེས་བཤད་བྱུང་། དེ་ནས་དུང་མཚོ་ཁ་ལ་འགྲོ་དགོས་ཀྱི་འདུག་བསམ་ནས་སོང་བས་དུང་མཚོ་ཁར་མ་སླེབ་ཙམ་དུ་ལུང་པ་ཞིག་འདུག་དེའི་ནང་དུ་བསྡད།

དེ་དུས་ང་ལ་རོགས་པ་མཁའ་འགྲོ་དང་། དཀར་དཀར། གཡོག་མོ་གཞན་ཞིག་བཅས་ཡོད། འགྲོ་རོགས་ཏུ་ཨ་འཇམ་ཉི་མ། གཞན་ལམ་བར་ནས་ཐུག་པའི་འབུ་ལུ་དཀོན་མཆོག་ལྷ་རྒྱལ་ཟེར་བའི་མེས་ཚང་ཆུང་ཆུང་ཞིག་ཡོད། ཕོ་ཚང་གཞུང་ཁ་དེར་བསྡད་བྱུང་། ང་ཚོ་བྲག་གསེབ་འདྲ་པོ་རི་ངོགས་ཤིག་ཏུ་ཉིན་ཁ་ཤས་བསྡད། དེ་ནས་འབུ་ལུ་དཀོན་མཆོག་ལྷ་རྒྱལ་སྤྱི་བོ་ལ་འགྲོ་དགོས་ཟེར་ནས་ཕར་ཆོག་བྱུང་། དུང་མཚོ་ཐུ་ལ་ལུང་པ་སྟོང་པ་ཡག་པོ་ཡོད་རེད་ཟེར། ང་ཚོ་དེ་ན་མར་སོང་བ་ཡིན། དུང་མཚོ་མར་ལྷ་དུས་མཐོང་འདུག་ས་དེ་འདྲ་ཞིག་ལ། རྒྱལ་ཏོགས་པ་རྩ་བ་ནས་མ་བྲུས་པར་བསྡད་པ་ཡིན། ནས་ཡོད་པས་ནས་མཆན་བརྟུང་ནས་ཐང་ཤིང་ཞིག་གི་དྲུང་དུ་མེ་བུད་ནས་བསྡད། ངེད་ཚོས་རྩེད་མོ་རྩེས་ནས་ཨ་འཇམ་ཉི་མ་ལ་ཕྱག་ཀན་ (ཕྱག་ཞེས་པ་

ནི་གད་མོ་སྒྲོང་བའི་སྐད་ཆ་འདྲ་མིན་ཤོད་པའི་དོན་ཡིན། ཕྱག་རྒན་ཞེས་པ་ནི་དེ་བཤད་མཁན་གྱི་གང་ཟག་ལ་གོ་བ་ཡིན། མཆན།) འདྲའི་ཡོད་རེད། ང་ལ་ཕྱག་རྒན་འདྲའི་ཡོད། དེ་ནས་གླང་མ་དང་། ལྟག་མ་ལ་གྲི་གཡུག་ནས་འཛིངས་དགོས་ཐུག་ན་འདི་འདྲ་བཟོ་ལབ་ནས་བསྡད། ཐབ་ཁ་ལ་ནས་མཆན་དེ་བཙོས་པས་དེ་མཚུར་བའི་ལྷངས་པ་དང་དུ་བ་ནམ་མཁའ་ལ་ཁྱབ་ནས་ཡོད། ང་ཚོས་རྩེད་མོ་རྩེས་ནས་ཝུར་སྒྲས་ལྕུང་པ་བཀངས། ད་ཞེད་དགོས་ཀྱི་མ་རེད་བསམ་ནས་ཐབ་དྲུང་ལ་ཚུར་རུག་རུག་བཟོས་ནས་བསྡད་པས། ཆར་པ་ཟིམ་ཟིམ་འདྲ་བབ་བྱུང་། སེམས་ལ་ལམ་སེང་དོགས་པ་འདྲ་ཞིག་ཤར་ནས་ད་ག་འདྲ་རེད་ཡོད་བསམ་ནས་མ་བདེ་བདེ་འདྲ་རེད་བྱུང་། ངའི་གྲི་དེ་ཐབ་ཀ་ཚན་དེ་ན་འདུག དེའི་མར་ཀ་དེ་ན་ཐང་གོར་གོར་ཆུང་ཆུང་ཞིག་འདུག དེ་ན་འགྲོ་ནས་ངས་ཆུ་ཕར་ཀ་ལ་བྱ་ར་ཞིག་བྱེད་ཡོང་ཅེས་བཤད་ནས་ང་མར་ཐང་དེ་ར་སོང་བས་ཆར་ཟིམ་དེ་དྭངས་པ་དང་དེར་རྒྱ་ཡི་རྗེས་མང་པོ་འདུག ཕར་ལྟ་ཚུར་ལྟ་བྱེད་དུས་རྒྱ་ཡི་རྗེས་ཀྱིས་ཁེངས་འདུག ད་རྒྱ་ཡིས་ཕྱི་ཚང་མ་ནས་བསྐོར་ཚར་ཡོད་ཀྱི་རེད་བསམ་ནས་ཡར་ལྟ་དུས་དུ་བ་ནི་ནག་ལྷོག་ལྷོག་ཏུ་གནམ་ལ་འཕྱུར་བཞིན་འདུག ཁོང་ཚོ་ནི་ཝུར་སྒྲ་ཟིང་ཆས་ལྕུང་པ་བཀང་ནས་བསྡད་འདུག ད་

ཡག་མ་བྱུང་བསམ་ནས་གཅིན་པ་གཏོང་གི་ཡོད་མདོག་བཟོས་མར་བསྡད་ནས་བྱ་ར་བྱས་ཀྱང་སུ་གཅིག་མཐོང་རྒྱུ་མི་འདུག ཕྱི་ནས་སྐག་མ་དང་གླང་མ་རེད་འདུག་དེའི་གསེབ་ནས་བསྐོར། མི་མདའ་ཁ་ཚད་བསྡད་ཡོད་གྱི་རེད་བསམ་ནས་ང་ག་ལེར་སྒྲུར་སྒྲུར་བཟོས་ནས་ཡར་སོང་།

གཅིག་བྱས་ན་བླ་མ་དཀོན་མཆོག་གིས་བསྐྱབ་ཐུབ་ཀྱི་རེད། མི་དེ་མར་གསོད་དགོས་ཀྱི་འདུག་ཅེས་བཤད་པས། ཕོ་ཚོས་ལམ་སེང་ཐབ་ཁ་ལ་ཆུ་ར་ཡང་གང་བཙུག་འདུག་དེ་མར་བླུགས་སོང་བས་ཐབ་གསུར་ནམ་མཁའ་ལ་འཕྱུར་སོང་། ཚང་མས་དཔེ་ཞིད་སྣང་བྱས་བྱུང་ཀྱང་ཐབས་ཤེས་མི་འདུག དེ་ནས་མཐའ་མ་མི་གསོད་ཐུབ་ཙམ་རེད་སོང་། དེ་སྔ་ནི་ང་ཚོ་ལ་མི་མདའ་བརྒྱབ་མ་བྱུང་། ད་ང་རི་གདོང་འདི་ནས་ཡར་འགྲོ་བྱ་ར་ཞིག་བྱེད་ཡོང་ལབ་ནས་སོང་བས། རྒྱ་ཡིས་རི་དེ་ལ་བསྐོར་ར་བརྒྱབ་ཚར་ནས་མར་ཀའི་ཐང་མཚོ་ཆུང་ཆུང་ཞིག་འདུག དེའི་ཁ་དེར་ཐམ་འཐེན་འཕྲོ་དེ་ཚོ་གཡུགས་འདུག མར་ལྷ་དུས་ཆུ་བརྒལ་ནས་ཕར་ཀ་ལ་འགྲོ་བཞིན་འདུག ཕར་ཀ་ལ་རྒྱ་སྐར་ཆེན་པོ་བསྒྲིགས་ཚར་འདུག ང་ཚུར་ཡོང་ནས་དེ་སྔོན་བླ་མ་དཀོན་མཆོག་གིས་བསྐྱབ་སོང་ད་དུང་སྐྱོན་ཨེ་ཡོད་ན། མཐོང་མི་འདུག ད་རི་མགོ་

ལ་ཡར་ཐོན་ས་ན་མ་གཏོགས་ཕན་སམ་རེད་ལབ་ནས་ཁུར་པོ་ཁུར་ནས་ང་ཚོ་རི་མགོ་དེར་ཡར་སོང་། རི་དེ་བཤེར་ཚར་དུས་སྐྱོན་གྱི་མ་རེད་རྒྱ་སྐར་དེ་མཐོང་དགོས་ཀྱི་འདུག་ཅེས་མཐོང་ས་དེར་བསྟད་པ་ཡིན། དེའི་ཕྱི་ཉིན་མོ་རྒྱ་སྐར་ནང་དུ་མི་གཟུགས་རིང་པོ་པོད་ཆས་གྱོན་པ་ཞིག་ཤིང་རིང་པོ་ཞིག་ལ་བཏགས་འདུག ཕོ་རྒྱ་སྐར་དཀྱིལ་དེར་མར་ཁྲིད་ནས་ཕོ་ལ་སྐད་ཆ་འདྲི་ཡི་འདུག་བསམ་བསམ་བྱས་ནས་ཕོ་ལ་དབྱུག་པ་གཞུས་ནས་བརྡུང་བརྡེགས་མང་པོ་བྱས་སོང་། སྐད་ཆ་ཐག་རིང་བས་གང་ཡང་གོ་ཡི་མ་རེད། དེ་ཚར་བ་དང་ཡང་བསྐྱར་ཕོ་ཤིང་སྡོང་ལ་ཕར་བཏགས་ནས་ཕར་ཀའི་རི་དེ་ཚང་མ་རྒྱ་ཡིས་བཤེར་སོང་། ཉིན་གུང་རྒྱ་ཚང་མ་ཚུར་འདུས་ནས་ཕོ་ཁྲིད་ནས་ཡར་ཕྱིར་ལོག་བཟོས་ནས་སོང་ཐལ། ང་ཚོས་ནས་ཉེ་མཁན་སྤྱར་དུང་མཚོ་ཁ་དང་ཐུག་ཨི་ཡོད་བསམ་ཚོད་ལ་མར་ཀ་ནས་མི་མདའ་མང་པོ་འཕངས་སོང་། ཐད་དེ་ནས་ཕོ་ཚོ་ལ་གོ་རྒྱུ་རིག་རྒྱུ་གང་ཡང་མི་འདུག ང་ཚོ་དེ་ན་འདུག་མ་ཐོད་ནས་ཡར་སོང་སྟར་འབུ་ལུ་དགོན་མཆོག་ལྷ་རྒྱལ་བཟུང་སའི་རྒྱུད་དེར་ཛ་གསེབ་ཆེན་པོ་ཞིག་འདུག དེ་ན་ཛ་ཕུག་ཡག་པོ་ཞིག་འདུག་བླ་མ་དཀོན་མཆོག་གི་སྒྲིད་ཡོང་བ་ཡིན་ས་རེད་དེའི་ནང་དུ་ང་ཚོ་བསྡད་པ་ཡིན།

ང་ཚོ་ལ་བྱ་སྐྱེལ་མཁན་སླེབས་བྱུང་ནས་རྒྱ་ཡིས་དེ་ཕྱོགས་བཤེར་ཡོང་གི་འདུག་གཟབ་གཟབ་དགོས་ས་རེད་ཅེས་བཤད་བྱུང་། ང་ཚོ་གཟབ་གཟབ་བཟོས་ནས་བསྡད་པས་བྲག་ཕུག་གི་སྟེང་དུ་འགྲོ་བའི་རྗེས་སྒྲ་གོ་འདུག་གི་འདུག་ཀྱང་རྒྱ་ཡིས་མཐོང་མ་བྱུང་། དེ་ནས་རྒྱ་འབྲུ་ལུ་དཀོན་མཆོག་ལྷ་རྒྱལ་ཚང་ཡོད་ས་དེར་ཕར་འགྲོ་སོང་། དཀོན་མཆོག་ལྷ་རྒྱལ་ཁོ་རང་ང་ཚོའི་མཉམ་དུ་ཡོད། དེ་ནས་བུ་མོ་ཞིག་ཚུར་མངགས་ནས་ཁོ་རང་ཁྲིད་ཤོག་བླ་མ་དཀར་པོ་ཁྱེད་ཚོའི་ནང་དུ་ཡོད་ཀྱི་འདུག་རྩིས་སྤྲོད་ཤོག བླ་མ་ཆགས་མེད་ཤེས་མཁན་ཁྱེད་རང་ཚང་རེད་འདུག་བླ་མ་ཆགས་མེད་ཁྲིད་མ་ཡོང་ན་ཁྱེད་ཚོའི་གཟའ་མི་ཚང་མ་གསོད་ཀྱི་ཡིན། དཀོན་མཆོག་ལྷ་རྒྱལ་ཁོ་རང་ག་བ་ཡོད་ཁྲིད་ཤོག་ཐེར་ནས་ཁར་ནུབ་རྒྱ་ཡིས་བསྐོར་སོང་། དཀོན་མཆོག་ལྷ་རྒྱལ་ཁྲིད་མ་ཡོང་ན་རྒྱུ་ཟས་ཚང་མ་འཕྲོག་གི་ཡིན་ཐེར་གྱི་འདུག་ཐེར་ནས་བཤད་བྱུང་། དཀོན་མཆོག་ལྷ་རྒྱལ་འགྲོ་པོད་ཨེ་ཡོང་ན་གང་དྲག མ་རྐན་དང་གཞན་བཟའ་མི་རྣམས་སྒྲ་ནང་མ་གཏོགས་ཕྱི་ཡོག་ཏུ་འགྲོ་བཅུག་གི་མི་འདུག མོ་མངགས་བྱུང་ཐེར་བཤད་བྱུང་། ཁོ་རང་གི་ང་ཕར་སོང་ན་ནི་རིན་པོ་ཆེ་རྩིས་སྤྲོད་ཐེར་ནས་ཁོ་ལ་དཀའ་མོ་བཟོ་གྱི་རེད། མ་སོང་ན་ནི་ཁོ་ཚོ་ལ་དཀའ་མོ་བཟོ་གྱི་རེད། ཕལ་ཆེར་

མ་སོང་ན་ཨི་དགའ་སྨུག་མོ་ཐོབས་ལབ་བྱུང་བས་མོ་ལ་འགྲོ་བཞག་ན་ཡག་པོ་ཡོད་པ་བབ་བྱུང་། ད་ཁྲིད་རང་ཕར་སོང་ཤོག སྔོན་མ་ལ་མགོ་དེ་ནས་མི་ཞིག་ལ་ཐུག་བྱུང་། མི་དེས་སྨུ་བ་དཀར་པོ་ཞིག་གྱོན་འདུག མི་དེ་ཚོང་པ་འདྲ་མིན་འགྲོ། དེ་ལ་རོགས་པ་ནག་མོ་འགའ་ཤས་འདུག ཞག་མ་འགའ་ཤས་གཞུང་ཁ་དེར་མཉམ་དུ་བསྡད་པ་ཡིན། ཁོ་ཡིས་ང་ལ་ད་ཁྲིད་ཚོ་འདིར་མ་འདུག ཕྱར་སླད་དུ་མར་འགྲོ་དང་ཁོ་ཡིས་རོགས་པ་བཟོ་ལབ་སོང་། ཁོ་ནི་སྤྲོ་མི་ནང་དུ་ཅམ་པ་སོགས་མོད་པོ་ཡོད་འདུག་པས་དེར་འགྲོ་ཡི་ཡིན་ལབ་སོང་། དེའི་ལབ་སྟངས་ལ་བལྟས་ན་ཕྱར་སླད་ལ་མར་སོང་ཡོད་ཐལ་བསམ་བསམ་འདྲ་འདུག དེ་སྔོན་མ་ནི་རིག་མ་སྨྱོང་། ང་ཚོ་མཉམ་དུ་བསྡད་དུས་ཐབ་སོ་སོ་བཟོས་ནས་བསྡད་པ་ཡིན། ཡིད་མ་ཆེས་ན་བལྟ་ལ་འགྲོ་རོགས་ལོབ་དང་སྐྱོན་གྱི་མ་རེད་ཅེས་བཤད་པས། ཡ་ཟེར། ཁོས་སྐྲེ་བཅད་ན་འདི་ན་ཡོད་རེད་ལབ་མི་ཡོང་ཟེར་ནས་འཇིགས་སྣང་ཚོད་མེད་བྱེད་ཀྱི་འདུག ངས་གསོལ་བ་དང་སྨོན་ལམ་བཏབ་ནས་གང་དྲག་དྲག་བཟོས་པ་ཡིན། ཁོ་རང་གི་འབྲལ་དགའ་དང་སྐྱོ་སྣང་ཚད་མེད་བྱས་ནས་ཕར་འགྲོ་དགོས་ཐུག་སོང་།

དེ་ནས་ཨ་འཇམ་ཉི་མ་སོགས་ཀྱིས་དཀོན་མཆོག་ལྷ་རྒྱལ་

ལ་དཔའ་ཡོད་མ་རེད། བསམ་པ་སྟུག་པོ་ཡོད་མ་རེད་དེ། ཕོ་རྒྱས་བཀྱིགས་བརྡུང་བཟོས་ན་ཕོས་རྒྱ་ལ་འདིར་ཡོད་རེད་ལབ་ཡོང་གི་རེད། རྒྱ་འཁྲིད་སླེབ་ཡོང་རེད་སྒོ་དགོས་རེད་ཟེར། ངས་སྐྱོན་མི་ཡོང་དུ་བླ་མ་དཀོན་མཆོག་གིས་གར་བཞག་རེད་མ་གཏོགས་མི་ཡིས་བཟོ་རྒྱུ་ཡོད་པའི་དུས་ཚོད་མ་རེད་ཅེས་དཀོན་མཆོག་ལ་ཡིད་ཆེས་ཀྱི་སྒོ་ནས་གསོལ་བ་རྩེ་གཅིག་ཏུ་བཏབ་ནས་བྲག་ཕུག་ནང་དེར་རང་འཛུག་བསྡད་པ་ཡིན།

ཕྱི་ཉིན་མོ་དཀོན་མཆོག་ལྷ་རྒྱལ་ཕོ་རང་སྔོན་མ་བཟོས་ནས་རྒྱ་ཐམས་ཅད་ལ་བརྒྱབ་ནས་ཚུར་གཤར་བྱུང་། ང་ཚོའི་དྲུང་དུ་ཚུར་སླེབ་མ་བྱུང་། སྐད་དེ་ནས་ཕར་སོང་ནས་ཤར་རེ་སྔོན་མ་ཉུ་བ་འདུག་ས་དེར་དང་པོ་སྔོན་མ་དཀོན་མཆོག་ལྷ་རྒྱལ་འདུག་ས་དེར་སོང་ཐལ། དེར་ཏོག་ཙམ་འགག་བྱུང་། དེ་ནས་ང་སྔོན་མ་བསྡད་ཤུལ་དེར་བྲག་རྒྱུད་ཞིག་ཡོད་རེད་དེར་སོང་ནས་མང་པོ་བལྟས་བྱུང་། དེ་མཚམས་རྒྱ་ཚང་མ་ཕྱར་སླད་ལ་མར་ཆོག་སོང་། དེ་ནས་དཀོན་མཆོག་ལྷ་རྒྱལ་མངགས་བཞག་འདུག ཕོ་ལ་རྒྱ་ཡིས་སྐད་ཆ་བཙན་གཏམ་མང་པོ་བཤད་ནས། ཆགས་མེད་རྩིས་སྦྲིད་ན་མ་གཏོགས་ཡག་པོ་མི་ཡོང་ཚུལ་དང་། ཆགས་མེད་ཁྲིད་དང་འབྲེལ་བ་ཡོད་ཚུལ་མང་པོ་བཤད་བྱུང་ཟེར། དེ་ནས་ཕོས་སྤུ་མོ་

ང་ཚོ་བསྡད་ཤུལ་ལ་ལྷ་རོགས་གྱིས་ལབ་དུས། དེ་ལྟར་མི་འདུག་ན་ཁྱེད་རང་ལ་བཟང་པོ་ཞིག་མི་ཡོང་བ་ཐག་ཆོད་ཡིན་ཟེར་ནས་བརྗེག་མོ་མང་པོ་བཏང་ནས་ཁྲིད་སོང་བས་སྔ་མ་བསྡད་ཤུལ་གྱི་ཐབ་ཀ་སོགས་གོ་བརྡ་ཡག་པོ་འཕྲོད་བྱུང་བས། རྒྱ་ཚོས་ཁོའི་རྫུན་བཤད་མི་འདུག་བདེན་པ་རེད་འདུག་བསམ་ནས་ཁོ་མངགས་སོང་ཟེར། དེར་ཞག་ཁ་ཤས་བསྡད་ནས། སྔར་ནས་སྒྲུབ་ལ་འགྲོ་མཁན་དེ་ཚོ་རྒྱ་ཡིས་བཟུང་ནས་སྤར་སྐད་དུ་ཁྲིད་སོང་འདུག དེ་ནས་ཡར་སྤར་སྟོད་དུ་ཁྲིད་འདུག སྔོན་མ་མི་གཟུགས་རིང་པོ་རྒྱ་ཡིས་བརྡུང་འདུག་རྒྱུ་དེ་མིང་དྲན་མ་སོང་། ཁོ་རྒྱ་ཡིས་དབྱུག་པ་གཉིས་ནས་དཔེ་མི་སྲིད་བརྡུང་སོང་། དོན་དག་ག་རེ་རེད་འདུག་ལྟ་དུས། ཁོ་ལ་སུས་གཏམ་འཚལ་བཤད་ཡོད་ན་མི་ཤེས། ང་སྤར་དུང་མཚོ་ཁ་ལ་ཡོད་རེད་ཅེས་བཤད་ནས་རྒྱ་ཡིས་ཁོ་ལ་ཁྲིད་ལབ་ནས་ཁོས་དུང་མཚོ་ཁ་ལ་རྒྱ་ཁྲིད་ནས་སླེབས་ཡོང་བ་རེད་འདུག དེ་ན་ཨེད་དུས་སྤར་སྐད་སོགས་ལ་ཁྲིད་ནས་མར་སོང་དུས་ང་མ་རྙེད་པས་ཁོ་བཟུང་ནས་བརྡུང་བརྗེགས་མང་པོ་བཏང་འདུག་ཟེར།

ཁོ་ཚོ་མངགས་བྱུང་བས་ཡོང་བ་ཡིན་ཟེར་ནས་ནས་ནོ་མཁན་ཚོ་སླེབས་བྱུང་བས་ང་ཚོ་མཉམ་དུ་འཛོམས་བྱུང་།

དེ་ནས་རང་འཇིག་ཞག་པོ་ཁ་ཤས་བསྡད། དེ་ནས་ངེད་ཚོ་འབྲུ་ལུ་དགོན་མཆོག་ལྷ་རྒྱལ་སོང་ཤུལ་དེ་ནས་ལ་བརྒལ་ནས་ཡོང་བ་ཡིན། དུང་མཚོ་ཕུ་ལ་རྒྱ་ཡིས་འདུག་མ་བཙུག་ནས་ཐང་གོང་གི་ཕུ་ཟེར་ས་གངས་གདན་ཚགས་རེད་འདུག དེ་ནས་ཚུར་ཡོང་པས་དཀའ་ཚེགས་དང་ངལ་དུབ་ཚོད་མེད་རེད་སོང་།

དེའི་ཕུ་དེར་ཕོ་ཚོའི་ཏུ་བ་འགྲོ་ས་ཞིག་འདུག་དེར་སླེབས་ཐུབ་སོང་། དེ་ན་སྟག་ཡན་དང་། ས་མདོ་ཚང་། རི་པ་ཏུ་བ་ཡོད་རེད། དེ་ནས་མར་མར་སོང་དུས་གྲོང་ཁྱེར་ནང་དུ་སླེབ་མ་ཚར་བའི་ལུང་པ་སྨད་དུ་ཕུག་པ་ཞིག་འདུག དེ་ན་ང་ཡི་གཟན་ཤམ་དང་། སྐུ་ཐོག་གོང་མའི་དུས་ཡོད་པའི་འབྲུག་ལྡགས་ཟེར་བའི་རྒྱ་གླིང་རྫར་ཆེན་ཞིག་ཡོད་པ་དེ་དང་། འཕྲུག་གོས་ཚར་རྫག་ཚང་མ་དེར་སྦས་ནས་བཞག་པ་ཡིན། རྗེས་ནས་གང་རེད་ཡོད་ཤེས་མཁན་མ་བྱུང་བ་རེད།

བཅུ་དགུ་པ། འཇིགས་སྐྲག་དང་དཀའ་ཚེགས་ངང་སྒྲོ་བོར་སླེབས་པ།

ཐང་གོང་ཟླེར་ས་དེར་རྒྱ་མིས་མཉམ་ལས་བཙུག་འདུག་དེར་ངེད་ཚོ་སོང་། རྒྱ་ཡི་ལས་བྱེད་ལ་གཏུག་ནས་ཐང་གོང་ཡར་ཙམ་དུ་སྟོན་རི་འདུག་སའི་ཁང་པ་འདུག ང་དེར་བསྡད་པ་ཡིན། དེ་སྐབས་ཚོགས་འདུ་ཞིག་གི་ཁ་ལ་རྒྱ་མིའི་ཞི་བ་ལྷ་དང་། ཆགས་མེད་གཉིས་སུས་མཐོང་བ་དང་བཟུང་པ་སོགས་ཐུབ་བྱུང་ན་གོ་གནས་དང་། རྒྱུ་ནོར་གང་དགོས་སྤྲད་ཀྱི་ཡིན་ཅེས་བཤད་བྱུང་བས་ང་ཚོའི་འོ་ལགས་སོ་ཅེས་བཤད་པ་ཡིན། དེ་ནས་ང་ཚོས་ད་དེ་ན་བསྡད་ན་ཕན་གྱི་མ་རེད་བསམ་ནས་ཐང་གོང་ནས་སུམ་རྫོང་དུ་འགྲོ་ནས་པདྨ་བཀོད་ལ་བྲོས་རྒྱུའི་འཆར་གཞི་བཏིང་བ་ཡིན། ཁོ་ཚོས་ཁྱེད་ཚོ་ས་གནས་གཞན་དག་ཏུ་འགྲོ་ཚོག་གི་མ་རེད། ཕ་ཡུལ་དུ་འགྲོ་དགོས་པ་རེད་ཅེས་བཤད་ཀྱི་ཡོད་རེད། དེ་ནས་ང་ཚོ་ཡུལ་སྨད་ཟླེར་ས་དེར་སོང་ནས་སྣང་རིང་མ་ཟླེར་ས་ཞིག་འདུག་དེ་ན་ཡར་བྲོས་པ་ཡིན། དེ་སྐབས་ཤིག་ལ་བུ་རིས་མཉམ་དུ་འཁྲིད་རོགས་གྱིས་ང་ནི་མི་ཁེར་རྐྱང་ཡིན་ཞུས་སོང་། ང་ཚོ་མཉམ་དུ་འགྲོ། ཟ་རྒྱུ་མ་གཏོགས་ཅ་ལག་སོགས་གང་ཡང་ཁྱེར་

ཉན་གྱི་མ་རེད་ཕན་ཐོག་གང་ཡང་ཡོད་མ་རེད་ལབ་པ་ཡིན། ང་འགྲོ་བ་ཧ་གོ་དུས། རི་བོ་ཆེ་བ་དཔའ་དེ་ཕྱག་མཛོད། ཐོག་ཕོན། ཞི་མ་ནས་མང་པོ་ཡོད་རེད། ནང་ཆེན་མང་པོ་ཡོད་རེད། མི་སྣ་ཚང་མ་འདུས་བསྡད་ཡོད་རེད། དེ་དག་ཐམས་ཅད་འདུས་ནས། རིན་པོ་ཆེ་ཁྱེད་ཀྱི་མཉམ་དུ་ཕར་འཁྲིད་རོགས་གྱིས། རིན་པོ་ཆེ་ཐར་འགྲོ་རེད། དེའི་མཉམ་དུ་ང་ཚོ་ཐར་འགྲོ་རེད། ཅ་ལག་ཧ་ཏྲེལ་ནོར་གསུམ་ཚང་མ་གཡུག་གི་ཡིན་ཟེར། རྒྱ་འོག་ནས་ང་ཐར་གྱི་རེད་བསམ་པ་མ་གཏོགས་མི་ཐར་བའི་དོགས་པ་དེ་སྐབས་ང་ལ་མེད་ཀྱང་རོགས་པ་རྣམས་ག་འདྲ་དགོས་ན་བསམ་ནས་སེམས་ཁྲེལ་ཆེན་པོ་འདུག ནམ་དུས་རྫོགས་ནས་རི་མགོ་ཚང་མ་གངས་ཀྱིས་གཡོགས་ཡོད་རེད།

དེའི་ཉིན་པར་ངས་གང་ཡང་མ་བཤད། ད་ཕོ་ཚོག་འདྲ་ཡོང་ན་བསམ་ནས་དཀོན་མཆོག་ལ་གསོལ་བ་བཏབ་ནས་རྫི་ལམ་བརྟག་པ་ཞིག་བྱས་པ་ཡིན། དེའི་ནུབ་མོ་རྫི་ལམ་དུ་ཟངས་དམར་ལིང་འདྲ་བོ་ཞིག་ཁ་བུབ་ཀྱི་ནང་དུ་ང་འདུག རྒྱ་དཔེ་མེད་ཆེན་པོ་རེད་འདུག ངས་དེ་ལ་ལྟས་མོ་འདྲ་བལྟས་ནས་ཡོད་པའི་སྐབས་ཁྱི་དམར་པོ་མང་པོ་ཞིག་ཡོང་ནས་ཕར་དེད་ཚུར་དེད་བྱས་དེད་བྱུང་། ཁྱི་ཆེ་ཆུང་མི་འདྲ་བ་སྣ་ཚོགས་འདུག ཆེ་བ་ལ་ནི་གཡག་

ཙམ་འདུག ང་མཆོངས་པས་ནམ་མཁར་འཕུར་རྒྱུ་འདུག ཁྱི་རྣམས་ང་ལ་ཟུགས་ནས་སྐད་རྒྱུགས་བཞིན་འདུག ཞེད་སྣང་དང་འཇིགས་སྐྲག་གང་ཡང་མི་འདུག ཕྱི་ལོག་ཏུ་ཐོན་དགོས་ན་འགྲོ་ས་མི་འདུག ད་ཕྱི་ལོག་ཏུ་འགྲོ་དགོས་ཀྱི་འདུག་བསམ་ནས་བླ་མ་དཀོན་མཆོག་ལ་གསོལ་བ་བཏབ་པས། ང་ཡར་དཀྱིལ་དེར་ཕྱག་རྒྱ་དང་བཅས་ལང་འདུག ཟངས་ཆེན་པོ་དེའི་དཀྱིལ་གས་ནས་ལམ་སེང་སྒོ་ནང་བཞིན་ཨི་ཁུང་ཞིག་བྱུག་སོང་། དེ་ནས་ཡར་འཕུར་ནས་མར་ལྟ་དུས་ཁྱི་རྣམས་སྐད་རྒྱག་པ་དང་ཕར་ཚུར་རྒྱུགས་བཞིན་འདུག ཡུད་ཙམ་རྗེས་ཁྱི་དང་ཟངས་ཚང་མ་མེད་པ་ཆགས་སོང་། ང་རང་སེམས་པ་ལ་སྤྲོ་ཉམས་དང་བཅས་གཉིད་སད་སོང་། ད་ཐར་འགྲོ་ས་རེད་བསམ་ནས་ཕྱི་ཉིན་པར་བུ་རིལ་ལ་བཤད། ཕོ་ཚོའི་མི་ཆེ་བ་ཚོ་ཤོག་ཅེས་སྐད་གཏོང་ཤོག་ཅེས་བུ་རིས་མངགས་པས་ཚང་མ་སྐད་བཏང་སོང་།

ངས་ད་ང་ཚོ་ཚང་མ་མཉམ་དུ་འགྲོ་བཞག ང་རྐྱང་པ་ཐར་འགྲོ་ཡི་རེད་དེ་ངས་ཁྱེད་ཚོ་བཞག་ནས་སོང་ན་ཁྱེད་ཚོས་སེམས་ཕམ་ཚོད་མེད་བཟོ་ཡི་རེད། ཆགས་མེད་ཀྱིས་ཁྲིད་མ་བྱུང་མ་གཏོགས་ཐར་འགྲོ་ཡི་ཡོད་རིག་རྗེས་མ་བསམ་གྱི་རེད། ངས་ཀྱང་ཁོ་ཚོ་ཁྲིད་ཡོང་ན་ཐར་བསྟུད་ཡོད་ཀྱི་རེད་བསམ་ནས་རྗེས་ནས་

སེམས་ཕམ་ཡོང་ས་འདྲ་བོ་ཆགས་ས་རེད། ད་ང་ཚོ་མཉམ་དུ་འགྲོ་བཞག་ལབ་ནས་འགྲོ་རྒྱུར་ཐག་བཅད་པ་ཡིན། ཚང་མས་དགའ་དགའ་སྐྱིད་སྐྱིད་བཟོས་ནས་ཟོག་སེམས་ཅན་ཕོན་ཆེན་འདུག་མང་ཆེ་བ་དེར་བཞག མཇོ་དང་། སེམས་ཅན་ལོ་ཆུང་ཆུང་ཚོ་དེད་ནས་ཚང་མ་ཞུར་དེར་རེ་ཚོག་ཡོང་བས་ཕྱི་བལྟས་རྒྱུག་དུས་ནོར་ལུག་རྣམས་ཁྲ་སྤྲུང་སྤྲུང་དང་། ནག་ལྤིར་ལྤིར་རྩ་ཟ་ཆུ་འཐུང་བྱེ་བཞིན་བསྡད་འདུག

དེ་ནས་ང་ཚོ་སྣང་འཁྱིལ་མ་ནས་ཕར་འགྲོ་རྒྱུ་བྱས་ནས་སོང་བས་སྔོན་མ་ཨ་རྐོད་རུ་བ་སོང་ཤུལ་ཡོད་རེད་ཟེར། དེ་རྩད་བཅད་ནས་སྤྲུ་མིའི་མི་འདྲ་ལ་ཐུག་དུས་འདྲེ་ཡི་འདྲེ་ཡི་ཡོང་བས་ལ་ལ་བརྒྱུད་རྒྱུང་རྒྱུང་རེད་འདུག དེ་ནས་སོལ་ལ་ཟེར་བའི་ལ་ཞིག་རྒྱ་མི་ཕར་ཚུར་འགྲོ་འདུག་གི་ཡོད་ས་རེད། དེ་ན་ཕར་སོང་། དེར་མཚན་གུང་སོང་སོང་ནས་རྨིག་རྫོད་རྨིག་སྣད་ཟེར་བ་གཉིས་འདུག་པས་རྨིག་རྫོད་ལྦུ་ལ་སླེབས་སོང་།

དེ་ནས་སྤོ་བོ་དེའི་ཚོས་ཁྱིད་ཚོ་སྣང་སྣང་བརྒྱུད་བྱས་ན་ཐར་ཐུབ་ཀྱི་མ་རེད། དེ་ནས་ཕར་སོང་ན་དམིགས་རྫོང་ར་ངག་དགོན་ཡོད་རེད་ཟེར་ནས་གློ་སྟོན་མཁན་རག་སོང་། དེ་ནས་ང་ཚོ་ཕར་ལ་བརྒྱབ་ནས་སོང་བ་ཡིན། དེ་ན་གངས་ཏི་ཆགས་ཀྱི་ལུང་

པ་རེད་འདུག དེར་གངས་ཀྱི་སྦུབ་བར་ཆེན་པོ་ཚོད་མེད་འདུག སྙིང་དུ་ཁ་བ་ཆག་ནས་ཚང་མ་མགོ་བསྐོར་བཏང་བ་ནང་བཞིན་རེད་འདུག མིས་སྔོན་དུ་རྡོ་ཁུར་ནས་ལྷུང་ས་འདུག་དང་མི་འདུག་རྡོ་གྱད་རྡོ་བྲུས་ནས་རྒྱུག་བཞིན་ཚོད་བལྟ་བཟོ་ཡི་དེའི་རྗེས་ལ་རྟ་ཟོག་ཁྲིད་ནས་སོང་བས་མི་ཟོག་ལ་སྐྱོན་གང་ཡང་མ་བྱུང་བས་ཚང་མས་ང་ཡི་ཐུགས་རྗེ་དང་བཀའ་དྲིན་ལ་ངོས་འཛིན་གྱི་འདུག མཛོ་ཞིག་གངས་ཀྱི་གས་ཤུལ་དུ་ལྷུང་སོང་བས་དོ་པོས་བཀག་ནས་འདུག་པས་ཡར་འཐེན་ཐུབ་སོང་། དགའ་ངལ་དང་ཞེད་སྣང་བསམ་ཡུལ་ལས་འདས་པ་བྱུང་།

དེ་ནས་གངས་བརྒྱལ་མཚམས་ཇ་རྡོ་པོ་རྟུག་ཤིན་ཏུ་ནས་བསྟལ་དཀའ་བ་མི་ཟོག་སུ་ཡང་འགྲོ་མ་མྱོང་ས་རེད་འདུག ང་ལོ་ཆུང་ཆུང་རེད་སྔོན་ལ་མར་ཐར་བྱུང་། ཡར་བལྟས་ནས་དེ་རིང་མི་རྟ་སོགས་ལ་སྐྱོན་ཆེན་པོ་ཡོང་ཉེན་འདུག་བསམ་ནས་བསྡད་པས། གཞན་ལ་སྐྱོན་གང་ཡང་མ་བྱུང་། དགྲ་འདུལ་མ་ཚང་ཟེར་ཡོད་རེད། དེ་ཚང་གི་རྟ་སེར་རིལ་རིལ་ཞིག་ཡོད་རེད། དེ་དོ་པོ་བཀལ་བཞིན་རིལ་བྱུང་ནས་ཇ་རོང་ནང་དུ་བརྒྱབ་བྱུང་། ཚང་མས་ཞེད་སྣང་གི་སྐད་སྒྲོར་ཅུར་དེར་རེ་བྱེད་པ་ལས་གཞན་ཐབས་ཤེས་གང་ཡང་མི་འདུག རྟ་ནི་སྐྱོན་ཆ་གང་ཡང་བྱུང་མི་འདུག

གཞན་པ་ཡིན་ན་ས་ཆའི་གནས་ཚུལ་དང་འབྲིལ་ཚུལ་ལ་བལྟས་ན་ཤི་བ་མ་གཏོགས་འགྲོ་ས་མི་འདུག་ཟེར་ནས། ཚང་མས་ངའི་ཐུགས་རྗེ་ལ་དད་པ་དང་སེམས་གུས་ཆེས་ཆེར་འཕེལ་བཞིན་འདུག

དེ་ནས་མར་ཡོང་བས་རི་རོང་གཡང་གཟར་ས་གྲུ་ལམ་འཕྲང་ཞིག་གིས་མཐོང་བ་ཙམ་གྱིས་ཡིད་ཞུམ་ནས་གོམ་འགྲོས་ཡང་འཁྱོར་བཞིན་པའི་ས་ཆ་ཤ་སྟག་རེད། བྲག་མགོ་ཞིག་ནས་རྗོ་ཚུང་ཟེར་བའི་མི་ཞིག་ཡོད་པ་ལྷུང་བྱུང་བས་རི་ཕ་རོ་བ་ཚང་མས་བ་རི་རྒྱལ་གསུམ་གྱིས་གཟིགས། རི་ཕ་བླ་མས་གཟིགས་རྗོ་ཚུང་མཐའ་ནས་ཟག་སོང་ཞེས་སྐད་ཆེན་པོ་བརྒྱབ་བྱུང་བས། ད་ཤི་སོང་ཨེ་ཡོད་ན་བསམ་ནས་ཡར་བལྟས་པས་གནོད་སྐྱོན་སྣ་གཅིག་རེད་མི་འདུག ལུག་ཡོད་རེད། དེ་ཚོ་ལམ་གྱི་དཀའ་ངལ་དང་འཇིགས་ཚོར་གྱིས་ཕར་རྒྱུགས་ཚུར་རྒྱུགས་བྱེད་བཞིན་མར་འབབ་རོགས་མི་བཟོ་ནས་ཐབ་མང་པོ་སེར་བ་འབབ་པ་བཞིན་འབྲིལ་བྱུང་བས་ཁ་རབ་ཚང་གི་མ་ཀན་ཞིག་ཡོད་རེད། དེ་དེའི་འོག་ཏུ་ཚུར་མི་ཐར་བཞིན་ཡོང་གི་འདུག གཞན་ཐབས་ཤེས་གང་ཡང་མི་འདུག ངས་བླ་མ་དཀོན་མཆོག་ལ་གསོལ་བ་བཏབ་ནས་བསྡད། ད་གསོད་འགྲོ་ས་རེད་ཟེར་ནས་མི་མང་གིས་ཨུར་ཟིང་ཟིང་བཟོས་སོང་ཀྱང་སྐྱོན་གང་ཡང་བྱུས་མ་སོང་། དེ་ནས་ང་ཚོ་

རྨིག་སྐོད་ཀྱི་འབྲོག་པ་འདུག་ས་འཚེར་སྐོང་འདུག དེར་ཚང་མ་འགྲོར་བྱུང་བས་ང་ལ་བསོས་ནས་ཉིན་ཁ་ཤས་རིང་གབ་ནས་བསྡད། ད་འདི་འདྲ་བྱས་ནས་བསྡད་ན་ཁྲུང་ཆོད་གྱི་མ་རེད་ལབ་ནས། མར་ཉུལ་མ་མངགས་ནས་རྒྱ་འདུག་དང་མི་འདུག ག་འདྲ་བྱས་ནས་འགྲོ་འདུག་བྱས་ན་དྲག་བལྟ་རུ་སོང་བས་ཕོ་ཚོ་རྒྱ་ཡིས་ཧ་གོ་ནས་བཟུང་སོང་འདུག

དེ་ན་རྒྱ་དཀའ་མ་ཞིག་གིས་རྒྱ་སྐད་ཁྲིད་ནས་སླེབས་སོང་། ང་ཚོ་རྒྱ་ཡིས་གཡས་གཡོན་ཚང་མ་ནས་བསྐོར་ཏེ་བཙན་ཤེད་ཀྱིས་མར་ཁྲིད་སོང་། བུ་རིས་དང་ཕོ་ཚོས་ང་རྒྱ་ཡིས་བཙོན་ལ་བཙུག་ནས་དཀའ་ཚེགས་འོ་བརྒྱལ་ག་ཚོད་མྱུང་འགྲོ་ན་བསམ་ནས་སེམས་སྡུག་གི་ཁེངས་བཞིན་སེམས་ཁྲེན་ཚོད་མེད་བཟོ་ཡི་འདུག རྒྱ་ཡིས་མི་རེ་ངོ་རེ་བཟོས་ནས་སྔོན་ནས་ཁྲིད་རྒྱབ་ནས་དེད་ཏེ་བྲོས་བསམ་ན་བྲོས་སའི་ཁུངས་མེད་པ་ཞིག་བྱས་བྱུང་། ངས་བུ་རིལ་སྡུག་བསྡུལ་མ་བྱེད། རྒྱ་ལག་ཏུ་ང་འགྲོ་ཡི་མ་རེད་ཅེས་བཤད་པ་ཡིན།

དེ་ནུབ་མོ་རྒྱ་སྐར་གྱི་བར་དུ་བཙུད་ནས་ཙ་ལག་ཚང་མ་བསྡོགས་བཤེར་བྱས་ནས་སུ་གཅིག་ཕྱི་ལོག་ཏུ་འགྲོ་བཙུག་མ་བྱུང་། དེ་དུས་ང་ལ་མིང་གཞན་དོན་གྲུབ་ཟེར་ནས་ང་རང་གིས

བཏགས་ཡོད་རེད། ཁོ་ཚོས་ཁོ་རེ་དོན་གྲུབ་དེ་ཡར་ཁུར་ཤོག འདི་མར་བཞག་ཟེར་ནས་ང་མདངག་གི་ཡོད་མདོག་མདོག་བཟོས། ང་ཡིས་ཕོར་པ་ཐེབ་ཆག་ཞིག་གི་ནང་དུ་འཐུང་གི་ཡོད་ཚུལ་བྱས། འདུག་པའི་སྐབས་དམའ་ས་ལ་འདུག་པ་མ་གཏོགས་སྔ་མ་ནང་བཞིན་མ་བསྡད། ཀརྨ་བསོད་ལྷུན་དང་། དཔལ་སྒྲོན་ཟེར་ནས་རབ་ཚད་ཐས་འཁོག་གཉིས་ཡོད། ང་གི་སྲིན་བདག་མི་ཡག་པོ་ཡོད་བསམ་བསམ་འདྲ་ཡོད། དེ་ལ་ཆགས་མེད་རཱ་གའི་མགུལ་ཕུར་རྩ་ཆེན་ཞིག་སྔ་མ་བརླགས་སོང་སྐབས་འཕུར་བའི་ལོ་རྒྱུས་ཡོད་པ་རྗེས་ནས་ཆགས་སྤྲུལ་ལྷ་པས་རྙེད་པ་དེ་ཁོ་ལ་ཁུར་བཅུག་པས། ཁོས་སྒྲོ་བ་ནང་དུ་བཅུག་བཞག་དུས་རྒྱ་མིའི་ཅ་དངོས་ཚང་མ་བསྡོགས་བཤེར་གཏོང་སྐབས་དེ་ཤོར་སོང་། རྒྱ་མིས་དེ་ལ་ཐག་པ་རིང་པོ་ཞིག་བཏགས་ནས་ང་ཚོའི་སྔོན་དུ་ཡར་དྲུད་མར་དྲུད་བྱས་ནས་ཁོ་ཚོ་གད་མོ་ཤོར་ནས་ལྟ་བཞིན་འདུག ངའི་རོགས་པ་རྣམས་ཀྱིས་ད་ཚར་སོང་བསམ་ནས་སྙིང་ཁ་ནས་ཐོན་ཐབ་ཀྱི་སེམས་ཁྲིན་ཆོད་མེད་བཟོ་ཡི་འདུག་ཀྱང་དེ་ནུབ་མོ་གང་ཡང་སྐྱོན་མ་བྱུང་།

ཕྱི་ཉིན་མོ་ང་ཚོ་སུམ་རྫོང་ལ་མར་འགྲོ་དགོས་པ་རེད་ཅེས། ང་ཚོ་མར་དེད་སོང་། དེ་ནས་ངས་དེའི་ཉིན་པར། དེ་རིང་ཐུ་རིས་

ང་ཚོ་སློབ་གྲྭ་རྩ་བ་ནས་བཟོ་མི་ཉན། མཉམ་མཉམ་ཁ་ལ་འགྲོ་འདུག་བྱ་དགོས་ལབ་པ་ཡིན། སློབ་མ་ཨ་རྐོད་ཚང་ཡོང་ས་དེའི་རྒྱུད་ནས་ཆུ་གྲུ་ལས་བུད། ར་ངག་དགོན་ནས་གངས་རི་དཀར་པོ་ལ་བྱོན་ནས་ཁྲོ་རྒྱལ་དང་སྒྲོན་དཀར་གྱི་མ་ཡུམ་དེ་ཚོ་མ་གཏོགས་མི་ཉི་ཤུ་མ་ཟིན་ཙམ་ཤི་ཡོད་ས་རེད། དེ་ནས་པདྨ་བཀོད་ལ་ལས་སླ་པོ་ཐར་གྱི་ཡོད་རེད་ཟེར། ས་ཆ་ལ་རྒྱུས་མེད་པ་རེད། དེ་ནས་མར་འགྲོ་རྒྱུ་བཟོས་ནས་མར་ཡོང་གི་ཡོད། ཉིན་མ་ཕྱི་དྲོ་འཕྱི་པོ་ཆགས་སོང་། ད་དེ་ནས་བ་ཞིང་ལ་སོང་ན་དྲག་གི་མ་རེད། འདི་ན་ཆུ་འཛམ་པོ་འདྲ་འདུག་ཕར་ཐབས་ཤེས་བྱས་ནས་ཐར་ཐབས་བཟོ་ན་དྲག་སོང་བསམ་ནས་ཟུར་འདི་ཤིག་ལ་བསྡད་བཞག་ན་ལབ་པས། བུ་རིས་སློབ་ལ་འགྲོ་ནས་སྐར་ཡར་བཀག་ཡོང་ཟེར། སློབ་མ་ཚོ་ཡར་བཀག་ནས་དེ་ན་སྐར་བབ་པ་ཡིན། ང་ཚོ་གླིན་པ་རེད་མ་གཏོགས་རྒྱ་དཔེ་མེད་མང་པོ་ཡོད་རེད་ག་བ་འདུག་བཙུག་འདི་ན་འདུག་རྒྱུ་ཡོད་མ་རེད་ཟེར། ཁལ་ཡར་བཀལ་བཙུག་ནས་མར་རྫོ་བཀར་བྱས་ནས་བཀར་ཤོར། ཡུལ་བུད་དཔེ་མེད་ཕོན་ཆེན་ཡོད་རེད།

དེ་ནས་ང་ཚོ་མར་སོང་དུས་ཆུ་ཚོད་སྐར་མ་བཅུ་ཙམ་གྱི་ལམ་འགག་ནས་ས་མཚམས་ལ་ཐུག་གི་ཡོད་འདུག དེ་ཧ་མ་གོ་སྒོ

པོ་རང་ངག་དགོན་དུ་སླེབས་དུས་སངས་སྤྲུལ་རིན་པོ་ཆེ་རྒྱ་མིས་བཟུང་ནས་མར་བཏང་སོང་འདུག སངས་སྤྲུལ་སྐུ་གོང་མའི་གྲྭ་པ་ཚོ་ཁྲུང་ཐོ་ལ་ནས་རྒྱ་ལ་འཛིངས་འཛིངས་ནས་མཐར་ཕོ་ཚོ་བཟུང་ནས་མར་དེད་སོང་བ་དེ་ན་ལམ་ལས་ལ་བཞག་འདུག དེའི་ཞབས་ཕྱི་ཨོ་རྒྱན་དཔལ་འབྱོར་དང་། ཚེ་དབང་དགྲ་འདུལ་སོགས་དེ་ན་འདུག ང་ངོ་མིན་བྱུས་ནས་མི་མང་པོའི་དཀྱིལ་དུ་ཡོང་བས་ལམ་སེང་ཕོ་ཚོས་ངོ་ཤེས་སོང་། འདི་ནས་མར་ཡེབ་དགོས་ན་ང་ཚོའི་མི་མང་པོ་ལམ་བཟོ་ལ་བསྡད་ཡོད་རེད། ངོ་ཤེས་སོང་ན་དེ་ཚོའི་ནང་ནས་སྐད་ཆ་གང་འདྲ་བཤད་ཡོང་ཤེས་ཀྱི་མ་རེད། འདི་ནས་ཆུ་ཕར་ཁ་ལ་ཕར་འགྲོ་ནས་གངས་རི་དཀར་པོ་ཟེར་བའི་ལ་ཡོད་ཀྱི་འདུག ཕར་ནང་ལ་སླེབ་ན་སྤྱི་འབྲུག་ནང་ལ་ཐག་ཉེ་པོ་ཡིན་ས་རེད། སྐུ་འཁོར་ཚོ་གཅིག་མར་སོང་ཚར་ན་ཁྱད་པར་ཡོད་མ་རེད། ཡུལ་ལུང་གི་མི་མང་པོ་ཞིག་ཡོད་དུས་ཚོ་རེས་བཟང་བཟང་བཟོ་ནས་འདྲ་མི་འདྲ་བཤད་ན་རྒྱ་ཡིས་གོ་བའི་ཉེན་འགལ་ཡོད་རེད། རྒྱ་ཡིས་མི་རྙེད་འདུག་རྒྱུ་ཁྱེད་རེད་བསྡད་ཡོད་རེད། ང་ཚོས་ཆུ་ཕར་ཀ་ལ་བསྐྱལ་དགོས་ཅེས་བཤད་སོང་། ངས་ཅ་ལག་སོགས་རོགས་པ་སྔོན་ལ་སོང་ཚར་བ་རེད་ཡིན་ནའང་། ཁྱེད་ཚོས་ཤེས་རྟོགས་ཡག་པོ་བྱུང་ཡོད་ན་ཁྱད་པར་མི་

འདུག འདི་ནས་ཕར་འགྲོ་ཡི་ཡིན་ཅེས་ཐག་བཅད་ནས་ཐག་ཚོད་ཡོང་དུས་ཞེ་སྡོད་ནས་ཡིན་པའི་ཀརྨ་བསོད་ལྷུན་ཟེར་བ་ཞིག་དང་། དེའི་འདུག་རོགས་ལ་དཔལ་སྒྲོན་ཟེར་བ་གཉིས་ཡོད། ཕོང་གཉིས་ཀྱི་ཅ་ལག་སྡོན་ལ་སོང་ཚར་བ་རེད་དེ་རིན་པོ་ཆེ་གང་རེད་སོང་ན་ངེད་གཉིས་ཀྱིས་ཞབས་ཞུ་བསྒྲུབ་ནས་འདུག་གི་ཡིན་ཟེར། ཚོ་རིང་ཟེར་ནས་རི་པོ་ཆེ་བ་བུ་མོ་ཆུང་ཆུང་ཞིག་ཡོད་རེད། དེས་ང་ལ་ཞབས་ཞུ་བསྒྲུབ་ཀྱི་ཡིན་མར་འགྲོ་ཡི་མིན་ཟེར། ཕོང་གསུམ་དང་ང་དང་མཁའ་འགྲོ་གཉིས་མི་ལྔ་དེ་ན་ལྷག་སོང་།

ཉི་ཤུ་པ། ཕན་བཏགས་མ་ཤེས་པར་གནོད་སྐྱེལ་ཟེར་བའི་དཔེ་ལྟར་ལམ་ནོར་བ།

དེ་ནུབ་མོ་མཚན་ལ་སངས་སྤྲུལ་རྣམ་ཚང་གི་ཞབས་ཞུ་དེ་ན་ཡོད་ཚད་ཀྱིས་ཆུ་དེ་བརྒལ་བའི་རོགས་པ་བཟོས་སོང་། སྔ་མོ་ཆུ་དེ་ལ་ཟམ་པ་ཡོད་ཀྱི་འདུག དེ་སྐབས་ཟམ་པ་མི་འདུག ཆུ་བཞི་སྒང་དྲུག་གི་དམག་སྲས་དོན་ཡོད་སོགས་མི་བཅུ་ཁ་ཞིག་དེར་འོང་དུས་ཨ་རྐོད་རུ་བ་དེ་ལ་བཅར་ནས་ཟམ་དེ་མེད་པ་ཆག་སོང་འདུག ཆུ་དེ་ཁང་པས་རྒྱུག་དགོས་ཀྱི་འདུག མཚན་མོ་ཆུ་རྒྱུག་དུས་ཞེད་སྣང་ཚོད་མེད་འདུག་ཀྱང་ཁོ་ཚོ་དེ་ནས་ཆུ་བརྒལ་བའི་ཉམས་མྱོང་ཡག་པོ་འདུག་པས་ང་ཚོ་ཆུ་ཕར་ཁ་ལ་ཕར་བཞག་སོང་། ཆུ་ཕར་ཁ་ལ་སླེབ་དུས་ང་ཚོ་ཁ་མ་གྲག་ནས་འཛམ་ཐིང་ཐིང་ཡར་འགྲོ་དགོས་ཀྱི་འདུག ལམ་ཡག་པོ་མི་འདུག ཐག་རིང་དཔེ་མེད་ལུང་སྟོང་རེད་འདུག དབྱར་ཁ་ཕོང་ཚོ་རུ་བ་འགྲོ་སའི་ས་ཆ་རེད་འདུག དེའི་ཆུ་དེ་འདེད་ནས་འགྲོ་དགོས་ཀྱི་འདུག ལམ་ནོར་བའི་ཉེས་འགལ་ཆེན་པོ་འདུག ཨ་རྐོད་རུ་བའི་གཡག་སྣ་ལོ་ཁྲིད་ཤུལ་འདུག དེའི་རྗེས་འདེད་ནས་འགྲོ་དུས་ལམ་འགག་ནོར་གྱི་མི་འདུག དེ་ནས་གངས་རི་དཀར་པོའི་ལ་རྩ་ངོ་མ་དེར་མ་སླེབ་

ཙམ་དུ་རྗེ་ཕ་ཕོང་ཁྲབ་བེ་ཁྲོབ་བེ་ཡོད་ས་ཞིག་འདུག དེའི་ནུབ་མོ་དེར་བསྡད་པ་ཡིན།

ཞོགས་པ་ནམ་ལང་ནས་རིང་ཙམ་སོང་དུས་ང་ཚོ་ཙུག་ཙུག་བཟོས་ནས་བསྡད་པས་ཕར་ལྟ་དུས་མི་ཞིག་འདུག མི་དེས་ང་ཚོ་ཚུར་མཐོང་སོང་བསམ་བསམ་འདྲ་པོ་བཟོས་སོང་། ང་ཚོ་དེད་མཁན་ཡིན་ནམ་བསམ་ནས་དོགས་པ་ཟ་བྱུང་། ད་ག་འདྲ་ཡིན་བལྟ་དགོས་ཀྱི་འདུག་བསམ་ནས་ཕར་ཕར་ང་སོང་བས་མི་གསུམ་འདུག མདུན་དུ་སླེབ་དུས་སྐྱོ་པོ་མི་གསུམ་འདུག སྐད་ཆ་བཤད་དུས་ཁོ་རང་གི་སྤྱུན་དང་ཕ་རྒན་གཉིས་མཉམ་དུ་འདུག ཁོ་ཚོ་ང་ཚོ་ལ་དོགས་པ་ཟ། ང་ཚོ་ཁོ་ཚོ་ལ་དོགས་པ་བཟོས་པ་རེད་འདུག དེ་ནས་ཕར་སྣར་ཐོག་ཏུ་འགྲོ་ལབ་ནས་སྣར་ཐོག་ཏུ་ཁྲིད་ནས་སྐད་ཆ་བཤད་དུས་ཁོང་ཚོ་སྤུ་ལོ་དེ་ནས་སོང་འདུག ལམ་ལ་རྒྱུས་ཡོད་རེད་འདུག དེ་ནས་ངས་ང་ཚོ་ལ་ནི་རྒྱུས་མེད། ཁྱེད་ཚོ་རྒྱུས་ཡོད་རེད་འདུག ང་ཚོ་ལ་རོགས་པ་བྱེད་རོགས་ཅེས་བཤད་ནས། བསོད་ནམས་ཟེར་བ་དེ་དང་ང་གཉིས་ཤག་པོ་བཟོས། གསེར་སྐོར་མོ་ཞིག་མཁའ་འགྲོའི་སྐེ་ལ་བཏགས་ནས་ཁུར་ཐུབ་འདུག་དེ་སྤྲད། རྒྱབ་ཀ་ཡག་པོ་ཞིག་འདུག་དེ་སྤྲད། བླ་མ་ཡིན་སྐོར་དང་ཆགས་མེད་ཡིན་པའི་སྐད་ཆ་ཟུར་ཙམ་མ་བཤད།

ཁྲི་བ་ལོའི་ཟླ་བ་དགུ་པ་རེད་འདུག ཚེས་པ་བཅུ་དགོང་མོ་མཁའ་འགྲོའི་ཁོག་ཏུ་ཕྲུ་གུ་ཡོད་རེད་དེ་སྐྱེས་སོང་། སྐོང་སྐྱེས་ཟེར་རྒྱུ་དེ་རེད་ཟེར། གྲོད་པ་འདྲ་བོ་ཞིག་གིས་ཡར་གཏུམ་འདུག ཉི་མ་གསུམ་ལ་འགྲོ་ཐུབ་མ་སོང་བས་དེར་བསྡད། སྤོ་བོ་ཚོས་ཁ་བ་ཞིག་བབ་ནང་ཚོ་ཐར་གྱི་མ་རེད། བྲེལ་བ་བཟོ་དགོས་རེད་ཟེར་ནས་བྲེལ་བ་ཆེན་པོ་བྱེད་བཞིན་འདུག དེ་དུས་ལྷུང་ལ་ཕན་བྱེད་ཀྱི་ཁ་ལག་ནི་གང་ཡང་སྤྲད་རྒྱུ་ཡོད་མ་རེད། ཡར་དྲག་སྐྱིད་མགྱོགས་པོ་ཡོང་ཐུབ་ཀྱི་མི་འདུག་ཀྱང་ཐེབ་ཆག་སྐ་རགས་བཅིངས་ནས་སོང་བས་ལ་རྩ་དེར་སླེབ་དུས་གངས་ཏི་ཆག་རང་རེད་འདུག གངས་ཀྱི་གས་ཤུལ་ཚོད་མེད་འདུག གས་ཤུལ་བར་དུ་སྟོན་མ་མི་འགའ་ཤས་ལྷུང་བའི་ལོ་རྒྱུས་འདུག གཅིག་ལྷུང་ཚར་ན་གསོན་རེ་བྲལ་འདུག དེ་ནས་ཁོ་ཚོས་རྒྱུས་ཡོད་བྱས་ནས་འདི་ནས་འགྲོ་འདི་ནས་འགྲོ་ཟེར་བའི་ཤུལ་དུ་སོང་བས་དཀའ་ངལ་ཚོད་མེད་ཀྱིས་ལ་ངོགས་དེར་ནུབ་རུབ་སོང་། ས་གཟར་པོ་ཚོད་མེད་ཅིག་འདུག དེར་ཁ་བ་ཏོག་ཙམ་ཞུ་ནས་འཁྱག་པ་སྤྱོང་ར་རེད་འདུག དེ་ནས་ཡར་འགྲོ་འོང་རྒྱུ་རྩ་བ་ནས་མི་འདུག ད་ད་ལོ་མ་ཐར་བ་རེད་མར་འགྲོ་དགོས་རེད་ཟེར། མཁའ་འགྲོས་ཐབས་ཤེས་གང་དྲག་ལྷ་རོགས་ཟེར་ནས་ངུས་སོང་། ཁོ་ཚོས་མི་ཐར་བ་

རེད་ཐབས་ཤེས་ཡོད་པ་མ་རེད། ཁྱེད་ཚོ་རི་ལ་གབ་མཁན་རེད། ང་ཚོ་རི་ལ་གབ་མཁན་ཡིན་མཉམ་རྒྱག་མཉམ་ལྷོག་བཟོ། དེ་ལ་སེམས་ཁྲིལ་མ་བཟོ་ཟེར་ནས་མནའ་བསྐྱལ་སོང་།

དེ་ནས་སེམས་ཐག་ཆོད་ནས་སེམས་ངལ་དང་སྡུག་བསྔལ་གྱིས་ནོན་བཞིན་མར་ཧོག་ཙམ་སོང་བས་འགྲོ་ཐུབ་ཀྱི་མི་འདུག རྫ་མགོ་དཔེ་མེད་མཐོན་པོ་རེད། རླུང་ཚོད་མེད་ཡོང་གི་འདུག རླུང་གི་ཁ་པ་བར་མེད་དུ་བསྣུ་བཞིན་འདུག རླུང་རེ་རེ་གཧོང་ཡོང་དུས་ཞུར་སྦྲ་དང་བཅས་དབུགས་གཧོང་ལེན་ནུས་ཀྱི་མི་འདུག ཁ་པ་ནི་ཀང་པའི་གོམ་སྟབས་ཧོག་ཙམ་འཁྱོར་ན་ཁ་བའི་ནང་དུ་ཀང་པ་ཟུག་ནས་ཡར་འདོན་པ་ལ་དཀའ་ངལ་བཟོད་མི་ནུས་པ་མྱོང་གི་འདུག དེ་ནུབ་མོ་ཁ་བའི་ནང་དུ་མ་བསྡད་རང་བསྡད་རེད། དེ་འདྲའི་ནང་དུ་ལྷག་སོང་། ཁ་རླུང་གིས་ཚང་མ་བསྐྱུམ་ནས་ཞེད་སྣང་བསམ་གྱི་མི་ཁྱབ་པ་རེད་བྱུང་། གཙྭ་གཟའ་མི་གཉིས་ལ་ཕྲུག་གོས་གྱོན་རྒྱུ་འདུག ཕོ་གསར་མོ་གསར་རེད་དེ་མཚན་ངོ་རྫར་སྐད་ཤོར་སོང་། སྤྲོ་བོ་གསུམ་ནི་དེ་ནང་བཞིན་རེད།

མཁའ་འགྲོ་དང་། ཚེ་རིང་གཉིས་ཕྲུག་གུ་དམར་འབྱར་དང་གསུམ་དེ་ནང་བཞིན་དཀའ་ངལ་ཕྲད་སོང་། ངས་ཧེས་དཔག་གི་གོས་ཞིག་གྱོན་ཡོད། དེ་ནི་ཉིན་གུང་ཁ་པ་ནང་ལ་སོང་

བསྐྱོད་དུས་རྫོན་པ་རེད་འདུག དེ་ནུབ་མོ་དེ་འཁྱག་པས་འཁེང་ནས་འདུག དེ་མ་གཏོགས་གང་ཡང་མེད། དེ་ཚུར་ཕུད་ནས་རླུང་བཀག་ནས་རླུང་ཁར་ཡར་ལང་ནས་མཚན་ཌོ་བསྐྱོད་པ་ཡིན། ཐ་མ་མཁའ་འགྲོ་རླུང་ཁ་བྱས་ཤོར། གཞན་ཅི་བྱེད་འདི་བྱེད་མི་འདུག ཅ་ལག་འཁྲིས་ལ་ཡོད་པས་བསྡོགས་དུས་སྤྲ་བ་དང་མེ་རྡོ་རག་སོང་། མེ་ཆ་བརྡབ་ནས་ལག་མཐིལ་དུ་སྤྲ་བ་ལ་མེ་སྦར་ནས་ཙམ་པ་ཏོག་ཙམ་བཏབ། ཁ་སྣ་དྲུང་དུ་བདུག་པས་དེའི་སྣ་ལ་ཏོག་ཙམ་དབུགས་ཀྱི་རྒྱུ་བ་སླེབས་ནས་ག་ལེར་སོས་སོང་། དེ་འདྲ་མ་བཟོ་ཡོར་པ་འདུག་ན་ཡོར་པ་ནང་དུ་བདུག་ལབ་སོང་། དེ་ནས་ཡོར་པ་བཙལ་བས་རྙེད་སོང་དེ་ནང་དུ་བདུག་པས་སྐབས་བདེ་ཙམ་བྱུང་། སྦུག་གུ་ནི་མཁའ་འགྲོས་བཟུང་ནས་རུམ་དུ་ཡོད་རེད། དེ་ནི་ཤི་ཡོད་དམ་གསོན་པོ་ཡིན་ལྷ་ཁོམ་གང་ཡང་མ་བྱུང་། ཁོང་ཚོ་གཞན་པ་ཚོ་ལ་དཀའ་སྡུག་མྱོང་ཚུལ་ལ་བལྟས་ན་ང་ཚོ་ལ་ཚོད་མེད་ཞིག་ཡོང་བའི་ཚོད་དུ་འདུག་ཀྱང་། ང་ཡིས་སྟོ་མོ་ནཱ་རོ་ཆོས་དྲུག་སྒྲུངས་བསྐྱོད་དུས་རླུང་བཟུང་མྱོང་ཡོད་པས་དེ་ཚོའི་དམིགས་པ་ཡར་སྒོམ་ནས་གོས་དེ་སྐྲ་རགས་བཀྱིལ་ནས་ཁོ་གསུམ་ལ་གཤོག་པ་བཀབ་པ་ནང་བཞིན་བྱས་ནས་བསྐྱོད་པས་དེ་ནུབ་མོ་མ་ཤི་ཙམ་དུ་ནམ་ཐིབ་ཆག་ལང་བྱུང་།

ཉེར་གཅིག་པ། ཕྱིར་ལོག་དགོས་ཐུག་པའི་སྐོར་ཡང་བ།

དེ་ནས་ཐང་ལ་འབེབ་ཐུབ་དགོས་དུས་ང་ཚོ་མར་ཧོག་ཙམ་འགྲོ་ཨི་ཐུབ་བལྟས་ནས་མར་མར་སོང་། ཁ་བ་མེད་ས་སུར་རུ་ཡོད་ས་འདྲ་ཞིག་དུ་སླེབས་སོང་། མི་ཡར་བུས་ཐེབ་ཆག་བྱས་ནས་ཧ་ཨི་རག་བལྟས་པས་ཧ་ཐེབ་ཆག་རག་སོང་། ཁོ་ཚོ་མི་ཚང་མ་ཧོག་ཙམ་ཧོག་ཙམ་འཁྱུག་ཕྱིད་ཁུར་ནས་ཨ་ཙ་ཨ་ནའི་སྐད་རྒྱག་དགོས་པ་ཙམ་རེད་འདུག ངེད་གསུམ་དང་ཕྲུག་གུ་ལ་སྐྱོན་ཆ་གང་ཡང་བྱུང་མི་འདུག དེ་ནས་མར་སོང་བས་ཁ་བ་མེད་སའི་ཤིང་སྡོང་གི་གསེབ་ཏུ་སླེབ་སོང་། དེ་ནུབ་མོ་ཤིང་སྡོང་དྲུང་དུ་བསྡད་མི་བུས། དེ་ནས་སྤྲོ་བོ་ཚོས་ཁོ་ཚོའི་རོགས་པ་བྱེད་ཡོང་སེམས་ཁྲེན་རྩ་བ་ནས་མི་དགོས་ཟེར། ཁོ་ཚོས་ཙམ་པ་དང་བཟའ་བཅའ་ཡར་ཨི་ཐར་བལྟ་རྒྱུ་མ་གཏོགས་གཞན་ཐབས་ཤེས་ཡོད་མ་རེད་ཟེར། ཀརྨ་བསོད་ལྡན་དང་། དཔལ་སྒྲོན་གཉིས་ད་ལྟ་ཐང་པོ་འདུག ཁོ་གཉིས་འཁྲིད་ནས་ཡར་བཟའ་བཅའ་དང་གྱོན་རྒྱུ་བསྐུར་ནས་མངགས་ཡོང་། ང་ཚོ་འདུག་ས་ས་ཆ་གཞན་པ་ཞིག་ཏུ་ཡག་ག་ཡོད་རེད། དེ་ན་འབོ་ཁང་ཕུབ་པ་སོགས་ཐབས་ཤེས་བྱ་ཡོང་ཟེར་ཁོ་ཚོ་མར་འགྲོ་སོང་།

ངེད་གསུམ་གཅིག་པུ་ལྷག་སོང་། ཉིན་རྟག་པར་གུག་གེ་གུག་གེ་གཞུང་ལ་མར་འགྲོ་ནས་བྱ་ར་བྱེད་འདུག་དུས་སུ་ཡང་སླེབ་ཡོང་རྒྱུ་མི་འདུག ཁ་ལག་ཏོག་ཙམ་ཡོད་པ་ཉི་མ་རེ་རེ་བཞིན་རྫོགས་ནས་ཁ་ལག་ཚང་མ་རྫོགས་སོང་། ད་ཕལ་ཆེར་ལྟ་གེས་འཆི་རྒྱུ་མ་གཏོགས་མི་འདུག་ལབ་དགོས་པ་བྱུང་། ད་ང་ཚོ་དཀའ་མོ་ཡོང་བའི་ཉེས་འགལ་འདུག་ལབ་བཞིན་བསྡད་དུས་ནུབ་གཅིག་རྨི་ལམ་དུ་གཅིག་སྲིད་སོང་བསམ་བསམ་འདྲ་རྨི་ལམ་མ་སྨྱིན་ཙམ་རྨིས་སོང་། ཕྱི་ནང་མོ་ཡར་མལ་སའི་ནང་དུ་སྡོད་ལང་བྱས་ནས་ཇ་ཁྲོད་མ་གཏོགས་འཐུང་རྒྱུ་མེད་པ་རེད། ཇ་ཞིག་འཐུང་ནས་ཕར་བལྟས་བསྡད་པས་ཕར་ཀ་དེར་ཁྲོད་མང་པོ་ཞིག་བབ་སོང་། མདངས་རྨི་ལམ་ཡག་སོང་དཀོན་མཆོག་གིས་ཕ་བབ་ཞིག་གནང་བ་མིན་ནམ་བསམ་ནས་ང་ལམ་སེང་ལང་ནས་རྒྱུགས་སོང་བས་གནའ་བ་ཞིག་གསའ་ཡིས་ཟོས་ནས་རོ་འདུག ཁྲོད་ཐམས་ཅད་ཕར་དཀྲོགས་རྣ་རོ་དེ་ཚུར་ཁུར་བས་ངས་ཆོག་མི་ཆོག་ཙམ་འདུག དེ་ནས་ཚེ་རིང་ཤོག་ལབ་ནས་ངེད་གཉིས་ཀྱིས་ཚུར་ཁུར་ནས་བཤས་ཤ་བཙོས་ཟོས། རུས་པ་དེ་ཚོ་བཏུང་ནས་ཁུ་བ་འཐུང་བས་ང་ཚོ་ཚང་མ་མིའི་བཟོ་འདྲ་པོ་ཆག་ནས་རྐང་ཚུད་སོང་། དེ་ནས་ང་ཚོད་འདི་འདྲ་བཟོས་ནས་བསྡད་ན་ལྟ་གེས་ཤི་བའི་ཉེན་ཁ་

འདུག མར་ཕོ་ཚོ་སོང་བའི་རྗེས་ཤུལ་དེ་དེད་ན་མི་ཚང་ཞིག་ལ་ཐུག་ཨེ་ཡོང་བསམ་ནས་ཕོ་ཚོས་སྔར་ནས་བཤད་པ་བཞིན་བྱས་ནས་གངས་ལ་ཆེན་པོ་ཞིག་བརྒལ་རྒྱུ་འདུག གངས་དཔེ་མི་སྲིད་ཆེན་པོ་འདུག ང་ལ་དེ་དུས་ཐང་པོ་ཡོད། ང་སྔོན་ལ་སོང་ནས་གངས་ལ་ལམ་བརྡོད་ནས་ཡང་ཕོ་གཉིས་ཚུར་བསུས་ནས་ཡོང་བས་ལ་བརྒལ་ཐུབ་སོང་། དེ་ནས་མཐུར་ལ་དཔེ་མེད་བབ་དགོས་ཀྱི་འདུག དེ་ནས་མར་བབ་ནས་ཡོང་བས་སྤྱི་བོ་རུ་པ་བསྡད་སའི་སྤང་ཁང་འདུག་དེའི་ནང་དུ་བསྡད། དེའི་ཕྱི་ཉིན་མོ་བསྡད་བཞག་ན་ཕན་གྱི་མ་རེད་བསམ་ནས་ཕོ་ཚོའི་རྗེས་ཤུལ་བཙལ་ནས་ཡོང་བས་ཕོ་ཚོ་མཐའ་ཁ་གཡང་གཟར་ཚོད་མེད་གཅིག་ནས་བབ་འདུག ང་ཚོ་དེ་ནས་ཡོང་བས་ཕལ་ཆེར་མགོ་ཐོན་དཀའ་མོ་རེད་སོང་བསམ་དགོས་པ་མང་པོ་རེད་སོང་། ཐ་མ་ཐེབ་ཆག་རི་རྩ་དེར་སླེབས་སོང་།

དེ་ན་སླེབས་དུས་འཁྱག་ལྗིག་དང་བགྲེས་སྐྱོམ་གྱི་འཆི་ལ་ཁད་པ་ཞིག་རེད་བྱུང་། དེ་ནས་ཕར་བལྟ་དུས་གླང་མ་ཞིག་གི་གསེབ་ནས་མི་ཞིག་གི་རྐང་པ་འདྲ་བོ་མཐོང་བྱུང་། ཕར་ལྟ་ཡག་བཟོ་དུས་མི་རེད་འདུག ཚུར་མཐོང་སོང་བས་ང་ཕར་མགྱོགས་པོ་རྒྱུགས་པ་ཡིན། ཉུལ་མ་ཡིན་ན་གདུག་དགོས། གཞན་པ་

གདུག་ཡོང་མཁན་ཡིན་ན་གདུག་དགོས་བསམ་ནས་སྐྱིད་སྡུག་ཟད་མེད་བྱས་ནས་སོང་བས། བསོད་ནམས་ཡར་སླེབས་འདུག ཁྱེད་རྣམས་པ་སྣུ་གེས་ཤི་ཚར་ཡོད་ཀྱི་རེད། མི་རེ་རེ་ཙམ་ལྷག་ཨེ་ཡོད་ན་བསམ་ནས་ཙམ་པ་དང་མར་ཁུར་ཡོང་བ་ཡིན་ཟེར། ཁྱེད་ཚོ་སྣུ་གེས་མ་ཤི་བ་དེ་ངོ་མཚར་ཆེན་པོ་རེད་ཟེར་ནས་ཁོ་རང་ཧང་སང་སོང་། ཁྱེད་ཚོ་ཡོང་མི་ཐུབ་པ་ག་རེ་རེད་སོང་དྲིས་དུས། ཁོ་ཚོ་ལ་རྐྱེན་ངན་སྡུག་ཅག་ཞིག་རེད་སོང་ཟེར། ཅི་རེད་སོང་དྲིས་དུས། ཁོ་ཚོ་མར་སོང་དུས་འབོ་ཁང་ཞིག་ཡོད་རེད་དེའི་ནང་དུ་ཁོ་ཚོའི་ཅ་ལག་ཕྲུག་གོས་དང་ཚར་ལྷོགས་སོགས་སྤྲས་བཞག་ཡོད་རེད། དེ་ནུབ་མོ་དེར་བསྡད་པས་དཔལ་སྒྲོན་གྲོད་ཁོག་ན་བྱུང་ཟེར་ནས་མཚན་གང་གཟེར་བརྒྱབ་ནས་སྐད་བརྒྱབ་སོང་། ཕྱི་ཉིན་མོ་འགྲོ་ཐུབ་ཀྱི་མི་འདུག དེ་ནས་ཁྱེད་ཚོ་སྡོད་དང་ང་ཚོས་ཁ་ལག་འདྲ་ཨེ་རག་བལྟ་ཡོང་ལབ་ནས་མར་སོང་བས་ཡར་ཡོང་དུས་ཁོ་ཚོ་མི་འདུག ཅ་ལག་མི་འདུག ད་ཁོ་ཚོ་ཡག་མི་འདུག་རྒྱ་འཁྲིད་ཡོང་ན་ཅི་ཤེས་བསམ་ནས་ག་རེ་རེད་འདུག ཅ་ལག་འདྲ་ལག་ལ་འཁྱོད་ཨེ་ཡོང་བལྟས་ནས་འགྲོ་ཐུབ་མ་སོང་ཟེར། ཁྱེད་རྣམ་པ་འདས་གྲོང་རེད་མི་འདུག་ཡག་པོ་རེད་འདུག ཅ་ལག་ནི་གང་ཡང་མི་འདུག ད་ང་ཚོ་འདིར་བསྡད་ན་འགྲིགས་ཀྱི་མ་རེད་ས་ཆ་

གཞན་པ་ཞིག་དུ་འགྲོ་དགོས་རེད་ཟེར་ནས་པོ་ཚོས་ང་ཚོ་ཁྲིད་ནས་སོང་བ་ཡིན། དེ་ནས་པོ་ཚོས་འབོལ་ཁང་གསར་པ་བརྒྱབ་འདུག་པས་དེའི་ནང་དུ་ཚོ་རིང་ངེད་གསུམ་བསྡད། པོ་ཚོ་ཟུར་དུ་འབོལ་ཁང་གཅིག་འདུག་དེའི་ནང་དུ་བསྡད་ནས་འཚོ་བ་སོགས་སྐབས་རེ་སྐྱོན་གྱི་མི་འདུག པོ་ཚོ་མཚན་ལ་འགྲོ་དགོས་དུས་ཡག་པོ་རག་གི་མི་འདུག སྐབས་རེ་དཀའ་ས་ཡོང་གི་འདུག་དེར་བསྡད་པ་ཡིན། ལྟོག་སྐོམ་གྱི་དཀའ་ངལ་དང་གྲང་བའི་སྡུག་བསྔལ་བསམ་བརྗོད་ལས་འདས་པ་བྱུང་།

ཤིང་སྡོང་ཆེན་པོ་ཞིག་གིས་ཉོགས་ཀ་ཉི་མ་བཀག་ནས་ཉི་མ་མཐོང་ཐུབ་ཀྱི་མི་འདུག ཉིན་ཞིག་ངས་གཅོད་ཨེ་ཐུབ་ལྟ་ཡོང་ལབ་ནས་སྟ་རེ་ཐེབ་ཆག་སོ་ཞེ་དྲག་མེད་རྒྱ་ཡུ་བ་ཐུང་ཐུང་ཞིག་ཡོད་དེ་ཁྱེར་ནས་སོང་བས་ཤིང་དེ་གཅོད་བཞིན་པའི་སྐབས་ནག་རིལ་རིལ་ཞིག་ང་ལ་ཁ་གཏད་ནས་ཚུར་རྒྱུགས་ཡོང་གི་འདུག ཁྱི་སྤྱོན་ཞིག་ཡིན་ནམ། གཅན་གཟན་ཡིན་ནམ། ཡང་ན་ཤིང་དེ་གཅོད་དུས་ཡུལ་ལྷ་འདྲ་མི་དགའ་བ་ཡིན་ནམ་བསམ་ནས་འདྲ་མི་འདྲ་དྲན་སོང་། ཚུར་ཇེ་ཉེ་ཇེ་ཉེ་བྱེད་ཡོང་དུས་ཆེ་རུ་ཆེ་རུ་འགྲོ་སོང་།

དེ་ནས་ཐལ་ཆེར་མཁྲིས་ལ་སླེབས་ཚར་སོང་དོམ་རེད་

འདུག ཁོ་ངའི་མཁྲིས་སུ་སླེབས་པ་དང་ཡར་ཁ་བསྐོར་ནས་ལག་པས་ཕྱི་སྐོར་བས་བྱས་བྱུང་། ངས་སྔ་རེ་དེ་ལ་སོ་རྡོན་པོ་མེད་ཅིང་བརྒྱབ་དགོས་བསམ་ནས་ཡར་ཕྱུར་ནས་དཀོན་མཆོག་ལ་གསོལ་བ་རྩེ་གཅིག་ཏུ་བཏབ་ནས་གཡུག་གྲབ་བྱས་པས་ཁོ་རང་ཅི་ཞིག་བསམ་པ་ཡིན་ན་ཡར་ལང་ནས་འགྲོ་སོང་། དོན་དེ་ལྷ་འདྲེས་ཆོ་འཕྲུལ་ཡིན་ནམ་གང་ཡིན་ཅི་ཡང་ཤེས་མ་སོང་། དཀོན་མཆོག་གིས་བསྐྱབས་ནས་ང་ལ་གནོད་པ་ཐུབ་མ་སོང་། སྤྲོ་པོ་ཚོ་ནི་ཡར་ཁང་པ་ནང་དུ་འཛུལ་ནས་ཁ་གྲག་ཡོད་ཀྱི་མི་འདུག མཁའ་འགྲོ་ནི་ང་ཡོད་ས་དེར་ཡར་ཡོང་གི་འདུག འགག་དོག་སར་སླེབས་དུས་དཀོན་མཆོག་གི་ཐུགས་རྗེའི་ར་མདའ་ངོ་མ་ཡིན་ས་རེད། དོན་ཆེན་པོ་ཆོད་མེད་གཅིག་འདུག ཟླ་བ་དགུ་པ་ནས་དྲུག་པའི་བར་དེ་ན་བཤད་པ་ཡིན། འཚོ་བ་དང་གྲོན་རྒྱུ་སོགས་ཀྱི་དཀའ་ངལ་ཆེན་པོ་རེད་སོང་། སྤྲོ་པོ་ལུང་པའི་མི་དེ་ཚོ་ལ་ཡག་པོ་འདུག ཁོ་ཚོ་རྒྱག་དུས་རྒྱག་གི་ཡོད་ས་རེད། ལྟོག་དུས་ལྟོག་གི་ཡོད་ས་རེད། ང་ཚོ་མཉམ་རྒྱག་མཉམ་ལྟོག་བྱས་ནས་བསྡད་པ་ཡིན།

དེ་ནས་བོད་ཟླ་དྲུག་པའི་ནང་དུ་སྤྱི་འབྲུག་ལ་བྱེ་ཡོད་རེད། ད་ང་ཚོ་འགྲོ་ཟེར་བས་ང་ཚོ་ཁྱེར་པོ་ཐེབ་ཆག་ཁྱེར་ནས་གཞུང་ལ་སོང་། གཞུང་ལ་སླེབས་དུས་མཚན་མོ་འགྲོ་བ་མ་གཏོགས་གཞན་

བོད་ཀྱི་མི་འདུག མཚན་རྒྱང་པ་ལ་སོང་བ་ཡིན། ཕྲུག་གུའི་མིང་ལ་ཆོས་གྲགས་ཉི་མ་བཏགས་ཡོད་རེད་མ་ཡིས་ཁུར་དུས་ང་འདུག་ནས་དཀའ་ངལ་ཚོད་མེད་བྱུང་། ང་དུས་སྐད་ཤུགས་དཔེ་མེད་ཆེན་པོ་ང་ཡོང་རེད་ཕོ་ཚོ་ཚང་མ་ཞེད་ཐག་ཆོད་ནས་ཕྲུ་གུ་ཆུ་ནང་དུ་གཡུག་བཞག་ན་མ་གཏོགས་ང་ཚོ་ཚང་མ་རྒྱ་ལག་ལ་འཛོག་གི་རེད་ཅེས་བཤད་ཀྱི་འདུག བུ་མོ་ཚེ་རིང་ཟེར་རྒྱུ་དེ་དང་བསོད་ནམས་ཕོ་གཉིས་བཟའ་ཚང་འདྲ་པོ་ཆག་སོང་། མཐའ་མ་སྤོ་བོ་ཚོ་འུ་ཐུག་ནས་ཚེ་རིང་ལག་མགོ་ནས་བཟུང་འཁྲིད་གྲབ་བྱེད་ཀྱི་འདུག ཕོ་ཚོ་ཚང་མ་ཐང་པོ་རེད། ང་ཚོ་ལ་ཕྲུག་གུ་ཁུར་རྒྱུ་ཡོད་དུས་རྗེས་ཟིན་གྱི་མི་འདུག ད་ཕལ་ཆེར་ཚེ་རིང་འཁྲིད་ནས་ཤོར་ས་རེད་བསམ་བྱུང་། དེ་ནས་ང་འུ་ཐུག་ནས་ཚེ་རིང་ལག་མགོ་ནས་བཟུང་ཏེ་རྩ་བ་ནས་མ་མངགས། དེ་ནས་ཚེ་རིང་རྒྱུགས་ཀྱི་མི་འདུག ཕྲུག་གུ་ཡང་ང་རྒྱུ་མེད་པ་འདྲ་ཆག་སོང་དེ་འདྲ་བཟོས་ནས་སྤྱི་འབྲུག་ལ་རྩ་ལ་སླེབས་སོང་། སྤྱི་འབྲུག་ལ་རྩར་སླེབས་དུས་ཞག་པོ་ཁ་ཤས་ལ་དེ་ན་བསྡད། ལམ་འགག་ནས་དགང་འདྲ་དགོས་ན་བསམ་དགོས་པ་ཐེངས་མང་པོ་ལ་བྱུང་ཞིང་དཀའ་ངལ་བཤད་ན་རྣ་བ་ལ་མི་འགྲོ་བ་དེ་འདྲ་མཐོང་སོང་།

དེ་ནས་སྤྱི་འབྲུག་ལ་བརྒལ་ནས་ཐེག་ཆེན་ཟེར་ས་པདྨ་

བཀོད་ཀྱི་ས་ཆ་རེད་འདུག་དེར་སླེབ་སོང་། དབྱར་ཀ་ཧ་བ་འགྲོ་ས་རེད་འདུག དེ་ན་ཟོག་སེམས་ཅན་མང་པོ་འདུག དེ་ཚོ་ལ་གཏུག་པ་ཡིན། སྤྲོ་བོ་ཚོས་ད་བྲོས་འགྲོ་ཡི་ཡིན། ཁོ་ཚོ་ཁྱེད་དང་མཉམ་དུ་ཡོད་པ་གོ་ན་རྒྱ་ཡིས་ནང་ལ་སྤྱུག་པོ་གཏོང་གི་རེད། འགྲོ་ཡི་ཡིན་ཟེར། འོ་ཐུགས་རྗེ་ཆེ། ད་ང་ཚོ་སྐྱོན་གྱི་མ་རེད་འགྲིགས་ཀྱི་རེད་ལབ་པ་ཡིན། དེ་ནས་ཁོང་ཚོ་འགྲོ་སོང་།

ཉེར་གཉིས་པ། ཁ་འཐོར་བའི་རོགས་པ་རྣམས་ཀྱི་དཀའ་སྡུག་གི་སྐོར།

ངའི་རོགས་པ་ཁ་འཐོར་བ་རྣམས་སུམ་རྫོང་ལ་ཁྲིད་ནས་ཕར་པདྨ་བཀོད་དུ་འགྲོ་བའི་ཟམ་པ་ཞིག་གི་ཉེ་འདབ་ཏུ་བཞག་ཡོད་འདུག ང་དང་ཁ་ཁ་རེད་སོང་དུས་སྡུག་བསྔལ་གྱིས་ནོན་བཞིན་བསྡད་པ་ཡིན་ཟེར། སྐབས་ཡག་པ་ཞིག་ལ་ཤིང་སྡོང་ཕལ་ཆེར་སིས་དམར་རེད་འདུག་དེ་ཚོ་ཟ་རྒྱུ་རྙེད་བྱུང་བས་ཕན་པོ་བྱུང་ཟེར། དང་པོ་སླེབ་དུས་རྒྱ་དཔོན་གཅིག་དང་སྐད་སྒྱུར་སོགས་རྒྱ་མང་པོ་སླེབས་ནས། ཁྱེད་ཚོ་ཕ་ཡུལ་དུ་ཕར་ལོག་དགོས་རེད་ཟེར་ནས་བཙན་བཀའ་བཏང་བས། ང་དང་ཁ་འཐོར་བའི་སྡུག་བསྔལ་གྱིས་མི་ཚང་མ་ངུས་ནས་སྤྱང་ཚང་ནང་ལ་ཡོག་གེ་དབྱུག་པ་བཞིན་འུར་ཆིལ་ལིར་བཟོས་ནས་ང་ཚོ་ཕ་ཡུལ་དུ་འགྲོ་དགོས་ན་ས་ཞིང་དང་། རྒྱུ་ནོར་གང་ཡང་མེད། འདི་ན་རང་བསྡད་ཀྱི་ཡིན། གལ་སྲིད་ཕར་འགྲོ་དགོས་ཀྱི་འདུག་ན་ང་ཚོ་ཚང་མ་འདིར་གསོད་རོགས་གྱིས་ལབ་པས་རྒྱ་ཡིས་ཅི་བྱེད་འདི་བྱེད་མེད་ནས་ཕར་ལོག་ཡོད་འདུག དེ་རྗེས་རྒྱ་དཔོན་དེས་དེ་ན་རྩ་བ་ནས་འགྲོ་རྒྱུ་མི་འདུག་ལབ་ཀྱི་འདུག་ཟེར། གང་རེ་ཡིན་ན་དེ་རྗེས་རྩ་བ་ནས་

སློབ་མ་བྱུང་ཟེར། ཁོང་ཚོ་ཡུན་རིང་ལ་དེ་ག་རང་ལ་བཞག་ནས་ལྷ་མཁན་སུ་གཅིག་མེད་པ་རེད་འདུག

སྔོ་ཆུ་དེ་ཆུ་ཆེན་པོ་ཚོད་མེད་རེད་ཀ་ང་པས་རྒྱུག་དགོས་ན་བརྒལ་ཐུབ་རྒྱུའི་རེ་བ་བྱེད་རྒྱུ་གང་ཡང་མེད་རེད། ལུང་པ་སྡུབ་སུབ་དོག་པོ་རེད། ད་འདི་ལྟར་བསྡད་ན་ང་ཚོ་ཁུངས་ཆོད་རྒྱུ་གང་ཡང་མེད་པ་རེད། སུམ་རྫོང་གི་ཟམ་པ་ཁ་དེ་ནས་ཕར་ཐར་དགོས་ཀྱི་འདུག་ཅེས་བཤད་ནས་ཉིན་གཅིག་ལ་ཐབས་ཤེས་ལྷ་ལ་ཚེ་དབང་བཀྲིས་དང་། དཔལ་ངེ་ཕྱུག་མཛོད། བུ་རིས་སོགས་ཁ་ཤས་ཤིག་སོང་བས་ཁོ་རང་ཚོའི་ཀུའུ་རེན་གྱི་གོ་གནས་ཡོད་པའི་མི་བཟང་པོ་ཞིག་དང་ཐུག་འདུག སྐྱེས་དམན་དེ་ལ་ཡང་བཟང་པོ་འདུག་ཟེར། དེ་ཚང་ལ་ངོ་ཤེས་བཟོས་པས། ཁྱེད་ཚོ་འདིར་འདུག་རྒྱུ་ཡོད་མ་རེད། འགྲོ་དགོས་ཀྱི་རེད། ང་ཚོས་རོགས་པ་གང་ཐུབ་བྱེད་ཡོང་། ང་ཚོ་སྤྱི་འབྲུག་ལ་བྱེ་དུས་ཡོང་མཁན་ཡིན། ང་ཚོ་ཐུག་གི་རེད་ཟེར་ནས་སྐད་ཆ་ཚང་མ་ཤ་ཞེན་དང་པན་སེམས་ཀྱིས་བཤད་དུས་བུ་རིས་ཀྱིས། རྟ་གཟར་འདྲ་དང་དེ་མིན་ཅག་གི་ཅིག་གི་དང་། གཞན་པ་ཚོས་ཅ་ལག་ཧ་ཅོག་ཙམ་ཧ་ཅོག་ཙམ་སྤྲད་ཡོད་ས་རེད། ཁོ་རྩར་ནས་ནས་ཉོ་བའི་འཆར་གཞི་བཏིང་ནས་གྲོས་བྱས།

དེ་ནས་ཡར་སྣར་ཐོག་ཏུ་སོང་། ངའི་རོགས་པ་གྲས་པ་བུ་

རིས་དང་། གཡུ་ཐུག་ནས་ཨ་དབང་རྡོ་རྗེའི་བུ་རྒྱལ་བ། དཀར་དཀར། རི་ཕ་རོ་བ་ཨ་ནེ་དཔལ་ལྡན་མཚོ་མོ་ཟེར་ནས་ཡོད་རེད། ཁོང་བཞི་ང་དང་ཁ་ཁ་རེད་ཚར་དུས་ཙ་ལག་བཙོང་རྒྱུ་ཟེར་ནི་གང་ཡང་ཡོད་མ་རེད། དེ་ནུབ་མོ་ཚེ་དབང་བཀྲིས་དང་། བུ་རིས་སོགས་ཡར་མར་སོང་ནས་འབྲུ་བསྒྲུབས། དེ་ཚོ་ཡར་ཁྱེར་ཡོང་ནས་ཙམ་པ་བཟོས། འགྲོ་ཆོག་ཆོག་བྱས་ནས་སྒྲུག ཁོ་རང་གིས་ཟམ་པ་བསྲུང་མཁན་དེ་འདུག་དང་མི་འདུག་ལྟ་ཡོང་། དེ་མེད་དུས་ཁོས་བརྡ་གཏོང་ཡོང་། དེ་དུས་ལམ་སེང་ཤོག་ཟེར་བ་བཞིན་ཚེས་པ་བཅུ་ཡིན་ནམ་གཅིག་ལ་ཟམ་པ་སྲུང་མཁན་མི་འདུག ཁར་ནུབ་བསྲུང་མ་བྱུང་། ཁྱེད་ཚོ་ཚོག་ཤོག་ཟེར་བ་བཞིན་སོང་བས། ཁོས་འདི་སྐོར་ནས་ཁོ་ལ་དབང་ཆ་ཡོད་རེད། སང་ཉིན་བཙལ་མཁན་མར་ཡོང་ཤུལ་དུ་ཡར་མངགས་ན་འགྲིགས་ཀྱི་རེད། ཁྱེད་ཚོ་ནམ་ཉིན་མཚན་མགོ་བསྒྲིལ་ནས་སོང་། ཟམ་པ་ཁ་དང་དེ་ཚོ་ན་ཁོས་ཕྱུགས་མ་རྒྱུག་ཡོང་རྗེས་མཐོང་གི་མ་རེད། ལམ་འགག་ནས་མི་འདྲ་མིན་དང་ཐུག་བྱུང་ན་སྐད་ཆ་སློམ་ཙམ་ཤོད། གབ་པ་དང་བྲོས་པ་སོགས་རྩ་བ་ནས་མ་བྱེད་ཤར་རྒྱུག་སོང་ཤོག ཅེས་རོགས་པ་བྱས་ནས་མངགས།

ཁོས་ལབ་པ་ནང་བཞིན་སྤོ་བོ་མདུང་ཆུ་སྟག་ཤམ་གྱི་

གཏེར་གནས་དེ་བརྒྱུད་ནས་མདའ་ཞིང་ལ་རྩ་བར་སོང་། ཁོང་ཚོ་ཚུར་རི་ནས་འགྲོ་དུས་ཕར་རི་ནས་དམག་དེ་ཚོ་རྟ་བཅའ་ནས་འགྲོ་འདུག་བྱེད་བཞིན་པ་མཐོང་འདུག་ཀྱང་ཁོ་ཚོས་ཧུས་གཏོགས་གང་ཡང་བྱུས་མི་འདུག མཚན་མོ་མདའ་ཞིང་ལ་རྩ་ནས་ཡོང་དགོས་ཐུག་པས་ཚོད་ཚོད་བཟོ་བ་མ་གཏོགས་འགྲོ་ས་ལམ་གང་ཡིན་སུ་གཅིག་གིས་མི་ཤེས་དུས་མགོ་འཐོམ་ནས་ཡར་ཡར་སོང་དུས་ལམ་མ་ནོར་ནས་ལ་རྩར་སླེབས།

དེའི་ཉིན་པར་དེར་སྐར་བརྒྱབ་ནས་བསྡད། དེ་དུས་ཚེས་པ་བཅུའམ་བཅོ་ལྔ་གང་རུང་ཞིག་རེད་བསྡད་ཡོད་ས་རེད། ཕྱི་ཉིན་པར་ལོ་རྒྱུང་ཚང་མ་བཤར་ནས་གངས་ཕར་གཤག་ཚུར་གཤག་ལན་མང་དུ་བཟོས། གངས་དཀར་མཛམ་ལ་ལམ་བཏོད་པའི་ཆེད་དུ་ཚང་མ་རྫོག་བཅག་བཟོས་ནས་དེ་ཉིན་པར་ཉིན་གང་ལས། དགོང་མོ་ཕལ་ཆེར་གངས་འབབ་ཡོང་བའི་ཉེས་འགལ་འདུག་བསམ་བསམ་བཟོས་ནས་དཔེ་མེད་གནམ་གཤིས་ངན་པ་བསྟན་བྱུང་ཟེར།

ལ་བདག་བཙན་པོ་ཡོད་པའི་གྲགས་པ་ཡོད་པ་དང་། ཕྱི་ཉིན་པར་གནམ་ས་ཐུག་པ་ལྷ་བུའི་ལ་ཁ་བས་འགག་འགྲོ་ས་རེད་བསམ་བསམ་འདྲ་འདུག་ཟེར། བུ་རིས་ལ་རོགས་པ་དཀར་དཀར་

དང་། རྒྱལ་བ། དཔལ་ལྡན་མཆོ་མོ་གསུམ་ཡོད་རེད། དཔལ་ངེ་ཕྱུག་མཛོད་དང་། ཚེ་དབང་བཀྲིས། བུ་རིས་རྣམས་ཀྲོས་ཁ་བཟོས་ནས་སྐྱེས་དམན་ཕྲུག་གུ་ཚང་མ་ཕར་སྤོན་ལ་གཏོང་ནས་མི་གཅིག་གིས་ཕར་འཁྲིད། དེ་མིན་མི་རྟག་ཚད་དང་། རྟ་དྲེལ་གཡག་སོགས་ཚང་མ་རྗེས་ལ་འགྲོ་རྒྱུ་བྱས་ན་དྲག་གི་རེད་ལབ་ནས་ཀྲོས་འགྲིགས།

ཉེར་གསུམ་པ། བུ་རིས་དང་ཆིབ་རྐན་གྱི་སྐོར།

ང་ཚོ་ལ་གཡག་ཚོ་རྐན་གཅིག་དང་། རྟ་གཉིས་ཡོད་རེད། རྟ་རྐན་ངས་དཔེ་མི་སྲིད་འདང་ཆེན་པོ་ཡིན། བུ་རིས་ཀྱིས་ང་ཚོ་ཚང་མ་མི་རྟག་རྒྱུང་རྒྱུང་རེད། རྟ་གཉིས་དང་གཡག་ཚོ་རྐན་ཨི་ཐར་ལྷ་འགྲོ་ལབ་དུས། སྨམ་ཕུ་བཟའ་དཀར་དཀར་མོ་ནི་སྔོན་དུ་འགྲོ་ཡི་ཡིན། རིན་པོ་ཆེས་མི་དང་རྒྱུ་གཉིས་མི་རྩར་ཆེ་རེད། རྒྱུ་ཡི་གང་ཡང་ལོ་ཡི་མ་རེད། མི་ཐར་ན་འགྲིགས་རེད་གསུངས་སོང་འགྲོ་ཡི་ཡིན་ཅེས་བཤད་པ་དང་། རྒྱལ་བ་དང་། དཔལ་ལྡན་མཚོ་མོ་ཕོ་གཉིས་ད་ལྷག་ན་ལྷག་ཅིག་རེད། གནམ་ནི་འབབ་ཡོང་གི་འདུག ལ་འགགས་འགྲོ་རེད་འགྲོ་ཡི་ཡིན་ཟེར་ནས་འགྲོ་ཤོར་འདུག

བུ་རིས་ཀྱིས་ཕོ་འགྲོ་ཡི་མིན་ཅེས་བཤད། ཅ་ལག་ཁུར་རྩ་ཁ་ཤས་ཡོད་པ་ལ་འགོ་ལ་སྔོན་ནས་བསྐྱལ། གཡག་ཤ་སྐམ་པོ་དང་རྩམ་པ་ཏོག་ཙམ་བཞག་རོགས་ཀྱིས་ང་འདུག་གི་ཡིན་ལབ། མི་གཞན་པ་ཚོས་རྟ་ཁལ་འདེད་ནས་སླེབས་ཡོང་དུས་ང་ཚོ་གང་ཡང་མེད་པར་མི་རྟིང་བཟོས་ནས་སོང་ན་ངོ་ཚ་ཡི་རེད། གཡག་གཅིག་དང་། རྟ་གཉིས་ཨི་ཐར་བལྟ་ན་མ་གཏོགས་འགྲོ་མི་ཐོད་ཅེས་བཤད་ནས་བསྡད། ཕོང་ཚོ་ནི་བཀག་མ་ཐུབ་པར་ཤོར།

དེའི་ཉིན་པར་འདུག་བཞག་རྒྱ་མ་གཏོགས་ཅི་ཡོད། དེ་ནུབ་མོ་ང་དང་། ལྷ་བཀའ་སྲུང་ལ་གསོལ་བ་དྲག་ཏུ་བཏབ་ནས་བསྟོད་བསྟོད་པས་ཕྱི་ཉིན་པར་གནམ་གཤིས་སྤྲི་བཀྲད་པ་ (སྤྲི་ནི་སྒྲོག་ཆགས་ཞིག་གི་མིང་ཡིན། འཛིག་རྟེན་གྱི་ཁ་སྐད་དུ་ནམ་མཁའ་གཡའ་དག་པ་ལ་སྤྲི་བཀྲད་པ་བཞིན་རེད་འདུག་ཅེས་བཤད། མཆན།) བཞིན་དཔེ་མེད་ཡག་འདུག་ཟེར། པོ་ཞོགས་ཀ་རྒྱུགས་དུས་རྟ་གཉིས་སྣེད། གཡག་ཆེ་ཀན་མ་སྣེད། རྟ་གཉིས་ཁྲིད་ནས་སྔོན་ལ་སོང་། ཁ་བ་དཀར་འཕྲང་ཡོད་ས་དེ་ན་རྟ་གཉིས་བཞག པོ་ཆོས་གཡག་དང་མཛོ་སོགས་སྔོན་ལ་ཡར་བསྐྱལ། ཕོ་ནག་རྩ་བ་ནས་དཀར་ཕྲེང་ཁ་ནས་ཡར་འགྲོ་མ་ཐུབ་ནས་འགག དེ་ནས་ཕོག་སྟོད་དང་ཕོག་སྨད་ལ་ཐག་པ་བརྒྱབ་ནས་ཡར་མི་ཚང་མ་རུབ་བརྒྱབ་ནས་བཀུག་ལ་གྱེན་རྒྱ་ཆེན་པོ་ཚུར་ཡོང་ནས་ཕར་འགྲོ་དགོས་ས་ཞིག་ལ་ཡར་ཡོན།

དེ་ནས་དཀར་ཕྲེང་ཁ་ནས་རྟ་འགྱུར་རེ་འགྱུར་རེ་བྱུས་ནས་རིལ། ཁ་བའི་སྟེང་དུ་སྐལ་པ་རྡིང་རྡིང་བརྩུག་ནས་རྐང་པ་ས་ལ་བརྩུག་རྩ་བ་ནས་མ་ཐུབ། བུ་རིས་འུ་ཐུག་ནས་དམངགས་དགོས་སམ་ཅི་བྱེད་དགོས་ན་བསམས། དཀོན་མཆོག་ལ་གསོལ་བ་དྲག་ཏུ་བཏབ། ང་ལ་དད་པ་ཆེན་པོ་ཡོད་པས་ང་ལ་གསོལ་བ་རྒྱ་

གཅིག་ཏུ་བདབ་ནས་ཐག་པ་ཆད་ན་མ་གཏོགས་མངགས་ཐབས་རྫ་བ་ནས་མི་འདུག་བསམ་ནས་བྱི་བས་སླང་ཆེན་བསླངས་བའི་ལོ་རྒྱུས་དེ་དྲན་ནས་ཕོ་ཚོ་ལ་ཏ་དེའི་རྐང་ལག་འོག་ཏུ་ཡོད་པའི་ཁ་བ་རྗོག་བཙགས་བྱ་རོགས་གྱིས་ལབ། ཕོ་ཚོས་དེ་ལྟར་བཟོས་པས་ཏ་རྐང་པ་ཚུགས། དེ་ནས་ཡར་ལོན་རྒྱུ་ཅི་ཡང་མེད་དུས་མར་ཁྲིད་ནས་སོང་། གྱུ་ཁྱུག་དཀར་ཕྲེང་ཞིག་ནས་ཡང་བསྐྱར་ཡར་ཁྲིད་ནས་ཡོང་བས་ཉི་མ་དམར་ཐག་ཆད་ཚར་ནས་རི་རྩེ་ལ་ཏོག་ཙམ་ལས་མེད་དུས་ཏ་རི་རྩེ་ལ་མ་ཤི་ཙམ་གྱིས་སླེབས། ཕོ་ཚོས་ཟོག་སེམས་ཅན་དེ་ནུབ་ལ་མགོ་དེར་བཏགས་ནས་བསྡད།

རྡོ་རྗེ་རིག་འཛིན་ཟེར་ནས་ཕར་ཚུར་གཉིས་ཀར་བཟང་ས་ཡིན་པའི་མི་ཞིག་ལ། ཕོ་ནག་ཁྱེད་ཀྱིས་མར་འཁྲིད་རོགས་གྱིས། ང་རི་རྩེ་འདིར་མ་བསྡད་ན་ཐབས་མེད་རེད་སོང་ཅེས་བཤད་པས། ཕོ་རང་གིས་ཁས་བླངས་ནས་ཁྲིད་སོང་། རྒྱལ་བ་དང་། དཀར་དཀར་གཉིས་ལ། ཨ་སུ་ཨོ་ཕྲུག་ཚང་ལ་ཚ་དམ་ཡོད་རེད་དེ་གཡར་ནས་ཇ་ཞིག་ཡར་བསྐྱལ་རོགས། ཁ་སྐོམ་ནས་འཆི་བའི་ཉེས་འགལ་འདུག་ལབ་ནས་ཆ་བཀུར། ང་ཚོས་ཏ་ལྷག་བསྡད་རྒྱུ་ཚོ་ཡར་ལོན་ཐབས་བྱ་ཡི་ཡིན་ལབ། ཐོག་དཔོན་ཚང་གི་མཛོ་ཞིག་དང་། གཡག་ཁ་ཤས་སྟོན་ལ་ཡར་བརྒྱབ། དེའི་རྗེས་ལ་ཏ་མང་མ་ཡར་

བཏང་། དེའི་རྗེས་ལ་ངའི་རྟ་དེ་ཁྲིད་ནས་ཡོང་དུས་མགོ་ཐོན་འདུག ལ་བཙས་ངོ་མ་ཡོད་ས་དེ་ནས་འདོམ་གཉིས་ཙམ་གྱིས་དེར་སླེབ་དུས་ཨ་ཐོས་ཚང་གི་རྟ་བཟང་གཉིས་ཡོད་པ་འདྲེད་ཐག་ཤོར་ནས་ཡར། ཚེ་དབང་བཀྲིས་ཀྱི་མཛོ་དེ་ཡང་ཤོར་སོང་བས་བྲག་ཅག་ཅིག་གི་སྟེང་དུ་ཁ་མཐུར་དུ་བསྐོར་ནས་ཡ་ང་བ་ཞིག་བྱུས་ནས་མི་ཐོག་སེམས་ཅན་སུ་གཅིག་མི་ཐར་དུས་ཨུ་གེ་དང་གྲང་རླུང་གིས་འཆི་དགོས་པ་རེད།

ཚེ་དབང་བཀྲིས་ཀྱིས་བུ་རིས་ལ་རིན་པོ་ཆེའི་ཆིབ་རྒྱན་གསོད་རྒྱུ་ཁྲིད་ཡོང་བ་རེད། མར་རྩ་ཟ་རྒྱུ་ཡོད་ས་ཞིག་ཏུ་བཞག་བཞག་ན་ཨུག་གེ་གི་འཆི་ཡི་མ་རེད། ངའི་མཛོ་ལ་སྨ་སྟན་དེ་བཏོད་མེད་ན་གཡང་ནས་ཟག་གི་མ་རེད་ཟེར་ནས་བཀའ་བསྐྱོན་མང་པོ་བཏང་སོང་ཟེར། ཆིབ་རྒྱན་ལ་ཞོགས་ཀ་བུ་རིས་ཀྱིས་ནས་ཏོག་ཙམ་མི་རྩར་ནས་ཐབས་ཤེས་བྱུས། རྩམ་པ་དང་གངས་མཉམ་དུ་བསྲེས་ནས་འགྲམ་ཁུག་ཏུ་བརྫངས་པས་བལྡད་མ་ཐུབ། ལ་ཁུག་དེར་སླེབ་དུས་ཉིན་གཉིས་ལ་མི་རྟ་གཉིས་ཀ་ལ་ཁ་ལག་རྩ་བ་ནས་མེད་པས་ཆིབ་རྒྱན་འདར་ནས་ཁ་ནང་དུ་ཡོད་པའི་རྩམ་པ་དང་ནས་སོགས་མར་ལྷུང་ནས་ཕོག་ཏུ་མ་སོང་།

དེ་ནས་བུ་རིས་ལ་ཚེ་དབང་བཀྲིས་ཀྱིས་བཀའ་བསྐྱོན་

བཏང་བའི་རྐྱེན་བྱས་ནས། ད་ནི་ཚེབ་རྒན་གྱི་དོན་དུ་ཤི་ན་ཡང་འགྱོད་པ་མེད་བསམ་ནས་སློ་ཐག་བཅད། ཐག་པ་དང་བྲེང་པ་མང་པོ་ཚེབ་རྒན་ལ་བརྒྱབ། མི་མང་ལ་འཇུ་རོགས་གྱིས་ལབ་ནས། ཁོ་རང་གིས་འོག་ནས་ཡར་འཕྱུལ་རྒྱག་བརྒྱབ། ཧ་ཤོར་ཡོང་ན་ཁོ་ཡང་ཧ་མཉམ་དུ་འགྲོ་ས་གཅིག་མ་གཏོགས་མེད་ཀྱང་ཤི་ན་གོ་ཆོད་པ་ཡིན་བསམ་ནས་གསོལ་བ་དྲག་ཏུ་བཏབ། ཆགས་མེད་རིན་པོ་ཆེ་དང་། གནས་མདོ་ཚང་གི་ལྷ་བཀའ་སྲུང་ཡོད་ན་དེ་རིང་ཡོད་པ་ཡིན་ལབ་ནས་འབོད་པ་བཏང་། ཡར་འཐེན་པས་ལ་མགོ་དེར་འཐེན་ཐུབ་འདུག དེར་སླེབས་པ་དང་ཉི་མ་རི་རྩེར་སེར་ཞུར་ཡོལ་ལ་མ་ཡོལ་ཙམ་རེད། དེ་ནས་བུ་རིས་ཀྱིས་རོགས་པ་ཛ་ཁུར་ནས་ཡོང་རོགས་ཞེས་ཆ་བསྐུར་ཀྱང་སུ་གཅིག་ཡོང་མཁན་རགས་མི་འདུག ཉིན་གཉིས་ལ་ཆུ་ཕོར་གང་མ་རགས་པ་དང་། དེ་ཉིན་པར་ཆུ་ཕོར་པ་གང་མ་རགས། དེ་ནུབ་མོ་གཞན་ཚང་མ་འགྲོ་དུས་ཁོ་གཅིག་པུ་མ་གཏོགས་གཞན་སུ་ཡང་ལྷག་མི་འདུག འོ་ཡ། ཁྱེད་རང་ག་ལེར་ཁྲིད་ཤོག་ཟེར་ནས་ཚང་མ་བཤར། དེ་ནས་མུན་རུབ་མ་རུབ་འདྲ་ལ་ཧ་ཀན་གྲང་ངར་གྱིས་འཆག་འདར་རྒྱག་བཞིན་ཁོག་སྟོད་ཁོག་སྨད་ལྷུ་འདྲ་པོ་ཆད་འདུག་ནས་འགྲོ་ཟེར་ཞེ་དྲག་ཐུབ་ཀྱི་མི་འདུག་ཟེར། རྒྱུན་པར་ཁོ་རང་ག་འདྲ་བྱས་སོང་ནམ་

གཏོགས་བྲེལ་བ་གང་ཡང་བྱ་རྒྱུ་ཡོད་མ་རེད། ནུབ་རུབ་ཚར་ནས་ཡུན་རིང་སོང་སྐབས་ལ་རྩ་དེར་སླེབ། དེར་ཁ་བ་མེད་ས་མེད་ཀྱང་ཆུ་མིག་མཚོ་འདྲ་པོ་ཆུང་ཆུང་ཞིག་དང་རྫོ་ཕ་བོང་ཆེན་པོ་ཞིག་གི་མཁྲིས་སུ་ལྷག བུ་རིས་ཀྱིས་གྱོན་རྒྱུ་ཚོ་ཁོ་རང་ལ་ཕར་བཀབ། དེའི་ནུབ་མོ་མ་ཤི་ན་སྐྱོན་རྒྱུ་མ་རེད་བསམ་ནས་བླ་མ་དཀོན་མཆོག་ལ་གསོལ་བ་བཏབ། ཆིབ་རྟ་ན་ལ་ཐོད་པ་ཞིག་གཏུག ཁུར་རྩ་ཆེན་པོ་ཞིག་ཡོད་པ་ཁུར་ཁོ་ཚོ་གར་ཡོད་བསམ་ནས་སོང་བས་མི་འདྲ་པོ་མཐོང་། དེ་ལ་གཏད་ནས་སོང་། རིམ་པ་བཞིན་མི་བསད། མར་སླེབ་སྐབས་མི་ཕལ་ཆེར་བསད་ཚར་སོང་ཟེར། སྤོ་འགག་ཤས་ལ་ཐུག སྐད་ཆ་དྲི་དུས་ཁོ་ཚོ་མར་ཡོད་རེད་ལབ། དེ་ནས་མར་སོང་བས་ཁོ་རང་གི་ཨ་སུ་ཨོ་ཕྲུག་ཚང་ལ་སླེབས། ཁོ་ཚོས་ཡར་ཤོག་ཁྱེད་མ་ཤི་བ་ཡག་པོ་རེད། མི་ཚོས་ཁྱེད་ཤི་ས་རེད་ལབ་བྱུང་། རྒྱུ་ཡི་དོན་དུ་དེ་འདྲ་བཟོ་ནས་གླེན་པ་རེད་ཟེར་ནས་བཀའ་བསྐྱོན་བཏང་། བུ་རིས་ཀྱིས་ང་ཡོང་གི་མིན་རྒྱལ་བ་དང་། དཀར་དཀར་ཁོ་ཚོའི་སར་འགྲོ་ཡི་ཡིན་ལབ། ཁོས་བསམ་པར་ཕྱི་ཉིན་ཞོགས་ཉལ་ཡག་པོ་ཞིག་རྒྱག་ནས་ཁོ་ཚོ་ཆིབ་རྟ་ཤི་མེད་ན་ཡང་རྗེས་ལ་གཏོང་བསམ། ཁོ་ཚོ་གར་སོང་ཡོད་མ་རེད་ཞབས་དབྱེ་རུ་པ་དེ་ཚོ་མཉམ་དུ་སྔོན་ལ་སོང་ཚར་བ་རེད་ཅེས་བཤད་དུས་སེམས་ཐམ་

ཚོད་མེད་བྱུང་ཀྱང་བྱ་ཐབས་ཟད། དེ་ནས་ཨ་སྨྱུའི་ཁྱོ་ག་ཁ་རབ་གྲགས་པ་ཡར་ལང་ནས་མེ་བུད་ནས་ཁ་ལག་འདྲ་སྒྲོད། དེ་ནུབ་མོ་སེམས་པ་སྡུག་ཆེ་ནས་གཉིད་ཕལ་ཆེར་མ་ཡོང་། ཆིབ་རྐན་འཆི་འགྲོ་ཡི་མེད་འགྲོ་གལ་སྲིད་འཆི་མ་ཤོར་ན་རིན་པོ་ཆེ་དཔེ་མེད་མཉེས་ཀྱི་རེད་བསམ་ནས་བསམ་བློ་འདྲ་མི་འདྲ་བཏང་ནས་ཉལ་བ་ཡིན་ཟེར།

ཕྱི་ཉིན་པར་ནམ་གསལ་མ་གསལ་ལ་ཡར་ལང་། གྲགས་པ་ལ་མི་རྐོད་པོ་ཡོད་རེད་ཇ་བཀོལ་རོགས་བྱས་པས་ཇ་འཐུང་། ཁོ་ཚོས་ཟ་རྒྱུ་ཏོག་ཙམ་བཀུར་བ་དེ་ཁུར། ལོ་དེར་རྒྱུ་ཡོང་གི་རེད་ལབ་ནས་ཊ་པ་མ་ཡོང་འདུག་པས་རྟ་ཡག་པོ་འདུག རྟ་ཏོག་ཙམ་ཐུས་ནས་ཁུར་སོང་བས་ཆིབ་པ་རྣ་མཆོག་གཉིས་རྟེ་འདྲ་ཐུག་ནས་ཡང་རྒྱུ་ཡོད་པ་ཞིག་བྱས་ནས་བསྡད་འདུག་ཟེར། དེ་ནས་ཁོས་རྟ་སྒྲོད་དུས་འགུལ་བསྐྱོད་བྱ་རྒྱུ་མེད་པས། རྟ་འགྲམ་རྩ་དེར་ཧ་སྲབ་བཀོན་པ་ནང་བཞིན་བཟོས་ནས་ཉིན་གང་ཁ་བའི་ནང་དུ་ཨོང་མགོ་བཙུག་ནས་བསྡད། ལྟེའི་འགུལ་བསྐྱོད་ཏོག་ཙམ་བྱེད་ནས་ཁོག་ཏུ་འགྲོ་ཡི་མི་འདུག་ཟེར། དེ་ནས་ཁ་བའི་ནང་ནས་དཀར་ཕྲེང་འགྲིམ་ནས་མར་འཁྲིད་དུས་འགྲོ་རྒྱུ་ཟེར་ནི་ཆེན་པོ་མེད་པས་དེ་ནས་ས་མ་ཊུབ་ཙམ་དུ་རྩ་ཡོད་ས་ཁ་བ་མེད་ས་ཞིག་ཏུ་འཁྲིད་

ཐུབ་ཙམ་བྱུང་། དེའི་ནུབ་མོ་ཁོ་ཡར་སོང་ནས་ཙ་ལག་དོ་པོ་འགའ་ཤས་ལྷག་ཡོད་པས་གཅིག་ཁུར་ནས་མར་ཁ་རབ་ཚང་ལ་སོང་། ཕྱི་ཉིན་པར་དཔལ་ངེ་ཕྱུག་མཛོད་དང་། ཐོག་དཔོན་ཚང་ཆེ་དབང་བཀྲ་ཤིས་སོགས་ཀྱི་སར་སོང་ནས་ཁྱིད་ཚོའི་བསམ་བློ་མི་གཏོང་། ཕོ་ནག་བསྐྱུར་བཞག་འདུག ངས་ཙ་ལག་མང་པོ་འདི་ག་འདྲ་བཟོ་དགོས་རེད། རིན་པོ་ཆེའི་ཐུགས་རྗེ་བཀའ་དྲིན་གྱིས་ང་ཚོ་ཐར་བ་རེད་མ་གཏོགས་ཐར་ཡོད་མ་རེད། དེ་ཚོ་ལབ་དགོས་བྱུང་། དེ་ནས་ཁོ་ཚོས་རྗེས་འདེད་ནས་བརྫུང་ཡག་བཟོ་དགོས་རེད་ཟེར་ནས་འདྲ་མི་འདྲ་ལབ། བུ་རིས་ཀྱིས་ང་མེད་ཆེ་དུས་ཚོད་ཐུང་ཐུང་ནང་ལ་ང་ཚོ་འཁྲུག་འཛིངས་ཤོར་ན་ཡག་པོ་ཡོད་མ་རེད་ཅེས་བཤད་པས། དེ་རེད་དེ་བས་ང་ཚོས་ཙ་ལག་རོགས་པ་བཟོ་ནས་ཨེ་ཆོག་ལྟ་འགྲོ་ཟེར། བུ་རིས་རི་མགོ་ལ་ཙ་ལག་གཞན་པ་ཡོད་པ་དེ་མར་ལོན་ཐབས་བཟོ་ཡི་ཡིན་ལབ་ནས་ཙ་ལག་ལེན་ལ་རི་མགོ་དེར་ཡར་སོང་། ཡར་འགྲོ་སྐབས་དཀའ་ངལ་འཕྲད་ཆེ་ནས་སེམས་ལ་བཤད་མི་ཤེས་པའི་ལྷིད་གོག་འདྲ་བོ་ཞིག་གིས་ནོན་ནས་དོ་བོ་ཡོད་ས་དེར་སླེབས་སོང་བས་དོ་བོ་རྐུབ་ལ་ཁུར་ནས་ཡོང་། མར་སླེབས་པ་དང་དེའི་ཉིན་པར་བསྡད།

ཕྱི་ཉིན་པར་ཁོ་རང་གིས་དོ་བོ་གཅིག་ཁུར། ཕོ་རྒན་ལ་ཁྱིད་

རང་གི་གཅིག་ཁུར་དགོས་རེད་ཅེས་ལབ་ནས། རྒྱབ་ཡ་ཕོ་རྒན་ལ་བཀལ་ནས་ང་སླེབས་ཚར་ཡོད་ཀྱི་རེད་བསམ་ནས་སེམས་པ་དགའ་ཡ་ལེ་ཡོང་བ་ཡིན་ཟེར། ཚ་ཆུ་ཐང་ཟེར་ས་ཞིག་ནས་ཟམ་པ་ཤིང་རྐང་གཅིག་བཙུགས་འདུག་པའི་སྟེང་ནས་བུ་རིས་ཕོ་ཕར་འགྲོ་དུས་ཧ་རྒན་ཟམ་པ་ཁ་ནས་ཨུ་ཚུག་རྒྱག་ནས་འགྲོ་འདུག་ཤོར་བས་ཧ་མི་འདྲ་བ་ཞིག་ཡོད་རེད། ང་ཡིས་འདང་ཆེན་པོ་བྱེ་ཡི་རེད། འགྲོ་ཐུབ་ན་ཅི་ཤེས་བསམ་ནས་ཕར་སོང་བས། ཧ་རྒྱབ་ནས་ཡོང་དུས་ཆུ་ནང་དུ་མར་ལྷུང་། ལམ་ནས་དཀའ་སྡུག་མྱོང་ཆེ་བས་ནུས་ཤུགས་ཟད་ནས་ཡར་ལང་མ་ཐུབ། འཐབ་འཐབ་ནས་ཐ་མ་ཡར་བསླང་ཐུབ་ཙམ་བྱུང་། ཅ་ལག་འགེལ་བཅོས་བཟོས་ནས་ཡོང་།

བུ་རིས་ཀྱིས་བསམ་པར་ངས་ཧ་རྒན་ལ་རྩར་ཆེན་བྱེད་ནས་ཁ་ལག་ཟ་དུས་ཡར་ལང་འགྲོ་ནས་ཤ་སོགས་སྦྲད། ད་ཁྱོད་ལྷག་འགྲོ་ཡི་རེད། ཅ་ལག་ཞིག་ཡིན་ན་ངས་དུམ་བུ་བཟོ་ནས་ཁུར། ཁྱོད་ག་འདྲ་བཟོ་དགོས་ན། ཕ་ཡུལ་ནས་གྲྭ་བུ་སློབ་སུ་གཅིག་གིས་ཁྱོད་ཀྱིས་ཕན་ཐོགས་པ་ནང་བཞིན་ཐོགས་མ་སོང་། ངས་སྔོན་ལམ་ཡག་པོ་ཞིག་བརྒྱབ་བཞག་ན་ཚས་རག་འགྲོ་ཨེ་ཡོང་ཅེས་མི་ལ་བཤད་པ་ནང་བཞིན་བྱེད་པ་དེ་དྲན་ནས་ཕོ་རང་གིས་ང་རྩར་ཆེ་དྲག་ནས་བཞག་ཐུབ་མི་འདུག ཐོག་ཕོན་ཚང་སོགས་རྟུ་པ་ཞབ་

བེ་ཉོབ་བེ་མང་པོ་ཡོད་པ་རྣམས་རྒྱབ་ལ་ལྷག དེའི་ནུབ་མོ་སྤྱི་འབྲུག་བའི་གྲོང་པ་དང་པོ་ཤིག་ཁྱུ་ཟེར་ས་དེར་སླེབས། དེར་གནས་ཚང་གཡར་ནས་བསྡད། ཅི་ཡིན་གང་ཡིན་དྲིས་དུས་ངའི་ཞབས་ཕྱི་ཡིན་ཅེས་བཤད། བུ་རིས་ཡིན་ས་རེད་ཟེར་ནས་ཚང་མས་བཟང་བཟང་བཟོས། ཕོས་ངའི་དོན་དུ་དཀའ་ངལ་བརྒྱབ་རྒྱུ་ལ་མི་གཞན་པས་བཤད་ནས་དེ་ཚོ་ཚང་མ་ལ་ཁྲབ་ཡོད་པའི་རྐྱེན་གྱིས་རེད། དགོན་པ་དེའི་ཐབ་ཚང་གི་ཁ་ལ་ཁང་པ་ཞིག་འདུག་དེར་བཞག ཕོང་ཚོང་དང་ཁ་ཁ་རེད་ཚར་དུས་ཟ་རྒྱུ་ཞེ་དྲག་གང་ཡང་ཡོད་པ་མ་རེད། སྤོ་མོ་ང་ལ་སྦྲིད་མཁན་དཔེ་མི་སྲིད་མང་པོ་ཡོད་རེད། ཡར་མར་དུ་ཚོགས་པ་འཚོགས་ཚོག་གི་མི་འདུག་ཀྱང་། འདོན་པ་འདོན་མཁན་ཚོ་ལ་ཕུལ་བ་ཡིན། གཞན་པ་སྐྱོ་པོའི་རིགས་ལའང་ངས་མར་སྦྲིད་བཞག་གི་ཡོད།

ཉིན་གཅིག་བུ་རིས་ཀྱིས་ཕྲུག་ཚར་རྩག་སོགས་འབུལ་མཁན་ཡོད་རིགས་ཕལ་ཆེར་རི་ཕ་ཏུ་པ་ལ་གནང་བཞག་གི་འདུག རིན་པོ་ཆེ་འདི་ཚོ་ཚང་མ་གནང་མ་བཞག་ང་ཚོ་ཚང་མ་མི་ཡུལ་ས་མཐའ་ལ་སླེབས་པ་རེད་ཅེས་ཟེར། ངས་ཁྱེད་ཚོས་དེ་ལྟར་མ་བསམ་ད་ལྟ་རྒྱ་ཟས་ལ་ཞེན་ཆགས་བཟོ་བའི་དུས་ཚོད་མ་རེད། ང་ཐར་སོང་ན་ཡིད་བཞིན་ནོར་བུ་རེད། རྒྱ་ཟས་ཀྱི་གང་ཡང་ཤོས་

ཀྱི་མ་རེད་ཅེས་ཀུ་རེ་བཤད།

དེ་ནས་བུ་རིས་ཀྱིས་ངའི་ཅ་ལག་རྣམས་བཙོང་བཞག་ན་མི་འགྲིགས། མི་རེ་རེས་ཉར་བཞག་ན་འགྲིགས་ཀྱི་མི་འདུག གསེར་དངུལ་བཀྲ་མའི་ཅ་ལག་ཕྲན་བུ་ཡོད་པ་དང་། སངས་སྤྲུལ་རྣམ་ཚང་གི་ལྷོ་ནས་བཀུར་ཡོང་བ་དེ་འདྲ་ཡོད་རེད། གསེར་གན་བཙུང་གི་འགུལ་གུ་ཆུང་ཆུང་མ་ཞིག་ཡོད་རེད། དེ་ཁོ་རང་གིས་ཉར་ནས་མི་གཞན་སུའང་མ་བསྟན། ང་ཚུར་མ་ཐར་ན་ཀརྨ་པའི་མདུན་དུ་ཕུལ་དགོས་ཀྱི་འདུག་བསམ་ནས་གཞན་གྱི་ལག་ཏུ་བཞག་མི་འདུག

དེ་དུས་རི་བོ་ཆེ་བ་རྗེ་དྲུང་རིན་པོ་ཆེ་ནི་རྒྱ་གར་ལ་ཕེབས་ཚར་ནས་མི་འདུག བསོད་ནམས་དབང་འདུས་དང་། ཀརྨ་འགྱུར་མེད། རྫོང་པ་ཚང་སྐལ་བཟང་རྡོ་རྗེ། དཀོན་རྗེས་ཟེར་ཡག་གི་མི་བཞི་མ་ཟེར་བ་དེ་འདྲ་འདུག མགོ་རིལ་རིལ་སྟེང་དུ་ལག་པ་ལེབ་ལེབ་འཛོག་མཁན་ཁོ་ཚོ་རེད་འདུག ཅ་ལག་དེ་ཁོ་ཚོ་ཚང་མ་ལ་ཕར་གཏམ། རྫོང་པ་ཚང་མི་ཚང་ཡག་པོ་རེད་འདུག བླ་མ་འཇམ་དབྱངས་ཚེ་རྒྱལ་ཟེར་བ་ཞིག་ཡག་པོ་འདུག་དེ་ཚང་ལ་བཙོལ། ད་ང་རང་ཚོ་སོ་སོའི་ཁ་ལག་སོ་སོས་ཐབས་བཟོ་བ་མ་གཏོགས་གཞན་བྱེད་རྒྱུ་མེད་པ་རེད་ཅེས་བཤད་ནས། ཤ་སྐམ་

པོ་ཧྲོག་ཙམ་འདུག་དེ་འབུ་རྒྱུག་འགྲོ་རེད་ལབ་བྱུང་བས། དེ་བགོ་བཤའ་བརྒྱབ་སོ་སོ་ལ་སྤྲད་ནས་གཙང་མ་བཟོས་ནས་བསྟད་པ་ཡིན་ཟེར། ཕོ་ཚོ་ལ་དཀའ་ངལ་ཚོད་མེད་བྱུང་ནས་ངའི་སྟོན་དུ་ཐར་སོང་འདུག དེ་དུས་ལམ་མ་ནོར་ན་ང་ཚོ་ཚང་མ་མཉམ་དུ་ཐར་འགྲོ་བ་རེད་འདུག

ཉེར་བཞི་པ། ང་བསུ་ལ་བུ་རིས་ཡོང་ནས་མ་ཐར་བ།

དེ་ནས་ཉིན་ཁ་ཤས་རྗེས་ང་བསུ་ལ་འགྲོ་དགོས་རེད་ཟེར་ནས་གྲོས་མཐུན། ཟླ་བ་དགུ་པའི་མཇུག་བཅུ་པ་ཟེན་མ་ཟིན་ཙམ་ལ། སྤྱི་འབྲུག་བ་དེ་ཚོས་ཕར་ཕྱུར་ཆས་ཀ་བསྡུས་ནས་ཤ་སྐམ་ཏོག་ཙམ་ལྷག་ཡོད་པ་དེ་ཁྱེར། བུ་རིས་ཀྱིས་ཚོས་འཕེལ་གླུས་ནས་ཡོང་། སྤྱི་འབྲུག་གི་ལ་ནང་ཐེག་ཆེན་ཟེར་ས་དེར་སླེབས་དུས་ཁ་བ་བབ་ནས་ཐེག་ཆེན་དེ་ཚོ་ལ་མི་ཐར་བ་ཆག ཞག་པོ་གཅིག་གཉིས་ལ་ཁོ་གཉིས་དེར་བསྡད་ཀྱང་ཐར་རྒྱུའི་རེ་བ་གང་ཡང་མེད་པས་སེམས་སྡུག་གིས་ཁེངས། མིའི་སྟོན་ལ་ངོ་ཡང་ཚ་པོ་ཡོང་རྒྱུ་རེད་སོང་བསམ་ནས་མར་འགྲོ་དགོས་ཐུག ཁ་ལག་ནི་ཁོ་ཚོས་བཀུར་བ་དེ་ཚོ་རྫོགས། ངོ་ཚ་བཞིན་མར་སོང་སྐབས། ཁོ་ཚོས་མར་སླེབས་འདུག་ཡག་འདུག དེ་མ་གཏོགས་འཆི་རེད་ཟེར་ནས་ཚང་མས་ད་ལོ་འཇུག་མ་ཐབས་ཤེས་ལྷ་རྒྱུ་མ་གཏོགས་ད་ལོ་བྱ་ཐབས་གང་ཡང་མེད་རེད་ཟེར་ནས་ཚང་མ་སེམས་ཐག་ཆོད། མར་སླེབ་ཚར་དུས་བློ་བདེ་པོ་མེད་པར་ཁ་མཚར་འདྲ་རེད་སོང་ཟེར། དེ་ནས་བུ་རིས་ཚོས་པ་ཡིན་དུས་འཁྲུམས་མི་འཁྲུམས་མ་བཟོས་ནས་སྤྲུ་ལུང་ནང་ཟེར་འདུག་དེ་ཚོ་ལ་བསྡད། སྟོམ་རུང་ཀརྨ་ཚུལ་ཁྲིམས་

དང་། ཨ་ནེ་དཔལ་ལྡན་མཚོ་མོ་ཚང་སོགས་དེའི་ཡར་མར་ལ་ཕོ་ཚོ་མི་རེས་ལམ་རེ་བཟོས།

ཐང་མོ་ཚང་གི་བུ་བཀྲིས་རྒྱལ་མཚན་གྱིས་བུ་རིས་ཡར་ཤོག་ཅེས་སྐད་གཏོང་མཁན་ཕོ་རང་གི་སྐྱེས་དམན་དེ་མངགས་ཡོང་དུས་བུ་རིས་ཀྱིས་བསམ་པར། ད་ཉེ་རིང་ཡིན་ན་ཕན་ཐོག་མིན་མི་ཤེས་བསམ་ནས་རྒྱུས་ཡོད་ཚོ་ལ་སྐད་ཆ་དྲིས་པས་ཕོ་ཚོས་མི་བཟང་པོའི་ཚད་བཞག་ས་རེད། ཡག་པོ་ཡོད་རེད་ཅེས་བཤད། ཁྱེད་ལ་ཉེ་རིང་དེ་འདྲའི་ཡག་པོ་ཡོད་དུས་མི་འགྲོ་ནས་ཅི་བྱེད་འགྲོ་དགོས་རེད་ཅེས་བཤད། དེ་ནས་ཡར་ཕོ་རང་ནང་ལ་སོང་པས་དཔེ་མི་སྲིད་དགའ་དགའ་བཟོས། འབྲུ་སྣམ་དེ་ཚོ་ཚང་མ་ཁ་ཕྱེས་ནས་བསྟན། འབྲུ་ལ་སེམས་ཁྲེལ་རྩ་བ་ནས་དགོས་ས་མེད་ཟེར་ནས་ཡག་པོ་བྱས་འདུག དེ་ནས་ནང་འདྲ་བོ་དེ་ན་བྱས་ནས་བསྡད་ཀྱང་ཕོ་རང་སྡོན་མ་ནས་ཁ་འདོན་དགེ་སྦྱོར་མ་གཏོགས་གཞན་བསམ་རྒྱུ་མེད་དུས་ལས་ཀ་ནི་ལས་མ་འདོད། ཕོ་རང་ཚོ་ནི་ས་ཞིང་གི་ལས་ཀས་ལྷོད་ལྷོད་བཟོ་ནས་འདུག་རྒྱུ་མེད་དུས་ཕོ་བསྡད་ནས་ཟློས་བསྡད་ན་རྩ་བ་ནས་འགྲིགས་ས་མ་རེད། ལུ་གུ་གི་མ་ཤི་ཙམ་རེད་ན་འགྲིགས་ཀྱི་འདུག་བསམ་ནས་སྦྲུ་ལུང་གནས་ཟེར་ནས་སྟག་ཤམ་ཡི་དམ་དགོངས་འདུས་ཀྱི་གཏེར་གནས་ཡི་

དམ་རྟ་མགྲིན་གྱི་སྐུ་རང་བྱོན་ཡོད་པའི་དགའ་བ་ཚལ་ལམ་དགའ་བ་ལུང་། པདྨ་བཀོད་ལ་འཁོར་ལོ་ལྷ་དང་གླིང་བཞི་དུར་ཁྲོད་བརྒྱད་ཡོད་པའི་བྱང་གླིང་ཉི་ལ་བཀོད་དང་འོད་ཀྱི་དྲྭ་བ་རྒྱུན་མ་ཆད་པར་འགྱེད་པའི་ངོ་མཚར་གྱི་གནས་ཁྱད་པར་འཕགས་པ། འཆི་མེད་ཡང་གསང་གི་གནས་སྒོ། ཕར་ཀ་ལ་བྲག་དཀར་ལྷ་ཆུ། ཚུར་ཁ་ལ་ཡབ། མར་ཁ་ལ་ཡུམ་གྱི་གནས་རེད་ཟེར་ནས་ཙར་ཆེན་ཞིག་འདུག བཛྲ་གུ་རུ་རང་བྱོན་དང་། གཏེར་ཁ་མང་པོ་ཡོད་རེད་ཟེར། ནག་པོ་འདྲ་ཞིག་འདུག་ནེའུ་ལེ་རེད་ཟེར་ནས་བཤད་རྒྱུ་འདུག དེར་བྲག་ཙ་ཞིག་འདུག་སྟེང་ནས་ཆར་པ་ཡོང་གི་མི་འདུག ལོག་ནས་ཤིང་ནགས་ཀྱི་ཁེངས་འདུག་ཆར་རླུང་ཡོང་གི་མི་འདུག་དེར་བསྡད། ནམ་ཉིན་མཚན་མེད་པར་ཡིག་བརྒྱ་བཏོན་པས་ཁོ་རང་ལ་དད་པ་དང་དག་སྣང་ཚོད་མེད་ཡོད་དུས་རྟགས་མཚན་འདྲ་མང་པོ་བྱུང་འདུག གནས་གཞན་ལ་ལོ་ལ་བསྒྲུབ་པ་བས་དེར་ཟླ་བ་གཅིག་བསྒྲུབ་པ་བཟང་། གཞན་ལ་ཟླ་བ་བས་དེར་ཞག་གཅིག་བསྒྲུབ་པ་ཕན་ཡོན་ཆེ་རེད་ཟེར་ནས་བཤད་སྲོལ་འདུག་ཅེས་བཤད་རྒྱུ་འདུག

དེ་ནས་ཁོ་ཚོས་ཁྱེད་རང་ཁ་འདོན་དགེ་སྐྱོར་འདྲ་བཟོ་ནས་ཡག་པོ་འདུག སྟོན་ཐོག་ཕར་འདེབས་པའི་དུས་ཚོད་རེད།

ཁྱེད་རང་བྲ་བོ་བཏབ་ཚར་དུས་ཁྱིས་དང་སྤྲེལ་འུ་བསྲུང་ནས་
ནགས་གསེབ་དུ་སྟོད་དང་། ཁ་ལག་བཟོ་ནས་ཁུར་དགོས་ན་ཁུར་
ཡོང་། ཁྱེད་རང་བཟོ་བ་དགའ་ན་ཁྱེད་རང་ལ་བཟོ་རྒྱུ་སྲིད་ཡོང་།
ཚུ་ནི་ཁོ་རང་ཚོས་བསྐྱལ་ཡོང་ཟེར་ནས་ལུང་སྟོང་དཔེ་མི་སྲིད་སྐྱིད་
པོ་ཞིག་ཏུ་བཞག ཁོ་རང་འདུག་ལོ་ཙམ་དང་། ཙམ་པ་ཏོག་ཙམ་
བཞག་ས་དང་། མེ་བུད་ལོ་ཙམ་ལས་གཞན་གང་ཡང་མི་དགོས་
པས་དེ་ན་བསྡད་བཞག་པ་རེད་འདུག

ཉིན་གཅིག་བྲ་བོ་བསྲུང་ནས་ཨ་ཙྪེ་རྫོ་ཚག་འདྲ་བྱེད་
འདུག་གི་ཡོད་ཟེར། (ཨ་ཙྪེ་ཞེས་པ་སྤྲེལ་འུའི་མིང་ཡིན། རྫོ་ཚག་ཞེས་པ་
རྫོ་ཕར་དགྲོགས་བྱེད་གཡས་གཡོན་དུ་མང་པོ་གཞུ་བའི་དོན་ཡིན། མཆན།) མི་
ཞིག་ཆུ་ཚོད་བཅུ་པ་ཙམ་གྱི་ཚོད་དུ་ཁོ་ཚོས་ཁོའི་དྲུང་དུ་ཁྲིད། མི་
དེས་ཁྱེད་རང་གི་བླ་མ་ཡིན་ས་རེད། མི་གཞན་དང་མི་འདྲ་བ་ཞིག་
སླེབས་འདུག་ཟེར། ག་འདྲ་འདུག་ཞིབ་པར་དྲིས་པས། མི་གཞན་
དང་རྩ་བ་ནས་མི་འདྲ་བ་ཞིག་འདུག ཁྱེད་སུ་ཡིན་དྲི་དུས་ཚོང་
པ་ཞིག་ཡིན་ལབ་ཀྱི་འདུག ཕྲེང་བ་དེ་ལ་གཟི་ཞིག་བཏགས་ཡོད་
རེད་དེ་ཚོ་དང་ཕྲེང་བའི་བཟོ་ལྟ་ཚང་མ་བཤད་རྒྱུ་འདུག མི་གྲངས་
ག་དྲི་དུས་ཚང་གི་མི་འདུག དཔལ་སྒྲོན་དང་། གཙ་བསོད་ལྷུན་
གཉིས་མི་འདུག ཕྲུག་གུ་ཞིག་འདུག་ཟེར། ད་ཕལ་ཆེར་ཡིན་ས་

རེད་བསམ་ནས། དེ་ནུབ་མོ་ཞལ་དགོས་ན་གཉིད་ཁུག་ས་མ་རེད། གཞན་ཁུར་སྡོན་རྒྱུ་གང་ཡང་ཡོད་མ་རེད། ཕྱིང་པ་འདྲ་པོ་ཞིག་ཡོད་དེའི་ནང་ལ་གྲོད་ཁ་དེ་ཕྲག་ལ་འཕང་ནས་ལམ་སེང་ཡོང་བཞག་པ་ཡིན་ཟེར། དགའ་དྲག་ནས་རྐང་པ་ཐུང་ཐུང་འདྲ་པོ་ཆགས་འདུག་ནས་ཡར་ཞེ་དྲག་ས་མི་ཚོད་པའི་སྣང་བ་འདྲ་ཤར་འདུག་གི་འདུག་ཟེར། ཐག་རིང་པོ་ཡོད་རེད་དེ། དེ་ནུབ་མོ་ཐེག་ཆེན་ལ་ས་མ་རུབ་ཙམ་དུ་སླེབས་ཐུབ་སོང་།

ང་ཚོ་རུ་ཁང་ཞིག་འདུག་དེའི་ནང་དུ་ཡོད། དང་པོ་མཁའ་འགྲོས་མཐོང་སོང་། ཡ་རིན་པོ་ཆེ་བུ་རིས་སླེབས་འདུག་ཅེས་སྐད་བརྒྱབ་སོང་། ང་ཚོ་འཚེ་གསོན་ཐུག་པ་ལྷ་བུའི་དགའ་ཚོར་ཚད་མེད་བྱུང་། སྔོན་མ་ངའི་རོགས་པའི་གྲས་རྒྱལ་བ་ཟེར་ནས་རི་པ་རུ་བ་ཞིག་ཡོད་རེད། དེ་ནི་ཆབ་མདོ་ཚང་ཟེར་ནས་ཡོད་རེད། དེ་ཚང་གི་འབྲོག་པའི་མཛོ་མོ་འདེད་ནས་ཡར་འགྲོ་དགོས་ཀྱི་འདུག་དེ་ན་པོ་སླེབས་པ་དང་། ཕོས་ང་ངོ་ཤེས་ནས་ངུས་ནས་རྐང་པ་ལ་འཇུས་སོང་བས་དེས་རྐྱེན་བྱས་ནས་མི་ཚོས་ང་ཡིན་པ་ཧ་གོ་ཤོར། དེའི་སྔོན་ངས་ངོ་ཤེས་ཚོ་ལ་མི་གཅིག་ལ་བཤད་མ་ཡོང་ལབ་འདུག་གི་ཡོད། དེ་རྒྱལ་བས་གསལ་བཤད་བརྒྱབ་པ་ལྷ་བུ་ཆགས་ནས་མི་ཚང་མས་ཞོ་དང་འོ་མ་སོགས་ག་ཚད་དགོས་དགོས་སྐྱེལ་

བྱུང་བས་ང་ཚོ་དཔེ་མི་སྲིད་སྐྱིད་པོ་བྱུང་།

སྔོན་མ་སྤྱི་འབྲུག་ནང་དུ་ང་དང་མཉམ་དུ་འཁྲིད་རོགས་ཅེས་ལབ་མཁན་ཚང་མ་མགོ་ཐོན་ལམ་དྲངས་ནས་ཐོན་འདུག རྒྱུ་ཟས་པོར་བརླགས་རེད་མི་འདུག དེ་ཚོས་གོ་འཕྲལ་ང་བསུ་མཁན་ཡར་སླེབས་སོང་། དེ་དང་མཉམ་དུ་སྤྲོ་པོ་མང་པོ་ཞིག་ཕོ་ཚོས་ང་ཡི་ལོ་རྒྱུས་བཤད་བསྡད་དུས་དད་གུས་ཀྱི་མཇལ་བསུ་ལ་སླེབས་འདུག ལུང་པ་ཆུང་ཆུང་དེ་མིས་ཁེངས་སོང་། དེ་ནས་བསུ་མཁན་དང་མཉམ་དུ་སྤྱི་ཉིན་མོ་ཤིང་ཁུ་ཟེར་ས་ཞིག་ཡོད་རེད། དེ་ན་འགྲོ་དགོས་རེད་ཟེར་གྱི་འདུག་དེ་ན་སླེབ་ན་བསམ་ནས་ཡོང་ཀྱང་དེ་ཉིན་པར་འགྲོ་ཐུབ་མ་སོང་། སྤྱི་ཉིན་པར་འགྲོ་རྒྱུ་བཟོས་ནས་དེ་ནུབ་མོ་ཤིང་ཁུ་དང་ཐག་ཉེ་ས་ཞིག་ཏུ་ཤིང་སྡོང་ཞིག་གི་དྲུང་དུ་བསྡད། མི་སྔོན་མ་སུ་ཞིག་ཡིན་ན་སོང་ཚར་ནས་མར་ཡོད་ཚང་མས་གོ་ནས། རི་བོ་ཆེ་པ་དང་། གཞན་མང་པོ་ཤིང་ཁུ་ལ་སླེབས་བྱུང་། ཤིང་ཁུ་ལ་འབུ་རིས་ཚང་ཟེར་ནས་མི་ཚང་ཆེ་ཤོས་རེད་འདུག དེ་ན་གྲྭ་བསྒྲིགས་བཟོས་འདུག དེར་ཞག་གཅིག་གཉིས་ལ་བསྡད་པ་ཡིན། དེ་ནས་མར་དགུ་ཧིང་ལ་སོང་དུས་ཨ་གོ་ཟེར་ས་ཞིག་ཏུ་ཐུག་གི་འདུག དེ་ནས་དམ་ལུང་ལ་སོང་། དམ་ལུང་ལ་ཀ་རྫ་ཚུལ་ཁྲིམས་ཚང་ཟེར་བའི་མེས་ཚང་ཆེན་པོ་ཞིག་འདུག

དེ་ཚང་ལ་ཞག་གཅིག་གཉིས་གང་ལ་བསྡད་གསལ་པོ་མ་དྲན་ཀྱང་བསྡད་པ་དྲན་གྱི་འདུག དེའི་ནུབ་མོ་བཤུད་པ་བརྒྱབ་ནས་ཟེང་ཆ་དཔེ་མེད་བསླང་སོང་། ཨ་གཞི་མ་ཡིན་ནམ་རྒྱ་འདྲེ་ཡིན་ཟེར་ནས་ཚང་མས་ཞེད་སྣང་ཚོད་མེད་བྱུས་སོང་།

དེ་ནས་དགུ་ཧང་ལ་འགྲོ་བའི་ལམ་འགག་དེར་མར་བབ་ནས་ཡར་ཧོག་ཙམ་འཛོགས་དགོས་ས་ཞིག་ཏུ། གནས་ཕྱུག་དགོན་ཟེར་བའི་གནས་ལུགས་ཀྱི་དགོན་པ་ཞིག་འདུག བླ་མ་ཡག་པོ་ཞིག་ཡོད་ས་རེད་འདས་ཚར་བ་ཡིན་ས་རེད། དེའི་ལམ་འགག་དེར་ས་འཕྲང་དོག་པོ་ཞེ་དྲག་འདུག དེ་ནས་ལ་ཐུང་ཞིག་ནས་ཡར་འཛོགས་ནས་འགྲོ་དགོས་ཀྱི་འདུག དེ་དུས་ང་ལོ་ན་གཞོན་ཞིང་གཟུགས་པོ་ལ་འཁྲིགས་པོ་དཔེ་མེད་ཡོད། བུ་རིས་ཀྱིས་ཆོས་གྲགས་ཁུར་ནས་ཡོང་གི་ཡོད་རེད། ལམ་འཕྲང་སྟུག་ས་དེར་སླེབས་ནས་ང་མགྱོགས་པར་ཕར་སོང་བས་སྤྲུལ་ནག་པོ་ཚོད་མེད་ཆེན་པོ་ཞིག་གིས་ལམ་བཀག་ནས་མགོ་དེ་ལམ་འོག་ཏུ་མར་བསྐྱན་ནས་བསྡད་འདུག ངས་ནག་ལྦོགས་ཀྱིས་ཆེ་འཕྲུལ་ཨེ་ཡིན་སྙམ་ནས་ཐེ་ཚོམ་མེད་པར་སྤྲུལ་དེའི་སྙེད་པ་ནས་བཟིས་ཤིང་མནན། བུ་རིས་ལ་ཕོ་རེ་སྤྲུལ་འདུག་སྤྲུལ་འདུག་ཤོག་ཤོག་ལབ་པས། ཕོ་སླེབས་དུས་ཀ་ང་པ་འོག་ནས་སྤྲུལ་ཤོར་ཚར་སོང་། མཁྲིགས་པོ་

འདུག ལམ་འོག་ཏུ་བལྟ་དུས་ཤིག་སྟོང་དེ་ཚོ་ཚང་མ་འགུལ་བསྐྱོད་རྒྱག་བཞིན་འདུག དེ་ནས་མར་སོང་ནས་དགུ་ཏང་ལ་སོང་བ་ཡིན། དགུ་ཏང་དགོན་པའི་སེར་བསུ་སོགས་གྲ་བསྒྲིགས་དཔེ་མེད་བྱས་སོང་། དེ་ན་པད་བཀོད་རྗེ་དྲུང་རིན་པོ་ཆེ་སྔོན་མ་བྱོན་དུས་བཞུགས་ཤུལ་གྱི་གཟིམ་ཆུང་ཐོག་ཁར་འདུག་དེ་ན་བཞག་སོང་། ཚང་མས་ང་ཡིན་པ་ཧ་གོ་ནས་སྨྲ་ལུང་སོགས་ལ་སྤྲོ་བོ་མང་པོ་འདུག་དེ་ཚོས་གདན་ནས་ཚང་མས་བསྙེན་བཀུར་ཚོད་མེད་དང་། སོ་སོའི་ལུགས་སྲོལ་གྱི་བྲོ་གླུ་གཞས་སོགས་དགའ་དགའ་སྤྲོ་སྤྲོ་ཚད་མེད་བྱས་བྱུང་།

གནས་སར་གྱི་དགོན་པ་གནས་ལུགས་རང་རེད་འདུག ཁོ་ཚོས་ཡང་དཔེ་མེད་བསྙེན་བཀུར་བཟོས་སོང་། ཉག་པ་དགོན་དུ་གདན་འདྲེན་ཞུས་སོང་། བསམ་འགྲུབ་དགོན་སྟག་ཤམ་གྱི་དགོན་ལག་རེད། དེ་ན་བྲག་གཡབ་དབུ་མཛད་དང་། ཐང་སོ་ཚང་གི་བུ་རྒྱལ་ཆེན་དགོན་གྱི་གྲྭ་པ་བགྲེས་རྒྱལ་མཚན་གཉིས་དབུ་མཛད་ཟེར་ན་བླ་མ་ཟེར་ན་དྲག་ཤོས་རེད་འདུག ང་ཡང་ཡང་སྒྲུབ་ཆེན་དང་། བསང་གཡང་སྐྱོབས་སོགས་ལ་སོང་བ་ཡིན།

ཚང་མས་ཡར་བཤད་མར་བཤད་བྱས་ནས་རྗེ་དྲུང་གི་མ་ཡུམ་བཞུགས་ས་དཀར་ཏིང་མགོ་ཟེར་ནས་ལ་ཆེན་པོ་ཞིག་ནས་

ཡར་འཇོག་དུས་ས་ཆ་སྐྱིད་པོ་ཞིག་ཡོད་རེད། དེར་བསྡད་ན་
བྲག་ས་རེད་ཟེར་ནས་དཀར་ཧིང་མགོ་ལ་ཡར་སོང་། དེ་ནས་ཞིང་
འདེབས་ས་འདུག གནས་སྒྲུག་ཚང་གི་བ་མེན་དང་མ་ཧེ་སྤྱུས་ག་
ཡག་པོ་འདུག་གཉིས་ཞུལ་སོང་། གཅིག་ཕོ་ཚང་ལ་བཞག་ནས་
གཅིག་ལ་བདག་པོ་བརྒྱབ། ངའི་ནང་ཚང་གི་བུ་མོ་ཡིན་ཟེར་
མཁན་ཞིག་འདུག དེ་ལ་གེ་བཟའ་ལབ་ཀྱི་འདུག བུ་གཅིག་འདུག
བཟའ་ཟླ་ཞིག་འདུག་དེ་ཚོས་ང་ལ་ཞབས་ཞུ་ཚོད་མེད་ཞུ་དགོས་
པའི་ཆག་གཞི་བཧིང་ནས་ཡོད་ཡོད་མེད་མེད་ཡར་ཁུར་ནས་ང་ལ་
བཟང་ངན་སྐྱིད་སྡུག་ག་རེ་བཤད་རྒྱུ་ཡོད་ན་བཤད་ནས་དགའ་
དགའ་བཟོ་ཡི་འདུག ཕོ་རང་ཚང་གི་བ་འོ་མ་ཡག་པོ་ཡོད་མཁན་
གྱི་བ་ནག་པོ་ཞིག་ཞུལ་བྱུང་། དེ་ཡང་བཞོ་རྒྱུ་ཡོད། བ་མེན་
དེའི་ཡག་ས་གཅིག་མི་འདུག (ཡག་ས་གཅིག་མི་འདུག་ཟེར་དུས་དཔེ་
ཧ་ལས་པའི་ཡག་པོ་ཡོད་པའི་བཤད་སྟངས་ཤིག་རེད། མཆན།) དེ་ན་སྒྲུབ་
ཁང་ཚང་ཟེར་ནས་མི་ཚང་ཡག་པོ་ཞིག་འདུག དེ་ཚང་གི་མཛོ་
མོའི་བཟོ་འདྲ་པོ་འོ་མ་ཡག་པོ་ཡོད་མཁན་ཞིག་ཡོད་དེ་གསུམ་བཞོ་
རྒྱུ་ཡོད། མཁའ་འགྲོས་པ་དེ་ཚོ་བཞི། བུ་རིས་ཕོ་ཚོས་རོགས་པ་
ཁྲིད་ནས་གཡོག བཛས་མདའ་རྒྱ་ཆུང་ཚང་གི་བུ་མོ་ཞིག་བཏགས་
ལྡོད་བཟོ་མཁན་བྱས་ནས་བཞག ང་ཚོ་ལ་འོ་མ་དཀྲུག་ལག་ཡོད་

རེད་སྐྱུར་བ་བསྐོལ། མར་ག་ཚད་དགོས་དགོས་རེད་བྱུང་དཔེ་མི་སྲིད་སྐྱིད་པོ་བྱུང་།

ང་དེ་སྐབས་གང་ཡང་ན་རྒྱུ་མེད། མཁའ་འགྲོ་ཧོག་ཙམ་ན་ཡང་ན་ཚ་ཆེན་པོ་གང་ཡང་ཡོད་མ་རེད། དེ་ན་འདུག་ཚོ་འདུག་ལོང་ཞེ་དྲག་ཡོང་གི་མི་འདུག སྤྱི་འབྲུག་གི་སྤྲིན་བདག་མང་པོ་རི་བོ་ཆེ་བ་ཡོད་རེད། རྟག་པ་རེ་ཞིག་ལ་གནས་སྲུག་དགོན། བཀྲིས་རི་ཁྲོད། ཞག་པ་རྒྱུད་ལ་དགོན་པ་འདུག དམ་ལྗུང་དང་ཞིང་ཁུ་སོགས་ལ་བསྒྲུབ་ཆེན་དང་། བདེ་རིམ། དབང་བཀའ་བསྐོ་མི་འཆི་སར་འཕོ་འདེབས་སོགས་ལ་སོང་བ་ཡིན། དེ་ན་སྟག་ལྷམ་མ་ཟེར་ནས་འདུག དེའི་བུ་ཆུང་ཆུང་གཅེར་བུ་ལ་རྒྱུག་འདུག མཁན་ཞིག་འདུག དེ་ན་ནས་ཞི་བའི་ཉེན་ཁ་འདུག་ཟེར་ནས་ང་འགྲོ་དགོས་ཐུག་སོང་། ཕྲུག་གུ་དེ་ལ་གསོལ་བ་སྨོན་ལམ་གྱིས་ལབ་དུས་ང་ལ་བལྟ་བཞིན་སྨོན་ལམ་རྒྱག་གི་འདུག ཕོ་རང་མ་འདྲ་བ་ཞིག་རེད་འདུག་སྡུག་པོ་རེད་ཡོད་ས་མེད་བསམ་བསམ་འདྲ་རེད་སོང་།

དེ་སྐབས་ཕ་ཡུལ་ནས་ཡར་ཕེབས་ཡོང་བའི་ང་ཚོའི་གྲྭ་པ་མང་པོ་འདུག ང་ཚོས་ཚུར་དཀར་ཧིང་མགོ་ལ་སྡེ་དགེ་ནས་ཡིན་པའི་ལྷ་འབྲུམ་སྤྲུལ་སྐུ་ཟེར་ནས་བླ་མ་དཔེ་མེད་ཡག་པོ་ཞིག་འདུག

དེ་གདན་དྲངས་ནས་དུས་རིམས་མང་པོ་ཞིག་སངས་རྒྱས་ཀྱི་བསྟན་པ་སེམས་ཅན་གྱི་བདེ་སྐྱིད་ལ་ཅུང་ཟད་ཕན་ནམ་སྙམ་ནས་བསྒྲུབས་པ་ཡིན།

ཉེར་ལྔ་པ། ཀུན་འདུས་རྗེ་སེམས་ཕོ་བྲང་བསྐོར་དུ་བསྐྱོད་པས་ཡ་མཚན་གྱི་མཐོང་སྣང་བྱུང་བ།

ད་འདི་ན་སླེབས་དུས་ཀུན་འདུས་རྗེར་སེམས་ཕོ་བྲང་མ་བསྐོར་ན་ཐབས་མེད་རེད་བསམ་ནས་སོང་བས་དྲུག་པའི་ཚེས་པ་བཅོ་ལྔ་ལ་ཚོགས་གཏོང་རྒྱུ་ཡོད་པ་བྱས་ནས་སླེབས་པ་བཟོས། དེ་དུས་ཟླ་མ་དང་གྲྭ་པ། མི་མང་སོགས་དཔེ་མེད་མང་པོ་རེད་སོང་། ཀུན་འདུས་ངོ་མ་ལ་སླེབས་ནས་བསྐོར་ལམ་ལ་སླེབས་དུས་ངག་གཅོད་པ་དང་། མེ་བུད་རྒྱུའི་ཤིང་སོགས་འགོམ་མི་ཉུང་བ་དང། ཆུ་ཐིག་གཅིག་ཙམ་འཕྱུར་མི་ཉུང་བ་རེད། ཐབ་གསུར་འདྲཤོར་ན་ལམ་སེང་ལམ་སེང་ཆིལ་སོགས་ཤ་རིགས་མེ་ལ་མ་བསྲེགན་ཕོག་ཐུག་འགྲོ་ཡི་འདུག འཛུར་ལ་ཟླ་ནས་ཡར་འགྲོ་དུས་སྤོ་གོང་ལ་ཟེར་ནས་ལ་མཐོན་པོ་ཚོད་མེད་ཅིག་འདུག དཀའ་ངལ་ཁྱད་དུ་བསད་ནས་ངལ་དུབ་ཀྱིས་གོམ་པ་འཕྱོར་བཞིན་སོང་བས་ལ་རྐེད་དེར་སྤངས་བདེ་ས་ཞིག་ཏུ་སྤངས་ཁང་འདུག ས་དེར་མིང་ལ་རྒྱབ་ཡོལ་ལབ་ཀྱི་འདུག གུ་རུ་རིན་པོ་ཆེའི་སྐུ་རྒྱབ་བརྟེན་པའི་ཞལ་རེད་ཟེར་ནས་འདུག

དེ་ནུབ་དེར་བསྡད། སྤྱི་འབྲུག་བ་མང་པོ་ཡོད་དེ་ཚོ་ལམ་

ཀ་ནས་འགྲོ་ཞོར་ཤོ་མང་དང་སྟོ་འདྲ་མི་འདྲ་འཐུ་གིན་འཐུ་གིན་ཡོང་འདུག་པས་དབྱར་ཁ་འགྲོ་དུས་ཚོད་མ་སོགས་གང་ཡང་ཁྱེར་དགོས་ཀྱི་མི་འདུག ཡར་སླེབས་དུས་བཙོ་ཚོག་ཚོག་ཁྱེར་ཡོང་གི་འདུག དེའི་ཕྱི་ཉིན་སྤྲེ་འབོང་ལ་བརྒྱབ་ནས་འགྲོ་དུས་ཞ་རག་ཟེར་ས་ཞིག་ལ་ཐུག་བྱུང་། དེ་ནས་འགྲོ་དུས་མཚོ་རིང་མ་ལ་ཐུག་གི་འདུག དེ་ལ་འདི་རེད་ཟེར་ནས་བཤད་རྒྱུ་གང་ཡང་མི་འདུག་ཀྱང་ཀུན་འདུས་ཀྱི་གནས་ཡིག་ནང་དུ་བཀའ་བརྒྱད་ལྷ་ཚོགས་བདུན་བརྒྱ་ཉེར་གཅིག་གི་བླ་མཚོས་བསྐོར་ཡོད་ཟེར་ནས་འདུག དེའི་ཚོའི་གྲས་ཡོང་དགོས་ཀྱི་ཡོད་ས་རེད།

དེ་ནས་མར་འགྲོ་དུས་ཡང་རྒྱབ་ཟེར་འདུག དེ་ན་སྤང་ཁང་རྒྱ་ཆེན་པོ་བཟོས་ནས་འདུག དེ་ན་ཞག་གཅིག་ལ་བསྡད། དེ་ནས་མར་འགྲོ་དུས་ཨ་གྲྭ་ཐང་ཟེར་ནི་འདུག དེ་དཀྱིལ་བའི་གཞིན་ཐང་སྐྱ་མོ་རེད་ཟེར་སྒྲོལ་འདུག ཕར་རྒྱང་ནས་ལྷ་དུས་སྤྲངས་ལྗོངས་འདྲ་བོ་དཔེ་མི་སྲིད་སྐྱིད་པོ་མཐོང་རྒྱུ་ཡོད་པ་ལ་ཕར་སོང་ན་སྐྱུག་མ་ཆུང་ཆུང་ཆུ་འདམ་དང་འདྲེས་པ་རྐང་པ་ལ་ཟུག་ཡོང་མཁན་དེ་འདྲ་རེད་འདུག ཧ་ལྟམ་མ་ཚང་གི་ཕྲུག་གུ་བུ་ཆུང་ཆུང་ཞིག་ཤི་སོང་བ་དེའི་རུས་པ་ཁྱེར་འདུག ཨ་གྲ་ཐང་ནས་ཡར་འགྲོ་དུས་གཞིན་ལ་ཁྲ་མོ་རེད་ཟེར་ནས་ལ་ཆུང་ཆུང་ཞིག་འདུག་

དེ་ཡར་བརྐྱལ་རྒྱབ་དེར་དུར་ཁྲོད་བསིལ་བ་ཚལ་དང་གཅིག་པ་རེད་ཟེར། ཕྱོགས་ཐམས་ཅད་དུ་རུས་གོང་གིས་ཁེངས་ཤིང་མིའི་མགོ་རུས་སོགས་མེད་ས་མི་འདུག ཕྲུག་གུ་དེའི་རུས་པ་དེར་བཞག་ནས་བསྔོ་སྨོན་སོགས་གང་ཤེས་བྱས་པ་ཡིན། ཀུན་འདུས་མཐའ་སྐོར་བརྒྱབ་ན་ཡར་འགྲོ་དུས་དགོན་པ་ལ་ཟེར་འདུག དེ་ནས་ཉེ་ལམ་འགྲོ་ས་འདུག གཤིན་ལ་ཁྲ་མོ་ནས་མཚོ་དེའི་ཆུ་ཛ་གཉིས་གཅིག་ཤར་དུ་བབ། གཅིག་ནུབ་ཏུ་བབ་ནས་མཐའ་ལ་རྒྱ་གར་སྦྲི་སྦྲི་རོང་དུ་ཛ་མ་ཐུག་ནས་བསྐོམ་འགྲོ་ཡི་འདུག

ང་ཚོ་མཐའ་བསྐོར་ལ་འགྲོ་དགོས་དུས་གཤིན་ལ་ཁྲ་མོ་ནས་མར་བབ་ནས་སོང་། ལམ་འགག་དེར་ལས་ཀྱི་བུ་ཆུང་དཀར་ནག་རེད་ཟེར་ནས་རྗེ་ཕ་བོང་མི་འཁྲིད་བསྟད་པ་འདྲ་བོ་གཉིས་འདུག དེར་སྐྱབས་གསོལ་བ་སྨོན་ལམ་བཏབ། དེ་ནས་སྤང་ཁང་གསར་པ་ཟེར་ས་ཞིག་ཏུ་སླེབས་ཀྱི་འདུག དེ་ན་དཔེ་བཀའ་གཉན་པོ་ལ་བརྩི་ཡི་འདུག ཧོག་ཙམ་སྐད་ཆེན་པོ་རྒྱག་པ་དང་། ཕྲུག་གུ་ཚོ་ངུས་ན་སྟག་སོགས་ལམ་སེང་ཡོང་གི་རེད་ཟེར་ནས་བཤད་སྲོལ་འདུག མི་མང་ཆེ་ནས་སྤང་ཁང་ནང་དུ་མི་ཤོང་བ་དེ་འདྲ་ཡོད་རེད། ཁོ་ཚོའི་ལུང་པའི་ལུགས་སྲོལ་ལ་ཐབ་ལ་རྗེ་མི་དགོས་པར། ཤིང་ཆེན་གཤིབ་ནས་གཉིས་བཞག་དེའི་ཁ་ལ་རང་རང་ལ་

སྣོད་ག་རེ་ཡོད་ན་བཞག་ན་ལམ་སེང་ཁོལ་འགྲོ་ཡི་འདུག སྨན་རྡུབ་ནས་ཁ་ལག་རག་ཁག་པོ་འདྲ་བྱས་ནས་བསྡད་པས། འབྲུ་ལུ་དཀོན་མཆོག་ལྷ་རྒྱལ་ཟེར་ནས་སྤྱ་མ་ང་གི་ཞབས་ཞུ་བསྒྲུབ་མཁན་མི་ཡག་པོ་ཞིག་ཡོད་རེད། དེ་ནུབ་མོ་ཁོའི་སྐྱེས་དམན་དེས་ཕྲུག་གུ་ལ་ཕྲུག་གུ་པང་བཙུག་ནས་ཕྲུག་གུ་ཡག་པོ་གྱིས་ནས་ལྟོས་ཟེར་ནས་ཁོང་ཁྲོ་བཟློས་ནས་ཚག་གི་ཚིག་གེ་བཟློས་ཕྲུག་གུའི་ལག་པར་ཐུག་པ་བཞག་སོང་། དེའི་མཉམ་དུ་ཕྱི་ལོག་ནས་བཤུད་ཆེན་པོ་ཚོད་མེད་ཅིག་བརྒྱབ་ནས་མི་ཆེ་ཆུང་མེད་པ་ཞེད་སྣང་གི་མགོ་སྒྲུར་ནས་དུགས་ལྗོག་མགོ་ཐོག་ཏུ་གྱོན་ནས་བསྡད་དགོས་པ་ཞིག་བཟློས་སོང་།

དེ་སྐབས་ཕྲུག་གུ་ཚ་འཕག་བྱས་པས་ཐུག་པ་ཕྲུག་གུའི་སྙིང་དུ་པོ་ནས་ཕྲུག་གུ་བསྲེག་ནས་གནོད་ཚབ་ཆེ་ཙམ་བྱུང་འདུག འཆི་སྐྱོན་ནི་མ་བྱུང་བས་ཡང་ངའི་ཐུགས་རྗེ་བཀའ་དྲིན་གྱིས་རེད་ཟེར་ནས་བཤད་ཀྱི་འདུག དྲག་རྩལ་ཆེན་པོ་རེད་ཟེར་བ་བཞིན་ཞེད་སྣང་ཆེན་པོ་རེད་འདུག ཕྱི་ཉིན་མོ་ནམ་མ་ལང་གོང་ནས་རྫོག་ལམ་མི་ཐར་བཞིན་དུ་སོང་བས་མཚོ་རྫོང་སྣང་ཟེར་བ་ཞིག་ནས་ལམ་འགག་རི་རྩེ་དག་དག་ནས་འགྲོ་དགོས་པ་ཞིག་འདུག དེ་ནས་ཚུགས་འབབ་སར་ཏག་ཏག་སླེབས་ཀྱི་མ་རེད་ཅེས་བཤད་

བྱུང་བས་ཞེད་སྣང་དང་བཅས་མགྱོགས་པར་འགྲོ་དགོས་ཀྱི་འདུག ཆུ་ཚོད་བཅུ་པ་ཙམ་ལ་སླེབས། དམ་ཅན་གྱི་ལྷ་མཚོ་ཟེར་ནས་བྲག་གནམ་དུ་གཟེངས་ཤིང་འཇིགས་སུ་རུང་བ་ཞིག་དང་། མཚོ་སྔོ་ལྗེམ་ལྗེམ་དུ་འཁྱིལ་བའི་ངོ་མཚར་ཅན་ཞིག་འདུག དེའི་འགྲམ་གྱི་བྲག་རྩ་རུ་མི་འགའ་ཤས་སྐར་བརྒྱབ་ནས་བསྡད་འདུག དེ་ཚོས་ང་ལ་ཕྱག་དབང་ཞུས་ནས་དད་པ་དང་གུས་པ་མང་པོ་བྱས་བྱུང་།

དེ་ནས་ཡར་འགྲོ་དུས་མཚོ་རྫོང་སྣང་ངོ་མ་དེ་ན་སྨན་འདྲ་མི་འདྲ་བདུ་རྒྱུ་འདུག དེ་ནས་ཏིག་ཏ་སོགས་བཏུས། འདོན་པ་འདོན་ན་སྐད་ཆེན་པོ་རྒྱག་རུང་གི་མི་འདུག སྒྲ་གང་ཡང་གྲག་མི་ཉན་པར་འཇམ་ཐིང་ཐིང་དུ་འགྲོ་དགོས་ཀྱི་འདུག དེར་རི་སྨུག་སྤྲིན་གྱིས་བཏུམ་ནས་དཀའ་ངལ་ཚོད་མེད་མྱང་སོང་། དེ་ནས་ལ་མགོ་ཞིག་འདུག་མར་ལྷ་དུས་ཁྱུག་སྐྱོགས་ཞིག་ཏུ་མཚོ་ནག་པོ་ཞིག་མཐོང་བ་ཙམ་གྱིས་སེམས་ལ་ཞེད་སྣང་དང་སྡུག་བསྔལ་སྐེར་བ་ཞིག་འདུག དེའི་ནང་དུ་དཀར་པོ་འདྲ་བོ་ཞིག་འགྲོ་ཡི་འདུག དེའི་མཚོ་དེ་ནི་མགོན་པོའི་ལྷ་མཚོ་རེད་འདུག མཚོའི་ཟུར་དང་གླད་ངོ་མ་ནས་འགྲོ་དགོས་ཀྱི་འདུག རི་གཟར་དང་བྲག་འཕྲང་ཆེ་བས་མཚོ་ནང་དུ་ལྷུང་དོགས་དང་། སེམས་པ་གུ་དོག་པོ་ཞེ་པོ་ཞིག་ཡོང་གི་འདུག ཕོ་ཚོ་འགྲོ་སྐྱོད་མཁན་ཚོས་རྗེ་དང་ས་མཐེ་

མགོ་ཙམ་རིལ་མ་བཙུག་མ་གཏོགས་དྲག་ཆར་དང་བཀའ་ཆད་ཆེན་པོ་ཡོང་གི་རེད་ཟེར་ནས་བཤད་ཀྱི་འདུག་པས་ང་ཚོས་གཟབ་གཟབ་བཟོས་ནས་སོང་ཞིང་དཀོན་མཆོག་ལ་གསོལ་བ་བཏབ་པས་བར་ཆད་ཆེན་པོ་མ་བྱུང་། དེའི་ཉིན་པར་ཀུན་འདུས་ཀྱི་རྫར་ངོ་མ་ལ་སླེབས་དགོས་ཀྱི་འདུག་ཀྱང་སླེབ་མ་སོང་། བཞུགས་ཁྲི་ཐང་ཟེར་ནས་གུ་རུ་རིན་པོ་ཆེའི་བཞུགས་ཁྲི་ཡོད་ས་འདུག་དེར་སླེབས་བྱུང་། མཚོ་ཇ་ཡང་རྗོགས་སོང་། གུ་རུ་རིན་པོ་ཆེས་ཆེབ་རྒྱུགས་མཛད་ས་རེད་ཟེར་ནས་ཐང་ཆད་ལ་ཆད་ལ་སྒུ་འཁྱིལ་དུ་ཡོད་པ་རིང་པོ་ཞིག་འདུག དེའི་དཀྱིལ་དུ་ཨ་ནེ་དཔུང་མགོ་ཟེར་འདུག་དེ་ན་བསྡད། དེ་ནུབ་མོ་སྤྱངས་ཁང་ཐེབ་ཆག་འདུག མི་མང་ཆེ་བ་ཕྱི་རུ་ལྷག་ཡོད་ས་ཡོད།

ཕྱི་ཉིན་མོ་ཞོག་ཀར་ཞོག་ཇ་ཐེབ་ཆག་རག་ནས་སོང་བས་ཐག་རིང་པོ་ཞེ་དྲག་མི་འདུག་ཆུ་ཚོད་བཅུ་པ་ཙམ་ཡས་མས་ལ་བཀའ་བརྒྱུད་སྤྱངས་ཁང་ལ་འགྱོར་སོང་། སྤྱངས་ཁང་སྐྱིད་པོ་འདུག་ཉི་མ་དྲོན་པོ་ཤར་བྱུང་དེའི་ཉིན་མོ་དཔེ་སྐྱིད་པོ་བྱུང་། ཤོ་མང་མང་པོ་འདུག ཤིང་གི་སྡོང་པོ་རེ་རེ་ལ་མི་ཁུར་གཅིག་གཉིས་ཡོད་ས་རེད་བསམ་བསམ་འདུག ཤིང་གི་ཡལ་གའི་ཁ་ལ་ཁྲབ་ཀྱི་ཚུལ་དུ་དཔུང་འགེབ་བཟོས་ནས་སྐྱེས་འདུག པདྨ་བཀོད་པ་དང་།

སྤྲ་བོ་གཉིས་ཀས་ཨ་ཤོ་མང་ལབ་ཀྱི་འདུག ཡག་ཤོས་དེ་ཚོ་ཡག་པོ་བཟོས་ན་ཤ་ལས་ལྷག་པའི་བྲོ་བ་འབྱུང་གི་འདུག འབྲས་ལྡོངས་པས་སྐྱག་ཤོ་མང་ལབ་ཀྱི་འདུག་ཟེར། པདྨ་བཀོད་ནས་འགའ་ཤས་ཀྱི་དམར་ཤ་མ་ཟེར་གྱི་འདུག་ཟེར། ང་ཚོས་ཤ་མོང་ལ་ཚོད་མ་བཟོས་ནས་ཟོས་པ་ཡིན་དེ་ཉིན་པར་སྤྲར་དང་མི་འདྲ་བའི་སྤྲོ་སྣང་སྐྱིད་ཉམས་ཚོད་མེད་བྱུང་།

ང་ཚོ་ཀུན་འདུས་རྗེ་སེམས་པོ་བྲང་གི་ལ་མགོ་ལ་སོང་བ་ཡིན། ཉིན་ཕྱེད་ཡོལ་སྐོར་བཀའ་བརྒྱུད་གླིང་ཟེར་གྱི་འདུག་དེ་ན་སོང་། དེ་ན་པད་བཀོད་རྗེ་དྲུང་གི་སྒྲུང་ཁང་དང་། བསང་ཁང་དཔེ་ཡག་པོ་དེ་འདྲ་བཟོས་འདུག་དེ་ན་དེ་ནུབ་མོ་བསྡད། ཕྱི་ཉིན་པར་དྲུག་པའི་ཚེས་བཅོ་ལྔ་ལ་ཚོགས་སྒྲུལ་ཡག་རེད། དེའི་ཉིན་པར་ཚོགས་སྒྲུལ། དེའི་ཕྱི་ཉིན་བསྐོར་བ་ལ་སོང་སྐབས་རྗེ་བཙུན་སྒྲོལ་མ་རང་བྱོན་ཡོད་ས། ཀུན་འདུས་ཀྱི་བླ་མཚོ་ཟེར་ནས་མཚོ་ཚར་ཆེན་ཞིག་འདུག   སྐོར་ལམ་ངོ་མ་ནང་དུ་ལྷམ་གྱོན་ཆོག་གི་མི་འདུག ཆབ་གཏོང་ས་གསུམ་ཡོད་རེད། དེ་ན་མ་གཏོགས་གཤང་གཅི་གཏོང་ཆོག་གི་མ་རེད། དེ་འདྲའི་བཀའ་གཉན་པོ་རེད་འདུག དེ་ནས་ཡར་ཏོག་ཙམ་འཛེགས་འགྲོ་དུས་ཀུན་འདུས་རྗེ་སེམས་པོ་བྲང་གི་བླ་མཚོ་ཡོད་ས་དེར་སླེབས་ཀྱི་འདུག བླ་མཚོ་

དེ་བྲག་རི་མཐོན་པོ་ཞིག་གི་སྐང་ལ་འདུག ཆུ་ཇ་དེ་མར་བྲག་
ངོགས་སུ་འབབ་ཡོང་དུས་ལྷིང་ལྷིང་ཞེས་ཇ་སྒྲ་སྒྲོག་པ་ནང་བཞིན་
འདུག དེ་གོ་བ་ཙམ་གྱིས་སེམས་པ་འགྱུར་འགྲོ་བ། སྒྲོ་སྣང་གི་
ཁེངས་འགྲོ་བ་དེ་འདྲ་འདུག དེའི་ཟུར་དེ་ནས་ཆུ་ཏ་ཇ་ཙམ་ཞིག་
བབ་འདུག དེ་ཁ་ལ་སོང་ན་སྲིད་པ་གསུམ་ཚང་མ་ལག་མཐིལ་
དུ་མཐོང་གི་རེད་ལབ་ཀྱི་འདུག ང་ཚོས་དེའི་ཆུ་དེ་ཁ་ལ་སླེབས་
ཐབས་ཀྱིས་ཆུ་དེ་དཀྲུགས་ཤིང་ཆུ་དེ་ཁ་ལ་ཡོང་ཐབས་བྱས་ནས་
མང་པོ་འཐུང་ཞིང་ཁྲུས་བྱས་གཙང་མ་བཟོས། དེ་ནས་བསྐོར་
ལམ་ངོ་མ་ནང་དུ་སླེབས་ཀྱི་འདུག མཚོ་དེའི་རྐེད་པ་ཙམ་དུ་འཆི་
མེད་ཡང་གསང་གི་གནས་སྒོ་འབྱེད་དུས་ལྡེ་མིག་ཡོད་ས་རེད་ཟེར་
ནས་རྗོ་གྲུ་བཞི་ཞིག་འདུག སྒྲོལ་མ་རང་བྱོན་གྱི་རྐེད་པ་ཕྲ་སའི་
མཁལ་ཁུང་ནང་རེད་བཤད་འདུག དེ་ནས་ཡར་ཙམ་འགྲོ་དུས་
མ་ཊ་ཊལ་ཤུལ་བཞག་པའི་ལ་མགོ་འདྲ་པོ་ཆུང་ཆུང་ཞིག་འདུག
དེའི་མགོ་ལ་བཤད་ནས། ཧཱུྃ༔ བཞེངས་ཤིག་པདྨ་འབྱུང་གནས་
སོགས་སྤྱན་འདྲེན་བཏོན་པས་མཚོ་དེ་མདོག་འགྱུར་ནས་ཆུ་ནང་
ནས་དཀར་པོ་འཁོར་ལོའི་རྣམ་པ་ཅན་ཞིག་འཁོར་ཡོང་གི་འདུག
གཉེར་མའི་བཟོ་མང་པོ་ཐོན་ནས་ཆུ་དེ་དཀྲུགས་ཡོང་གི་འདུག ག་
འདྲ་བཟོ་ཡོང་ན་བསམ་བསམ་བཟོས་སོང་། དེ་མ་གཏོགས་གཞན་

གང་ཡང་མཇལ་མ་སོང་། དེ་ནས་ཡར་མཇལ་འདུག་དུས་སྔོན་མ་ཀུན་འདུས་རྡོ་སེམས་པོ་བྲང་ལ་གླ་བ་དཀར་པོ་ཞིག་ཡོད་རེད་ལབ་ཀྱི་འདུག དེར་ཡོད་ཀྱི་མི་འགའ་ཤས་ལ་དེ་འདྲ་འདུག་ཟེར་ནས་བཤད་རྒྱུ་འདུག ང་ཚོ་སོང་དུས་གླ་བ་དཀར་པོ་དེ་མཚོ་གོང་གི་རི་ངོགས་སུ་འདུག ང་ཚོ་སོང་དུས་ཕར་འཕག་ཐུང་བཟོས་ནས་རྒྱུགས་སོང་། བུ་རིས་ཀྱིས། རིན་པོ་ཆེ་སྤྲ་མོ་ཏས་རབས་དུས་དེ་འདྲ་བཤད་རྒྱུ་འདུག ང་ཚོའི་དུས་ལོ་བདུན་ཅུ་ལ་སོན་པའི་མི་ཏན་མགོན་པོ་རབ་བརྟན་ལ་བཤད་རྒྱུ་འདུག འདི་ལ་ཤི་རྒྱུ་མེད་དམ་ལབ་བྱུང་པས། འདི་ལ་ཤི་མི་ཤི་ཟེར་ཡོད་མ་རེད། ང་ཚོ་ལ་གཟུགས་སྟོན་པ་ཙམ་རེད་མ་གཏོགས་བྱང་ཆུབ་སེམས་དཔའ་རྣམས་ཀྱི་སྤྲུལ་པ་རེད། བྱང་ཆུབ་སེམས་དཔའ་ཞལ་མཇལ་འདུག་པ་རེད་ལབ་པ་ཡིན། དེ་ཉིན་པར་ང་ཚོ་འཇམ་ཐིང་ངེར་འགྲོ་རྒྱུ་བྱུང་།

དེའི་གོང་དེར་བྲག་གཡང་ཤིན་ཏུ་མཐོ་བའི་སྣང་དུ་བྲག་ཆེན་པོ་ཞིག་འདུག དེ་བཞིན་གཤེགས་པ་སྨྲ་དབང་རྒྱལ་པོའི་པོ་བྲང་རེད་ཅེས་བཤད་སྲོལ་འདུག སྣམ་པོ་པ་འགྲོ་འདུལ་གླིང་པ་དང་། དཔའ་བོ་ཆོས་མགོན། གཏེར་ཆེན་ཆོས་རྗེ་གླིང་པ། གཅིག་དྲན་མ་བྱུང་། དེ་རྣམས་ཕྱོགས་བཞི་ནས་ཕེབ་དུས་ཀུན་འདུས་

རྗེ་སེམས་ཕོ་བྲང་གི་མགོ་ལ་འཛོམས་པ་རེད་ཟེར། ཞལ་འཛོམས་དུས་གནས་འདི་རྩར་ཆེན་པོ་རེད་འདུག ཁྱེད་ལ་ཞལ་ག་རེ་གཟིགས་སོང་ཟེར་ནས་དྲི་བ་དྲི་ལན་མཛད་དུས་ཞལ་མི་འདྲ་བ་མང་པོ་གཟིགས་པ་རེད་འདུག དེ་ནས་ང་ཚོས་འདི་ལ་མིང་ཞིག་བཏགས་དགོས་ཀྱི་འདུག གནས་ཚང་མ་འདུས་འདུག་པས་ཀུན་འདུས་རྗེ་སེམས་ཕོ་བྲང་ཞེས་མཚན་གསོལ་དགོས་ཀྱི་འདུག་གསུངས་ནས་མཚན་གསོལ་བའི་ལོ་རྒྱུས་འདུག ཕོང་བཞིའི་ནང་ནས་དཔའ་བོ་ཆོས་མགོན་ཟེར་ཡག་དེས་རྫུ་འཕྲུལ་བསྟན་ནས་དར་ཆེན་ཞིག་མཐའ་གཡང་གཟར་ཤོས་དེར་བཙུགས་འདུག དཔེ་མེད་ངོ་མཚར་བ་འདུག གནམ་གཤིས་ཡག་པོ་ཡོད་ན་དར་ཆེན་དཀར་ལྷབ་ལྷུབ་ཏུ་བསྒྲེད་པ་མཐོང་གི་འདུག གནམ་གཤིས་ངན་ན་རི་མཐོ་པོ་རེད་སྨུག་སྤྲིན་གྱིས་བསྒྲིབས་འདུག་དུས་མཐོང་གི་མི་འདུག

ལྷོ་བྲག་གཏེར་སྟོན་ཟེར་ནས་འདུག ཕོང་རྣམ་པ་དེའི་སྐད་དུ་འགྲོ་བ་ཡིན་གསུངས་ནས་འཇིགས་འགྲོ་ཡི་འདུག་རླུང་གི་འུར་སྒྲ་དང་བཅས་འགྲོ་ཐུབ་ཐབས་མི་འདུག་ཟེར་ནས་མར་སླེབས་སོང་། གནས་རི་དེ་ཤིན་ཏུ་བཙན་པོ་དང་དྲག་རྩལ་ཆེ་བའི་གཡེར་གྲགས་འདུག དེ་ནང་བཞིན་འདུག་བསམ་བསམ་རེད་

སོང་། ཕོ་ཚོའི་ཕྱུག་གུ་ཅུ་བ་དང་། ཐབ་གསུར་ཙུང་ཙམ་ཤོར་དུས་གཡས་གཡོན་ནས་སྐྱག་ངར་བ་སོགས་ཚ་ཟིང་ངེར་བྱེད་འགྲོ་བ་དེ་འདྲ་འདུག དེ་ནས་ཡར་ཀུན་འདུས་ཀྱི་ནང་དུ་སླེབས་ནས་ངལ་དུབ་ཁྱད་དུ་བསད་ནས་བསྐོར་བ་ལ་སོང་། བསྐོར་ཐག་དཔེ་རིང་པོ་འདུག བསྐོར་བ་ལ་འགྲོ་ཆེ་ངག་གཅོད་དགོས་ཀྱི་འདུག གཅིན་སྐྱག་ལམ་ནང་དུ་བསྐོར་བ་ལ་འགྲོ་ཆེ་གཏོང་ཚོག་གི་མི་འདུག་འགྲོ་ཁར་གཏོང་དགོས་ཀྱི་འདུག གཡག་ཤོར་བ་(གཡག་ཤོར་ཞེས་པ་རྟག་ཏྲི་ཤོར་བའི་དོན་ཡིན། མཆན།) སོགས་རེད་ན་དེ་མ་ཐག་ཕྱུག་མ་ཕུལ་མ་ན་ན་ཚ་གཏོང་ཡོང་གི་རེད་ཅེས་ཚང་མས་བཤད་ཀྱི་འདུག དེ་ནང་བཞིན་བསྐོར་བ་གཅིག་གཉིས་ག་ཚོད་རེད་ཡོད་ན་དེ་བརྒྱབ་པ་ཡིན། མཚོ་གཟིགས་སྐབས་གང་ཡང་མཐོང་རྒྱུ་མི་འདུག

ཉི་མ་གཅིག་གི་དགོང་མོ་ཞིག་ལ་སང་ཉིན་གྲོད་ཁ་སོགས་ཀྱི་འདང་གི་མ་རེད། ཕར་འགྲོ་དགོས་ཀྱི་རེད་ཅེས་བཤད་པའི་དུས་ཚོད་ཞིག་ལ་ང་ཚོའི་གཡོག་མོ་དཀར་དཀར་གྱིས་ཐབ་གསུར་ཏོག་ཙམ་ཤོར་ཡོད་ས་རེད། ལམ་སེང་མཁའ་འགྲོའི་ནུ་མ་ལ་གཟེར་བརྒྱབ་ནས་ཨ་ར་ཨ་ན་ཟེར་དགོས་པ་ཞིག་བྱུང་། ཨ་རྣམ་ལྷ་མོ་ཡོད། ངས་སྔགས་འདྲ་བཟློས་ཀྱང་ཞི་དྲག་ཕན་མ་བྱུང་། དེ་

ཉུབ་མོ་མ་སྨྲིན་ཙམ་རེད་སོང་། ཕྱི་ཉིན་མོ་ཡང་ཟླུག་རྒྱུག་གི་འདུག
དེ་ནས་ཆས་ཁས་མ་འདེང་ནས་མི་མང་བ་ཕར་འགྲོ་རྒྱུ་བཟོས། ང་
ཚོ་ཉུང་ཤས་ཤིག་ལྷག་སོང་། མི་མང་སོང་ཚར་རྒྱབ་མཁའ་འགྲོའི་
ནུ་མ་དེ་གཟེར་འཛམ་བྱུང་། དེ་སྐབས་ང་ཚོའི་རོགས་པ་ནང་དུ་
དམ་ཚིག་མི་གཙང་བ་དང་སྡིག་སྟོབས་ཆེ་བ་འདྲ་ཡོད་བསྡད་པ་
ཡིན་ས་རེད། དེ་ནས་ང་ཚོ་བསྐོར་བ་ཞིག་ལ་འགྲོ་ལབ་ནས་
བསྐོར་བ་ལ་སོང་བ་ཡིན། བསྐོར་བ་ཚར་ནས་མཚོ་ཁར་སྤང་ཐོ་
ཐོ་ཞིག་འདུག་དེའི་སྟེང་དུ་བསྡད་ནས་ཚང་མས་གསོལ་བ་སྨོན་
ལམ་བཏབ་ནས་སྤྱན་འདྲེན། ཧཱུྃ༔ བཞེངས་ཤིག་པདྨ་འབྱུང་
གནས་མཁའ་འགྲོའི་ཚོགས༔ དབྱངས་རྟ་ལ་འཛིན་ནས་བཏོན།
གསོལ་བ་རྩེ་གཅིག་ཏུ་བཏབ་པས། མཚོ་དཀྱིལ་ནས་འཁོར་ལོ་
འདྲ་བོ་ཞིག་འཁོར་ནས་དེ་ནམ་མཁར་ཁང་བརྩེགས་ཙམ་དུ་ཡར་
སོང་ནས་ཆུ་ཡི་ཟེགས་མ་ཕར་ཚུར་འཐོར་རྒྱུ་ཡོད་པ་གཉིས་གསུམ་
ཞིག་འཁོར་བྱུང་། གསོལ་བ་རྒྱུན་མཐུད་ནས་བཏབ་པས་འཁོར་
ལོ་མང་པོ་ཞིག་འཁོར་ནས་ས་ལ་འབོ་བ་དང་། ཆུ་དེ་ཐམས་ཅད་
འགུལ་འདུག་པའི་འཁོར་ལོ་མང་པོ་ཞིག་འཁོར་ལོ་དེའི་ནང་དུ་
འདུ་ནས་མར་བབ་བྱུང་བས་མཚོ་དེ་ལ་རྒྱ་ཆེན་པོ་འདུག མཐའ་
ལ་ཆུ་འཕྱུར་བྱུང་བས་ཞེད་སྣང་འབྱུང་དགོས་པ་ཙམ་བྱུང་།

དཀོན་མཆོག་ལ་གསོལ་བ་རྩེ་གཅིག་ཏུ་བཏབ་ན་སྐྱོན་གྱི་མ་རེད་བསམ་ནས་གསོལ་བ་དྲག་ཏུ་བཏབ་པས། འཁོར་ལོ་ཚང་མ་མཚོ་ལ་ཐིམ་ནས་མར་ལྟེམ་ས་འདྲ་བོ་ཞིག་རེད་ནས་ཆུ་ཡང་མི་མཐོང་བར་གྱུར། ཡང་བསྐྱར་བྲག་རིའི་དྲུང་དུ་མཚོ་ནང་དུ་བྲག་རི། ཤིང་སྡོང་ལོ་འདབ་དང་། ལོ་འདབ་བར་དུ་འབྲས་བུ་དང་ལོ་མ་ཡང་གཞན་དང་མི་འདྲ་བར་ཕང་ཕུང་བརྩེགས་པ། ཉི་འོད་ཀྱིས་འཚེར་བ། སྤངས་ལྗོངས་དང་གླིང་ཁ་ཡོད་པ། གཙུག་ལག་ཁང་ཐོགས་སོ་མང་པོ་ཡོད་པ་གསེར་ཏོག་དང་རྒྱ་ཕིབ་སེར་ཚུབས་སེ་ཡོད་བསྟུད་པ་དངོས་གནས་ལྟ་བུ་དང་། དེའི་རྒྱ་སྒོ་ནང་ནས་སྐྱ་དར་དང་། གཏེར་མདུང་། གདུགས་རྒྱལ་མཚན་སོགས་མཆོད་རྫས་སྣ་ཚོགས་ཐོགས་པ་སེར་ཕྲེང་འཛིན་ནས་ཕེབ་བྱུང་། དབུ་ཞྭ་དམར་གཟུགས་ཚང་མས་མནབས་འདུག ང་ཚོའི་བླ་མ་གདན་འདྲེན་དུས་ཇི་ལྟ་བ་བཞིན་དབུ་གདུགས་ཞབས་སུ་བླ་མ་ཆོས་གོས་མནབ་བསྟུད་པ་ཞིག་འདུག གདུགས་དེ་གཡས་བསྐོར་བྱེད་བཞིན་རླུང་གིས་ལྷབ་ལྷབ་ཏུ་བསྐྱོད་འདུག་རྒྱུ་ཡོད་པ་བླ་མ་གྲྭ་པ་ཚང་མ་ཆོས་གོས་མནབ་བསྟུད་མཁན་ཤ་སྟག་རེད་འདུག དཔེ་མེད་མང་པོ་འདུག གསུང་སྐད་ནི་གང་ཡང་གོ་རྒྱུ་མི་འདུག་མ་གཏོགས་ཛ་དང་། རྒྱ་གླིང་སོགས་ཁྱེར་ནས་ང་ཚོའི་སེར་ཕྲེང་ཇི་

ལྟ་བ་བཞིན་རེད་འདུག མཁར་རྫ་ཡང་ཁྱུར་འདུག མར་ཐོན་ནས་ཡར་ལྷ་ཁང་ནང་དུ་བསྐྱུས་སོང་།

ལྷ་ཁང་དེ་ལ་ཐོགས་བརྩེགས་མང་པོ་སྣེའུ་ཁྱུང་མང་པོ། སྣེའུ་ཁྱུང་གི་གཡས་གཡོན་ཐམས་ཅད་དུ་འཛའ་ཤར་ནས་ཡོད་པ་དཔེ་མི་སྲིད་ངོ་མཚར་བ་འདུག དེ་ཚོ་ཐམས་ཅད་སྐར་མ་གསུམ་རེ་ཙམ་འདུག་གི་འདུག ཡང་འགྱུར་ནས་དེ་མིན་པ་གཞན་ཞིག་ཤར་གྱི་འདུག དེ་ནས་ཆ་ཉམས་དགའ་བ་བདེ་སྐྱོན་ནང་དུ་བཤད་པ་ནང་བཞིན་འདུག དེ་ནས་ཟུར་གཅིག་ནས་ཤིང་སྡོང་ཆེན་པོ་ཁང་པ་དེའི་རྩར་ནས་རྩེ་བར་དུ་གཡོག་བསྡད་པ་དེ་འདྲ་འདུག ལྷ་ཁང་གི་ཟུར་གཅིག་ཏུ་འཛའ་ཡི་མིག་མང་རིས་དྲ་མིག་ཏུ་འབྲེལ་བས་ཁང་པ་དེའི་རྩེ་ནས་རྩ་བའི་བར་དུ་གཡོག་བསྡད་པ་དེ་འདྲ་འདུག དེ་ཡུད་ཙམ་དང་གཞན་དག་ལྷ་ཁང་དེ་ཚོ་ཡུན་རིང་པོ་བསྡད་ཀྱི་འདུག དེའི་ནང་ནས་ལྷ་སྐུ་འདྲ་པོ་ལྷ་འདྲ་མིན་མང་པོ་ཤར་ཡོང་གི་འདུག དེའི་ནང་ནས་ལྷ་ངོས་ཟིན་ནས་འདི་མ་རེད་འདི་རེད་ཟེར་རྒྱུ་ཞིག་ངས་རག་མ་བྱུང་། ཁོ་ཚོས་ནི་ཤེས་ཡོད་མེད་མ་ཤེས། སྐུ་ནི་ཆེ་ཆུང་སྣ་ཚོགས་པ་རང་བྱུང་གི་ཉམས་ཅན་ཤ་སྟག་འདུག ཐལ་ཆེར་ཞིང་ཁམས་ལ་སླེབས་འགྲོ་བ་ཡིན་ས་རེད་བསམ་དགོས་པ་དེ་འདྲ་འདུག དད་པ་དང་མོས་གུས་རང་ཤུགས་ཀྱིས་

འབྱུང་བ་དེ་འདྲ་འདུག ཆུ་ནང་དེ་ནས་འོད་ཆེན་པོ་མར་མེ་སྦར་བཞག་པ་ནང་བཞིན་འགའ་ཤས་འདུག དེ་ཚོའི་འོད་ནི་སྤྲངས་ཀྱི་སྟེང་དུ་ཐོག་ཡོང་དུས་གསལ་འདུག་པ་དེ་འདྲ་འདུག

དེ་ནས་ཡུན་རིང་ཙམ་སོང་སྐབས་འཇའ་ཡི་མིང་མང་རིས་དེ་གཅིག་ཕར་མེད་སོང་། དེ་མཚམས་ཆོས་པུ་ཧེ་ཁ་ཡི་བཀག་རྒྱ་དང་བཅས་པ་ཁང་བརྩེགས་མང་པོ་ཡོད་ཞིང་ཆེན་པོ་དེ་འདྲ་ཤར་བྱུང་། དེ་འདྲའི་ངོ་མཚར་བའི་སྐྱུ་དང་གཟུགས་འདྲ་མིན་མང་པོ་མཐོང་སྐབས་ཆུ་དེ་ཁོ་ཚོ་སུ་གཅིག་གིས་དེ་ཚེ་མཐོང་གི་མི་འདུག་ཟེར། ངས་ཀྱང་མཐོང་མ་བྱུང་། དེ་ཚོ་མཇལ་སྐབས་རང་ལ་ཉམས་དང་རྟོགས་པ་དཔེ་གསལ་པོ་དང་ཡག་པོ་རེད་སོང་། དེ་ཚོ་མཇལ་ཚེ་ཡུན་རིང་པོ་རེད་སོང་འདུག ད་འཕྱི་པོ་ཆག་ན་ལམ་འགག་ནས་འགྲོ་དུས་དཀའ་མོ་རེད་གྱི་རེད་བསམ་ནས་འགྲོ་བཞག་པས་ཕར་ཕར་སོང་རིམ་བཞིན་མཇུག་ནས་མཚོ་ཡང་ཛེ་མཐོང་ལ་སོང་ནས་དེ་ནས་ཕར་ལ་ཞིག་བརྒྱབ་དགོས་ཀྱི་འདུག་པས་ལ་མ་བརྒྱབ་གོང་ནས་ཆུ་དེ་སྤོ་ལྟེམ་མེར་སོང་འདུག

དེ་ནས་བསྐོར་བ་བརྒྱབ་ནས་ཕར་ནང་ལ་སོང་བས་དེ་ན་ཕག་མོའི་བླ་མཚོ་རེད་ཟེར་ནས་མཚོ་གཅིག་འདུག་དེའི་ཟུར་དུ་སླེབས་པ་དང་དེ་ནས་མར་ལྷ་དུས་ཐག་ཚུང་ཙམ་རིང་ས་ཞིག་ཏུ་

བཀའ་བརྒྱད་བླ་མཚོ་ཟེར་ནས་མཚོ་ཆེན་པོ་ཞིག་ནག་མེར་རེ་མཐོང་གི་འདུག ཕག་མོའི་བླ་མཚོ་དེ་ལ་ངང་པ་ཞིག་འཕུར་བྱུང་ནས་གཡས་བསྐོར་བྱས་ནས་འཕུར་སོང་བས་སྔ་མ་ནང་བཞིན་མཚོ་དེའི་ཁ་ནས་འཁོར་ལོ་འདྲ་བོ་ཞིག་འཁོར་ནས་བྱུང་བས་དེའི་ནང་ནས་ལྷ་སྐུ་མང་པོ་ཤར་བྱུང་། དེའི་ནང་དུ་སངས་རྒྱས་བཅོམ་ལྡན་འདས་ཁྲི་མཐོན་པོ་ཞིག་གི་ཁ་ལ་བཞུགས་བསྡད་པ། སྐུ་མདོག་གསེར་བཅོམ་ལྷ་བུ་ཆོས་གོས་དང་སྣམ་སྦྱར་མནབ་ནས་བཞུགས་པ་གསལ་པོ་མཇལ་བྱུང་། དེ་ནས་ལམ་འགག་ས་རོང་འཕྲང་རྩུབ་ཆེ་བས་ལུབ་རུབ་ན་མི་ཐར་བའི་སེམས་ཁྲེལ་གྱིས་དེ་ལ་གསོལ་འདེབས་དང་སྨོན་ལམ་རྒྱག་བཞིན་ཚུར་ཚུར་ཡོང་བ་ལས་འདུག་པའི་ལོང་ཁོམ་མ་བྱུང་། ཐག་རིང་ཙམ་ལ་སླེབས་དུས་གྱི་མིག་ལྷ་སྐབས་མཚོ་དེ་སྔར་བཞིན་མཚོ་གསལ་པོར་མཐོང་གི་འདུག ཕར་ཙམ་སླེབས་དུས་བཀའ་བརྒྱད་བླ་མཚོ་དེ་སྔོ་སེར་རེར་མར་ཙམ་ནས་མཐོང་གི་འདུག བཀའ་བརྒྱད་བླ་མཚོ་དེ་ལ་འཁོར་ལོ་འཁོར་བའི་བཟོ་འདྲ་བོ་ཞིག་རེད་བྱུང་བསམ་པ་བྱུང་ནས་ཆུ་དེ་འགུལ་བསྐྱོད་འདྲ་བོ་ཞིག་བྱུང་། དེ་བྱུང་བ་དང་མཉམ་དུ་དཀྱིལ་དེ་ནས་སྤྲིན་དཀར་པོ་འདྲ་བོ་ཞིག་ཡར་ལང་ནས་ཁང་བརྩེགས་མང་པོའི་ཚད་ཙམ་མཐོན་པོ་རེད་བྱུང་། ཕལ་ཆེར་དེ་

ཚུར་བརྒྱབ་ཡོང་ན་སྙིང་དུ་ཡོང་ས་རེད་བསམ་འདུག་དགོས་པ་དེ་འདྲ་རེད་སོང་། ང་ཚོ་སུབ་རྩ་ལ་བསྡད་ནས་མར་སྒྲུར་སྒྲུར་བྱས་ནས་འདུག་དགོས་པ་དེ་འདྲ་བྱུང་། དེ་དུས་བཀའ་བརྒྱུད་ཀྱི་ལྷ་ཚོགས་ཐམས་ཅད་ཞལ་གཟིགས་འདུག་པ་ཡིན་ས་རེད་དེ་ཧོག་ཙམ་སྐྲག་སྣང་ས་བྱུང་བས་ཡིན་ནམ་ངོས་ཟིན་མ་བྱུང་། དེ་འདྲའི་དཀར་པོ་རིང་པོ་དེ་ནམ་མཁའ་ནས་མཚོ་ལ་མར་ཐིམ་སོང་།

དེ་ནས་ཚུར་ཞག་སྡོད་ཀྱི་ཚུགས་རྒྱག་ས་དེར་བདེ་བར་སླེབས་ནས་ཚང་མས་ངས་འདི་མཐོང་སོང་འདི་མཐོང་སོང་མང་པོ་བཤད་རྒྱུ་འདུག་དེ་ཚོ་བཤད་ནས་བདེ་བར་བསྡད། མཁའ་འགྲོ་བསྐྱོང་རྒྱུ་རྩ་དང་ལ་སོང་། ངོ་མ་ཀུན་འདུས་རྡོ་སེམས་པོ་བྲང་གི་ཕྱི་ནང་གསང་གསུམ་གྱི་གནས་ཀྱི་བཀོད་པ་ཐམས་ཅད་ཚུ་བུར་མིག་ལ་སྟོན་པ་ཡིན་ས་རེད། མཚོ་མཚལ་ཡ་མཚན་ཅན་དེ་ལྟར་བྱུང་།

ཕྱི་ཉིན་པར་ང་ཚོ་ཚུར་ཡོང་བའི་ལམ་ལ་ཞུགས་ནས་མི་རེའི་ཁུར་པོ་རེ་ཁུར་ནས་ཡོང་བ་ཡིན། ཡང་ཁར་སང་མཚོ་དེ་ལ་ཐུག་སའི་ལམ་འགག་ནས་ཚུར་ཡོང་དགོས་ཀྱི་འདུག་པས་དེར་སླེབས་སྐབས་ཁར་སང་ཇི་ལྟ་བ་བཞིན་མཚོ་འཁྱིལ་བསྐྱོད་བྱས་ནས་འཁོར་ལོ་འཁོར་བ་སོགས་སྔ་མ་བཞིན་བྱས་བྱུང་ཀྱང་། ང་

ཚོ་ཐག་རིང་ལ་ཡོང་དགོས་དུས་སྐྱུག་པའི་ལོང་ཁོམ་མ་བྱུང་བ་རེད་མ་གཏོགས་སྤྱི་ནང་བཞིན་མཇལ་རྒྱུ་ཡོད་ས་རེད། དེ་ནས་ཚུར་ཡོང་དུས་ཀྱང་དྲག་གི་སླ་མཚོ་རེད་ཟེར་ནས་མཚོ་ཞིག་འདུག དེའི་ནང་དུ་འཁོར་ལོ་དེ་འདྲ་ཞིག་བྱུང་བ་སོགས་ངོ་མཚར་ཧ་ཅང་ཆེན་པོ་འདུག ཀུན་འདུས་རྫོར་སེམས་པོ་བྲང་གནས་ཁྱད་པར་ཅན་ཧ་ལས་པ་རེད་འདུག ཞིང་ཁམས་ཀྱི་བཀོད་པ་དངོས་སུ་མཐོང་རྒྱུ་འདུག ཕྱི་རབས་ཀྱི་དད་ལྡན་པོ་མོ་རྣམས་ཕྱག་དང་བསྐོར་བ་བྱེད་ཐུབ་ན་ཧང་སང་བ་རེད་འདུག ང་ཚོ་རྒྱུག་ཕྱེས་མ་འདེང་ནས་ཚུར་སྤྱི་འབྲུག་ནང་ལ་ཡོང་བ་ཡིན།

ཉེར་དྲུག་པ། པདྨ་བཀོད་ནས་རྒྱ་གར་དུ་ཡོང་བ།

དེ་ནས་མཐའ་དམག་དུས་འཁྲུག་གི་སྐད་ཆ་བདེན་དང་མི་བདེན་མི་རེའི་ཁ་ནས་རེ་རེ་བཤད་བཞིན་པའི་དཔྱིད་ཀ་ཞིག་ལ་ནུབ་གནམ་ལྷགས་འབར་བའི་རྩེ་ནས་ནམ་མཁའ་དམར་འོད་ཆགས་ཤིང་། འབྲུག་ཡིན་མིན་ཆ་མི་འཚལ་བའི་ལྡིར་སྒྲ་མང་པོ་ཞིག་གྲགས་བྱུང་། བུ་རིས་ཀྱིས་རིན་པོ་ཆེ་དེ་རིང་ག་རེ་ཡིན་ན། རྒྱ་ཡོང་བའི་རྟགས་མིན་འགྲོ་ཐེར། ངས་རྩེད་མོའི་ཚུལ་དུ་རྫོ་རྗེ་བྲག་བཙན་གྱིས་རྒྱ་ལ་འཛིངས་པ་ཡིན་གྱི་རེད་ཅེས་བཤད་པ་ཡིན། ཟླ་བ་འགའ་ཤས་མཚམས་ཞིང་སྐྱོང་ལ་ནས་རྒྱ་ཡོང་གི་འདུག་ཏོ་ར་ཐ་ཟམ་ནས་ཟམ་པ་བཙུགས་ཤོག་ལབ་ཀྱི་འདུག་ཐེར་ནས་གོ་བྱུང་བས། དཀར་ཧྲིང་མགོ་ལ་འདུག་མ་ཐོད་ནས་ སྤྱི་འབྲུག་གི་ཚུ་ཕར་ཀར་སྲོས། པ་ཡེ་ལྡེམ་ལ་ཁང་པ་གསར་པ་བཟོས་ནས་བསྡད་པ་ཡིན། དེ་ནས་སྲོ་པོ་ཨ་རྗེ་རྩར་གནས་ཚང་གཡར་ནས་ལ་རྩ་ལ་ཡར་སྲོ་དགོས་ཐུག དེ་སྐབས་བུ་རིས་ནས། ཁོ་འགྲོ་ཡི་མིན་ཐེར། དེ་ནས་ངས་དང་ཚོ་སོང་ན་མཉམ་དུ་འགྲོ། མ་སོང་ན་ཚང་མ་འདུག་བཞག ང་ཚོ་ཤི་ན་མ་གཏོགས་མཉམ་དུ་འགྲོ། ཁ་ཁ་མི་བཟོ། ང་ལ་རྒྱ་གིས་ག་རེ་བཟོ་ཏ་གོ་གོ་པ་རེད། རྒྱ་ནི་ཡོང་

ཐག་ཚོད་རེད་ཅེས་བཤད་པས། ཚང་མ་འགྲོ་རྒྱུ་རེད་སོང་།

ང་གི་རྨི་ལམ་ཞིག་དེ་སྐབས་རྨིས་བྱུང་། ལམ་ངན་འཕྲང་རྒྱབ་ཞིག་གི་ནང་ནས་མ་ཐར་བའི་དཀའ་སྡུག་མྱོང་ཞིང་། དེ་ནས་སྤངས་ལྗོངས་སྐྱིད་པོ་ཞིག་ཏུ་ཐར་བའི་གནས་ཚུལ་ཞིག་རྨིས་བྱུང་། དེ་བཤད་པ་དྲན་གྱི་འདུག བུ་རིས་དང་། དཀོན་མཆོག་ཆོས་སྒྲོན། འཆི་མེད་དཔལ་སྒྲོན། ཕྱུག་མཛོད་རྣམ་རྒྱལ། དཀར་དཀར། ཐོག་པོན་ཚེ་དབང་བཀྲ་ཤིས་སོགས་གྲ་བསྒྲིགས་བཟོས་ནས་འགྲོ་གྲབ་སྐབས། དཀར་དཀར་གྱིས་ཅ་ལག་མོ་རང་གི་ལག་ཏུ་ཡོད་པ་རྣམས་མོ་ལ་གནང་རོགས་གྱིས། མོ་འགྲོ་རྒྱུ་ཡོང་གི་མི་འདུག་ཟེར་ནས་འགྲོ་རོགས་བཟོས་མ་སོང་། གཞན་པ་རྣམས་ཚང་མ་འགྲོ་ཡག་ཡིན་དུས་ང་ཚོ་ཚོག་ཡོང་བ་ཡིན།

བུ་རིས་དང་། ཀརྨ་བཀྲ་ཤིས་སྟོན་དུ་མངགས་ནས་ཞ་དཀར་ལ་བསྡད་བཅུག ང་རྗེས་ལ་བསྡད་ནས་བཟའ་བཅའ་གཏོང་བའི་ཐབས་ཤེས་བྱས། དེ་ནས་རིམ་བཞིན་ཡང་རྒྱབ་ལ་སོང་། དེ་ནས་ཨ་གྲ་ཐང་ལ་སོང་། ཞག་པོ་འགའ་ཤས་ལ་ཚུགས་ལྷག་མ་བསྡད་ན། མི་རེས་ཅ་ལག་ཐེངས་མ་བདུན་ཙམ་དབོར་འདྲེན་དགོས་པ་དང་། བ་གླང་སོགས་དེད་རྒྱུ་ཡོད་པ་རེད། ཡུད་བུད་མེས་ཚང་པོན་ཆེན་ཡོད་པས་སྟོན་རྒྱབ་གཉིས་བཟོས་ནས་

ཡོང་བ་རེད། ཨ་གྲ་ཐང་ལ་སླེབས་དུས་ཕར་ཕྱིར་ལོག་བཟོ་ནས་འགྲོ་མཁན་མང་པོ་རེད་འདུག དེ་ནས་ཀུན་འདུས་དང་ཐག་ཉེ་བསྐོར་ལམ་དུ་ཐུག་པས་ང་དང་། མཁའ་འགྲོ། བུ་རིས། ཀརྨ་བཀྲ་ཤིས། རྣམ་རྒྱལ་བཅས་ཀུན་འདུས་བསྐོར་ལ་སོང་བ་ཡིན། དེ་ནུབ་མོ་ཚུར་སྐར་ཐོག་ཏུ་མ་སླེབས་ནས། སྒྲོལ་མ་བླ་མཚོའི་མཁྲིས་སུ་བསྡད་པས་ཆར་རླུང་དྲག་པོ་བྱུང་བས་གུར་ཐེབ་ཆག་ཞིག་ཡོད་པ་དེ་རླུང་གིས་ཁུར་གྲབ་བཟོས། གྱོན་ཆས་ཚང་མ་རློན་པ་བྱུང་ནས་དཀའ་ངལ་ཆེན་པོ་བྱུང་། ཕྱི་ཉིན་པར་སྐར་དུ་སླེབས་ནས་གྲུ་ཡུལ་ལུང་པའི་མགོ་སྲང་ཁང་གསར་པ་ལ་ཡོང་། ཀུན་འདུས་གནས་སྐོར་གྱི་ལམ་ཁ་དེ་བཞག་ནས། སྔོན་རྫེ་དྲུང་རིན་པོ་ཆེ་ཕེབས་ཤུལ་ཤིང་ལ་སྣ་རེ་བརྒྱབ་ཤུལ་ཏོག་ཙམ་འདུག་པ་ལ་བལྟས་ནས་འགྲོ་དགོས་དུས། ལམ་འཕྲང་བཟོ་ཞོར་བཟོ་ཞོར་བྱེད་ནས་འགྲོ་དགོས་ཐུག་སོང་བས་ཉིན་ལམ་ཙམ་གྱིས་ཆ་ལ་ཉིན་མང་པོ་འགྲོ་དགོས་པ་དེ་འདྲ་རེད་སོང་།

དེ་ནས་བ་ཕྱུག་རྣམས་བཞག་ནས། ང་ཚོ་མི་ཧྲག་བསྡུས་ཞིག་སྔོན་དུ་སོང་བ་ཡིན། ལོ་དེར་དབྱར་ངོ་ཆར་པ་བབ་ཤུགས་ཆེ་བས་རོགས་པ་རྣམས་ཀྱིས་ངའི་ཆེད་དུ་དཀའ་ངལ་ལ་མཇེམ་པ་མེད་པར་རོགས་ཕན་གང་དྲག་བྱ་ཡི་རེད། ཉིན་རྟག་པར་གྱོན་

ཆས་ལ་སྐམ་པོ་རྩ་བ་ནས་མེད་པ་དང་། ཙ་ལག་དཔོར་འདྲེན་སོགས་ཀྱིས་ངལ་དུབ་ལ་བཤད་མི་ཤེས་པ་རེད།

ཉིན་གཅིག་ཆུ་ཧུར་པོ་བྲག་དོང་ཞིག་གི་ནང་དུ་པདྨ་དབང་ཆེན་ལྷུང་བྱུང་བས་ཁོ་ཆུའི་ཁ་ལ་བསྡད་འདུག མི་རྣམས་རྒྱུགས་ནས་ལག་པ་སྲིད་ས་རག་བྱུང་བས་ཁོ་ལ་སྲོག་སྐྱོན་མ་བྱུང་བ་གནས་མདོ་ཚང་གི་ལྷ་བཀའ་སྲུང་གིས་བསྐྱབ་སོང་བསམ་པའི་རྟགས་གསལ་པོ་བསྟན་སོང་། ཁོ་ཚོས་ང་ཡི་ཐུགས་རྗེ་རེད་ཟེར་ནས་རྒྱུན་པར་བཤད་པ་བཞིན་བཤད་བཞིན་འདུག དེ་སྐབས་བཟའ་བཅའ་ཡང་། ལོ་ཏོག་དང་། མོན་འཇག་སོགས་ཀྱི་ཐུག་པ་ཏོག་ཙམ་བཏུང་བ་མ་གཏོགས་གཞན་ཅི་ཡང་མེད།

ཡོང་ཡོང་བས་རྒྱ་གར་གྱི་ས་སྲུང་དམག་མི་རྣམས་སྐོར་གཡིང་ལ་ཡོང་བ་དང་ཐུག་སོང་། རྒྱ་གར་གྱི་དམག་མི་མཐོང་བ་ཐེངས་དང་པོ་རེད། ང་ཚོ་དགའ་ཐག་ཆོད་ནས་ཁོ་ཚོ་ལ་རྒྱ་ཡིས་དཀའ་ངལ་སྲིད་ཚུལ་རྣམས་གསལ་པོ་བཤད་པ་ཡིན། ཁོ་ཚོས་ཡིག་ཐོག་ཏུ་བཀོད་སོང་། ང་ཚོས་ཁོ་ཚོ་ལ་ཐུག་པ་སྲིད་པས་ཞིམ་པོ་འདུག་ཀྱང་ཁ་ཚིག་གི་འདུག་ལབ་ཀྱི་འདུག དེ་ནུབ་མོ་ང་ཚོ་མཉམ་དུ་བསྡད་པ་ཡིན།

ཕྱི་ཉིན་པར་ཁོ་ཚོ་སྔོན་དུ་འགྲོ་ཡི་ཡིན། ཁྱེད་ཚོ་རྗེས་ལ་

ཤོག་དང་ཁོ་ཚོས་རོགས་པ་བཟོ་ཡི་ཡིན་ཟེར་སྟོན་ལ་འགྲོ་སོང་། ལྷ་འབྲུམ་སྤྲུལ་སྐུའི་ཡབ་ཏན་སྟོན་དུ་སོང་ནས་སྤས་གནས་ཞིག་གནས་སྒོ་ཕྱེས་ཡོད་ཟེར་ནས་ཉ་མཚོ་ལུང་ཟེར་བ་ཞིག་བདག་པོ་བརྒྱབ་འདུག དེའི་ལུང་མདའ་དེར་ས་སྲུང་དམག་སྣར་དང་པོ་ཐུག་སོང་། ཤིང་ནགས་བཅད་ནས་རྩ་བ་རྣམས་སྐྱག་ཧྲུག་ཧྲུག་བཟོས་ནས་འདུག གནམ་གྲུའི་ཙ་ལག་གཡུག་གི་འདུག་ཀྱང་ཆ་ཚང་བ་ཡག་པོ་ཁ་ལ་ཟ་རྒྱུ་རག་གི་ཡོད་ས་མ་རེད། དེར་ཞག་པོ་འགའ་ཤས་ལ་བསྡད་པ་ཡིན།

དེ་ནས་ལ་ཆེན་པོ་ཞིག་བརྒྱལ་ནས་འགྲོ་དུས་གྲྭ་དཀར་མོ་གླིང་ཟེར་ནས་ས་ཆ་སྐྱིད་པོ་དཔེ་མི་སྲིད་པ་ཞིག་ཏུ་སླེབས་ཀྱི་འདུག ཞིང་ཁ་དང་ཁང་ཤུལ་སོགས་འདུག ས་ཆ་དཔེ་སྐྱིད་པོ་གྲྭ་ཡུལ་ལུང་པ་ཕལ་ཆེར་མཐོང་གི་འདུག དེ་ནས་མེ་པེ་ཟེར་བའི་དམག་སྣར་ཆེན་པོ་ཞིག་གངས་རི་དཀར་པོའི་ཆུ་དང་། ཨ་གྲ་ཐང་གི་ཆུ་གཉིས་སྡོམ་པའི་འདུས་མདོ་ཞིག་ཏུ་འདུག དེ་ན་སླེབས་དུས་དམག་གིས་རོགས་པ་བཟོས་ནས་འབྲས་ཟར། ཤིང་མར་སོགས་སྐྱིབ་གསོ་སྤྲད། སྐད་བསྒྱུར་སོགས་མངགས་ནས་ཐབས་ཤེས་གང་དྲག་བྱས་བྱུང་།

ཨ་ནེ་ནེ་ཟེར་ནས་ས་ཆ་དཔེ་མི་སྲིད་སྐྱིད་པོ་འདུག ས་མཐོ

དམའ་རིད་མ་གཏོག་ཆབ་མདོ་དགོན་པ་ཡོད་ས་དེ་འདྲ་པོ་འདུག་ལ་མཐོན་པོ་རེད་ཆུང་ཆུང་མ་རེད་རྒྱང་རིང་ནས་བལྟ་དུས་སྤང་རི་སྤང་མཚོ་འདྲ་པོ་རེད། འགྲོ་བཞག་དུས་སྨྱུག་མ་ཆུང་ཆུང་གི་ཁེངས་བསྡད་པ་དེ་འདྲ་འདུག ང་ཚོ་དེ་ན་སླེབས་སོང་། རྒྱ་གར་གྱི་དམག་སྐར་འདུག དེའི་ཤར་ཕྱོགས་རི་མགོ་ཞིག་ལ་ཉིན་རྟག་པར་འཇའ་ངོ་མཚར་ཅན་ཤར་གྱི་འདུག དེའི་རི་གཤམ་དུ་ལུང་པ་ཆུང་ཆུང་ཞིག་ནང་བྲག་ཁང་བརྩིགས་གཅིག་ཙམ་ཞིག་གི་སྟེང་ནས་ཆུ་ཆུང་ཞིག་མར་བབ་ཀྱི་འདུག བུ་རིས་ཀྱི་ཆོས་གྲགས་ཉི་མ་ཁྱེར་ནས་སྔོན་དུ་འགྲོ་ཡི་ཡོད། ཁོས་དེ་ནས་ཆུ་ཞིག་འཐུང་ནས་བསྡད་འདུག མཁའ་འགྲོས་ཆུ་དེ་གང་རེད་སོང་ཟེར་ནས་སྐད་བརྒྱབ་བྱུང་། ཡར་བལྟ་དུས་གདུགས་ཕུབ་པ་ནང་བཞིན་གྱུར་ནས་འཇའ་དཀར་སེར་དམར་ལྗང་གིས་གཏུམ་སོང་། ཚང་མས་འཆི་མེད་ཀྱི་ཚེ་ཆུ་ཡིན་གྱི་རེད་གནས་རྩར་ཆེན་པོ་རེད་འདུག ང་ལ་ཁྲུས་གནང་རོགས་ཅེས་བཤད་བྱུང་། ངས་ཁོ་ཚོ་ལ་ཁྲུས་བྱས་པ་ཡིན། ཡ་མཚན་པོ་བྱུང་།

དེ་སྐབས་ཞིག་ལ་མི་བདུན་བསད་པའི་ཉེས་ཅན་པ་རེད་ཟེར་བའི་གྲྭ་ཡི་མི་བཙོན་པ་ཞིག་དང་མཉམ་དུ་རོགས་སྐྱོབ་དམག་དང་བཅས་མར་སོང་བ་ཡིན། དམག་མི་མེད་ན་གྲྭ་ཡིས་གནོད་

པ་བྱ་ཡི་འདུག རྒྱ་སྐར་ཆེན་པོ་འདུག དེ་སྐབས་དེ་ཡར་རྒྱས་ཆེན་པོ་གཏོང་བཞིན་འདུག ཡུལ་གྲུར་གྱི་ལག་འཁྱེར་དང་ཚུར་རྒྱ་གར་ལ་ཡོང་ཆོག་པའི་པར་སུ་བཟོ་ས་རེད་འདུག དེ་དུས་གནམ་གྲུ་ཐག་ཉེ་ས་ནས་མཐོང་བ་ཡིན་དུས་ལྟས་མོ་མང་པོ་བལྟས་ནས་བསྡད་པ་ཡིན། གནམ་གྲུ་ནང་ནས་ར་སྒམ་ནང་དུ་ཧླུགས། གྲུར་བཏགས་ནས་གཡུག་ཡོང་དུས་ར་ཡིས་ཨིན་ཟེར་ནས་སྐད་རྒྱག་གི་འདུག་སྙིང་རྗེ་བའི་གནས་ཚུལ་རེད། ཙ་ལག་གཞན་པ་མང་པོ་གཏོང་གི་འདུག ནཻ་པ་ལའི་ཀ་ལུད་དེ་ཚོ་ལ་ཁུར་པོ་ཁུར་བཅུག་ནས། ང་ཚོ་ལ་གང་ཡང་ཁུར་རྒྱུ་མེད། ས་ཚུགས་ལ་སླེབས་དུས་ཁ་ལག་སྦྲད་ཀྱི་འདུག ཀོ་ལིང་ལ་སླེབ་དུས་མགར་ར་བླ་མས་ས་མཚམས་སུ་བཙུགས་པའི་རྡོ་རིང་འདུག དེ་སྐབས་རྫ་ཡུལ་ནས་རྒྱ་མིས་དམག་འཁྲུགས་མང་པོ་ལང་ནས་མགྱོགས་པོ་མ་སོང་ན་མ་འགྲིགས་པ་ཆགས་པས་ས་ཚུགས་གཉིས་རེ་གཅོད་ནས་འགྲོ་དགོས་ཐུག་པས་དཀའ་ངལ་ཚོད་མེད་བྱུང་། ས་རྫོང་གཡང་གཟར་ཆེ་བས་རི་མགོ་ཚང་མ་གངས་རི་དང་། སྨད་ནགས་སྟུག་པོའི་གསེབ་ནས་ཤྭ་འོད་དང་། རྦབ་འདྲིལ་བ་སོགས་མི་ཡི་ཆེ་སྲོག་ལ་ཉེན་ཁ་ཅི་ཆེ་བཟོས་པ་འདྲ་པོ་ཞིག་རེད།

ཉིན་གཅིག་མར་དམག་སྐར་གྱི་དམག་དུང་སོགས་གོ་

འདུག་སའི་ས་ཆ་ཐག་ཉེ་རེད་འདུག་ཀྱང་། ལམ་ཀ་གཟར་མོའི་ངོགས་ནས་ཐབ་འཁྱིལ་བས། མི་འགྲོ་མ་ཐུབ་པས་རི་མགོ་ཐག་རིང་ཞིག་བསྐོར་ནས་ཉིན་གང་འགྲོ་དགོས་ཐུག་སོང་བས་སེམས་ངལ་སྡོན་མ་ལྷ་བུ་ཞིག་ཏུ་གྱུར། རི་ངོགས་ནས་ཤ་འོད་རྒྱུགས་བཞིན་ཆུ་བཀགས་སོང་བས་ང་ཚོ་སླེབས་ཀྱི་ཡོད་པའི་རྟགས་སུ་མེ་མདའ་ནམ་མཁར་འཕེན་ནས་བརྡ་གཏོང་གི་འདུག

དེ་ནས་ཕར་ཁ་ནས་ཟམ་པ་སོགས་བཟོ་མཁན་ཡོང་བྱུང་བས་ང་ཚོ་ཡུན་རིང་འགོར་མ་སོང་། ལུང་པའི་ཕུ་དེ་ས་དམར་རི་རོང་བལྟས་ན་སེམས་ལ་འཇིགས་སྣང་ཡོང་བ་ཞིག་འདུག ལ་དེ་བརྒལ་ཟིན་ནས་རྒྱལ་ཐང་དམག་སྒར་ཡོད་ས་ཞིག་ཏུ་སླེབས་སོང་། དེ་གར་སླེབས་དུས་ང་ཚོའི་ལམ་འཕྲང་སྡུག་ཤོས་ཚང་མ་བཞག་ཐུབ་པས་དགའ་ཚོར་དང་སྤྲོ་སྣང་ཡག་པོ་བྱུང་། དེའི་ནུབ་དམག་སྒར་ཆུང་ཆུང་ཞིག་གི་ནང་དུ་བསྡད།

དེ་ནས་མར་ཡོང་དུས་རོགས་པ་དང་། དམག་མི་རྒྱུས་ཡོད་རྣམས་ཀྱི་སྤྲང་ཆེན་གྱི་རྗེས་མཐོང་སྐབས་ཞེད་སྣང་ཚད་མེད་བཟོ་དགོས་ཐུག་སོང་ཀྱང་སྤྲང་ཆེན་ལ་ཐུག་མ་བྱུང་། དེ་ནས་རོང་ཡེས་ཟེར་བའི་ས་ཆ་ཞིག་ཏུ་སླེབས། དེར་ལྷངས་འཕོར་གྱི་ལམ་ཀ་འདུག དམག་གི་མོ་ཊ་ནང་ང་ཚོ་བཞག་ནས་ཆུ་ཚོད་འགའ་ཤས་

འགྲོ་དུས་རྫ་ཡུལ་གྱི་ཆུ་ལ་ཐུག་གི་འདུག དེ་ནས་གྲུ་གཟིངས་ཆེན་པོ་ཞིག་གི་ནང་ལ་འགྲོ་དགོས་ཀྱི་འདུག

དེར་རྒྱ་གར་གཞུང་གི་སྣེ་ལེན་ཁང་སྐྱོབ་གསོ་དང་རོགས་རམ་གནང་མཁན་གྲ་བསྒྲིག་གནང་བ་འདུག པད་བཀོད་རྗེ་དྲུང་དང་། མ་ཊི་ཧླ་མ་སྨྲིན་པ་རྒྱ་མཚོ་ཟེར་ནས་མཁྱེན་རྩེ་རིན་པོའི་སློབ་མ་ཧླ་མ་ཤེན་ཏུ་ནས་ཁྱེན་ནླབས་ཆེ་བ་ཞིག་ཡོད། ཁོང་རྣམ་པ་རྒྱ་མི་ལ་ཞེད་ནས་ཆུ་ཕར་ཁ་ནས་ཚུར་བྲོས་དགོས་ཐུག་འདུག ཁོང་རྣམ་པ་མཇལ་སོང་བས་མཛའ་བརྩེའི་སྐད་ཆ་དང་། ལམ་ག་ནས་ཡོང་ཚུལ་སོགས་བཤད་ནས་ལམ་སེང་ཡོང་དགོས་རེད་སོང་།

མི་མོ་ཏ་གང་ཡོང་ནས་ཊེ་བེའི་སྟར་ལ་སླེབས། དེ་ནས་ལོ་ཆུང་མི་གཅིག་ཡིན་མཁན་ཚང་མ་བཟོ་གྲྭ་ལ་འགྲོ་ནས་མི་མང་པོ་གསོ་ཐུབ་པ་བྱ་དགོས་པ་རེད་ཅེས་བཤད་ནས་མི་ཕལ་ཆེར་སོང་བའི་སྐབས་བུ་རིས་མི་གཅིག་ཡིན་པས་འགྲོ་དགོས་ཐུག་སོང་། རྗེས་ནས་ཚུར་མངག་པའི་སྐད་ཆ་བཤད་སོང་། གོང་པོ་མང་པོ་ཡོད་པས་འགྲོ་ཡི་མིན་ལབ་པ་སོགས་མང་པོ་ཟང་ངེ་ཟིང་ངེ་བཟོས་སོང་།

དེ་ནས་ང་ཚོ་འབྲལ་དཀའ་མོ་རེད་སོང་ཀྱང་མ་བྲལ་རང

བྲལ་རེད་ནས་སོ་སོ་རེད་སོང་། སྤྲ་མོ་ཁྲིམ་ནང་མི་དགོན་གྲྭ་ཚང་བཞག་ནས་ཡོང་དུས་དཀའ་ངལ་དེ་ཙམ་མ་བྱུང་རུང་བུ་རིས་དང་བྲལ་དུས་ཁོ་རང་ངུ་ནས་ཚོད་མི་འདུག ང་དང་མཁའ་འགྲོ་གཉིས་མིག་ཆུ་མང་པོ་ཤོར་སོང་། དེ་ནས་ང་ཡི་ནང་འཛམ་དེ་ཚུར་ཕྱུད་ནས་ཁོ་རང་ལ་བཀོན་གསོལ་བ་སྨོན་ལམ་མང་པོ་བརྒྱབ་ནས་སོང་བས་རྗེས་ནས་ཁོ་དང་བྲལ་དགོས་ཐུག་མ་སོང་། དེ་ནས་ང་ཚོ་ཨ་སམ་ལ་སོང་། གཞིས་ཆག་གི་ནང་ཞུགས་ནས་བསྡད་པས་ ༔ སྐྱབས་མགོན་རིན་པོ་ཆེ་དང་བོད་གཞུང་གིས་བཀའ་དྲིན་ལ་བརྟེན་ནས་སྐྱིད་པོ་བྱུང་། འོན་ཀྱང་ཕར་ཚུར་འགྲུལ་བཞུད་དང་རྒྱ་མི་ལ་ཞེད་སྣང་ཡོད་དུས་རྒྱ་གར་ལྷོ་ཕྱོགས་སུ་སོང་བ་ཡིན་ནོ།།

ཉེར་བདུན་པ། ལྷོ་ཕྱོགས་ཨོ་རིས་སར་གཞིས་ཆགས་པ།

ཨོ་རིས་སར་སྔར་དམག་ལ་སོང་བ་རྣམས་ཀྱི་ནང་མིའི་ཆེད་དུ་གཞིས་ཆག་བཙུག་དུས། བུ་རིས་ཀྱིས་མིང་ཐོག་ནས་ཕར་འགྲོ་ཚོག་པ་བཟོས་སོང་བས་རྒྱུས་ཡོད་བསམ་བཟང་རྣམས་ཀྱིས་ངག་ལ་ཉན་ནས་ཨོ་རིས་སར་སོང་བ་ཡིན། ང་ལ་ཚ་བ་མི་འགྲོད་ནས་དཀའ་ངལ་ཡོད་དུས་ཨོ་རིས་ས་ལ་ཚ་བ་ཆེན་པོ་རེད་འདུག་ཀྱང་མ་བསྟུད་རང་བསྡད་རེད། དེར་སྡོད་རིང་དད་འདུན་ཅན་གྱི་མང་ཚོགས་དང་། ནད་གདོན་སོགས་ཀྱིས་མནར་བའི་ཉམ་ཐག་རྣམས་ལ་རང་ནུས་གང་ཡོད་ཀྱིས་སྨན་དང་། སྔགས་རིམ། གཤིན་པོ་ལ་འཕོ་འདེབས་དང་གནས་འདྲེན་སོགས་བླ་མ་གོང་མའི་ཕྱག་བཞེས་རང་ནུས་གང་ཡོད་ཀྱིས་ཉིན་མཚན་གོ་སྐྲེལ་ནས་དཀའ་ངལ་ལ་མ་འཛེམ་པར་ ༧ གོང་ས་མཆོག་གིས་བཞེད་དགོངས་འགྲུབ་པ་དང་། ཆོས་ཀྱི་སྙིང་པོ་ཉུ་མོས་ནས་འབད་པ་ལྷོད་མེད་བྱས།

ཉིན་ཞིག་ཨོ་རིས་ས་ལ་བསྡད་སྐབས་བུ་རིས་དམག་ལ་སོང་ནས་ལོ་མང་པོ་ཞིག་ལ་མ་ཐུག་པ་རེད། ཕོ་ཡོང་ཁར་ཡི་གེ་གཏོང་བའི་ལུགས་སྲོལ་མེད་པ་རེད། ཉིན་གཅིག་བུ་རིས་ཡོང་

གི་ཡོད་པའི་ཡི་གེ་ཞིག་སླེབས་བྱུང་བསམ་པ་བྱུང་། བསྐུར་རྒྱུ་དེ་ལྷ་རམ་པུར་ནས་བཀུར་སོང་ཟེར་བ་ཞིག་རྫིས་སོང་། ངས་ཁོང་ཚོ་ལ་ཞལ་ས་བཟོས་ལབ་ནས་བཟོས་བཞག་པས། མཁའ་འགྲོས་རྗེད་མོ་རེད་ཟེར་ནས་སྤུས་མགོ་ཁྲུར་མ་བྱུང་། ཁོ་དེ་ནུབ་མོ་མཚན་ལ་སླེབས་སོང་བས། དེར་ཡོད་ཚང་མ་ངོ་མཚར་ནས་མངོན་མཁྱེན་རེད་ལབ་བྱུང་ཀྱང་ངས་རེད་མ་རེད་གང་ཡང་མ་བཤད་ཁོ་ལ་དེ་རྗེས་ང་ལ་ཡི་གེ་སྦྲད་མཁན་དེ་དྲི་དུས། ང་ཚོའི་ཕ་ཡུལ་གྱི་མི་ཞིག་གཞི་བདག་གི་འཁོར་དུ་སྐྱེས་པ་ཨེ་ཡིན། ཁོ་ལ་དེ་རྟག་པར་རྩི་ལམ་གཏོང་གི་འདུག་ཟེར། ཁོས་ས་གནས་དེ་ག་རང་ལ་སླེབས་དུས་གསོལ་འདེབས་དང་བཅས་གསོལ་ཁ་བཏོན་པ་ཡིན་ཟེར། ཆོས་རྣམས་ཐམས་ཅད་རྐྱེན་ཡིན་ཏེ། །འདུན་པའི་རྩེ་ལ་རབ་ཏུ་གནས། གསུངས་པ་ལྟར་དད་བརྩེ་ལ་གཡོ་ཟོལ་མེད་དུས་ག་དུས་ཡིན་ན་ངེད་གཉིས་ཀྱི་བར་དུ་དེ་འདྲ་བ་མང་པོ་ཡོང་གི་ཡོད། མི་ཚེའི་ནང་ལ་རོགས་ཁོ་ལས་རྒྱུན་རིང་བ་ཞིག་གཤིབ་སྐྱོང་མེད། ངའི་དོན་དུ་ཁོས་ཡོངས་རྫོགས་བློས་གཏོང་ཐུབ་པ་རེད། བྱ་བྲལ་རིན་པོ་ཆེས་ཀྱང་། བུ་རིས་ཁོ་ཆགས་མེད་རིན་པོ་ཆེས་མཐའ་ནས་མཆོངས་གསུངས་ན་མཆོང་བ་ལ་ཐེ་ཚོམ་མེད་པ་རེད་གསུངས་གི་འདུག་ཟེར་ནས་བཤད་རྒྱུ་འདུག ང་ཚོ་ལོ་མང་རིང་

ཁ་བྲལ་བས་རྨི་ལམ་གྱིས་མཐོང་ཚུལ་འདྲ་བ་ཞིག་བྱུང་། དེ་ནས་ང་ཚོ་མཉམ་དུ་འཛོམ་རྒྱུ་ཡོད་པ་བྱུང་བ་རེད། དེ་རྒྱབ་ཨོ་རིས་ས་ལ་གཟིམ་ཁང་གསར་པ་ཞིག་བརྒྱབ་ནས་བསྡད་སྐབས་ཤིག་ལ་ནད་ཡམས་མང་པོ་བྱུང་ནས་མི་མང་པོ་ཤི་ཆད་བྱུང་།

ཉིན་ཞིག་བུ་རིས་ཀྱིས་ཁོང་ཁྲོ་དང་བཅས་ཁོས་རྨི་ལམ་དུ་སོ་ར་ཟེར་ནས་མི་ཞིག་ཡོད་པས་དེ་མཆེ་བ་གཙོགས་ཤིང་རྒྱ་སྒོ་ནང་ནས་མི་ཐུབ་པར་ཡར་ཤོར་ཡོང་གི་འདུག ཞེད་སྣང་ཆེན་པོ་བྱུང་། ཁྱེད་ལ་ནུས་མཐུ་གང་ཡང་མེད་པ་གང་རེད། ཧོག་ཙམ་ནུས་མཐུ་སྤུང་མ་གཏོགས་འགྲིགས་ས་མ་རེད་ཟེར་བས། ང་གི་བདེན་སྟོབས་བརྗོད་ནས་རྨི་ལམ་དུ་མཚམས་སྦྱོར་བཟོས་པས་ནུབ་གཅིག་ཉམས་སྣང་དུ་རང་ཉིད་གུ་རུ་དྲག་པོར་གྱུར་ནས། རྒྱ་གར་གྱི་བུ་མོ་ཚུང་ཚུང་ལས་ཀ་ལས་ནས་འགྲོ་མཁན་ཞིག་ཡོད་པ་དེ་འདྲ་པོ་ཞིག་ནད་བདག་རེད་འདུག དེ་ངའི་ཞབས་འོག་ཏུ་བཅུགས་པས། གཟུགས་པོ་ཆེན་པོ་ཞིག་ལུས་ལ་སྦྲུལ་གྱི་ལྤགས་པ་བཞིན་དྲ་མིག་རེའི་ནང་དུ་འོད་ཡོད་པ་ཞིག་ཏུ་གྱུར་ནས་ང་ནམ་མཁར་བཀྱགས་སོང་། དེ་ནས་ངའི་ཐུགས་ཀ་ནས་བྱ་ཚོགས་མང་པོ་ཞིག་སྤྲོས་ནས་དེ་ལ་མཆུ་ཧོ་བརྒྱབ་བྱུང་བས་ཧེ་ཚུང་ཧེ་ཚུང་ལ་སོང་ནས་ཉམས་ཆུང་ཞིག་ཆག་སོང་། དེ་ནས་སྙིང་རྗེ་ཚད་མེད་པ་ཞིག་སྐྱེས་བྱུང་

དེས་རྐྱེན་བྱས་ནས། དད་པ་དང་དང་བ་གྱིས་ཅེས་བཤད་ནས་ཞིང་ཁམས་ཞིག་ཏུ་འདྲེན་བསམ་ཀྱང་། དད་པ་མི་ཤེས་ཟེར་བས། ངས་རྒྱལ་བ་བྱམས་པ་མགོན་པོའི་བསྟན་པ་ཤར་དུས་ང་གཉིས་འཕྲད་ཡོང་དེ་བར་དུ་ཤིང་སྡོང་འདིའི་མཁྲིས་སུ་སྡོད་ཅེས་བཀའ་བསྒོས་སོང་བའི་སྣང་བ་ཞིག་ཤར་བྱུང་བས་དེ་ནས་བཟུང་སྐྱེ་ནད་རིམས་དེ་རྒྱུན་ཆད་སོང་། དེ་འདྲ་བོ་མང་པོ་ཡོང་གི་ཡོད་ཀྱང་དེ་དུས་ཟིན་བྲིས་སོགས་འདེབ་མ་ཐུབ་པས་ཇི་བཞིན་བྲི་མ་ནུས་སོ།།

ཉེར་བརྒྱད་པ། སྤྱུགས་སྲུང་མས་ནད་ལས་བསྐྱབ་པ་དང་ཆར་ཕབ་པ།

སྤྱོན་མ་ང་དབུགས་བསགས་ཀྱིས་དཀའ་ངལ་འཕྲད་ནས་པ་ལ་ཁ་ཊྲིས་སྨན་ཁང་དུ་འགྲོ་དགོས་རེད་སོང་། དེ་འགྲོ་སྐབས་སྤྱུགས་སྲུང་མ་ངོ་མ་ཞལ་གཟིགས་བྱུང་། ད་ལྷ་ཕྱོད་སྐྱོན་གྱི་མ་རེད། སྨན་པའི་ཁོག་ཏུ་ང་བསྡད་ནས་བློ་སེམས་བསྐྱུར་ཡོང་། ཁྱེད་རང་གི་ཚེ་ཚད་འདི་ཡིན་གསུངས་ནས་བསྟན་བྱུང་། ད་ཚེ་ཚད་རྫོགས་ནས་ལོ་ཁ་ཤས་འགྲོ་སོང་། རང་གི་དུས་རྒྱུན་དགེ་སྦྱོར་དང་ལྔ་ར་ཏི་ཀར་ཚེ་སྒྲུབ་བྱས་པའི་ནུས་མཐུས་ཡིན་གྱི་རེད་བསམ་པ་བྱུང་།

ལོ་གཅིག་ཨོ་རིས་ས་ལ་ཆར་པ་མ་བབ་ནས་དཀའ་ངལ་ཚད་མེད་བྱུང་བས། ང་ལ་ཆར་འབོད་ཀྱིས་ཅེས་མང་ཚོགས་ནས་རེ་བསྐུལ་ཞུས་སོང་། ང་ཚོ་གྲྭ་བ་ཁ་ཤས་དང་བཅས་ཆར་འབོད་ལ་སོང་བས་སྣང་བ་ལ་ཡུལ་དེའི་གནས་བདག་སོགས་ཁང་པ་ཤིན་ཏུ་སྐྱོ་བའི་ནང་དུ་མིག་ལོང་ནས་བསྡད་བཞག་པ་མང་པོ་ཞིག་མཐོང་བ་དང་། དེ་དག་གི་ཆར་མང་པོ་ཞིག་བབ་རྒྱུ་རག་ས་མ་རེད་ང་ཚོ་ལ་ཆར་པ་ཡོད་མ་རེད་ཟེར་ནས་ཡར་བཤད་མར་བཤད་མང་

པོ་བྱས་སོང་།

ཆར་སློང་ལ་སོང་ན་རག་ཨེ་ཡོང་ཟེར་ནས་སྐྱོ་སྣང་ཚད་མེད་ཅན་ཤ་སྟག་བྱུང་བས། ད་ཆར་ཞིག་བབ་ཡོང་ས་རེད་བསམ་པ་བྱུང་། དེ་ནས་ཆར་བབ་བྱུང་བས་ལོ་ཏོག་ལ་ཕན་པོ་བྱུང་སོང་།

ཉེར་དགུ་པ། མཁའ་འགྲོ་ཕ་ཡུལ་དུ་ཐེངས་དང་པོ་འགྲོ་རྒྱུ་བྱུང་བ།

དེའི་སྐབས་ཤིག་ལ་བོད་དུ་གཉེན་འཕྲད་དུ་འགྲོ་ཆོག་པའི་སྒོ་ཕྱེས་བྱུང་བས་མཁའ་འགྲོ་ཕ་ཡུལ་ལ་ཕེབས་ནས་ཀུ་རུའི་སྡིག་ཐམ་གཏེར་མ་དེ་དང་། ཀརྨ་པ་མཁའ་ཁྱབ་རྡོ་རྗེ་དང་། གཏེར་ཆེན་མཆོག་གྱུར་གླིང་པ་ཟུང་གིས་བསྟགས་བརྗོད་དང་ཞུ་བཤད་གནང་བའི་དབུ་ཞུ་པདྨ་མཐོང་གྲོལ། རྣཱ་གའི་སྙིད་ཕུར་དཔལ་རི་རྩེ་མེ་ཡི་ཆོག་དུས་འཕུར་སོང་ནས། སྐུ་ཕྲེང་ལྔ་པའི་དུས་བྲག་ཞིག་གི་སྟེང་ནས་འོད་འཕྲོ་བ་གཟིགས་པས། ཞབས་ཞུ་ལ་ཁྱེད་རང་སོང་ནས་གང་འདུག་ལྟོས་ཤོག་གསུངས་ནས་མངགས། བྲག་གི་སྟེང་དུ་ཕུར་པའི་ཤུལ་དང་བཅས་ཡོད་པས། ཚུར་གདན་དྲངས་པ་རེད་ཅེས་གྲགས་པའི་ཕུར་པ་བཅས་ཚུར་ཕུལ་མཁན་རག་ནས་ཡར་གདན་དྲངས་འདུག ངའི་ཚ་བོ་ཚེ་རིང་རྣམ་རྒྱལ་དང་། སྲིང་མོའི་བཟའ་ཟླ་ཨ་སེང་། ཨ་ཆོས་ཟེར་བ་གཉིས་འདུག ཁོང་ཚོ་ང་དང་མ་ཐུག་ན་འཁྲིག་གི་མེད་ཟེར་ནས་ཡོང་དུས་ང་ལ་ཐུག་ནས་སྐྱིད་པོ་བྱུང་།

༧ རྒྱལ་དབང་ཀརྨ་པ་མཇལ་ལ་མཁའ་འགྲོས་ཁྲིད་
སོང་། དེ་སྐབས་མཁན་ཆེན་རིན་པོ་ཆེ་དགུང་ལོ་དྲུག་ལ་ཕེབ་ཡོད་
པ་རེད། ཁོང་ཚོ་ལམ་ནས་རྒྱ་གར་ཉེན་རྟོག་པས་བཀགས་ནས་
ཞག་པོ་འགའ་ཤས་ལ་འགྲོ་མ་ཐུབ། ཧུམ་བདེག་དགོན་པར་ཁ་
པར་བཏང་ནས་ང་ཚོ་ལ་རོགས་པ་གནང་རོགས་ཞུས་པས། ཀརྨ་
པས་ང་དང་ཆགས་མེད་རིན་པོ་ཆེ་ནང་གཅིག་གི་མི་ནང་བཞིན་
རེད། རིན་པོ་ཆེའི་གསང་ཡུམ་བཀགས་མི་དགོས་གསུངས་བཀའ་
ཕབ་ནས་ང་ཚོ་མངགས་སོང་ཟེར་རོགས་པ་བྱས་སོང་། བདེན་
པ་ཡིན་ནམ་མ་ཡིན་བསམ་ནས་ཡར་མདུན་དུ་བསྐྱུར་བ་ཡིན།
དེའི་ཉིན་པར་མཁན་ཆེན་ནས་ཨ་མ་ཁྱོད་ཀྱི་དེ་རིང་ང་ཀརྨ་པ་ལ་
ཕུལ་གྱི་རེད། ང་འདིར་སྡོད་དུས་ཁྱོད་ཀྱིས་ང་ལ་རྒྱ་ཐུག་ཁུར་ཤོག
སྐབས་རེ་མོག་མོག་ཁུར་ཤོག་ཟེར་ནས་བཤད། མས་ཁྱོད་ཀྱི་གཅིན་
སྐྱུག་ཁྱོད་རང་གྱིས་གཏོང་མི་ཐུབ་དུས་ཀརྨ་པས་ག་བ་ཉར་གྱི་རེད་
ཅེས་བཤད་པས། ང་ཀརྨ་པ་ལ་ཕུལ་གྱི་རེད་ལྟོས་ཨ་ཟེར་དུས་མས་
ཆ་འཛོག་རྩ་བ་ནས་བཟོས་མི་འདུག སྐང་ཧོག་ཏུ་འཁྱེར་ནས་ཀརྨ་
པ་མཇལ་བཅར་སྐབས་གཞན་དང་མི་འདྲ་བའི་ཕྲུག་གུར་
གཟིགས་སྟངས་གནང་བ་དང་། ཞྭ་མཇལ་གནང་ནས་དེ་ཚར་
སྐབས་སྐབས་རེ་སྤྱན་ནམ་མཁར་གཟིགས། སྐབས་རེ་ཕྲུག་གུ་ལ་

གཟིགས་པ་སོགས་མང་པོ་མཛད་ནས་དམིགས་བསལ་དར་ཞིག་མགུལ་དུ་བཀོན་གནང་འདུག དེའི་སྔོན་ནས་རྒྱལ་དབང་མཆོག་གི་སྐུ་སྲུང་ཀརྨ་སྣར་གྱི་ནོར་མ་བསོད་བཀྲ་ཟེར་བ་དེས། མཁན་པོ་རིན་ཆེན་དར་རྒྱས་ངའི་ལག་པར་བཞག་རོགས་གྱིས་ཞུ་ཡི་ཡོད་འདུག

ཁོང་ཚོ་མར་ཆོག་ཡོང་བའི་ཉིན་པར་ཁོ་ལ་ ༧ ཀརྨ་པས་མཁན་པོ་རིན་ཆེན་དར་རྒྱས་ཀྱི་སྤྲུལ་སྐུ་དེ་ཡིན། འཁྲུལ་མེད་ཡིན་གསུངས། ཁོས་ཡར་སྐད་གཏོང་ན་འགྲིགས་ཀྱི་རེད་པས་ཞུས་དུས་འགྲིགས་ཀྱི་རེད་གསུངས་བྱུང་པས། ཁོ་དགའ་ཐག་ཆོད་ནས་རྒྱུགས་ཡོང་བ་ཡིན་ད་ལྟ་ཡར་ཕེབ་ཤོག་ཟེར་ནས་ཁོ་རང་ཚག་གེ་ཚིག་གེ་བཟོ་གི་འདུག་ཟེར། ཁོ་ཚོ་ཡར་མགྱོགས་པར་སོང་ནས་

༧ ཀརྨ་པའི་མདུན་དུ་བཅར་བ་དང་། ཕྲུག་གུ་འདི་ནི་མཁན་པོ་རིན་ཆེན་དར་རྒྱས་ཀྱི་ཡང་སྲིད་འཁྲུལ་མེད་ཡིན། ཕར་འཁྲིད་མི་དགོས་ང་ཡིས་བདག་པོ་རྒྱག་གི་ཡིན། ཁྱོད་རང་ཕྲུག་གུ་ལ་སེམས་ཁྲིན་རྩ་བ་ནས་མི་དགོས། མ་འོངས་པར་སེམས་ཅན་ལ་ཕན་ཐོགས་པ་ཡོང་གི་རེད་ལ་ཕན་ཐོགས་ས་འདུག་ཡང་ཡང་གསུངས་པ་དང་། ཁྲི་སྟོན་བཟོ་བའི་འགྲོ་སོང་ངས་གཏོང་ཆོག ཁྱེད་རྣམ་པས་གྲ་བསྒྲིག་གྱིས་ནས་ཡར་ཤོག་གསུངས། ཁྱེད་ཀྱིས་

བཀའ་ག་རེ་གནང་ན་བསྒྲུབ་ཆོག ང་ལྷ་རིན་པོ་ཆེ་ལ་སྐད་ཆ་བཤད་ནས་ཕར་འཁྲིད་ཆོག་པ་ཞུས་པས། འགྲིགས་ཀྱི་རེད་གསུངས་ནས་དགོངས་པ་ཐོབ་ནས་ཚུར་སློབས་སོང་། དེ་ནས་ཕར་རུམ་བཏེག་ལ་བསྐྱུར་དགོས་དུས། བུ་རིས་ཞབས་ཞུ་ལ་མངགས་བསམ་ཀྱང་བྱ་བྲལ་རིན་པོ་ཆེའི་མདུན་ནས་དགོངས་པ་མ་ཐོབ།

དེའི་ཡར་མར་ཞིག་ལ་སུ་ཛ་ལིན་དུ་ང་འགྲོ་དགོས་ཀྱི་འདུག་ཟེར་ནས་འབྲེལ་ཡོད་ཚང་མས་གྲོས་བྱས་ནས་སུ་ཛ་ལིན་དུ་ང་སོང་བ་རེད། ང་ལ་ལོ་ཚོས་དབང་ཞིག་གནང་དགོས་རེད་ཟེར། དབང་ཞིག་གནང་བའི་འཆར་གཞི་བཏིང་གི་འདུག དངུལ་ཡོང་ཐབས་མ་གཏོགས་སྐད་ཆ་མི་འདུག་པས་དབང་མ་གནང་བས་གྲ་བསྒྲིགས་བཟོ་མཁན་ཚོ་ལ་དཀའ་ངལ་ཏོག་ཙམ་རེད་སོང་ནའང་ཐབས་ཤེས་མི་འདུག མཆོད་མེ་ཞིག་སྦར་ནའང་ག་རེ་རེད་ཟེར་བ་སོགས་དད་པ་དང་དག་སྣང་ནི་རྩ་བ་ནས་མི་འདུག ད་ཕན་ཐོག་མི་འདུག་བསམ་ནས་སེམས་ཐག་བཅད་ནས་ཚུར་ཡོང་བ་ཡིན། དེ་ནས་མཁན་ཆེན་རིན་པོ་ཆེ་ཕར་གདན་དྲངས་ཁྲི་འདོན་བཟོས་ནས་ཀརྨ་པས་ཉར་གནང་བ་རེད།

དེའི་སྐོར་ཞིག་ལ་ ༧ རྒྱལ་བ་རིན་པོ་ཆེ་རུམ་བཏེག་ལ་

ཕེབ་པའི་ཕེབ་བསུ་ལ་སྤྲུལ་སྐུ་ཆུང་ཆུང་རྣམས་སེར་ཕྲེང་བསྒྲིག་ནས་ཡོད་དུས། རྒྱལ་བ་རིན་པོ་ཆེས་དམིགས་བསལ་མཁན་ཆེན་ལ་གཟིགས་ནས་འདི་སུ་རེད་གསུངས་པ་དང་། འདི་སྤྲུལ་སྐུ་གཞན་དང་མི་འདྲ་བཀའ་བསྐྱོན་དང་ཉེས་རྟགས་སོགས་གཏོང་མི་ཉན། འདིའི་དགེ་རྒན་སུ་རེད། མ་འོངས་པར་ཕན་ཐོགས་ཆེན་པོ་ཡོང་གི་རེད་གསུངས་ནས་ཐུགས་མཉེས་པོ་ཚད་མེད་གནང་འདུག སྤྲུལ་སྐུ་ངོས་འཛིན་མ་བཟོས་གོང་ང་སུད་ཛ་ལེན་ནས་ཚུར་མགྱོགས་པོ་ཡོང་གི་ཡོད་པའི་ཁ་པར་བཏང་བས། ཧོ་ཚོ་ལྷེ་ལི་ལ་ང་བསུ་བར་འགྲོ་བའི་སྔ་གོན་བྱེད་སྐབས་ད་ཕེབ་ཀྱི་མ་རེད་གསུངས་སོང་ཟེར། དེ་རྒྱབ་ཁ་པར་བཏང་ནས་ཡོང་ཐུབ་མ་སོང་ཟེར་ནས་བཤད་པས་དེར་ཡོད་རྣམས་ཀྱིས་མངོན་ཤེས་བཟོས་སོང་ཟེར།

དེ་རྗེས་ཟླ་བ་གཅིག་གི་རྗེས་ཨ་མ་དེ་རིང་རིན་པོ་ཆེ་ཕེབ་ཀྱི་རེད་ཅེས་བཤད་དུས་མཁའ་འགྲོས་ཁ་པར་འཁྱེར་མ་སོང་ཕེབ་ཀྱི་མ་རེད་ཅེས་བཤད་ནའང་། ད་ལྟ་རང་ཕེབ་ཀྱི་འདུག་སེར་རིལ་ལིར་ཕེབ་ཡོང་གི་འདུག་ཅེས་ཡང་ཡང་གསུངས་དུས་ཏོག་ཙམ་རྗེས་མཁན་ཆེན་གྱིས་གསུངས་པ་བཞིན་ཕེབ་སོང་ཞེས་བཤད་རྒྱུ་འདུག

དེའི་ཉིན་པར་ངས་སྟོད་ཐུང་སེར་པོ་ཞིག་གྱོན་ནས་ཡོང་བས་དེར་ཡོད་ཚང་མས་མངོན་ཤེས་རེད་ཟེར་ནས་བཤད་སོང་། མཁན་ཆེན་རིན་པོ་ཆེ་མ་ཡི་མང་ལ་དུ་ཟླ་བ་བཅུ་ལྷག་ཙམ་བསྡད་པ་དང་། འཁྲུངས་པའི་སྐབས་རྒྱ་གར་གྱི་སྨན་ཁང་ཧྥ་སེང་ཕུར་ཟེར་བར་འཁྲུངས་པ་རེད། སྨན་པ་ཆེ་ཤོས་དེ་ཏང་སང་ནས་འདི་ཧྥ་ཕན་རེད་འདུག བོད་པའི་ལྷ་ལ་ག་འདྲ་ཡོད་རེད་ཟེར་དྲི་གི་འདུག་ཟེར། འདི་དངོས་གནས་ཧྥ་ཕན་རེད་འདུག་ཟེར་ནས་ཚང་མས་བྱམས་པོ་དང་བརྩེ་བརྩེ་བཟོ་བ་མ་ཟད་པར་རྒྱག་བཙུག་ཟེར་ནས་པར་མང་པོ་རྒྱག་པ་སོགས་འདྲ་མི་འདྲ་བཟོས་སོང་ཟེར་ནས་བཤད་རྒྱུ་འདུག

དེ་རྗེས་ཨོ་རིས་སར་འགྱོར་ཚར་བའི་སྐབས་སྨན་པ་ཆེ་ཤོས་དེ་ཐེངས་མ་མང་པོར་ཡོང་ནས་པར་རྒྱག་པ་སོགས་བྱེད་ཀྱི་འདུག བལ་ཡུལ་ལ་འགྱོར་རྗེས་ཐེངས་མ་འགའ་ཤས་ལ་སྨན་པ་ཆེ་ཤོས་དེ་སླེབས་ནས་མཁན་ཆེན་ལ་དགའ་དགའ་ཚད་མེད་བྱེད་ཀྱི་འདུག ང་གིས་དེ་སྐབས་ཆ་འཛོག་གང་ཡང་མ་བྱས་ཀྱང་རྗེས་ནས་ལྷ་དུས་ཁེ་མཚར་འདྲ་པོ་མཐོང་རྒྱུ་འདུག་བསམ་པ་བྱུང་ངོ་།།

སུམ་ཅུ་ཐམ་པ། ནཱ་ར་ཏྲཱི་ཀར་ཚེ་སྒྲུབ་དུ་བསྐྱོད་པ།

གནས་མཛལ་ཆེད་དུ་ཨོ་རི་ས་ནས་ཡོང་སྐེ་ནཱ་ར་ཏྲཱི་ཀར་ཚེ་སྒྲུབ་ཞིག་ལ་བུ་རིས་དང་། བླ་མ་ངག་དབང་བསྟན་འཛིན་ངེད་གསུམ་སོང་བ་ཡིན། བུ་རིས་ཀྱིས་ཁང་པ་གླ་རྒྱུ་ཐབས་ཤེས་ལྷ་ཚེ། བླ་མ་ངག་དབང་བསྟན་འཛིན་དང་ངེད་གཉིས་ཚེ་བུམ་མདུན་དུ་སོང་ནས་གསོལ་བ་སྨོན་ལམ་བཏབ་ནས་བསྡད་པས། ཚེ་བུམ་གྱི་ཁ་ལ་པོ་ཚོས་ཆུ་བླུགས་ཀྱི་ཡོད་རེད་དེ། དེའི་སྐབས་ཕྱི་ལོག་ལ་འཐོར་དོན་མི་འདུག ཕྱི་ལོག་ཏུ་སྐར་མ་འདྲ་མང་པོ་ཤར་ནས་གསལ་འདུག་རྒྱུ་ཡོད་པ་དེ་འདྲ་བྱུས་ནས་བདུད་རྩི་མང་པོ་བབ་བྱུང་། བདུད་རྩི་བབ་སྐབས་རྩམ་པ་བཏབ་ནས་ག་ལེར་ཚེ་རིལ་བསྒྲིལ་རྒྱུ་ཡོད་པ་དེ་འདྲ་རེད་སོང་། ཞག་ཁ་ཤས་བསྡད་ཀྱང་ཉིན་དང་པོ་རེད་མ་གཏོགས་དེ་འདྲ་མ་བྱུང་།

མར་ཡོང་སྐབས་ཁུར་པོ་ཁུར་ནས་མར་ཡོང་པས་འཛའ་གུར་མི་འདྲ་བ་མང་པོ་བྱུང་། ལ་ཐུང་ཞིག་ནས་འགྲོ་དགོས་ཀྱི་འདུག ལ་ཐུང་དེ་ནས་འགྲོ་ཚེ་འགྲོ་རིང་འཛའ་ཐིག་མི་འདྲ་བ་མང་པོ་བྱུང་། རྒྱང་ནས་ལྷ་དུས་འཛའ་ཐིག་དེའི་ནང་དུ་ཚུད་བསྡད

ཡོད་པ་རེད། ང་ཚོའི་ས་ནས་ལྷ་དུས་འཇའ་ཕར་ཙམ་འདུག ལ་སྣང་དེར་འགྱོར་དུས་འཇའ་དེ་ཟུར་དེར་འདུག ནམ་མཁར་འཇའ་རྒྱུན་གཏན་ཤར་བ་བཞིན་མ་རེད། འཇའ་ལྷུམ་ཐིག་ལེ་མཚར་པོ་དེ་འདྲ་འདུག ཡ་མཚན་དཔེ་མི་སྲིད་ཡག་པོ་རེད་སོང་། གནས་རྣམས་མཇལ་ནས་ཚུར་བལ་ཡུལ་དུ་ཡོང་ནས་རང་གནས་ཨོ་རིས་ས་ལ་སོང་བ་ཡིན།

སོ་གཅིག་པ། རྒྱལ་དབང་མཆོག་གིས་བརྩེ་གཟིགས་དང་ཡིད་སྐྱོའི་གྱེས་བྲལ།

དེ་མཚམས་བོད་དུ་འགྲོ་རྒྱུའི་ལག་འཁྱེར་རག་སོང་། སྣང་ཧོག་ནས་མཁན་ཆེན་རིན་པོ་ཆེ་ཁྲི་སྟོན་གནང་སྐབས་ང་ཚོ་ཟླ་བ་ཁ་ཤས་ལ་བསྡད་པ་ཡིན། དེ་སྐབས་ཀརྨ་པའི་མདུན་དུ་ཉིན་རྟག་པར་ཕར་ཆེར་བཅར་ནས་ཕྱག་ཆེན་སོགས་ཀྱི་སྐོར་ཁོང་གིས་ཉམས་མྱོང་གི་ཁ་ནས་འདི་འདྲ་མཛད་ཀྱིན་ཡོད་གསུངས་ནས་མང་པོ་གནང་སོང་། མཁའ་འགྲོས་ཡང་མཉམ་དུ་ཚང་མ་ཞུས་པ་རེད། མཇུག་མའི་ཞལ་འཛོམ་ཞུ་སྐབས་དེ་རིང་ངའི་མཉམ་དུ་ཞལ་ལག་མཆོད་ནས་སྐད་ཆ་བྱེད་རྒྱུ་ཡོད་གསུངས། ལགས་སོ་ཞུས་པ་ཡིན། གསོལ་དཔོན་ལ་དེ་རིང་ང་གཉིས་ཞལ་ལག་མཉམ་དུ་བཞེས་དགོས་གསུངས་སོང་། ཞལ་ལག་ལ་ཐུག་དུས་ང་འབོད་མཁན་མངགས་མཛད་སོང་བས་ང་མདུན་དུ་བཅར་བ་ཡིན། རྒྱལ་དབང་རིན་པོ་ཆེ་གཟིམས་ཁྲི་ནང་དུ་བཞུགས་འདུག མར་བབ་མཛད་ནས་འབོལ་གདན་ཞིག་གི་ཁ་ལ་གྲུམ་རྩེ་བཏིང་འདུག་དེར་བཞུགས་སོང་། ང་མདུན་དུ་བསྡད་པ་ཡིན། ཞལ་ལག་ཡར་བཅུག་

ཚར་དུས་སྔོ་མར་རྫོབ་གསུངས་བྱུང་བས་མར་འཛིན་སོང་།

ངས་སངས་རྒྱས་བསྟན་དོན་དུ་དཀའ་ལས་མང་པོ་བརྒྱབ་པ་ཡིན། ད་ལྟ་མ་སྨྲོན་ཙམ་བྱུང་ནས་རུམ་ཏེག་དགོན་པ་བཞེངས་ཐུབ་པ་རེད། ངས་སྤྲུལ་སྐུ་མང་པོ་ཞིག་བདག་པོ་བརྒྱབ་ཡོད། གྲྭ་བ་ཞིག་ལས་སྤྲུལ་སྐུའི་མིང་ཡོད་དུས་བསྟན་པ་ལ་ཕན་ཐོགས་ཆེ་བ་རེད། དེས་རྒྱུ་མཚན་གྱིས་ཡིན་གསུངས། གཙོ་བོ་བོད་ནང་དུ་ང་ཚོས་བསྟན་པ་དར་ཐབས་བྱེད་དགོས་པ་རེད། ཁྱེད་བོད་ལ་ཕེབ་རྒྱུ་རེད་ང་ནི་ཚེ་འདི་ལ་བོད་དུ་འགྲོ་ཐུབ་རྒྱུ་མ་རེད། མི་གཞན་ལ་ཆ་བསྐུར་བ་དང་ཁྱེད་ལ་ཆ་བསྐུར་བ་འདྲ་ཡི་མ་རེད། ཆགས་མེད་རིན་པོ་ཆེ་མི་ཤེས་པ་མེད་པ་རེད། ཁྱེད་ཀྱིས་ངའི་ཚབ་བཟོས་ནས་བོད་དུ་བསྟན་པ་རྒྱས་ཐབས་གང་དྲག་བཟོས། ངའི་ཚབ་ཡིན་གསུངས་རོགས་ཡག་པོ་ཡོང་གི་རེད།

ངའི་ན་ཚ་འདི་ལྷི་མོ་རེད་མི་གཞན་པ་ཞིག་ཡིན་ན་ད་ལྟ་བསྡད་ཡོད་མ་རེད། ང་བསྟེན་ས་སྨན་པ་བཟང་བ་དང་། མི་ཚེ་དཀོན་མཆོག་ལ་གསོལ་བ་བཏབ་ནས་བསྡད་དུས་དེས་བདེན་མཐུས་སྡོད་འདུག་པ་རེད། ད་ཕར་ཆེར་ཐུག་གི་མ་རེད་སོགས་གསུངས་ནས་ཐུགས་ཤིན་ཏུ་ནས་སྐྱོ་བའི་ཚུལ་མཛད་བྱུང་།

ང་ཡང་སེམས་པ་སྐྱོ་ནས་ཞེ་དྲག་ཞུ་ཐུབ་ཀྱི་མི་འདུག་ཀྱང་།

ཁྱིད་བཞུགས་རོགས་མཛད་དགོས་རེད། དེ་སྟ་བསྟན་པ་དང་སེམས་ཅན་ལ་ཕན་ཐོགས་རྒྱ་ཆེན་པོ་བྱུང་བ་རེད། མ་འོངས་པར་བསྟན་འགྲོའི་དོན་དུ་གཤེགས་སོང་ན་འཁྲིགས་ཀྱི་མ་རེད་སོགས་རང་གིས་ཞུ་གང་ཤེས་ཞུས་པ་ཡིན།

དེ་སྐབས་ཞལ་གྱིས་རྒྱུ་ཡོད་ས་མ་རེད་བསམ་ནས་སེམས་སྡུག་གིས་ཁེངས་སོང་། དེ་ནས་མ་སོང་རང་སོང་རེད། ཞལ་གྱིས་ནས་ཡོང་བ་ཡིན། ད་ལྟ་དེ་ཚོ་དྲན་དུས་སེམས་པ་སྐྱོ་ནས་བསམ་མི་ཐུབ་པའི་གནས་ཚུལ་རེད། རྗེས་ནས་ཞལ་མཇལ་བའི་སྐལ་པ་ག་ལ་ཡོད་མཇལ་མ་སོང་། དུས་གསུམ་གསལ་གཟིགས་ཀྱི་མངོན་མཁྱེན་ཐོགས་པ་མེད་དུས་ལུང་བསྟན་ངོ་མར་གྱུར་ཏོ།།

སོ་གཉིས་པ། བོད་ནས་རང་ནུས་གང་ཡོད་ཀྱིས་ཞབས་ཞུ་བསྒྲུབས་པ།

རྗེས་ནས་བོད་ལ་སོང་དུས་རྒྱ་ཆེན་པོ་ཐེར་ནས་གང་ཡང་བཤད་ཐུབ་ཀྱི་མི་འདུག་ཀྱང་འབྲེལ་ཡོད་ཀྱི་མི་སེར་དང་བླ་མ་མི་དྲག་སོགས་ལ་ཐབས་ཤེས་ཀྱིས་འགྲེལ་བཤད་དང་བཅས་ལྷག་བསམ་རྣམ་དག་གི་ཞབས་ཞུ་ཡིན་བསམ་ནས་བྱ་བ་གང་འགྲུབ་ཞུས་པ་ཡིན། ལྷ་ས་ནས་རྗེ་དྲུང་རིན་པོ་ཆེ་གཤེགས་ཚར་འདུག་པས་མཇལ་མ་སོང་། ཡུམ་སྲས་རྣམས་དེར་བཞུགས་འདུག་པས་གནས་ཚང་གཡར་ནས་བསྡད་པ་ཡིན། ཇོ་བོ་ཡིད་བཞིན་ནོར་བུ་དང་། པོ་ཏཱ་ལ་སོགས་གནས་ཁྱད་པར་ཅན་རྣམས་ལ་མཆོད་འབུལ་དང་བསྐོར་ཕྱག་སོགས་བྱས་ནས་ཡུན་རིང་ཙམ་བསྡད།

སྤུ་བོ་ལྷོ་རོང་ནས་རྒྱ་མིས་བཟུང་སྐབས་ང་འཕུར་བ་སོགས་རྫུ་འཕྲུལ་འདྲ་མི་འདྲ་བསྟན་པའི་སྐད་གྲགས་ཡོད་པས་དམིགས་བསལ་ཤོ་སྟར་ལྷོ་གསུམ་གྱི་མི་མང་པོ་ང་མཇལ་དུ་སླེབས་སོང་། དེ་རྣམས་ལ་སྨན་དང་བཀའ་བསྔོ་སྲུང་བ་བྱིན་རླབས་སོགས་ཕན་གང་ཐུབ་བཟོས་པ་ཡིན། དེ་ནས་ཆབ་མདོ་ལ་སོང་ནས་ཞག་འགའ་ཤས་བསྡད། མཇལ་བཅར་གྱི་འཚང་ཁ་ཧ་ཅང་

ཆེ་བས་རང་ནུས་གང་ཡོད་ཀྱིས་ཞབས་ཞུ་བསྒྲུབས་པ་ཡིན། དེ་ནས་གནས་མདོ་དགོན་དུ་སོང་བ་ཡིན། ཕེབས་བསུའི་སེར་ཕྲེང་སོགས་རྟེན་འབྲེལ་ཙམ་བྱས་འདུག རྒྱ་མིས་དགོན་པ་གཏོར་ནས་རྗེ་བཙུན་གྱི་ཕོ་ཡུལ་དྲན་སོས་པ་བྱུང་། ལྷུང་མའི་ར་བ་ཞིག་ཡོད་པ་དེ་ལྷག་འདུག དེར་གུར་ཕུབ་ནས་བསྡད། མང་ཚོགས་མཇལ་བཅར་རྒྱ་ཆེ་བས་ཟང་ངེ་ཟིང་ངེ་བཟོས་སོང་། གྲྭ་རྒན་བུ་དགེ་དང་། རྡོ་རྗེ་བཅས་ཁ་ཤས་མ་གཏོགས་ལྷག་མི་འདུག གྲྭ་བ་གསར་པ་ནི་མང་པོ་མི་འདུག་ཨ་ནི་ཁ་ཤས་འདུག ཡུལ་དགོན་ཚང་མ་འཇོམས་ནས་དགོན་པ་ཡར་བཞེངས་རྒྱུའི་ཐག་བཅད་སོང་།

དགོན་པའི་ཤུལ་ངོས་མི་ཟིན་པ་ཙམ་རེད་འདུག་དེ་ཚོ་ཡར་བཞེངས་པའི་མགོ་བཙུགས་སྐབས། ད་བསྟན་པ་ལ་ཉམས་ཆག་འདི་ཙམ་སོང་། བླ་མ་གྲྭ་བ་རྣམས་སྐུ་ཚོགས་འོ་བརྒྱལ་དང་བཅས་ཁ་འཐོར་རྩ་བརླགས་ལ་སོང་ཚུལ་དྲན་ནས་ཡང་ཡང་རྗེ་བཙུན་གྱི་ཕོ་ཤུལ་དེ་ཡར་དྲན་སོས་པ་ཞིག་རེད་སོང་། མང་ཚོགས་ཀྱི་དད་པ་དམ་ཚིག་ལ་གཡོ་ཟོལ་མེད་དུས་ཡང་བསྐྱར་བསྟན་པ་ཞིག་རྒྱས་མི་ཡོང་ན་བསམ་ནས། གཟའ་སྐར་འཕྲོད་སྦྱོར་དགེ་བའི་ཉིན་གྲྭ་རྒན་ལྷག་ལུས་འགའ་ཤས་བཅས་དགོན་པའི་ཤུལ་དུ་བསང་དང་

གསེར་སྐྱེམས་བཅས་སྐར་འཛོན་བྱས་ནས་ལས་འགོ་བཙུགས་པ་ཡིན།

དེ་ནས་མཁའ་འགྲོའི་ཡབ་ཚང་དང་ཤོ་མདའ་ནས་སྤྱི་མོའི་དཔོན་འགོ་རྣམས་ཀྱིས་གདན་དྲངས་བ་དང་། དེ་ཚོ་ནས་དཔལ་འབྱོར་མ་སྨྲོན་ཙམ་རེད་སོང་། ངོམ་སྟོད་སྨད་ཚང་མར་སོང་བ་ཡིན། རྟ་ཟོག་སོགས་ཡག་པོ་རག དེ་ཡི་དགོན་པ་བཞེངས་རྟེན་ཡག་པོ་རེད་སོང་བས་ཁོང་རྣམས་ལ་ཐུགས་རྗེ་ཆེ་ཞུ་རྒྱུ་ལས་གཞན་ཅི་ཡོད། ཁོང་རྣམ་པའི་གང་ཞུལ་བ་རྣམས་ཚུད་ཟོས་སུ་མ་སོང་བར་དཔལ་འབྱོར་ལ་སྙིང་པོ་ལེན་པའི་སྐལ་པ་བཟང་པོ་ཅན་དུ་གྱུར་སོང་སྙམ་མོ།།

སོ་གསུམ་པ། བོད་ནས་ཕ་ཕྱིམ་དུ་སོང་བ།

ལྷ་ཐོག་ཏུ་སོང་བས་སྤྱན་མཆེད་བསོད་ནམས་མགོན་པོས་སྔར་ཡོད་ཀྱི་རི་ཁྲོད་དེ་ཡར་བཞེངས་ནས་དེར་བཞུགས་འདུག སྐུ་མཆེད་བསོད་ནམས་མགོན་པོ་ཆུང་ཆུང་དུས་ལྷ་ཐོག་ཚང་གི་བན་དེ་བུ་ཁྲལ་ཞེས་ཁ་སྤྲོལ་དུ་ཡོད་པ་ལྟར། ལྷ་ཐོག་ཚང་གི་གྲྭ་པ་ཡིན། ལྷ་ཐོག་ཚང་གི་སྒྲུབ་ཁང་དུ་ལོ་གསུམ་ཕྱོགས་གསུམ་བཞུགས་ཤིང་ཉམས་ལེན་སོགས་ཡག་པོ་ཡོད་པའི་སྐད་གྲགས་ཡོད་པ་རེད། བླ་མའི་གཙོ་བོ་རྒྱ་སྤྲུལ་རིན་པོ་ཆེ་དང་། མཁྱེན་སྤྲུལ་རིན་པོ་ཆེ། དྲུང་པ་རིན་པོ་ཆེ། ཞག་བླ་བྱང་ཆུབ་རྡོ་རྗེ་རྣམས་གཙུག་གི་ནོར་བུར་བསྟེན་ཞིང་ཅི་གསུང་བཀའ་བསྒྲུབ་ཀྱིས་གཡོ་རྫོལ་མེད་པ་བྱས། དུས་ཟིང་སྐབས་རི་ལ་ཉེན་གཡོལ་ལ་སོང་ནས་ནང་མི་ཚང་མ་ཅ་ལག་སྤྲས་ནས་རི་ལ་བཞུགས་སྐབས། མི་ཞིག་གིས་རྒྱ་ཡི་ཅ་ལག་ཀུ་མ་བརྒྱབ་ནས་བྲོས་ཚེ་རྒྱ་ཡིས་རྗེས་དེད་ནས་ཡོང་བས་ཕོ་ཚོའི་སྟེང་དུ་ཕོ་ཡོང་རྒྱུ་ཁེལ་བས་རྒྱ་ཁྲིད་ཡོང་བ་བཞིན་གྱུར་ནས་རྒྱ་ཡིས་ཕོ་ཚོ་མཐོང་འཕྲལ་མེ་མདའ་བརྒྱབ་ནས་ཨ་ཁུ་རྡོ་དཔལ་བསད། སྤྱན་འབྲིང་བ་ཚེ་དབང་ཞེས་དགེ་སློང་ཞིག་ཡོད་པ་དེ་གཡོག་མོ་ཞིག་ཡོད་པ་དེ་ལ་རྨ་བྱུང་ནས་དེ་ལ་རྨ་དཀྲིས་རྒྱག་

སྐབས། ཁྲིག་ལག་པར་འགོས་ཡོད་པ་མ་ཤེས་པས་བསྲུང་བ་སོགས་གང་གི་ཡང་མ་བརྟན་པར་དེ་ན་བགྲོངས་འདུག

བསོད་མགོན་གྱིས་ང་ཡི་གོས་དམར་ཞིག་ཡོད་པ་དེ་གྱོན་བསྡད་དུས་རྒྱ་ཡིས་བསྐོར་བ་མང་པོ་བརྒྱབ་ཀྱང་མཐོང་མ་བྱུང་ཟེར། རྐང་པ་སོགས་བདེ་པོ་མེད་པས་ཉིན་མ་གསུམ་ལ་ཞལ་ལག་དང་ཆུ་ཐིག་པ་གཅིག་མ་རག་པར་ལྷགས་ཡོད་འདུག དེ་ནས་རིམ་བཞིན་ཚུར་ཕེབ་ཐུབ་ཙམ་བྱུང་ནས། སྟ་མའི་གད་མོ་ཚང་གི་གཡོག་པོ་གཡོག་མོ་གཉིས་ཡོད་པས་ཕོ་གཉིས་ལ་ཐུག་ནས་ཕོ་གཉིས་ངུས་འཇུ་བཟོས་ནས་ནང་དུ་ཁྲིད་ནས་ཇ་བླུགས་སྐབས། ལྷོ་ཚང་མ་ལྷགས་པ་བུད་སོང་ཟེར་ནས་བཤད་བྱུང་། ཨ་ཁུའི་རོ་མ་རྙེད་ནས་ཉིན་འགའ་ཤས་འགོར་ཡོད་འདུག

ཚེ་དབང་གི་གདུང་ཐུགས་དམ་ལ་བཞུགས་ནས་ཉིན་འགའ་ཤས་མར་གདན་དྲངས་མི་འདུག དེ་ནས་ཐུགས་དམ་གྲོལ་མཚམས་མཆེད་གྲོགས་ཨ་གྲུབ་ཀྱི་རྒྱབ་ལ་ནགས་གསེང་བར་ནས་སྐུ་ཆོགས་ལ་མ་ལྟོས་པར་ཁུར་ནས་དུས་སྟབས་བཟོས་འདུག ཚེ་དབང་སྐྱེས་སྐབས་ཆ་མཚན་ཆེན་པོ་བྱུང་བ་དང་། དམིགས་བསལ་སྔོན་མཐོང་མ་མྱོང་བའི་བྱ་དཀར་པོ་ཞིག་གིས་བསྲུང་ནས་བསྡད་པའི་ལོ་རྒྱུས་ཡོད། གནམ་པས་ཅེ་རེ་དགོན་པའི་སྤྲུལ་སྐུ་ཞིག

ཡིན་གསུངས་པའི་ལོ་རྒྱུས་ཡོད་པ་རེད་དེ་བཀའ་ཡིག་གནང་ནས་ཁྲི་ལ་བཀོད་པ་སོགས་མ་བྱུང་བ་རེད། དེ་ནས་མར་ནང་ལ་ཐེབ་ཆག་སླེབས་ནས་ནང་མི་འཁྲོས་ལྷག་རྣམས་ཚུར་ནང་ལ་འཛོམ་ནས་སྡུག་བསྔལ་ཚོད་མེད་བཟོས་པ་སོགས་མི་རྟག་པའི་རང་མཚང་དངོས་སུ་བསྟན་ཡོད་འདུག

དེ་ནས་སྲིང་མོ་ཡོན་ཆོས་ཀྱིས་གཟི་དང་། གཞན་ཡང་ཙ་ལག་གཅེས་དགུ་ཁྱེར་ནས་སྡེ་དགེ་ལ་བསྐྱོ་རྟེན་ཕུལ་དུ་སོང་བ་རེད་འདུག རྒྱ་སྤྲུལ་རིན་པོ་ཆེའི་མདུན་དུ་བཅར་ནས་བསྐྱོ་རྟེན་ཕུལ་སྐབས་གཟི་གཅིག་ཚུར་གནང་ཆགས་མེད་རིན་པོ་ཆེ་ལ་འབུལ་རོགས་གསུངས་ཡོད་འདུག མོ་རང་གིས་ང་གར་ཡོད་མི་ཤེས་དུས། རྒྱ་སྤྲུལ་རིན་པོ་ཆེས་གསུང་ལ་བལྟས་ན་ང་དང་མཇལ་ཡོང་ན་བསམ་ནས་སེམས་གསོ་ཐེབ་པ་རེད་འདུག སྤྱན་མཆེད་བསོད་མགོན་རྒྱ་ཡིས་སྲིད་ཇུས་དམ་བསྒྲགས་ཆེ་བའི་སྐབས་ཞབས་སུག་བདེ་པོ་མེད་པས་དུད་ཀྱི་ཕ་གན་ཡིན་ལབ་ནས་ནང་ལ་བསྡད་པས་རྒྱ་ཡིས་གནོད་འཚེ་ཆེན་པོ་མ་བྱས་པར་ལྷག་འདུག ཉམས་ལེན་སོགས་བྱས་ནས་དཔེ་མེད་ཡག་པོ་རེད་འདུག དྲུང་པ་རིན་པོ་ཆེས་དུས་མ་ལོག་གོང་སེར་སྐྱ་ཚང་མ་ལ་སྔོན་འགྲོ་སོགས་གང་ཡང་མེད་པར་རྫོགས་ཆེན་དམར་ཁྲིད་གནང་སྐབས་བསོད་

མགོན་གྱིས་གཞན་ལ་ཁྲིད་གནང་རོགས་གསུངས་པ་དང་། ཁོ་རང་ལ་ཉམས་ལེན་ཡག་པོ་ཡོད་དུས་མི་མང་ལ་ཕན་ཐོགས་ཆེན་པོ་བྱུང་ཡོད་པ་རེད།

ཉིན་གཅིག་མི་ཤི་སར་འགྲོ་མི་ཚོག་དུས་མཚན་གཅིག་ལ་འཁྲུག་པའི་སྐབས་ནས་ཕྲུག་གུ་ནུད་པ་བཞིན་བྱས་ནས་གཤིན་པོ་ཞིག་སར་སོང་ཡོད་འདུག ཇེས་ནས་ཁོང་གིས་ཕྲུག་གུ་ཚོ་གཤར་སྣ་ནུད་པ་ལ་ཁག་ཡོད་མ་རེད། སྐྱིད་པོ་ཡོད་དར་གསུངས་སྲོལ་འདུག ཁོང་གི་སློབ་མ་ཕལ་ཆེར་ཐུགས་དམ་ལ་མ་བཞུགས་པ་མེད་པ་རེད་ལབ་རྒྱུ་འདུག ཇེས་ནས་སེང་གེ་ཉལ་སྟབས་བཅས་དགུང་ལོ་བདུན་ཅུ་ཡོས་ལོ་བོད་ཟླ་བཅུ་གཅིག་པའི་ནང་ལ་འདས་དུས་རིང་བསྲེལ་སོགས་འདས་རྗེས་ངོ་མཚར་ཅན་མང་པོ་བྱུང་འདུག

ཡུལ་ལུང་མི་མང་གི་ང་ལས་ཁོང་དད་འདུན་ཆེ་བ་འདྲ་བོ་ཡོད་རེད། ཁོང་གི་ཁྲིད་སོགས་གནང་དུས་སྡོན་འགྲོའི་རྒྱུད་མ་སྦྱང་ན་འཁྲུག་པའི་སྐབས་ལ་ཁང་པ་བརྩེགས་པ་ནང་བཞིན་རེད་གསུངས་ནས་སྔོན་འགྲོ་ལ་ནན་ཏན་མཛད་པའི་ཕྱག་སྲོལ་བཟང་པོ་དེས་སློབ་མའི་རྒྱུད་ལ་བག་ཆགས་བཟང་པོ་ཞིག་བཞག་འདུག ང་ཉི་ཁོང་ལ་རྗེས་སུ་ཡི་རང་སྐྱེས་བྱུང་། ཆོས་པ་ཟེར་ན་དེ་ཚོ་རེད་

འདུག གསེར་འདྲ་པོ་རེད། དེ་གར་བསྡད་རིང་ལྷ་ཐོག་སྟོད་སྨད་སོགས་ནས་མཇལ་བཅར་མང་བས་སོ་སོའི་འདོད་མོས་དང་བསྟུན་ནས་དབང་ཁྲིད་བཀའ་བསྒོ་བྱིན་རླབས་སོགས་གང་ཐུབ་བྱས་པ་ཡིན།

གནས་མདོ་དགོན་ནས་རང་བྱུང་ཞུ་མཁན་སུམ་ཅུ་ཙམ་བྱུང་བ་དེ་རྣམས་གྲུབ་ཆེན་ཀར་ནོར་མདུན་དུ་བཏང་། དེ་རྣམས་ཚུར་མ་སླེབས་བར་ངའི་ནང་ཚང་དུ་བསྡད་པ་ཡིན། ངའི་ནང་ཚང་ནི་མི་མ་ཤི་ཙམ་བྱས་ནས་བསྡད་འདུག ང་ལ་སྲིང་མོ་གཉིས་ཡོད་པའི་གཅིག་ལ་ཕྲུ་གུ་གཉིས་ཡོད་དུས་གཅིག་གྲོངས་ཚར་འདུག ངའི་ཕ་ནི་རྒྱ་མིའི་བཙོན་ཁང་དུ་ཆབ་མདོར་གྲོངས་འདུག སྔོན་མ་ངའི་མ་གྲོངས་རྗེས་ཕ་དེ་ལོ་ན་ཆུང་ཆུང་ཡིན་པས་བསོད་གཡང་ཟེར་བ་ཞིག་དང་མཉམ་དུ་བསྡད་པ་རེད། དེ་ཡི་བུ་རྒྱུད་བུ་མོ་འགའ་ཤས་ལྷག་འདུག་པ་རྣམས་དཔལ་འབྱོར་སོགས་སྐྱོ་པོ་རེད་འདུག དེ་རྣམས་ཚང་མས་ང་དང་ཐུག་དུས་འཆི་གསོན་འཕྲད་པ་བཞིན་དུ་ཡི་འདུག

གནས་དགོན་ཡར་མར་དུ་ལོ་གཉིས་བསྡད་རིང་ཡུལ་དགོན་ཚང་མར་སྨན་དང་དབང་ལུང་ཁྲིད་གསུམ་བཀའ་བསྒོ་བསྲུང་བཟློག་བླ་བསླུ་འཆི་བསླུ་སོགས་རང་ནུས་གང་ཡོད་ཀྱི་ཞབས་ཞུ་དང་། དེ་

ནས་རིམ་བཞིན་ཡར་རྒྱས་བཏང་བས་ད་ལྟ་གནས་མདོ་དགོན་དུ་ཁ་སྤྲུལ་རིན་པོ་ཆེ་དང་། གནམ་ཆོས་སྤྲུལ་སྐུ་སོགས་དཔེ་མེད་ཡག་པོ་ཡོད་པ་དང་། བཀྲ་སྟོབས་ཀྱིས་ལྷག་བསམ་ལ་གཡོ་ཟོལ་མེད་པར་ཞབས་འདེགས་གང་དྲག་ཞུས་པ་རེད།

དེའི་ཡར་མར་ཞིག་ལ་ཚ་བ་སྒང་ནས་གུབ་དབང་ཡེ་ཆེན་སྤྲུལ་སྐུ་ཀརྨ་སྒྲུབ་རྒྱུད་དང་། བང་ཆེན་ཚང་དབང་ཕྱུག་ཚེ་རིང་རྣམ་པ་གཉིས་ཀྱི་གཙོས་སེར་སྐྱ་མི་མང་གིས་ང་ལ་དད་ཞེན་ཆེན་པོས་སྐོ་ནས་ཡིན་གཅིག་མིན་གཅིག་ཡོང་དགོས་ཞེས་ཞུ་ཚུག་གི་མཐའ་སྐྱེལ་བས་དཀའ་ངལ་ཆེན་པོ་འདུག་ཀྱང་སོང་བ་ཡིན། ཡེ་ཆེན་དགོན་གྱི་མཉམ་པ་ཛོ་སྲས་ཡང་སྲིད་ཀརྨ་ངེས་དོན་ངོས་འཛིན་དང་ནབས་བཟའ་མཚན་གསོལ་ཞུས། ལྷ་ཁང་ལ་རབ་གནས་ཀྱི་མེ་ཏོག་གཏོར་བས་རྟེན་འབྲེལ་ཡག་པོ་རེད་སོང་། ཡག་དགོན་པ་དང་། སྒྲོལ་མ་ལྷ་ཁང་། གོ་ཏོ་དགོན་པ་སོགས་ལ་ཁོང་ཚོས་འདོད་མོ་བཞིན་སོང་ནས་ཉིན་མཚན་དལ་མེད་ཀྱིས་དབང་དང་བཀའ་བསྐོ་སྲུང་བ་བསླབ་བྱ་སོགས་རང་ནུས་གང་ཡོད་བྱས་པ་ཡིན།

དེ་ནས་ཕ་ཡུལ་ནས་ཡར་ཡོང་བལ་ཡུལ་དུ་སྡོད་སྐབས་མཁའ་འགྲོས་མཱ་ར་ཏཱི་ཀ་ར་ཕེབ་ཐུབ་ན་ཡག་པོ་ཡོད་པའི་བསམ་

རྒྱལ་ལྷར་མཁན་ཆེན་རིན་པོ་ཆེ་དང་། མཁའ་འགྲོ། བུ་རིས་སོགས་མི་མང་པོ་ཡོད་པ་གནམ་གྲུ་གླས་ཏེ་སོང་བ་ཡིན། རི་རོང་གཡང་གཟར་ཆེ་བས་འགྲོ་འདུག་ལ་དཀའ་ངལ་ཆེན་པོ་འདུག་ཀྱང་ཀ་ཁང་ཐང་ལ་བུ་རིས་ཀྱི་ལག་པར་འཇུས་ནས་ཡར་སོང་བ་ཡིན། དེ་ནས་སྒྲུབ་ཕུག་ཏུ་ཡར་སླེབས་ཏེ་ཚེ་སྒྲུབ་བཟོས་པ་ཡིན། རྒྱ་གར་བ་རྣམས་ཀྱིས་དབང་ཕྱུག་གི་གནས་ཡིན་པར་ངོས་འཛིན་གྱི་འདུག

སོ་བཞི་པ། ཕ་ཡུལ་དུ་འགྲོ་ཐེངས་གཉིས་པའི་སྐབས་ཀྱི་གནས་ཚུལ།

ཕ་ཡུལ་དུ་འགྲོ་ཐེངས་གཉིས་པར་མཁའ་འགྲོ་གནས་མདོ་དགོན་ནས་ཡར་དམར་ཡོ་ཁ་ལ་ཨ་སྲུའི་ནང་ལ་སོང་ནས་བསྡད་སྐབས། ཨ་སྲུའི་བུ་མོ་ལོ་བཅུ་གཅིག་ཡིན་པ་མི་མ་ཡིན་མཐོང་མཁན་ཞིག་ཡོད་འདུག བཀྲིས་སེང་གེ་ཡོད་པས་ཕོ་མདོ་ཁམས་སྐྱུ་རྒྱལ་བབ་ས་ལ་ལྟད་མོ་བལྟ་ལ་སོང་ཡོད་ས་རེད།

སྤུན་མཆེད་བུ་མོ་ཞིག་དང་མཁའ་འགྲོ་གཉིས་གུར་ཞིག་ནང་ལ་བསྡད་སྐབས་རྐོབ་སྦྲ་ཆེན་པོ་ཞིག་གྲགས་སྐབས་མར་མེ་དེ་ནག་ལྷེབས་སེ་སོང་བ་དང་། མཁའ་འགྲོས་སྒྲོག་ཞུ་བརྒྱབ་ནས་ལྷ་དུས་ཡོང་དོན་མེད་པའི་ཁྲག་མང་པོ་ཞིག་འཐོར་བ་དང་། མཁའ་འགྲོའི་ལྷམ་ནང་ཁྲག་གིས་ཁེངས་འདུག་ཟེར། བུ་མོ་འགའ་ཤས་དང་མཉམ་དུ་མི་མ་ཡིན་མཐོང་མཁན་གྱི་བུ་མོ་དེ་སླེབས་སོང་། ཕོ་ཚོ་ལམ་ནང་ནས་ཡོང་སྐབས་སོ་ཡི་སྣང་ནས་ཁྲག་ཐོན་མཁན་རལ་པ་ཅན་ཞིག་གིས་བུ་མོ་ཚང་གི་ལུག་ཅིག་ཁྱེར་སོང་ཟེར། མཁའ་འགྲོའི་ཨ་སྲུའི་བུ་གཅིག་སྐར་མདའ་དགོན་པའི་བླ་མ་ཡིན་པས་དེ་ལ་བྱུང་རིམ་རྣམས་ཞུས་པས། རྣམ་རྟོག་བྱེད་མི་

ཉན་པ་རེད་གསུངས། དེ་ནས་ཕྱུག་མོ་ཞིག་གཟིགས་ནས་རིམ་གྱིས་མང་པོ་བྱུས་འདུག་ཀྱང་མཁའ་འགྲོ་ན་ནས་ཉེས་ཁ་ཆེན་པོ་བྱུང་འདུག ང་དེར་སླེབས་པས་ངས་མོ་ལ་གང་མཐོང་གི་འདུག་དྲི་དུས་མོས། དང་པོ་རྒྱ་ཆས་བྱུས་ནས་ཡོང་གི་འདུག རྒྱ་འདྲ་བོ་གཉིས་འདུག དེ་ནས་རས་སྔོན་པོ་ཞིག་གནང་སོང་ཟེར་ནས་རྒྱ་ཆས་དེ་གཟན་ཤམ་ལ་བསྒྱུར་སོང་ཟེར་ནས་བཤད་བྱུང་། དེས་སྔ་ནུབ་རྨི་ལམ་ནང་དུ་མོས་བཤད་པ་དེ་ཇི་ལྟ་བ་བཞིན་ང་ལ་རྨིས་སོང་། ཁྱོད་ཀྱི་རྩར་ནས་ཅ་ལག་ཞིག་རག་དགོས་ཀྱི་ཡོད་ཟེར་ནས་ལག་བཟེད་སོང་། ངས་སྦྲད་རྒྱུ་མེད་སྦྲད་ཀྱི་མིན་ཞེས་བཤད་པས་ཁོ་གཉིས་མི་སྣང་བར་གྱུར་སོང་།

དེ་ནས་འབྲི་ལ་ནང་ལ་སོང་བ་ཡིན་པས་དེ་གཉིས་ནག་མོ་གཉིས་ལ་གྱུར་སོང་། གཅིག་གིས་སླེལ་པོ་ཞིག་ཁྱེར་འདུག་ཟེར། བཀྲིས་སེང་གེ་ལ་འདུག་རྒྱུ་མེད་པ་ཞིག་ཡོད་པས། འཆི་མེད་གཡང་འཛོམ་ལ་མཐོང་དུས་ཤོད་ཅེས་བཤད་ནས་མོས་འདི་ན་འདུག་ཟེར་བ་དང་མཉམ་དུ་ཐུན་རྫ་བརྒྱབ་ཡོད་འདུག བརྒྱབ་པ་དང་མཉམ་དུ་ནག་མོ་གཅིག་གི་བརླ་ཡ་གཅིག་ལ་མེ་འདྲ་བོ་འབར་ནས་ཅོར་སྒྲ་ཆེན་པོ་གྲག་སོང་གཞན་རོགས་པ་སུ་གཅིག་གིས་གོ་མ་བྱུང་ཟེར།

དེ་སྐབས་ས་སྣང་ནས་ནག་མོ་ཞིག་བཟླ་ལ་གཟེར་བརྒྱབ་ནས་ན་བྱུང་ཟེར་བཤད་རྒྱུ་འདུག ཡང་ནག་མོ་དེ་གཉིས་འགྲོ་ཡི་འདུག་ཟེར། མཁའ་འགྲོ་ཡང་བསྐྱར་ཚབ་ཆེན་པོ་ན་སོང་། དེའི་ཡར་མར་ཀརྨ་དགོན་པ། མགར་དགོན་པ། དགོན་ཞབས་དགོན་པ་སོགས་ཀྱིས་ཞབས་བརྟན་མང་པོ་བསྒྲུབས་པ་དང་། ལྷག་པར་བླ་ཆེན་སངས་རྒྱས་བསྟན་འཛིན་ནས་བླ་བསླུ་འཆི་བསླུ་སོགས་མང་པོ་མཛད་སོང་། ངས་བཟློས་པ་ཡིན། དེ་ནས་ཕོ་གཉིས་ཀྱིས་ཐུབ་མ་སོང་སེམས་བདེ་བ་ཅན་ལ་འགྲོ་ཡི་ཡིན་ཟེར་ནས་མར་ལོག་ཞོར་བུད་མེད་གཅིག་དེས་རས་དམར་པོ་ཞིག་ཁུར་འདུག་དེ་ཡར་འཕང་སོང་ཟེར། མཁའ་འགྲོ་ན་རྒྱུ་གཅིག་པ་གཅིག་རྐྱང་རེད། ཚང་མས་འཆི་རྒྱུར་ཐག་གཅོད་དགོས་པ་ཙམ་བྱུང་།

ཁ་ཚ་བྲ་པའི་མདུན་ནས་བྲ་ཕབ་དུས་བློ་དགའ་བསྙེན་ན་ཡག་པོ་འདུག་ཟེར་བ་བཞིན་བྱས་པ་དང་། རི་ལ་ནང་ལ་པོ་རྒྱལ་ཟེར་ནས་གཞི་བདག་ཞིག་འདུག སྔོན་མ་ཡག་པོ་ཡོད་ས་རེད། རྗེས་མ་རྒྱལ་པོ་ཐོན་སྙེང་ཕོ་རང་ལ་རྒྱ་འདྲེ་ཞུགས་ཡོད་ས་རེད་ཅེས་བཤད་རྒྱུ་འདུག སྐར་མདའ་དགོན་པར་ཚོ་འཕྲུལ་མང་པོ་བསྟན་པ་དང་། ཐོག་རྒྱག་པ་སོགས་འདྲ་མི་འདྲ་བཟོས་པའི་སྐད་ཆ་མང་པོ་འདུག ཐ་མ་ངས་དྲག་པོའི་ལས་ཏོག་ཙམ་བྱས་ན་ཕན་

ཐོགས་པའི་རྟགས་མཚན་འདྲ་བྱུང་བས། སྙིང་རྗེའི་ཀུན་ནས་བསླང་ཏེ་གུར་དྲག་གི་ང་རྒྱལ་དང་གསལ་སྣང་བརྟན་པོའི་སྒོ་ནས་མངོན་སྤྱོད་ཀྱིས་དམིགས་པ་དྲག་ཏུ་གཏད་པས་ཕན་ཐོགས་སོང་བསམ་པ་ཞིག་བྱུང་། གཙོ་བོ་དེ་སྐབས་པོ་རྒྱལ་གྱིས་གནོད་པ་རེད་འདུག དེ་ནས་མཁའ་འགྲོ་ཡར་ཡར་དྲག་སོང་། གུར་དྲག་གིས་སྒོ་ནས་བསྒྲུབས་པའི་ཐུན་རྫས་དེ་ནུས་པ་ཐུན་མོང་མ་ཡིན་པ་ཡོད་པའི་སྐད་གྲགས་ཡོད་དུས་ཉིན་གཅིག་ཁོ་ཚོས་ཁྱི་ཡི་སྐེ་ལ་བཏགས་པ་རེད་འདུག ཁྱི་དེ་ལ་རྒྱ་ཡིས་མེ་མདའ་བརྒྱབ་དུས་མཚོན་སོང་མི་འདུག དེ་ནང་བཞིན་ས་མཚམས་ནས་ཙ་ལག་སོགས་རྒྱ་མིས་མི་བསྐྱོགས་པ་དང་། གདོན་བགེགས་སོགས་ཀྱིས་སེམས་ཅན་ལ་གནོད་སྐབས་ཕན་ཐོགས་ཆེན་པོ་ཡོད་པའི་གྲགས་པ་འདུག

ཇོ་རིས་ཟེར་ནས་རི་ཞིག་ཡོད་རེད། གཞི་བདག་ཁོ་རང་ལ་ཇོ་རིས་ཞེས་འབོད་པ་རེད། ག་དུས་ཡིན་ན་ང་ལ་གནོད་པ་བཟོ་ཡི་ཡོད་པའི་བཟོ་འདྲ་པོ་ཞིག་ཡོད་རེད། གནས་མདོ་ཚང་གི་གྲྭ་པ་ཚེ་བ་རྣམས་ཁོ་ཡིས་ཁྲིད་སོང་ཚུལ་མང་པོ་ཞིག་གླེང་བཞིན་ཡོད་པ་རེད། གཞིས་མདོ་ཟེར་ནས་གཞི་བདག་ཞིག་ཡོད་པ་རེད། དེ་བསྐོད་ལ་ང་ཡིན་གཅིག་མིན་གཅིག་འགྲོ་དགོས་ཟེར། དེ་ན་སོང་

ནས་བསང་རྒྱུག་བཙན་བཏོན་ནས་དགྲ་ལྷའི་གཏོར་མ་དེ་གསས་མཁར་རྩར་ཡར་ཁུར་བ་དང་མཉམ་དུ་ནམ་མཁའ་ནས་སྤྲིན་ནག་ཆེན་པོ་ཞིག་གློ་བུར་དུ་འཁྲིགས་ནས་འབྲུག་སྒྲ་དང་གློག་ཞགས་འཁྱུགས་པའི་ཛམ་ཟེལ་གྱིས་ཡར་འགྲོ་ཐུབ་མ་སོང་། མི་རྣམས་ཞེད་སྣང་ཚོད་མེད་བྱེད་དགོས་པ་བྱུང་བས་ང་མི་ཚོགས་ཀྱི་དཀྱིལ་དེ་ནས་ཕར་སོང་ནས་ཤུག་པའི་གསེབ་དེར་གུ་རུ་དྲག་པོའི་གསལ་སྣང་དང་བཅས་ས་དོང་ཚུང་ཚུང་ཞིག་བྲུས་ནས་རྡོ་རིས་ཚུར་བཀག་པའི་དམིགས་པ་དང་བཅས། བདེན་པའི་སྟོབས་བརྗོད་པས། དེང་ཕྱིན་ཆད་གཞན་ལ་གནོད་པ་མི་སྐྱེལ་བའི་ཁས་བླངས་སོང་བསམ་པ་བྱུང་། དེ་ནས་ག་ལེར་སྤྲིན་དང་ཆར་པ་དང་སོང་། དེ་ཕྱིན་ཆད་ཕན་སོང་གནོད་པ་ཡོང་གི་མི་འདུག་ཟེར་བཤད་ཀྱི་འདུག

སོ་ལྔ་པ། ཀ་རྨའི་སྐར་གྱི་ཐུབ་པ་འཛམ་གླིང་རྒྱན་གཅིག་གི་སྐོར།

དེ་སྐབས་ཤིག་ལ་ངའི་མ་སྤྱུན་སྔོན་ནེའི་བུ་ཡི་བུ་བསྟན་དགའ་འམ་བསྟན་འཛིན་རྡོ་རྗེས་ལག་ཏུ་ཀ་རྨའི་སྐར་གྱི་རྟེན་གཙོ་ཐུབ་པ་འཛམ་གླིང་རྒྱན་གཅིག་ཞེས་རྗེ་ཀླུམ་ལས་འགྲུབ་པའི་ལི་མ་ཤིན་ཏུ་ཅན་ལེགས་པ་ཞིག་ང་ལ་ཕུལ་སོང་།

ངས་ཀ་རྨའི་སྐར་དུ་ཡར་འབུལ་རྒྱུ་བསྐུར་བས། དེ་མ་སླེབ་པའི་དགོང་མོ་ལྷ་ཁང་ནང་དུ་ལྷིར་སྒྲ་གྲག་པ་དང་། ལྷ་ཁང་འགུལ་སོང་བས་གྲྭ་པ་འགའ་ཤས་ཀྱིས་མཆོད་སྒྲོམ་རིལ་འགྲོ་བ་མིན་ནམ་སྙམ་ནས་བལྟས་པས་ཡོན་ཆབ་དང་མཆོད་མེ་སྔར་བཞིན་རང་འཇག་ཡིན་པ་དང་།

ཕྱི་ཉིན་མོ་ཞོགས་པ་སྔ་མོ་མ་ཆེན་ཡར་ལངས་ནས་ཐབ་ཚང་ནང་ལ་སོང་དུས་དེའི་ནང་དུ་མི་ཆེན་པོ་ཞིག་ཡོད་པ་མཐོང་བས་ཁོ་ནང་དུ་འགྲོ་ཐུབ་མི་འདུག དེའི་ཉིན་པར་སྐུ་དེ་ཕར་འབུལ་རྒྱུ་བསྐུར་བ་དང་ཐུག་དུས་ཁོ་ཚོས་ཡ་མཚན་ཆེན་པོ་ལ་བརྩི་ཡི་འདུག སྐུ་གསུང་ཐུགས་རྟེན་དགོན་པ་སོ་སོའི་དེ་རང་འཇག་མ་བཞག་ན་ཡག་པོ་མེད་པའི་རྟགས་མཚན་གསལ་པོ་ཡོང་གི་འདུག

སོ་དྲུག་པ། མཚམས་དང་དབང་ལུང་སོགས་རང་ནུས་གང་ཡོད་ཀྱིས་ཞབས་ཞུ་བསྒྲུབས་པ།

ཐེངས་གཉིས་པའི་སྐབས་ཕ་ཡུལ་ནས་དཔལ་རི་རྩེ་སྒྲུབ་ཁང་ནང་ཚེ་སྒྲུབ་གསང་འདུས་ཀྱི་མཚམས་ལ་འདུག་སྐབས་སྒྲུབ་པ་གྲོལ་པའི་སྔ་དགོང་མོ་གུ་རུ་རིན་པོ་ཆེ་ཤར་ཕྱོགས་ནས་འཇའ་ཚོན་ཞིག་གི་ནང་དུ་སྔ་མོ་མཇལ་བའི་གུ་རུ་རིན་པོ་ཆེ་དེ་དང་འཇ་བ་ལ་འཁོར་དུ་མཁའ་འགྲོ་མང་པོ་ཡོད་པ་ཞིག་མཇལ་ཞིང་། གཙོ་བོའི་ཞལ་ནས་ཁྱེད་རང་གི་ཉམས་སུ་བླངས་པ་དེ་འབྲེལ་ཐོག་གཞན་ལ་བསྟན་ན་ཕན་ཐོགས་ཆེན་པོ་འབྱུང་བས་ཡི་གེར་བཀོད་དང་བྲི་ཐུབ་པ་ཞིག་ཡོང་གསུངས་བྱུང་བས། ངས་ནམ་གྱི་ཐོ་རེངས་ཐོ་རེ་ལོང་ཞིག་བྲིས་ནས་བཞག ཕྱི་ཉིན་པར་ཆ་ཚང་བ་ཞིག་བྲིས་པ་ཡིན།

གནས་མདོ་དགོན་དུ་ལོ་གཉིས་ཙམ་བསྡད་སྐབས་ཁམ་ལོང་བྱུང་དུས་ཉིན་གཅིག་མ་ཆད་པར་སངས་སྤྲུལ་རིན་པོ་ཆེ་དང་། ཁ་སྤྲུལ་རིན་པོ་ཆེ་སོགས་བླ་གྲྭ་རྣམས་ལ། རི་ཆོས་མཚམས་ཀྱི་ཞལ་གདམས། དེའི་རྒྱབ་ཆོས། དམར་ཁྲིད་ཀྱི་སྐོར། ཀར་གླིང་ཞི་ཁྲོ། གནས་ལུགས་ཀྱི་ཆོས་སྤྱོད། ཆགས་སྤྲུལ་བཞི་པ་

དང་། ལྷ་པ་གཉིས་ཀྱི་བཀའ་འབུམ། གཅོད་ཀྱི་སྐོར་སོགས་དབང་ལུང་ཁྲིད་གསུམ་རང་ནུས་གང་ཡོད་ཀྱི་ཞུས་རྒྱུ་ཡོད་པ་བྱུང་། དེ་ནས་ཚུར་བལ་ཡུལ་དུ་ཡོང་ནས་སྔ་མ་བཞིན་བསྡད་པ་ཡིན།

བལ་ཡུལ་དུ་ལོ་ཤས་བསྡད་རིང་དངུལ་དང་ཅ་ལག་ཡོད་པ་རྣམས་ཁུར་ནས་བོད་དུ་སོང་བ་ཡིན། དེ་སྐབས་དགོན་པ་ཡང་མ་སྐྲུན་ཙམ་བཞེངས་ཟིན་འདུག བླ་མ་གོང་མ་རྣམས་ཀྱི་བྱིན་མཐུས་ལུང་པ་ཚང་མ་ཆོས་ཀྱི་སྣང་བས་ཁྱབ་འདུག ང་ཕལ་ཆེར་ལོ་གསུམ་རིང་ཕྱོགས་ཡར་མར་དུ་སོང་ནས་མང་ཚོགས་ཀྱི་རེ་འདོད་བསྐང་བ་ཡིན། དེ་སྐབས་དད་འབུལ་གྱི་དངུལ་ཟོག་བྱུང་བ་རྣམས་དགོན་པ་བཞེངས་རྟེན་དུ་ཡག་པོ་བྱུང་།

དེ་སྐབས་ར་ལུང་ནས་ཞོགས་ཀ་མི་ཞིག་གིས་གངས་ཕྲུག་ནས་ལས་ཀ་ལས་བཞིན་པའི་སྐབས་གཡང་ལ་ལྷུང་ནས་བརྡབ་སྐྱོན་ཤོར་བས་ཁ་གྲག་རྒྱུ་མེད་པར་གྱུར་འདུག དྲང་སྲོང་ཟེར་ནས་སྨན་པ་མཁས་པ་ཞིག་ཡོད་པ་དེ་ལ་བསྟེན་ནས་ལོ་གསུམ་སྨན་ཟོས་ཀྱང་དྲག་མ་བྱུང་ཟེར། ང་གནས་མདོ་དགོན་ལ་སླེབས་དུས་ཕོ་བསྐྱར་བྱུང་བས་སྨན་དང་སྔགས་བཅས་གང་དྲག་བྱས་པས་དེའི་ནུབ་མོ་མཚན་ལ་གཅིན་པ་གཏོང་ལ་འགྲོ་ཨི་དགོས་ཅེས་པོས་ཀྱང་ཁ་གྲག་རྒྱུ་མི་འདུག་ཟེར།

ཕྱི་ནུབ་མོ་བསོད་བཀྲ་གཅིན་པ་གཏོང་ལ་འགྲོ་ཨི་དགོས་ཅེས་དྲིས་པས། གཅིན་པ་ལོས་གཏོང་དགོས་ཟེར་ནས་ཁ་གྲག་སོང་ཟེར། དེ་ནུབ་མོ་མཚན་གང་པོ་གསུམ་སྐད་ཆ་བཤད་ནས་གཉིད་མི་འདུག ཕྱི་ཉིན་པར་དང་པོ་མཁའ་འགྲོ་དང་ཐུག་འདུག་པས་མཁའ་འགྲོས་བསོད་བཀྲ་ཟེར་མིང་བོས་དུས། ཨ་ལགས། སངས་རྒྱས་ཁོང་གི་བྱིན་རླབས་དང་ནུས་མཐུས་ང་ལ་ཁ་གྲག་རྒྱུ་ཡོད་པ་རེད་སོང་། ང་ལོ་གསུམ་རིང་དུད་འགྲོ་ནང་བཞིན་བསྡད་པ་ཡིན། ངས་སྐད་ཆ་གལ་ཆེན་པོ་བཤད་དགོས་དུས་རྗེ་ལ་རི་མོ་བྲི་ནས་སྟོན་གྱི་ཡོད་ཟེར། དགའ་ཆེ་པས་མིག་ནས་མཆི་མ་གཏོང་ཞིང་ལག་ཐལ་མོ་སྦྱར་གྱིན་འདུག་ཟེར། དེ་འདྲ་བ་མང་པོ་བྱུང་ཀྱང་ཡི་གེར་བཀོད་མ་ཐུབ་པས་ད་ལྟ་ཇི་བཞིན་མ་དྲན།

སོ་བདུན་པ། ཆབ་མདོ་ནས་ཕྱུགས་པ་ཞིག་སྨན་དང་སྔགས་ཀྱིས་བཅོས་ཐུབ་པ་བྱུང་བ།

དེ་ནས་ཚུར་ཡོང་སྐབས་ཆབ་མདོ་ལ་སླེབས་སོང་། ཆབ་མདོ་ནས་མཇལ་བཅར་དང་དབང་ཁྲིད་སོགས་ཞུ་མཁན་གྱི་ཉིན་མཚན་གཉིས་ཀར་འཚང་ཀ་ཧ་ཅང་ཆེན་པོ་བྱུང་། ཆབ་མདོ་མར་ཐང་ནས་མ་ཡི་ཧོག་པ་ནང་ནས་སྐྱེས་དུས་ཕྱུགས་པ་ཡིན་པ་ལོ་བཅུ་ཙམ་ཞིག་ལ་སྔགས་བརྒྱབ་ཞིང་སྨན་སྤྲད་པས་ཁ་གྲག་རྒྱུ་ཡོད་པ་རེད་འདུག ཁ་གྲག་དུས་མི་གཞན་གྱིས་ལད་ཟློས་བཟོ་ནས་བཤད་པ་མ་གཏོགས་ཐ་སྙད་གང་ཡང་ཤེས་ཀྱི་མི་འདུག་ཟེར། ནད་པ་ལ་སྨན་སྦྱོར་སྐབས་ནད་འདི་ལ་སྨན་འདི་ཞེས་པ་ཞིག་རྩ་དང་ཆབ་བརྟགས་པ་ཙམ་གྱིས་ཧ་གོ་བ་ཡོང་གི་འདུག སྨན་བླའི་ཞིང་དུ་འགྲོ་ལ་གཟིགས་ཟེར་བའི་ཆགས་མེད་ཀྱི་སྤྲུལ་པ་ཡོད་པས་དེ་ཚོས་བྱིན་རླབས་དང་ནུས་མཐུ་ལ་བརྟེན་ནས་སྨྱོན་པ་དང་ནད་པ་སོགས་དཀའ་སྡུག་ཅན་མང་པོ་ཞིག་ལ་ཕན་ཡག་པོ་ཐོགས་སོང་། སྨན་གྱི་ཕན་ཐོགས་ཆེ་བའི་སྐད་གྲགས་འདུག་པས། ནད་པ་མང་པོ་ཚོད་མེད་སླེབས་བྱུང་། ཚང་མ་ལ་བལྟ་ཐུབ་ཀྱི་མི་འདུག ནད་པ་ཕྱེད་ཀ་ལྷག་འགྲོ་ཡི་འདུག་ས་ཆ་ཡང་ཆ་རྐྱེན་དཀོན་པོ་

འདུག སྨན་ཕྲན་བུ་ཕྲན་བུ་སྦྲད་པ་ལས་གཞན་ཐབས་ཤེས་མི་འདུག་པས་ཡར་ལྷས་ལ་ཡོང་བ་ཡིན། ནད་པ་ལྷག་མ་རྣམས་ལྷས་ལ་སླེབས་སོང་། དེ་ནས་མཐུན་རྐྱེན་བཟང་བས་ཡག་པོ་ལྷ་ཐུབ་སོང་ལ་ནད་པར་ཕན་ཐོགས་ཆེན་པོ་རེད་སོང་བས་བློ་བདེ་པོ་བྱུང་།

དེ་ནས་ཡང་བསྐྱར་བལ་ཡུལ་དུ་ཚུར་ཡོང་བ་ཡིན། ཡང་ལོ་ཤས་རྗེས་དགོན་པའི་དོན་དུ་བོད་དུ་སོང་བ་ཡིན། དགོན་པའི་ནང་རྟེན་ཐང་ཀ་དང་། རྟེན་གསུམ་བཞེངས་གང་ཐུབ་བཞེངས་པའི་ཞོར་དུ་བཀའ་ཆོས་དང་དབང་ལུང་སོགས་རང་ནུས་གང་ཡོང་གི་ལོ་གསུམ་རིང་བསྡད། དེ་ནས་དགོན་པ་ཡག་པོ་བཞེངས་ཐུབ་སོང་། དེ་ནས་ཚུར་ཡོང་ནས་བལ་ཡུལ་དུ་བསྡད་པ་ཡིན། བལ་ཡུལ་དུ་བདེ་རིམ་སོགས་ལ་འགྲོ་མ་དགོས་ཚེ་མཚམས་སྒྲུབ་ལ་འབད་བཞིན་བསྡད་པས་སྐབས་ཞིག་ལ་ཐུགས་རྗེ་གསང་འདུས་ཀྱི་བསྙེན་བསྒྲུབ་ལ་བསྡད་སྐབས་བསྒྲུབ་ན་འགྲུབ་ཐག་ཆོད་རེད་འདུག་བསམ་པ་འདྲ་བོ་རྟགས་མཚན་བྱུང་།

ལོ་རྗེས་མ་ཐུགས་རྗེ་གསང་འདུས་ཀྱི་བསྙེན་མཚམས་སྐབས་རྨི་ལམ་ཞིག་ཏུ་ལྷ་ཁང་སྤུས་དག་པོ་ཞིག་གི་ནང་དུ་མི་ཞིག་གིས་འགྲོ་ཟེར་བས། ལྷ་ཁང་ཆུང་ཆུང་སྤུས་དག་པོ་ཞིག་འདུག ལྷ་

ཁང་སྣོ་འཁྱོར་ལེགས་པོ་ཞིག་གི་སྣོ་ཟུར་ནས་མི་མང་པོ་ཞིག་ཆས་གོས་མི་འདྲ་བ་གྱོན་མཁན་མང་པོའི་བསུ་མ་བྱས་བྱུང་། དེ་ནས་ཡར་སོང་བས་ལྷ་ཁང་ནང་དུ་མེ་ལོང་ཆེན་པོ་འཇའ་འོད་ཅན་ཞིག་འདུག དེ་དཀྱིལ་ནས་རིམ་བཞིན་མེ་ཏོག་པདྨ་དཀར་པོ་ཞིག་ཤར། དེའི་སྟེང་དུ་སྤྱན་རས་གཟིགས་ཕྱག་བཞི་པ་འོད་དང་འོད་ཟེར་འཕྲོ་བ་ཞིག་གིས་སྤྱི་མགྲིན་སྙིང་ཁ་ལྟེ་བ་གསང་གནས་རྣམས་ནས་འོད་དང་ཟེར་ཕྲེང་འཇའ་ཡི་རྣམ་པ་ཅན་དུ་བྱུང་ནས་རང་གི་སྤྱི་བོ་མགྲིན་པ་སྙིང་ག་རྣམས་སུ་ཐིམ་ནས་དབང་བཞི་ཐོབ་པ་ཡིན་གསུངས། དགྱེས་པའི་འཛུམ་དང་བཅས་བཅེ་བ་དང་སྙིང་རྗེའི་རྣམ་འགྱུར་བརྗོད་པའི་ཡུལ་ལས་འདས་པ་ཞིག་སྟོན་པའི་སྐུ་གསལ་བར་མཇལ་སོང་བས་དེ་སྐབས་རང་ལ་བསམ་བརྗོད་དང་བྲལ་བའི་སྤྲོ་ཉམས་དང་བཅས་ཡིད་ཆེས་སྐྱེས་དགོས་པ་ཞིག་བྱུང་། རྗེས་ནས་ཡང་རྟགས་ཁྱད་པར་ཅན་ཞིག་རེད་སྙམ་ནས་ངེས་པ་ཁྱད་པར་ཅན་སྐྱེས་བྱུང་།

སྤུ་མོ་ནཱ་ར་ཧཱི་ཀ་ལ་སོང་སྐབས་དཔེ་མི་སྲིད་དཀའ་ངལ་ཆེན་པོ་རེད་སོང་། དེ་རྗེས་མཁན་རིན་པོ་ཆེ་ནས་ཐད་འཕུར་གནམ་གྲུ་ཞིག་གླས་ནས་ང་ཚོ་ནང་མི་ཚང་མ་དང་། བུ་རིས། སྐལ་ལྡ། འཆི་མེད། བཀྲ་དགའ། གཡུ་སྒྲོན་སོགས་ཁྲིད་ནས་ཚེ་སྒྲུབ་

བྱེད་པའི་སྐབས་བྲག་ངོས་ཤིག་ཏུ་གུ་རུ་རིན་པོ་ཆེའི་སྐུ་རང་བྱོན་ཞིག་འདུག ངས་ཕོ་ཚོ་ལ་འགྲེལ་བཤད་རྒྱག་དུས་གསལ་པོ་བྱུང་། ཡ་མཚན་ཆེན་པོ་ཞིག་འདུག

ཉིན་བདུན་གྱི་རིང་ཚེ་སྒྲུབ་བཟློས་པས་ཡག་པོ་བྱུང་། དེ་དུས་ཆ་རྐྱེན་ཡག་པོ་ཡོད་པ་རེད། གནམ་གྲུ་ཤུག་པའི་སྒོ་རྩར་བབ་ཚོག་པས་དཀའ་ངལ་རྩ་བ་ནས་མ་བྱུང་། དེ་ནས་ཚུར་བལ་ཡུལ་དུ་ཡོང་ནས་སྨན་སྦྱིན་པ་སོགས་བླ་མའི་མིང་གིས་བསྟན་པ་དང་འགྲོ་བའི་དོན་ལ་ཉིན་གཅིག་དལ་བ་མེད་པར་བརྩོན་པ་བསྐྱེད་ནས་སྔར་བཞིན་བསྡད།

སོ་བརྒྱད་པ། དགོན་པའི་དོན་དུ་ལྷ་ལྡན་དུ་བསྐྱོད་པ།

དེ་རྗེས་ལྷ་སར་སོང་སྐབས་སྒྲུབ་ཁང་དགོན་པ་དང་། གནས་མདོ་དགོན་པ་གཉིས་ལ་སྐུ་གསུང་ཐུགས་རྟེན་དང་དགོན་པའི་ཅ་ལག་ཁྱེར་གང་ཐུབ་ཅིག་ཁྱེར་བ་ཡིན། ལོ་ཚོ་ཡར་གྲོག་ལབ་ནས་མར་བསྐྱུར་བ་མ་གཏོགས་ལྷ་ས་ནས་མར་རྒྱ་ཡིས་བཀག་ནས་འགྲོ་ཐུབ་མ་སོང་། ༄ ཀརྨ་པའི་ལྕམ་སྲིང་མདུན་གནས་ཚང་གཡར་ནས་བསྡད་པས་སྐྱིད་པོ་རེད་སོང་། ད་ལྟ་གནས་མདོ་དགོན་པ་ཐུགས་མཐུན་ཁྲིམས་གཙང་ཡག་པོ་ཆགས་ཡོད་རེད། འདུ་ཁང་ནང་དུ་རྟེན་གཙོ་གུ་རུ་སྣང་སྲིད་ཟིལ་གནོན་ཟངས་གསེར་ལ་ཐོག་ཚད་མ་ཞིག་བཞེངས་ནས་ཟུར་འདུག་དང་རབ་གནས་ཚད་ལྡན་བཟོས་པ་ཡིན།

ཡུལ་དགོན་ཚང་མས་དཔེ་མི་སྲིད་ཡག་པོ་རེད་སོང་ཟེར་ནས་ཏ་ཅང་དགའ་པོ་བཟོ་ཡི་འདུག ཤུལ་དུ་ཡོད་པའི་བླ་མ་བཀྲ་སྟོབས་ཀྱིས་དགོན་པར་ལྷག་བསམ་རྣམ་དག་གི་ཞབས་ཞུ་ཡག་པོ་ཞུས་སོང་། ཐུགས་རྗེ་བྱིན་རླབས་ཡང་ཡག་པོ་ཡོད་རེད།

ཁ་སྤྲུལ་རིན་པོ་ཆེ་དང་། གནམ་ཆོས་སྤྲུལ་སྐུའི་ཡང་སྲིད་གཉིས་ཀྱིས་དཔེ་ཕན་ཐོགས་ཆེན་པོ་ཡོང་གི་ཡོད་པ་རེད། གནམ་ཆོས་སྐུ་གོང་མ་མཚུར་ཕུར་གསན་བསམ་བཟོས་ནས་བཞུགས་པ་ལས་མར་རང་དགོན་དུ་ཕེབ་མ་ཐུབ་པ་རེད། ཁོང་གི་ཞལ་ནས་ང་དལྷ་མར་ཕ་ཡུལ་དུ་འགྲོ་ཐུབ་ཀྱི་མ་རེད། དགོན་པ་ལ་ཕན་ཐོགས་ཀྱི་མ་རེད་མའོངས་པར་བསྟན་དགོན་ལ་ཕན་ཐོགས་པའི་སྨོན་ལམ་ཡག་པོ་རྒྱག་གི་ཡིན་གསུངས་བ་རེད། དེ་ནང་བཞིན་ཕན་ཐོགས་ཡོང་བའི་རེ་བ་ཆེན་པོ་ཡོད། དགོན་པར་ཟླ་གྲོན་ལོངས་སྤྱོད་ཡག་པོ་ཡོད་པ་རེད།

སོ་དགུ་པ། བལ་ཡུལ་དུ་གནས་མདོ་དགོན་གསར་དུ་བཞེངས་པའི་བྱུང་རིམ།

དེང་སང་ཚང་མ་དཀོར་ནོར་སྤྱད་པ་ལ་མགོ་འཁོར་བའི་སྐབས་སུ་མི་ལ་མགོ་སྐོར་མ་བཏང་ན་འགྲིག་ཡོད་བསམ་ནས་སྐྱིད་པོ་བྱས་ནས་བསྡད་པ་ཡིན། གཞན་རྟེན་བཞེངས་སོགས་ལ་དགོས་པ་ཆེན་པོ་གང་ཡང་མཐོང་མ་སོང་ཀྱང་བོད་ནས་གསར་དུ་མང་པོ་འགྱོར་བ་དང་འདིར་ཡོད་ཀྱི་བསམ་ཤེས་ཚང་མས། དེང་སང་གང་ཡང་མིན་པ་རྣམས་ཀྱིས་དགོན་པ་དང་ལྷ་ཁང་ག་འདྲ་བརྒྱབ་འདུག ཁྱེད་བླ་མ་ཆེན་པོ་ཞིག་འདི་འདྲ་བཟོས་ནས་བཞུགས་ན་བསྟན་དགོན་ལ་རྩ་བ་ནས་འགྲིག་གི་མི་འདུག་རྗེས་སུ་གནས་མདོའི་དགོན་པ་ཞིག་མ་བཞེངས་ན་འགྲིག་གི་མི་འདུག་ཟེར་ནས་ཚང་མ་ཁ་གཅིག་གྲག་རེད་འདུག ཁྱེད་རང་ཚོག་པར་གྲོས་བཟོས་ཡོད་ན་ཚང་མས་ལབ་ཀྱི་འདུག་སྙིང་ནི་ལོ་ན་མཐོ་བས་དགོན་པ་རྒྱག་ཐུབ་ཀྱི་མ་རེད་ཅེས་བཤད་པ་ཡིན།

མཁན་ཆེན་རིན་པོ་ཆེ་ལ་ཡག་པོ་འདུག ཁྱེད་ཕྱི་རྒྱལ་ལ་ཕེབ་དགོས་རེད་ཅེས་བཤད་ཀྱི་འདུག ངའི་བསམ་པར་ནམ་རྒྱུན་ནས་ངས་མིང་སྐམ་པོ་འདིས་བསྟན་པ་ལ་ཕན་མ་ཐོགས་ནའང་

གནོད་མ་བསྐྱལ་བ་ཞིག་བྱེད་དགོས་བསམ་ནས་ཡི་དམ་རྒྱལ་བ་རྒྱ་མཚོ་དང་། བརླས་པ་ཡིག་དྲུག་གཙོ་བོར་བྱས་ནས་བསྡད་པས་ད་འཆི་ཡང་འགྱོད་མི་དགོས་པ་ཞིག་རེད་བསམ་ནས་འཆི་ཆོས་ཞིག་སྒྲུབ་པ་མ་གཏོགས་ཆོས་དང་འཇིག་རྟེན་བསྲེས་པའི་དགྲ་འདུལ་གཉེན་སྐྱོང་གི་འཁོར་ལོ་བསྐོར་མི་དགོས་པ་ཞིག་ཏུ་སྐྱེ་བ་ཚེ་རབས་ཐམས་ཅད་དུ་སྐྱེ་བའི་སྨོན་ལམ་བཏབ་པ་འགྲིགས་སོང་བསམ་པ་བྱུང་ཀྱང་། ཁོ་ཚོས་བསམ་པར་ངའི་མིང་དེས་གང་ཡང་ཕན་ཐོགས་མ་སོང་བསམ་པའི་ཡུས་ཆེ་བས། ངས་ཁོང་ཚོའི་ངོ་ལ་བྱེད་མ་བདེ་བ་ཞིག་ཆགས་ནས། གནས་ཚུལ་དེ་ ༧ སྐྱབས་མགོན་རིན་པོ་ཆེ་ལ་ཞུ་འདོད་ཆེ་ཡང་སྐུ་གམ་དུ་ཡུན་རིང་བཅར་ཐུབ་མ་སོང་། དོན་དག་གལ་ཆེན་པོ་ཡིན་དུས་མ་ཞུས་ན་འགྲིག་ས་མ་རེད་བསམ་ནས་མཛལ་བཅར་དུ་ང་དང་། མཁན་ཆེན་རིན་པོ་ཆེ། མཁའ་འགྲོ། བསྟན་འཛིན་མགོན་པོ་བཅས་བཅར་བ་ཡིན། ཐུགས་དགྱེས་བརྩེ་ཆེན་པོས་སྒོ་ནས་གསུང་གླེང་གནང་སྐབས་རྒྱ་འོག་ནས་ཚུར་བཙན་གྲོལ་དུ་ཡོང་ཚུལ་སོགས་བཀའ་འདྲི་གནང་སོང་། ང་ཡི་གནས་ཚུལ་གསལ་པོ་ཞུ་རྒྱུ་བྱུང་། བོད་ནས་ཡོང་ནས་ད་བར་དུ་ང་གཉིས་སྐད་ཆ་ཞིབ་ཕྲ་བྱེད་རྒྱུ་མ་བྱུང་བ་རེད། དེ་ལྟར་མ་མཛད་ནས་འབྲེལ་བ་ཡང་སེ་གནང་ཕོག་གསུངས་པ་

དང་། ཁྱོད་ཀྱི་དགོན་པ་ག་བར་ཡོད། ད་ལྟ་སྐུ་ཕྲེང་ག་ཚོད་རེད་གསུངས་བྱུང་། དགོན་པ་ཆབ་མདོ་ངོམ་རྒྱུད་དུ་ཡོད་ད་ལྟ་སྐུ་ཕྲེང་བདུན་པ་ཡིན་ཞུས་པ་ཡིན། བོད་ནང་དུ་ཡོད་པའི་དགོན་སྡེ་རྣམས་རྒྱ་ཡིས་བཀག་སྡོམ་འོག་ཏུ་ཡོད་པས་ཡག་པོ་ཡོང་མིན་ཤེས་ཀྱི་མི་འདུག ཁོ་ཚོའི་འདོད་པ་ལྟར་བལ་ཡུལ་དུ་གནས་མདོ་དགོན་པ་ཞིག་བཞེངས་རྒྱུའི་འཆར་གཞི་བཞག་ན་ཕན་ཐོགས་མིན་གང་དྲག་བཀའ་རྟགས་གནང་རོགས་ཞུས་པ་ཡིན།

གནས་མདོ་བཀའ་རྒྱུད་ཀྱི་ལོ་རྒྱུས་བཀའ་འདྲི་གནང་སོང་བས་ཕྱག་རྫོགས་ཟུང་འཇུག་གི་བསྟན་པ་འཛིན་པའི་ཕྱག་སྲོལ་གཙོ་བོ་ཡིན་ཞུས་པས། ཐུགས་དགྱེས་སྣང་དང་བཅས། ལོ་རྒྱུས་ཀྱི་རང་བཞིན་ལྡན་པའི་ཆོས་ལུགས་དང་དགོན་པ་མི་ཉམས་གོང་འཕེལ་དང་། ཉམས་པ་སོར་ཆུད་བྱ་རྒྱུ་དེ་གལ་ཆེན་པོ་རེད། དགོན་པ་བཞེངས་ཐུབ་ན་ཡག་པོ་ཡོད་པ་རེད། དཀའ་ངལ་བྱུང་ན་ང་ལ་ལམ་སེང་འབྲེལ་བ་གནང་ནས་ཡི་གེ་ཕུལ་ཤོག་གསུངས་ནས་ཞལ་བཀོད་དང་། ཚེ་དཔག་མེད་ཀྱི་སྐུ་སོགས་གནང་ནས་མཉེས་ཚོར་དཔག་མེད་བཅས། པར་མཉམ་དུ་བརྒྱབ་དགོས་གསུངས་ནས་མཉམ་དུ་བརྒྱབ་མཛད། རྒྱང་རིང་དུ་སྐྱེལ་མ་གནང་ཞིང་དབུ་ཐོད་གཏུག་ཕྱག་གི་འཇུས་གནང་ནས་ཞལ་གྱིས་དཀའ་

བ་བྱུང་།

ང་དམིགས་བསལ་གྱིས་སྤྱན་རས་གཟིགས་ལ་འབྲེལ་བ་ཡོད་པ་དང་། ལྷག་པར་དུ་དུས་ཚོད་གཉན་འཕྲང་ཅན་དེའི་ནང་དུ་སྐུ་ཚེགས་འོ་བརྒྱལ་དང་། མང་ཚོགས་ཡུལ་མིར་རྣམས་ཀྱི་ཆེད་དུ་སྐུ་ངལ་དང་སྐྱོ་རོགས་ཉིན་མཚན་བར་མེད་དུ་གནང་བ་དང་། ཐུགས་བརྩེ་ཆེན་པོས་ཉམ་ཐག་འགྲོ་བ་མང་པོ་ལ། ཆབ་སྲིད་པ་རང་དོན་གྱི་ཆེད་དུ་མི་ཡི་ཚེ་སྲོག་ལ་རྩ་ཡི་རྩེ་མོ་ཙམ་མི་བརྩི་བ་རྣམས་ཀྱི་གཞན་དབང་དུ་མ་བཏང་བར། དབུ་མའི་ལམ་གྱིས་མི་འཛིགས་པ་སྲོག་གི་སྦྱིན་པ་བྱིན་ཚུལ་རྣམས་དྲན་ནས་རང་དབང་མེད་པར་མིག་ཆུའི་རྒྱུན་མ་ཆད་པ་བབ་བྱུང་།

དེ་ནས་ཚུར་བལ་ཡུལ་དུ་ཡོང་ནས་སྨན་སྦྱིན་སོགས་སྔ་མའི་འཕྲོ་བསྐྱངས་ནས་བསྡད། ང་རང་ཕྱི་རྒྱལ་ལ་འགྲོ་འདོད་མ་བྱུང་། གང་ཡིན་ཞེ་ན་ཕལ་ཆེ་བ་བསྟན་པ་དང་སེམས་ཅན་དོན་དུ་ཕེབས་ཀྱི་ཡོད་གྱི་རེད་དེ་འགའ་ཤས་ནི་རྒྱུ་ཡི་དོན་དུ་འགྲོ་ནས་ཞབས་འདྲེན་ཞུ་མཁན་མང་པོ་ཡོང་གི་འདུག དེ་ཚོ་མཐོང་དུས་ཁ་རོག་བསྡད་ན་ཡག་སེ་འདུག་བསམ་གྱི་ཡོད།འོན་ཀྱང་ཕོ་ཚོ་ངོ་མ་ཐོགས་ནས་ཕྱི་རྒྱལ་དུ་འགྲོ་རྒྱུ་ཁས་ལེན་དགོས་བྱུང་།

མཁན་ཆེན་རིན་པོ་ཆེ་ལ་ ༧ དཔལ་རྒྱལ་དབང་ཀརྨ་

པས་ཡག་པོ་ཡོང་རེད་གསུངས་ཡོད་རེད་ལ་མི་གཉིས་བཟང་བ་དང་། སྐུ་ཡོན་སོགས་ཡག་པོ་ཡོད་པས་ཁོང་གི་བཀའ་དྲིན་དང་། དད་ལྡན་གྱི་སློབ་མ་རྣམས་ཀྱི་འདོད་མོས་ལྟར་ཐེངས་མ་འགའ་ཞིག་ལ་སོང་བ་ཡིན། ཡག་པོ་རེད་སོང་བས་བལ་ཡུལ་ཡང་ལེ་ཤོད་དུ་ས་ཚ་ཉོས་ནས་ལས་གཞི་བཏིང་བས་དགོན་མཆོག་གི་ཐུགས་རྗེས་ད་ལྟ་ཡག་པོ་གྲུབ་སོང་།

མི་ང་ཡང་གནས་མདོ་བཀྲ་ཤིས་ཆོས་གླིང་ཟེར་ནས་བཏགས་ཡོད། སྤྱི་མ་སྐུ་གོང་མ་ཆགས་སྤྲུལ་དྲུག་པ་དེ་གྲུབ་ཐོབ་འདྲ་པོ་བྱུང་ནས་དགོན་པ་ཡར་རྒྱས་གང་ཡང་མ་བྱུང་བ་རེད་འདུག དེའི་དབང་གི་ད་ལྟ་ཡང་རྒྱ་ཆེན་པོ་གང་ཡང་མེད་པ་འདྲ་པོ་ཆགས་འདུག་བསམ་ནས་གྲྭ་ཚང་གསར་དུ་བསྐྲུན་ནས་སློབ་སྦྱོང་སོགས་ཐབས་ཤེས་གང་ཐུབ་བྱེད་བཞིན་ཡོད།

༄ ཀརྨའི་མཁན་ཆེན་མཁན་རིན་པོ་ཆེ་ངེས་པ་དོན་གྱི་མཁས་གྲུབ་ཆེན་པོ་ཨ་ཆོས་མཛལ་ཁར་བཅར་སྐབས། ༄ མཁན་ཨ་ཆོས་རིན་པོ་ཆེ་ནས་མཁས་གྲུབ་ཀརྨ་ཆགས་མེད་ཀྱི་སྤྲུལ་རེད་འདུག་གསུངས། པོང་བ་གསེར་གཟིགས་ཀྱིས་བདག་ལ་བསྟོད་བསྔགས་དང་། མཉེས་ཚོར་ཆེན་པོ་མཛད་ནས། ཀརྨ་ཆགས་མེད་རིན་པོ་ཆེའི་བླ་མའི་རྣལ་འབྱོར་གཏེར་མ་ཡིན་གསུངས་ནས་བླ་

མའི་རྣལ་འབྱོར་བརྩམས་ནས་བསྐུར་གནང་སོང་། གཏེར་སྟོན་དེ་ཕྱག་མཛུབ་ཀྱི་ཐེལ་ཚེ་ཞིག་གནང་འདུག མཁན་པོ་འཇིགས་ཕུན་གཤེགས་རྒྱབ་ཁོང་བཞུགས་ཀྱི་མིན་ཚུལ་གསུངས་ཀྱི་འདུག་ཟེར་གོ་བྱུང་།

དེ་སྐབས་ངས་ཚེ་དཔག་མེད་ཀྱི་སྐུ་ཞིག་དང་། ཞབས་བརྟན་འཚོགས་སུ་འདོན་རྒྱུ་ཞིག་བཅས་ཕུལ་བས་ཐུགས་མཉེས་ཚོར་ཆེན་པོ་དང་བཅས། དེ་རྗེས་ཆགས་མེད་རིན་པོ་ཆེས་ང་ལ་བཀའ་ཕེབས་སོང་། ང་འཆི་ཚོག་གི་མེད་གསུངས་འདུག གསུངས་ཀྱི་འདུག་ཟེར་ནས་གོ་རྒྱུ་འདུག དེ་ནས་དགོན་པ་ཕྱི་ནང་གསང་གསུམ་གྱི་སྐོར་མཁན་རིན་པོ་ཆེས་བཀའ་དྲིན་ལ་བརྟེན་ནས་ཡག་པོ་བྱུང་བ་རེད། ད་ལྟ་བཀའ་དྲིན་སྐྱོང་བཞིན་པ་རེད། ཕ་ཡུལ་ནས་སྐྱོན་མེད་ས་བྱུང་བ་རེད། འདི་ནས་དགོན་པ་ཡར་བཞེངས་ཚར་ན་སྐྱོན་མེད་ཡོང་གི་རེད་བསམ་ནས་བསྡད་ཡོད།

དཔལ་འབྱོར་དང་ས་ཆ་ཡོད་པ་ཙམ་གྱིས་མི་འགྲིགས་དུས་དགོན་པ་བཞེངས་སྐབས་ཕྱི་ནང་གསང་གསུམ་གྱི་ལས་ཀའི་འགན་གཙོ་བོ་བུ་མོ་བདེ་ལྷས་ཁུར་བླངས་ནས་དཀའ་ཚོགས་ང་ལ་དུབ་ཁྲིད་དུ་བསད་ནས་ཉིན་མཚན་བར་མེད་དུ་ཞབས་ཞུ་བསྒྲུབ་སོང་བས་བཀྲིན་ཆེན་པོ་བྱུང་།

དེ་ཡང་བདེ་ལྷ་ཆུང་ངུའི་དུས་ནས་ཆོས་ལ་བག་ཆགས་བཟང་ཞིང་གཤིས་རྒྱུད་འཇམ་པ་དང་། ལྷ་དང་བླ་མར་དད་པ་དང་དག་སྣང་ཆེ་བ། དམན་པར་སྙིང་ནས་བརྩེ་ཞིང་ངན་སྤྱོང་སོགས་མཐོང་དུས་ཉིན་མང་པོ་ལ་ཟས་ཀྱང་ཡི་གར་མི་འགྲོ་ཞིང་དེའི་སྐོར་ཡང་ཡང་གླེང་ནས་སེམས་ངལ་བྱེད།

དངུལ་དངོས་སོགས་རང་ནུས་གང་ཡོད་ཀྱིས་སྦྱིན་ཞིང་མི་གཞན་ལའང་བསྐུལ་མ་བཟོ། རྒྱུན་པར་ལུས་ངག་གི་སྒྲིབ་སྦྱོང་ལ་བརྩོན་ཞིང་དགེ་བའི་ལས་ལ་ངམ་ངམ་གྱིས་འཇུག་པ་ཞིག་ཡོད་པས་བྱ་བ་གང་ཅིར་འབད་པ་ལྷོད་མེད་གནང་ཞིང་ལྷོ་ཡང་དུས་སུ་མི་འགྱུར་བའི་དཀའ་ངལ་ཁུར་དུ་བླངས་ཤིང་ལོ་དང་ལོ་བསྟུད་ནས་ཉིན་མི་དལ་ཞིང་མཚན་མི་ཉལ་བའི་འབད་པ་བྱས་བྱུང་བས་གངསྐྱིའི་ཐོག་གནས་མདོ་དགོན་ལ་ཕན་ཐོགས་ཆེན་པོ་བྱུང་། ཕན་ཐོགས་ཆེན་པོ་བྱུང་བ་བཞིན་ངས་བཀའ་དྲིན་དྲན་བཞིན་ཡོད། མ་འོངས་པར་ཡང་གང་ཐུབ་ཅི་ཐུབ་ཀྱིས་བསྟན་འགྲོའི་དོན་བསྒྲུབ་པ་ལ་བར་ཆད་མི་འོང་བའི་སྨོན་ལམ་རྒྱག་བཞིན་ཡོད་དོ།།

བཞི་བཅུ་ཐམ་པ། སངས་སྤྲུལ་རིན་པོ་ཆེའི་སྐོར་མདོར་བསྡུས་ཞིག

སངས་སྤྲུལ་རིན་པོ་ཆེ་ནི་སྤྱི་ལོ་ ༡༩༦༥ རབ་བྱུང་ ༡༦ པའི་ཤིང་འབྲུག་ལོར་ངོ་མཚར་བའི་ལྟས་དང་བཅས་སྐུའི་མཚན་དཔེའི་མེ་ཏོག་གསར་དུ་བཞད། གསུང་བརྡ་འཕྲོད་ཙམ་ནས་རིན་པོ་ཆེ་ང་ཁྲི་ཐོག་ཏུ་བཞག་རོགས་ང་རང་བླ་མ་སངས་སྤྲུལ་ཡིན་གསུངས་པ་སོགས་སྔོན་གནས་རྗེས་དྲན་ཚུལ་གསལ་བར་གསུངས་པ་དང་། ཀརྨ་བཀྲ་ཤིས་ནས་དྲི་བ་དྲིས་པས་གོང་མའི་རྣམ་ཐར་ཆ་ཚང་གསུངས། འཇམ་དབྱངས་ཚེ་རྒྱལ་དང་རྟ་མགྲིན་སྲུང་གཉིས་ནས་སངས་སྤྲུལ་རེད་འདུག་གསུངས་ནས་ཡིད་ཆེས་པའི་སྒོ་ནས་ཁ་བཏགས་ཕུལ་མཛད།

བུ་རིས་ཀྱིས་ཞྭ་མཆུ་ཅན་གྱོན་ནས་ཡོང་དུས་དེ་རྒྱ་ཡི་ཞྭ་མོ་རེད་གྱོན་མ་ཡོང་གསུངས། རྒྱ་ཡིས་གང་འདྲ་བཟོ་རེད་དྲི་དུས། དབྱུག་པ་ཞིག་མེ་མདའ་བཟོ་ནས་ཁྱེར། ཏུས་ཏུས་ཏུས་གསུངས་པ་སོགས་ཁོ་རང་སྔོན་གནས་རྗེས་དྲན་མང་པོ་ཞིག་མཛད་པ་སོགས་ལ་བརྟེན་ནས་གྲྭ་ཚང་གིས་འདོད་མོས་ལྟར།

ང་གིས་སངས་རྒྱས་སྤྲུལ་སྐུའི་ཡང་སྲིད་དུ་ངོམ་གནས་

མདོ་གདན་ས་ལ་སྤྱན་དྲངས་ནས་ཕྱི་ནང་སྐུ་མགྲོན་སེར་སྐྱ་མི་མང་མང་པོའི་དབུས་ན་གསེར་ཁྲི་མངའ་གསོལ་མཛད་སྐབས། སངས་སྤྲུལ་གོང་མའི་དྲིལ་ཞིག་ཡོད་པ་དེ་ནོར་རྒྱལ་འདུ་ཁང་ལ་སྐོར་བ་གསུམ་བསྐོར་བས་ཡུལ་མི་ཀུན་གྱིས་མཐོང་བས་ངོ་མཚར་སྐྱེས། མཚན་སྙན་བརྒྱུད་བསྟན་འཛིན་གྲགས་པའམ་སངས་སྤྲུལ་རིན་པོ་ཆེར་གསོལ། སྐུ་ཆུང་ངུ་ནས་དམ་པའི་ཚུལ་དང་མཐུན་པ་དད་བརྩོན་སྙིང་རྗེ་ཤེས་རབ་ལྡན་སྐྱེས་སུ་མངའ། ཡི་གེ་འབྲི་ཀློག་སོགས་སྦྱང་པ་ཆེན་པོ་མ་བྱས་ཀྱང་ཆོགས་མེད་དུ་མཁྱེན། ཧེན་སྡུགས་འཆང་གི་ཚུལ་དུ་བཞུགས།

སྤྱི་ལོ་ ༢༠༠༧ ལོར་རྒྱ་གར་ལྷོ་ཕྱོགས་རྣམ་གླིང་དགོན་དུ་སྡོ་འགྱུར་བསྟན་པ་ཡོངས་རྫོགས་ཀྱི་མངའ་བདག ༄ སྐྱབས་རྗེ་གྲུབ་དབང་རིན་པོ་ཆེའི་སྐུ་མདུན་ནས་རིན་ཆེན་གཏེར་མཛོད་དང་གནས་མདོ་དཔལ་ཡུལ་སོགས་ཀྱི་ཟབ་ཆོས་ཐུན་མིན་རྣམས་གསན་བཞེས་གནང་། ༄ སྐྱབས་རྗེ་རིན་པོ་ཆེ་མཆོག་ནས་ཀྱང་ཐུགས་བརྩེ་བ་ཆེན་པོས་མཉེས་པོ་གནང་མཛད།

༄ རྒྱལ་དབང་ཀརྨ་པ་རིག་པའི་རྡོ་རྗེས་འདི་ལ་མ་འོངས་པར་དབང་ཐང་ཆེན་པོ་ཡོད་པས་བསྟན་པ་དང་འགྲོ་བའི་དོན་རྒྱ་ཆེན་པོ་ཡོངས་གསུངས་ནས་ཐུགས་དགྱེས་ཚུལ་ཆེན་པོ་གནང་།

ནམ་རྒྱུན་ང་ལ་སྒོ་གསུམ་གུས་བཀུར་དང་པ་ཡི་འདུ་ཤེས་དོར་ནས་ཅི་གསུང་དང་བླངས་ཀྱིས་བཀའ་ལས་མི་འདའ་བ་མཛད་ནས་གནས་ལུགས་ཀྱི་ཟབ་ཆོས་སྨིན་གྲོལ་རྒྱབ་བརྟེན་དང་བཅས་པ་བུམ་པ་གང་བྱོའི་ཚུལ་དུ་གསན། ད་སྐབས་བལ་ཡུལ་ཡང་ལེ་ཤོད་དུ་གནས་མདོ་གསར་བཞེངས་ལ་གཟིགས་རྟོག་གནང་དང་གནང་བཞིན་པ་ཡིན་ནོ།།

༢༠༠༨ ཕྱི་ཟླ་ ༣ པའི་ནང་བདག་ལོ་ན་མཐོ་བའི་བབ་ཀྱིས་འབྱུང་ཁམས་འཁྲུགས་ཏེ་དཀའ་ངལ་ཆེ་ཙམ་བྱུང་ཀྱང་ཕྱི་རྒྱལ་སྨན་ཁང་དུ་བསྐྱོད་ནས་སྨན་བཅོས་ཡག་པོ་བྱ་རྒྱུ་བྱུང་བས་དེང་སང་བདེ་ཐང་ངང་བལ་ཡུལ་ཡང་ལེ་ཤོད་དུ་དགེ་སྦྱོར་གང་ནུས་ལ་འབད་བཞིན་ཡོད། ངོ་མཚར་བ་ཞིག་ལ་ན་ནིང་བདག་ལ་ཁྲི་ཧ་ཕ་སྒྲོལ་མ་དང་། ཚེ་རིང་ཟེར་གཉིས་ཡོད། ཁོ་རང་གཉིས་རྒྱུན་པར་གཤིས་རྒྱུད་འཛམ་པ་དང་། ང་ལ་ལྷག་པར་བརྩེ་ཞིང་རྒྱུན་པར་ཧིང་ངེ་འཛིན་ལ་གནས་པ་ལྟ་བུ་ཡོད། གྲོང་པའི་སྐབས་སུ་དངོས་གནས་ཐུགས་དམ་ལ་ཉིན་འགའ་ཤས་བཞུགས་སོང་། ཁོ་རང་གྲོང་པའི་ནུབ་མོ་དེ་ལ་ལྡིར་སྒྲ་ཆེན་པོ་ཞིག་གྲགས་པ་དང་མཉམ་དུ་ཚེ་རིང་ གཞོན་ནུ་བུམ་སྐུ་ལ་གྲོལ་སོང་ཞེས་སྒྲ་གསལ་པོ་གྲགས་སོང་། འདི་ཚོ་ལ་ལྟ་དུས་ར་ལོ་ཙཱ་བས་རྡོ་རྗེ་འཇིགས་

བྱེད་ཀྱི་ཡེ་ཤེས་ས་དང་རྫོ་ལ་ཡང་འབེབ་པར་བཤད་པ་དང་། དུད་འགྲོ་མང་པོ་གྲོལ་བར་བཤད་པ་སོགས་དོན་ལ་གནས་པ་ཞིག་རེད་འདུག་སྙམ་པའི་ངེས་པ་སྐྱེས་འོས་པ་ཞིག་བྱུང་། མི་རྒན་བདག་ལ་ཐུགས་རྗེ་དང་བྱིན་རླབས་གང་ཡང་མེད་ནའང་དམ་པ་གོང་མ་རྣམས་ཀྱི་ཐུགས་རྗེ་དང་བྱིན་མཐུས་རྟགས་མཚན་འདྲ་པོ་མང་པོ་ཡོང་གི་འདུག་ཀྱང་མངོན་རློམ་གང་ཡང་སྐྱེ་མ་མྱོང་བ་དང་དད་པ་དང་མོས་གུས་ཀྱི་གསོས་སུ་སྨིན་པ་ཤ་སྟག་བྱུང་བ་འདི་ནི་བླ་མའི་ཐུགས་རྗེ་དང་བྱིན་རླབས་ཡིན་པའི་ངེས་ཤེས་སྐྱེས་པས་རྣམ་ཐར་དུ་བརྗོད་འོས་པ་ཡིན།

དེ་མ་ཡིན་པའི་སོང་རབས་དང་རྒྱུགས་རབས་བཤད་པས་ཕན་ཐོགས་གང་ཡང་མེད་ཀྱང་མི་གཞན་མ་རྣམས་ཀྱིས་ཆགས་མེད་རིན་པོ་ཆེ་ཞེས་མི་ལས་འདས་པ་ལྷ་བུར་བརྩི་ཡང་མི་རྒན་བདག་གི་ངོ་ཐོག་གི་གནས་ཚུལ་གསལ་རྗེན་འདི་ཡིན་ནོ་ཞེས་གསལ་བཤད་བྱས་པ་ཡིན་པས་བློ་བདེ་པོ་བྱུང་སོང་།

མ་འོངས་པར་ང་ལ་དད་མོས་འཛོག་མཁན་གྱི་གང་ཟག་ཕོ་མོ་རྣམས་ལ་ཁ་ཏ་ཞིག་བྱ་རྒྱུ་ཡོད་པ་ནི་ས་དགེ་བཀའ་རྙིང་གི་ཆོས་རྒྱུད་ཕན་ཚུན་བར་དུ་ཆགས་སྡང་གི་དུག་མདའ་མི་འཕེན་པར། ༧ ཡིད་བཞིན་ནོར་བུའི་བཀའ་དགོངས་བཞིན་ཕན་ཚུན་

ཕ་མ་བུ་ཚའི་འདུ་ཤེས་བཞག་ནས་གཅིག་གིས་གཅིག་ལ་ཕན་གང་ཐོགས་དང་། སྟོན་པ་གཅིག་གི་བསྟན་པ་ལ་ཞུགས་པའི་དམ་ཚིག་ལ་དགོངས་ནས་ཕན་ཚུན་འོ་ཆུ་གཅིག་ཏུ་འདྲེས་པ་ཞིག་ལ་སྒོ་ཀུན་ནས་འབད་པར་འཚལ་ཞེས་གསོལ་བ་ལན་བརྒྱར་འདེབས་པ་ལགས་ན་ཐུགས་ལ་བསྙེལ་མེད་དུ་འཇོག་པར་ཞུ།།

ཁ་སྐོང་འགའ་ཞིག

ལ་ཡུལ་ཡང་ལེ་ཤོད་ཀྱི་སྐུ་གསུམ་ཞིང་གི་བཀོད་པ་མཆོན་བྱེད་ཐོགས་སོ་གསུམ་ཅན་གྱི་གཙུག་ལག་ཁང་གི་རྟེན་གཙོ་ལ་འོད་དཔག་མེད་གཙོ་འཁོར་གསུམ་དང་། ལྷེབ་བྲིས་ལ་གཡས་ཕྱོགས་སུ་རྒྱལ་བ་རྡོ་རྗེ་འཆང་ལ་གནས་མདོ་གསེར་ཕྲེང་གིས་བསྐོར་བ་དང་། གཡོན་ཕྱོགས་སུ་ཆོས་སྐུ་ཀུན་ཏུ་བཟང་པོ་ལ་རྫོགས་ཆེན་དགོངས་བརྒྱུད་ཀྱི་སྟོན་པ་བཅུ་གཉིས་ཀྱིས་བསྐོར་བ་དང་། སྤྱན་རས་གཟིགས་རྒྱལ་བ་རྒྱ་མཚོ། པདྨ་འབྱུང་གནས་ཨ་ཙ་ར། ཕུར་པ། གུར་དྲག གསང་ཡུམ་དམར་མོ། འོད་དཔག་མེད་ལ་ཉེ་བའི་སྲས་བརྒྱད་ཀྱིས་བསྐོར་བ། རྗེ་བཙུན་འཇམ་དཔལ་དབྱངས་ལ་འཛམ་གླིང་མཛེས་བྱེད་རྒྱན་དྲུག་མཆོག་གཉིས་ཀྱིས་བསྐོར་བ། སྒོ་འཕྱོར་དུ་རྒྱལ་ཆེན་སྡེ་བཞི་དང་། ནག་པོ་ཆེན་པོ། སྒྲོལ་ལྗང་། མཁན་སློབ་ཆོས་གསུམ། སྨད་དུ་བཀའ་སྲུང་གི་སྐོར། བར་ཁང་གི་རྟེན་གཙོ་ཇོ་བོ་ཤཱཀྱ་མུ་ནེ་དང་། རྡོ་རྗེ་སེམས་དཔའ། གུ་རུ་རིན་པོ་ཆེ། སྒྲོལ་དཀར་ཡིད་བཞིན་འཁོར་ལོ་དང་། ཚེ་དཔག་མེད། སྒྲོལ་ལྗང་། འཇམ་དཔལ་དབྱངས། མར་མི་དྭགས་གསུམ། འོད་དཔག་སྟོང་སྐུ་ལི་ཁྲ་སྒྲོས་གཙང་དང་། བར་ཁྲམས་སུ་ལྷེབ་རིས་བདེ་ཆེན་ཞིང་བཀོད་དང་། གནས་མདོ་

རང་ལུགས་ཐུན་མིན་གྱི་ཚོགས་ཞིང་སོགས་གང་ལ་གང་མཚམས་གྲུབ་པ་དང་། ཁོར་ར་ཁོར་ཡུག་ཏུ་སྤྲངས་སྦྱོངས་དང་སྐྱིད་ཚལ་མགྲོན་ཁང་རྗེ་གཙལ་སོགས་ཀྱིས་མཛེས་པར་བྱས་པའོ།

སྟོན་པ་འཇིག་རྟེན་ཁམས་སུ་བྱོན་པ་དང་།
།བསྟན་པ་ཉི་འོད་བཞིན་དུ་གསལ་བ་དང་།
།བསྟན་འཛིན་བུ་ནུ་བཞིན་དུ་མཐུན་པ་ཡིས།
།བསྟན་པ་ཡུན་རིང་གནས་པའི་བཀྲ་ཤིས་ཤོག

འཁྲུལ་སྣང་གི་ཟ་ཟི་འགའ་ཤས།

བོད་ཟླ་དང་པོའི་ཚེས་བཅུ་དགུ་རྒྱལ་ཕུར་འགྲུབ་སྦྱོར་ཉུབ་མོ་ཞིག་ལ་རྨི་ལམ་ལམ་དུ་ལྷ་ཁང་ཐོག་སོ་གསུམ་ཅན་གྱི་ཐོག་ཁ་ནས་ཕྱོགས་བཞིར་ཁ་རེ་བསྐོར་དུས་ཡ་མཚན་སྙན་གྲགས་འཛམ་གླིང་ཀུན་ཁྱབ་ཤོག ཞེས་ལན་གསུམ་སྐད་ཆེན་པོའི་བོས་བྱུང་བས་རང་གི་སྣང་བ་ལ་པདྨ་འབྱུང་གནས་ཡིན་བསམ་པའི་སྣང་བ་ཞིག་ཤར།

མེ་ཕག་ལོ་ཟླ་བཅུ་པའི་ཚེས་ཉི་ཤུ་བཞི་ཉིན་ཡང་ བཟློག་རྡོ་རྗེ་ཕ་ལམ་བསྒྲུབ་སྐབས་རྨི་ལམ་དུ་ཕུག་རོན་ཞིག་ལྕགས་ཐག་གིས་བསྡམ་ནས་ཁྲིད་འདུག་པ་རྨིས། དེ་མནན་པ་དང་བསྒྲལ་བ་མ་བྱས་ནས་དཀའ་ངལ་ཡོང་དོགས་ནས་ཐག་རིང་ཞིག་ཏུ་བཏང་བ་རྨིས། ཡང་ལེ་ཤོད་དུ་ལྷ་ཁང་གསར་བཞེངས་ནང་དུ་སྨན་སྒྲུབ་ཚུགས་ནས་སྨན་ཞལ་ཕྱེ་སྐབས་བསྒྲུབ་གཏོར་རིན་ཆེན་འབར་བ་ནས་བདུད་རྩི་ཁ་དོག་ལྔ་ལྡན་མང་དུ་བྱུང་བས་ངོ་མཚར་པོ་བྱུང་།

ཉ་ཚེ་ཐར་དུ་ཕྱིན་པས་དེའི་ཉུབ་མོ་ཀླུ་མང་པོ་ཞིག་འཁོར་

ནས་ང་ཁྲི་མཐོན་པོ་ཞིག་གི་སྟེང་དུ་བསྡད་འདུག མི་ཞིག་གིས་ང་ལ་ཀླུ་བྱུང་ན་ལོངས་སྤྱོད་བཟང་ཡང་ནད་རིགས་སྣ་ཚོགས་ཡོང་བས་མར་ཕུད་ན་བཟང་ཞེས་པའི་སྐད་ཆ་ཞིག་བྱུང་བ་རྨིས་སོང་། དེ་ནས་ཉི་མ་ཁ་ཤས་མཚམས་དགོན་པའི་ཉེ་སྐོར་དུ་སྦྲུལ་སྦུར་མཐོང་སྒྲོང་མེད་པ་མང་པོ་ཞིག་བྱུང་བས་སྦུར་རྨི་ལམ་དེ་ལ་བསམ་ནས་བྱ་ཁྱུང་གི་བསྲུང་དམིགས་དྲག་ཏུ་བྱས་པས་སྦྲུལ་རྣམས་མར་མཚོ་ཡི་ཕྱོགས་སུ་ལོག་སོང་བའི་སྣང་བ་ཞིག་བྱུང་བས་མེད་པ་ཆག་སོང་།

གླང་ལོ་བོད་ཟླ་བཅུ་པའི་ཉི་ཤུ་དྲུག་གི་ཉིན་ནམ་ཐོ་རེངས་རྨི་ལམ་དུ་ང་ཁ་ཤར་ཕྱོགས་སུ་བལྟས་ནས་བསྡད་འདུག ཤར་ཕྱོགས་ནས་འོད་གསལ་ཆེམ་མེ་ཞིག་བྱུང་ནས། དེའི་ནང་ནས་ཧ་མཆོག་དཀར་པོ་ཞིག་མགྱོགས་པར་ངའི་མཁྲིས་སུ་སླེབས་སོང་། ཞབ་ཏུ་ལྷ་དུས་སྐྱ་རྣམས་ལུ་གུའི་ཚར་རུ་ནང་བཞིན་གཡས་སུ་འཁྱིལ་བ། རྟ་མཆོག་གཉིས་བྱ་རྒོད་ཀྱི་སྒྲོ་ཡི་རྩེ་མོ་བཞིན། ཤིན་ཏུ་ནས་མཛེས་པ་ཞིག་འདུག དེས་མི་སྐད་དུ་ཕེབ་རན་སོང་ང་ལ་འོན་ལབ་བྱུང་། ང་འགྲོ་བཞག་ན་འགྲིགས་མེད་ལས་ཀ་མང་པོ་ལྷག་སོང་ལབ་པ་ཡིན། དེ་ནས་སྤྲུལ་པའི་ལྷ་ཁང་འདྲ་བོ་ཞིག་

གི་ནང་དུ་རྟ་དེ་ཡར་འཇུལ་ནས་སྒོའུ་ཁྱུང་ཞིག་གི་ནང་ནས་མར་བལྟས་འདུག་པ་ཞིག་རྨིས་བྱུང་། གང་ཡིན་ནི་གསལ་པོ་མི་ཤེས།

༄། །ཀུ་རུའི་སྒྲུབ་ཐབས་བདེ་ཆེན་ཐར་ལམ་ཞེས་བྱ་བ་བཞུགས་སོ།
ཐོག་མར་འདུན་པ་རྣམ་དག་གལ་ཆེ་བས། དེ་ཡང་དལ་བརྒྱད་འབྱོར་བཅུ་ཚང་
བའི་མི་ལུས་འདི་ཐོབ་དཀའ་བར་ཤེས་ཤིང་དོན་མེད་ཆུད་ཟོས་སུ་མ་སོང་བར་
བྱ་སྙམ་པའི་བསམ་པ་དྲག་ཏུ་བསྐྱེད། ཀུ་རུ་པདྨ་འབྱུང་གནས་འགྲུབ་མི་འགྲུབ་
དང་དགེ་མི་དགེའི་རྟོག་པ་ཅི་བྱུང་ཡང་གཉིས་འཛིན་དང་རེ་དོགས་མེད་པར་
བློ་གཏད་ལིང་ཁེལ་གྱིས་སྒོ་ནས། དང་པོ་སྐྱབས་སུ་འགྲོ་བ་ནི། ན་མོ། བླ་
མ་ཡི་དམ་མཁའ་འགྲོའི་ཚོགས་རྣམས་ལ། །བདག་གཞན་འགྲོ་
ཀུན་སངས་རྒྱས་སར་འགོད་ཕྱིར། རྩ་གསུམ་ལྷ་ཚོགས་ཐུགས་རྗེ་
ཅན་རྣམས་ལ། །སྒོ་གསུམ་རབ་གུས་གདུང་བས་སྐྱབས་སུ་མཆི།
གཉིས་པ་སེམས་བསྐྱེད་ནི། མ་རིག་ལས་ངན་ཡུན་རིང་འཁོར་བར་
འཁྱམས། །སྡུག་བསྔལ་བཟོད་མེད་བདག་གཞན་ཕ་མ་ཀུན།
།ཚད་མེད་རྣམ་བཞི་འགྲོ་བའི་དོན་སྒྲུབ་ཕྱིར། །སྨོན་དང་འཇུག་
པའི་བྱང་ཆུབ་སེམས་བསྐྱེད་དོ། །གསུམ་པ་དམ་བཅའ་ནི། སེམས་
བསྐྱེད་འགྲོ་བའི་དོན་ཆེད་དུ། །ཡི་དམ་ལྷ་ཚོགས་བསྒྲུབ་ནས་ནི།
།འགྲོ་བ་སྒྲོལ་བར་དམ་བཅའ་འོ། །དངོས་གཞི་ལྷ་ཡི་ཏིང་འཛིན་སྒོམ་
ཞིང་སྤྱན་འདྲེན་པ་ནི། ས྄་ཧྲཱྀ་ཕཊ་སོགས། མ་རིག་རྟོག་ཚོགས་སྒྲིབ་གཡོག་
ཡེ་ནས་དག   གཞི་དབྱིངས་གསལ་སྟོང་སྤྲོས་དང་བྲལ་བའི་
དབྱིངས། །རང་རིག་མཆོད་ཀྱིལ་པདསྟོང་རབ་མཛེས་དབུས།

།སེང་ཁྲི་པདྨ་ཟླ་བའི་གདན་གྱི་སྟེང་། །རྩ་གསུམ་འཁྱིལ་ལས་ཀུན་འདུས་པདྨ་འབྱུང་། །དཀར་དམར་མདངས་ལྡན་ཞི་མ་ཁྲོ་བའི་ཉམས། །སྐུ་ལ་ཆོས་གོས་ཟབ་བེར་མདངས་རྒྱས་གསོལ། །དབུ་ལ་པད་ཞྭ་རྒོད་ལྡེམ་དར་སྣས་བརྒྱན། །གཡས་པས་སྡིགས་མཛུབ་རྡོ་རྗེ་རྩེ་ལྔ་བསྣམས། །གཡོན་པས་ཐོད་པ་ཚེ་ཡི་བུམ་པ་དང་། །ཌཱ་ཀི་མཚོན་བྱེད་ཁ་ཊྭཱཾ་གཡོན་ན་འཁྲིལ། །མཉམ་ཉིད་བདེ་ཆེན་ཞབས་གཉིས་སྐྱིལ་ཀྲུང་བཞུགས། །མཚན་དཔེའི་དཔལ་འབར་རིན་ཆེན་དུ་མས་བརྒྱན། །གཞོན་ནུའི་ཚུལ་གྱིས་བརྗེ་བའི་ཉམས་དང་ལྡན། །སྐུ་གསུང་ཐུགས་ཀྱི་འོད་ཟེར་ཞིང་ཀུན་ཁྱབ། །རྩ་གསུམ་ལྷ་ཚོགས་འཇའ་སྤྲིན་འཁྲིགས་པ་བཞིན། བདེ་གཤེགས་རྒྱལ་བའི་ཞིང་ཁམས་གསལ་བར་བསྐྱེད། དེ་ལྟར་གསལ་བའི་རང་གི་སྤྱི་བོར་ཨོཾ། མགྲིན་པར་ཨཱཿ ཐུགས་ཀའི་ཧཱུྃ་ལས་འོད་ཟེར་ཕྱོགས་བཅུའི་ཞིང་རབ་འབྱམས་རྣམས་སུ་འཕྲོས། ཁྱད་པར་དཔལ་རི་པདྨ་འོད་ཀྱི་ཞིང་ཁམས་ནས་གུ་རུ་པདྨ་འབྱུང་གནས་ལ་འཁོར་རྩ་བ་གསུམ་གྱི་ལྷ་ཚོགས་ཁ་བ་བུ་ཡུག་འཚུབ་པ་བཞིན་སྤྱན་དྲངས་གྱུར། ཧྲཱིཿ སྔོན་གྱི་བསྐལ་པའི་དང་པོ་ལ། །ཨོ་རྒྱན་ཡུལ་གྱི་ནུབ་བྱང་མཚམས། །པདྨ་གེ་སར་སྡོང་པོ་ལ། །ཡ་མཚན་

མཆོག་གི་དངོས་གྲུབ་བསྩེས། །པདྨ་འབྱུང་གནས་ཞེས་སུ་གྲགས། །འཁོར་དུ་མཁའ་འགྲོ་མང་པོའི་བསྐོར། །ཁྱེད་ཀྱི་རྗེས་སུ་བདག་བསྒྲུབ་ཀྱི། །བྱིན་གྱིས་བརླབ་ཕྱིར་གཤེགས་སུ་གསོལ། གནས་མཆོག་འདི་རུ་བྱིན་ཕོབ་ལ། །སྒྲུབ་མཆོག་བདག་ལ་དབང་བཞི་བསྐུར། །བགེགས་དང་ལོག་འདྲེན་བར་ཆད་སོལ། །མཆོག་དང་ཐུན་མོང་དངོས་གྲུབ་སྩོལ། །ཨོཾ་ཨཱཿཧཱུྃ་བཛྲ་གུ་རུ་པདྨ་སིདྡྷི་ཧཱུྃ། ཨོཾ་ཨཱཿཧཱུྃ་བཛྲ་གུ་རུ་པདྨ་ཐོད་ཕྲེང་རྩལ་བཛྲ་ས་མ་ཡ་ཛཿསིདྡྷི་ཕ་ལ་ཧཱུྃ་ཨཱཿ ན་མོ། སྐྱེ་འགགས་འགྱུར་མེད་ཕྲིན་ལས་ཕྱོགས་ཀུན་ཁྱབ། །རང་བྱུང་སྙིང་རྗེའི་འགྲོ་ཀུན་སྒྲོལ་མཛད་པའི། །པདྨ་འབྱུང་གནས་སྐུ་ལ་ཕྱག་འཚལ་བསྟོད། །མཆོད་པ་ནི། ཕྱི་ནང་སྣོད་བཅུད་དཔལ་འབྱོར་དགེ་ཚོགས་རྣམས། །འཛིན་རྟོག་བྲལ་བའི་ཀུན་བཟང་མཆོད་པའི་སྤྲིན། །མཆོད་ཡོན་ཞབས་བསིལ་མེ་ཏོག་བདུག་སྤོས་དང་། །མར་མེ་དྲི་ཆབ་ཞལ་ཟས་རོལ་མོའི་རིགས། །བཀྲ་ཤིས་རྫས་རྟགས་རྒྱལ་སྲིད་སྣ་བདུན་སོགས། །དངོས་འབྱོར་ཡིད་སྤྲུལ་མཆོད་པ་རྒྱ་མཚོའི་མཆོད། །ཨ་ཀཾ་སོགས་ཀྱིས་མཆོད་ཅིང་བསྟོད་པ་ནི། །རྒྱལ་བའི་ཐུགས་བསྐྱེད་འགྲོ་བའི་སྐྱབས་གནས་མཆོག །ཐབས་མཁས་སྤྲུལ་བསྒྱུར་བདེ་གཤེགས་འདུས་པའི་སྐུ། །ཚེ་

ཡི་དངོས་གྲུབ་དགོས་འདོད་མཆོག་སྩོལ་བའི། འཆི་མེད་རིག་
འཛིན་པད་འབྱུང་སྐུ་ལ་བསྟོད། བསྙེན་དམིགས་ནི། བདག་མདུན་
ལྷར་གསལ་རྒྱལ་བའི་ཐུགས་ཀ་ནས། སྔགས་ཀྱི་རང་སྒྲ་འབྲུག་
སྟོང་གྲག་པ་བཞིན། དྲན་རྟོག་ཡེ་ཤེས་རོལ་པའི་ངང་ཉིད་ལས།
།སྣོད་བཅུད་ལྷ་སྔགས་རིགས་དྲུག་སྡུག་བསྔལ་སྦྱངས། །མ་ལུས་
པད་འབྱུང་ཐུགས་ཀློང་དབྱེར་མེད་གྱུར། །ཨོཾ་ཨཱཿཧཱུྃ་བཛྲ་གུ་རུ་
པདྨ་སིདྡྷི་ཧཱུྃ། མཐར་བསྡུ་རིམ་ནི། སྣང་སྟོང་ཚོགས་ཞིང་པད་འབྱུང་
སྐུ་ལ་ཐིམ། །དེ་ཡང་བདག་ཐིམ་དབྱིངས་རིག་མ་བུ་འདྲེས།
།གདོད་མའི་ངོ་བོ་ཆོས་དབྱིངས་བདེ་ཆེན་ངང་། །སྣང་སྟོང་པད་
འབྱུང་སྐུ་རུ་ལམ་མེར་གསལ། །བརྗོད་བྲལ་སྔགས་ཀྱི་རང་སྒྲ་
འབྲུག་བཞིན་དུ། །དྲན་རྟོག་རང་གྲོལ་འགྱུར་མེད་ཐུགས་ཀྱི་
དབྱིངས། །ཁྱབ་གདལ་ལྷུན་གྲུབ་གདོད་མའི་སར་ཕྱིན་ཤོག བདེན་
ཚིག་བསྔོ་སྨོན་ནི། བདག་གིས་རྩེ་གཅིག་བསྒྲུབ་པའི་དགེ་བ་འདིས།
མགོན་པོ་འོད་དཔག་མེད་དང་སྤྱན་རས་གཟིགས། །པད་འབྱུང་
ཚེ་དཔག་སྒྲོལ་མ་དཀར་སྔོ་སོགས། །དཀོན་མཆོག་རིན་ཆེན་
གསུམ་དང་ཡི་དམ་ལྷ། །འཕགས་ཚོགས་དགེ་འདུན་ཆོས་སྐྱོང་
སྲུང་མའི་ཚོགས། །བསླུ་མེད་སྐྱབས་གནས་དམ་པ་ཁྱེད་རྣམས་

གྱིས། །བདག་གཞན་འབྲེལ་ཐོག་འགྲོ་ཀུན་ཉམས་ཐག་རྣམས། །འདི་ཕྱིའི་ལས་ཉོན་དབང་བཙན་ངན་སོང་ལས། །ཐུགས་རྗེས་འབྲལ་མེད་བརྩེ་བས་གཟིགས་བཞིན་ལ། །བདག་གི་གུས་པས་སྙིང་ནས་གསོལ་བ་འདེབས། །གསོལ་བཏབ་བྱིན་མཐུས་བདག་རྒྱུད་སྨིན་གྲོལ་ཤོག །སྙིད་པར་དཀའ་བའི་དལ་འབྱོར་རིན་ཆེན་འདི། །རྐྱེན་ངན་བར་ཆད་དུས་མིན་འཆི་བ་སོགས། །མི་དགེའི་ཚོགས་རྣམས་ནམ་ཡང་མི་འབྱུང་ཞིང་། །དགེ་བའི་བསམ་དོན་ཆོས་བཞིན་འགྲུབ་པར་ཤོག །དབུལ་ཕོངས་སྡུག་བསྔལ་གྱིས་མནར་འགྲོ་བ་ཀུན། །དངོས་གྲུབ་འབྱུང་གནས་འཛམ་ལྷ་ནོར་རྒྱུན་མས། །བདག་གི་ལྷ་སྔགས་སེམས་བསྐྱེད་བཟང་བའི་མཐུས། །ཡར་མཚོད་མར་སྦྱིན་མངའ་ཐང་ཆུ་རྒྱུན་བཞིན། །ཟད་མེད་བསོད་ནམས་ཚོགས་ཆེན་རབ་རྫོགས་ནས། །ཆོས་མཐུན་བསྟན་པའི་གཞི་རྩ་འབྱུང་བར་ཤོག །བཟང་པོའི་གྲོགས་འཕྲད་ངན་པའི་གྲོགས་དང་བྲལ། །དགེ་བའི་ཆོས་ཀྱི་འབྲེལ་བའི་འགྲོ་ཀུན་རྣམས། །དགྲ་གཉེན་བདེན་འཛིན་མ་རིག་འཁོར་བའི་གཞི། །བདེན་མེད་སྒྱུ་མའི་རང་བཞིན་དོན་མཐོང་ནས། །དུས་རྣམས་ཀུན་དུ་དགེ་བའི་དམ་ཆོས་སྒྲུབ། །རྣམ་གཡེང་མེད་པའི་དམ་ཆོས་མཐར་ཕྱིན་

ཤོག །དགའ་སྟུག་བཟང་ངན་སྣ་ཚོགས་ཅི་བྱུང་ཡང་། །ཐམས་ཅད་སྨོན་གྱི་གྲོགས་སུ་འཆར་བར་ཤོག །བདག་གཞན་འབྲེལ་ཐོག་འགྲོ་ཀུན་མ་ལུས་པ། །ནམ་ཞིག་དུས་བབ་འཆི་བའི་དུས་བྱུང་ཚེ། །བར་དོའི་འཇིག་སྐྲག་རང་སྣང་ངོ་ཤེས་ནས། །ཡི་དམ་ཞི་ཁྲོའི་ལྷ་ཚོགས་ལམ་མེར་གསལ། །རིག་འཛིན་མཁའ་འགྲོ་དཔའ་བོ་དཔའ་མོའི་ཚོགས། །བསུ་བའི་ཚུལ་གྱིས་རོལ་མོའི་སྒྲ་དང་བཅས། །སྐུ་གསུམ་རྣམ་དག་ཞིང་དེར་སྐྱེ་བར་ཤོག །གསོལ་བཏབ་བསླུ་མེད་བདེན་ཚིག་མྱུར་འགྲུབ་ནས། །དམིགས་མེད་བསྔོ་བའི་དོན་དམ་མྱུར་འགྲུབ་ཤོག ཅེས་པ་འདི་རང་གི་སློབ་བུ་འགའ་ནས་ཀུ་རུའི་སྒྲུབ་ཐབས་ཞིག་དགོས་ཞེས་ཡང་ཡང་བསྐུལ་མ་མང་པོ་བྱུང་བར་བརྟེན། ཀུ་རུ་རིན་པོ་ཆེ་ལ་གསོལ་བ་རྩེ་གཅིག་ཏུ་བཏབ་ཏེ་འདི་ཡི་བསྙེན་བསྒྲུབ་ལ་འབད་ན་གནས་སྐབས་དགེ་བའི་བསམ་དོན་འགྲུབ་ཞིང་། ཕྱི་མའི་ས་ལམ་ལ་དཀའ་ཚེགས་མེད་པར་ཀུ་རུའི་ཞིང་མཆོག་དམ་པར་བགྲོད་པའི་སྣང་བ་བཟང་ཙམ་ཤར་བ་ལ་བརྟེན་༄ ཚིགས་མེད་སྐྱུ་ཕྲེང་བདུན་པ་ཀརྨ་བསྟན་འཛིན་ཕྲིན་ལས་ཀུན་ཁྱབ་དཔལ་བཟང་པོས་བྲིས་པས་འབྲེལ་ཐོག་པདྨ་འོད་ཀྱི་ཞིང་དུ་སྐྱེ་བའི་རྒྱུར་གྱུར་ཅིག༎

༄། སྦས་ཡུལ་གནས་སྲུང་ཀུན་ལ་བསང་དང་གསེར་སྐྱེམས་འདོད་དོན་མྱུར་
འགྲུབ་བཞུགས་སོ།། རཾ་ཡཾ་ཁཾ། ཨོཾ་ཨཱཿཧཱུྃ། ཀྱཻ། ཆོས་ཀྱི་དབྱིངས
ལས་མ་གཡོས་བདེ་བ་ཆེ། །ལྷུན་གྲུབ་རིག་རྩལ་ཡེ་ཤེས་མཁའ་
དབྱིངས་ལས། །འགག་མེད་ཕྲིན་ལས་འོད་ཀུན་ཁྱབ་མཛད་པ།
།རྩ་གསུམ་ཀུན་འདུས་པདྨ་འབྱུང་གནས་དང་། །རྒྱལ་བའི་ཞིང་
མཆོག་དཔག་བསམ་ལྗོན་པའི་ཚལ། །ཡེ་ཤེས་རང་སྣང་དག་པ་
འོག་མིན་གྱི། །ཞིང་མཆོག་དག་པ་ཕྱི་ནང་ཡང་གསང་གི།
།གཟུགས་ཅན་དགྲ་དང་གཟུགས་མེད་འདྲེ་ཀོད་རིགས། །ཕྱོགས་
ཀུན་གནོད་བྱེད་རིགས་རྣམས་གང་བྱུང་ཡང་། །སྦས་གཏེར་སྒོ་
སྲུང་ཉམས་པའི་དབུགས་ལེན་ཞེས། །ཁས་བླངས་དྲག་རྩལ་ཤན་
དབྱི་བཙན་གྱི་རྗེ། །བསྟན་སྐྱོང་ཆེན་པོ་རྡོ་རྗེ་བྲག་བཙན་དང་།
།ཚངས་པ་དུང་ཐོད་གདོང་བཙན་རྡོ་རྗེ་ལེགས། །གངས་རྗེ་ཀུན་
དགའ་སྟག་ཞོན་ར་ཏུ་ལ། །གྲི་གངས་བཙན་དང་གཡུ་སྒྲོན་བརྟན་
མ་སོགས། །བྱ་རོག་གདོང་ཅན་སྲུལ་མིག་ཧ་ར་ཧྲི། །མ་ནིང་ཕྱུག་
བཞི་པ་དང་སྤུགས་སྲུང་མ། །དབང་ཕྱུག་ཉེར་བརྒྱད་སེང་ཞོན་
སྲིད་རྒྱལ་དང་། །མཚོ་སྨན་རྒྱལ་མོ་ཇོ་ལ་རིགས་ལྷ་སོགས།
།གནས་ཡུལ་ཕྱི་ནང་གསང་གསུམ་ཡུལ་ཕྱོགས་འདིས། །ཕར་རི་

ཚུར་རི་སྤངས་ལྗོངས་ནགས་ཚལ་ལ། །ལྷ་ཀླུ་སྲི་བརྒྱད་བཙན་ཚོགས་གནས་རྣམས་ཀུན། །རི་རིས་འཁོར་གཡོགས་གཏོགས་པ་ཅི་མཆིས་པ། །གློག་ལྟར་ཟུར་གཟིགས་འཇའ་སྤྲིན་འཁྲིབ་པའི་གླིང་། །སྤྲིན་དྲངས་དགྱེས་བཞུགས་བཛྲ་ས་མ་ཛཿ རཾ་ཡཾ་ཁཾ་གིས་མི་གཙང་བསྲེག་གཏོར་བཀྲུས། །སྟོང་པའི་ངང་ལས་བསང་བྱུང་ཆོས་ཀྱི་དབྱིངས། །རབ་མཛེས་ཡིད་འོང་དྲི་ཞིམ་སྤོས་ཀྱི་སྤྲིན། །ཙན་དན་དཀར་དམར་སྦེ་མར་ཛ་ཚང་ཕུད། །བཟང་ཤིང་བསྲེག་པའི་དུད་པ་ཕུན་སུམ་ཚོགས། །གཟུགས་འགྲོས་ཡིད་འོང་བཀྲ་ཤིས་རྫས་རྟགས་རིགས། །ཀུན་བཟང་མཆོད་པའི་དཔལ་འབྱོར་ཁམས་གང་བ། །དགྱེས་པར་བཞེས་ལ་གནས་སྲུང་རྒྱ་མཚོའི་ཚོགས། །ཐུགས་ཐོག་འགལ་འཁྲུལ་ནོངས་པ་ཅི་མཆིས་བཤགས། །ཟས་ནོར་ལོངས་སྤྱོད་མཁོ་དགུ་འབྱོར་པ་ཀུན། །ཡིད་ལ་རེ་སྨོན་མཆོག་ཐུན་དངོས་གྲུབ་སྩོལ། །ནད་མུག་མཚོན་འཁྲུགས་འབྲུ་ཐོག་གནོད་བྱེད་དང་། །ཉེས་པའི་ཚོགས་རྣམས་ཞི་བར་མཛད་དུ་གསོལ། །ཁྱད་པར་སྨོན་ལོག་སྣང་བས་འཁྲུལ་སྣང་ལས། །བསྟན་ལ་སྡང་བའི་མཐའ་དམག་གཟུགས་ཅན་དང་། །གཟུགས་མེད་རྒྱ་འདྲེ་འགོང་པོ་རྒྱུ་བ་རྣམས། །སྠས་ཡུལ་བགྲོད་སེམས་

འཆང་དང་བསྒྲོད་གྱུར་ཅོ། །པདྨས་བཀའ་བསྒོས་ཐ་ཚིག་དུས་ལ་བབ། །བཙེ་ལྡན་སྲུང་མ་མཐུ་ཆེན་ཁྱེད་རྣམས་ཀྱིས། །བདུད་རྩིའི་གསེར་སྐྱེམས་བསང་མཆོད་བཞེས་མཛོད་ལ། །ནད་ཡམས་ཚེ་འཕྲུལ་སྣ་ཚོགས་མཚོན་ཆའི་ཆར། །ཕྱུར་དུ་ཐོབ་ལ་གནས་འདིར་མ་ཤོར་ཅིག །པདྨའི་རྗེས་འཇུག་རྣལ་འབྱོར་བདག་ཅག་རྣམས། །གཞི་བྱེས་ལམ་གསུམ་བདག་གི་བསམ་པའི་དོན། །ཐོགས་མེད་ལས་སྒྲུབ་རྒྱལ་བསྟན་རྒྱས་གྱུར་ཅིག། ཅེས་པ་འདི་འང་སྔས་གཏེར་གནས་སྲུང་ཀུན་ལ་བསང་འདི་ལྟར་ཆགས་སྤྲུལ་མིང་མཐའ་འཛིན་པ་ ༧ ཀརྨ་མདོ་སྔགས་བསྟན་པའི་སྒྲོན་མེས་ཡིད་ལ་གང་ཤར་བྲིས་པས་འགལ་འཁྲུལ་ཉེས་པ་མཆིས་ན་བཤགས་ཤིང་དགེ་བས་རྒྱལ་བསྟན་རིན་ཆེན་ཡུན་རིང་དུ་གནས་པའི་རྒྱུར་གྱུར་ཅིག

རིན་པོ་ཆེའི་ཞབས་བརྟན་ནི།

རྩ་གསུམ་རྒྱལ་བའི་ཕྲིན་ལས་གཅིག་བསྡུས་པ།
།བྱིན་རླབས་དངོས་གྲུབ་རྒྱ་མཚོའི་ཁྱབ་བདག་མཆོག
།བཀའ་དྲིན་མཚུངས་མེད་བསྟན་འཛིན་འཕྲིན་ལས་ལགས།
།དབང་བཞི་བསྐུར་ནས་སྒྲིབ་བཞི་དབྱིངས་སུ་དག
།སྐུ་བཞི་ངོ་བོ་ཉིད་དུ་དབྱེར་མེད་ཤོག

ཅེས་པ་འདི་ཀརྨ་གཞན་ཕན་ཆོས་ཀྱི་ཟླ་བའི་བསྐུལ་ངོར་གཏེར་མིང་འཛིན་པ་ལུང་རྟོགས་རྒྱལ་མཚན་ནས་ཐོལ་བྱུང་དུ་བྲིས་པའོ།། ཡོངས་གྲགས་མཚན་ཨ་ཆོས་མཁན་པོའོ།།

༄། རྗེ་བླ་མའི་རྣལ་འབྱོར་བདུད་རྩི་བུམ་བཟང་དངོས་གྲུབ་མཆོག་སྩོལ་བཞུགས་སོ༔

ཨཱ༔ ཆོས་ཀུན་མ་སྐྱེས་གདོད་མའི་ཀློང་༔ སྐུ་གསུམ་ཡེ་གྲོལ་བླ་མ་ལ༔ བསལ་བཞག་བྲལ་བའི་སྐྱབས་སུ་མཆི༔ འགྲོ་དྲུག་གྲོལ་བའི་དངོས་གྲུབ་སྩོལ༔ སེམས་བསྐྱེད་ནི༔ འགྲོ་དྲུག་ཡེ་སངས་རྒྱས་པ་ལ༔ རང་ངོ་མ་ཤེས་འཁོར་བར་འཁྱམས༔ རང་བྱུང་མངོན་སུམ་མཐོང་བའི་ཕྱིར༔ བྱང་ཆུབ་མཆོག་ཏུ་སེམས་བསྐྱེད་དོ༔ ལྷ་བསྐྱེད་ནི༔ ཨཱ༔ གདོད་ནས་མ་བཅོས་སྐུ་གསུམ་གདངས༔ ལྷུན་གྲུབ་སྐུ་དང་ཞིང་ཁམས་ཤར༔ ཐུགས་རྗེའི་རྩལ་སྣང་མ་འགག་པའི༔ ཁྱབ་བདག་རྩ་བའི་བླ་མ་ཉིད༔ མཚུངས་མེད་བསྟན་འཛིན་འཕྲིན་ལས་ནི༔ སྐུ་མདོག་དཀར་དམར་གཟི་བརྗིད་ལྡན༔ འཁོར་སྐྱོན་རང་དག་པད་ཟླའི་སྟེང་༔ འཁོར་འདས་མཉམ་ཉིད་སྐྱིལ་ཀྲུང་བཞུགས༔ བདེན་གཉིས་ཟུང་འཇུག་ཕྱག་གཉིས་ཀྱི༔ གཡས་པས་རིག་སྟོང་རྡོ་རྗེ་སྡིགས༔ གཡོན་པས་བདེ་སྟོང་ཐོད་ཞལ་སྟེང་༔ འཆི་མེད་ཚེ་ཡི་བུམ་པས་བརྒྱན༔ སྐུ་ལ་ཆོས་གོས་ཟབ་པེར་མནབས༔ ཐེག་གསུམ་རྫོགས་པའི་བཛ་ཧགས་ཉིད༔ དབུ་ལ་པདྨ་མཐོང་གྲོལ་

གསོལ༔ ཡེ་ཤེས་ལྷ་དང་ལྷན་པ་ཉིད༔ དབུ་གཙུག་ལྟེམ་སྒྲོའི་བརྒྱན་
པ་དེ༔ ཐེག་རྩེ་ས་ལམ་མཐར་ཕྱིན་ཉིད༔ སྐུ་ལ་རིན་ཆེན་རྒྱན་
ཆ་གསོལ༔ ས་ལམ་ཕ་རོལ་ཕྱིན་དྲུག་རྫོགས༔ དར་གྱི་ན་བཟའ་
སྣ་ཚོགས་གསོལ༔ ཉོན་མོངས་མ་སྤངས་རང་སར་དག༔ ཕྱག་
གཡོན་ཁ་ཊྭཾ་རྩེ་གསུམ་ཉིད༔ བདེ་སྟོང་ཞམ་སྦྱོར་གསང་བའི་ཚུལ༔
དེ་ཡི་སྤྱི་གཙུག་འོད་མི་འགྱུར༔ ཐུགས་རྗེ་འོད་ཟེར་ཕྱོགས་བཅུར་
འཕྲོས༔ རྒྱ་བོད་རིག་འཛིན་པཎ་གྲུབ་དང་༔ ཡི་དམ་རྒྱལ་བ་ཞི་
ཁྲོའི་ཚོགས༔ མཁའ་འགྲོ་དམ་ཅན་སྲུང་མར་བཅས༔ མཚོ་ལ་
གཟའ་སྐར་ཤར་བ་བཞིན༔ མངོན་སུམ་བཞིན་དུ་གསལ་བར་
གྱུར༔ རང་བྱུང་རིག་པའི་རང་རྩལ་ཉིད༔ མ་འགག་བརྒྱུད་གསུམ་
རིག་འཛིན་ལ༔ བདག་མདུན་དབྱེར་མེད་ཕྱག་འཚལ་ལོ༔ སྣང་
སྲིད་དག་མཉམ་མཆོད་པ་འབུལ༔ སྡིག་ལྟུང་འདུས་མ་བྱས་པར་
བཤགས༔ འཁོར་འདས་དགེ་རྩ་ཡི་རང་ངོ༔ བརྗོད་མེད་ཆོས་
འཁོར་བསྐོར་བར་གསོལ༔ དུས་གསུམ་མི་འགྱུར་རྟག་ཏུ་བཞུགས༔
དགེ་རྩ་འཁོར་གསུམ་ཡོངས་གྲོལ་བསྔོ༔ ཀྱཻ། རྗེ་བཙུན་བླ་མ་
བཀའ་དྲིན་ཅན༔ ཁྱེད་ནི་རྒྱལ་བའི་རྒྱལ་ཚབ་ཉིད༔ བདག་སོགས་
འགྲོ་བ་མགོན་མེད་ལ༔ མི་འགྱུར་རྟག་བརྟན་བཞུགས་གསོལ་

འདེབས༔ ཨོཾ་ཨཱཿཧྲཱི་བཛྲ་གུ་རུ་པདྨ་ཧཱེ་བ་ཛཱ་ཀི་ཉཱི་སརྦ་སིདྡྷི་ཧཱུྃ༔ ཅི་ནུས་བཟླ༔ ཀྱཻ༔ མཆོག་གསུམ་ཀུན་འདུས་བླ་མ་རྗེས༔ བདག་སོགས་ལུས་ངག་ཡིད་གསུམ་ལ༔ རྡོ་རྗེ་གསུམ་དང་དབྱེར་མེད་པའི༔ མཆོག་ཐུན་ལས་བཞིའི་དངོས་གྲུབ་སྩོལ༔ ལན་གསུམ༔ བླ་མའི་ཐུགས་རྗེ་འོད་ཟེར་གྱིས༔ རང་རྒྱལ་གདན་གསུམ་ཚང་བའི་ལྷ༔ བླ་མ་ཉིད་དང་དབྱེར་མེད་གྱུར༔ བླ་མའི་དཔྲལ་བའི་ཨོཾ་ཡིག་ལས༔ བདག་གི་སྒྲིབ་མཚམས་ཐིམ་པ་ལས༔ བུམ་དབང་ཐོབ་ནས་ལུས་སྒྲིབ་དག༔ བླ་མའི་སྐུ་དང་དབྱེར་མེད་གྱུར༔ བླ་མའི་མགྲིན་པའི་ཨཱཿདམར་ལས༔ བདག་གི་མགྲིན་པར་ཐིམ་པ་ཡིས༔ ངག་སྒྲིབ་དག་ནས་གསང་དབང་ཐོབ༔ བླ་མའི་གསུང་དང་དབྱེར་མེད་གྱུར༔ བླ་མའི་ཐུགས་ཀའི་ཧཱུྃ་སྔོན་པོ༔ བདག་གི་སྙིང་ཁར་ཐིམ་པ་ཡིས༔ ཤེར་དབང་ཐོབ་ནས་ཡིད་སྒྲིབ་དག༔ བླ་མའི་ཐུགས་དང་དབྱེར་མེད་གྱུར༔ བླ་མའི་གནས་གསུམ་འབྲུ་གསུམ་ལས༔ འོར་ཟེར་དཀར་དམར་མཐིང་གསུམ་འཕྲོས༔ བདག་གི་སྒོ་གསུམ་གཅིག་ཆར་དུ༔ ཐིམ་ནས་དབང་བཞི་ཉིད་ཐོབ་ཤོག༔ བླ་མ་འོད་ཞུ་རང་ལ་ཐིམ༔ ཆོས་དབྱིངས་ཀུན་བཟང་གདོད་མའི་ཀློང༔ བདག་མདུན་ཐུགས་ཡིད་དབྱེར་མེད་པའི༔ མ་བཅོས་གཉུག་མའི་ངང་དུ་ཨཱཿ རྗེས་ཐོབ་སྨོན་ལམ་ནི༔ རང་བྱུང་རིག་པའི་ངོ་བོ་ཉིད༔ ཡེ་

གྲོལ་རང་ས་ཟིན་ནས་ནི༔ ཚེ་འདིར་གཞོན་ནུ་བུམ་པའི་སྐུ༔ རང་ས་ཟིན་པར་བྱིན་གྱིས་རློབས༔ གལ་ཏེ་ཚེ་འདིར་མ་གྲོལ་ན༔ ཆོས་ཉིད་བར་དོའི་སྣང་བ་ཡི༔ རང་སྣང་ལྷུན་གྲུབ་སྒོ་བརྒྱད་ཤར༔ རང་རྩལ་རང་ངོ་ཤེས་ནས་ནི༔ ལོངས་སྐུའི་ཞིང་དུ་གྲོལ་བར་ཤོག༔ གལ་ཏེ་དེ་ཚེ་མ་གྲོལ་ན༔ སྲིད་པ་བར་དོར་ཁ་འཁྲུམས་ཚེ༔ རྣམ་གྲོལ་དབུགས་ཆེན་འབྱིན་པའི་སར༔ ས་ལམ་མ་ལུས་མཐར་ཕྱིན་ནས༔ འགྲོ་བའི་དོན་ལ་བརྩོན་པར་ཤོག༔ མདོར་ན་སྐྱེ་འཆི་བར་དོ་ཀུན༔ རང་རིག་ཆོས་ཉིད་རང་གདངས་ལས༔ གཞན་དུ་མེད་པ་ཐག་ཆོད་ནས༔ འགྲོ་བའི་དོན་གཉིས་འབྱུང་བར་ཤོག༔ དཀོན་མཆོག་རྩ་གསུམ་རྒྱ་མཚོ་དང༔ རྒྱལ་བ་ཁྱེད་ཀྱི་ཐུགས་བསྐྱེད་མཐུས༔ བདག་ཅག་ལྷག་བསམ་དག་ནས་ཀྱང༔ སྨོན་པ་དེ་བཞིན་འགྲུབ་པར་ཤོག༔ ཅེས་པ་འདི་པདྨའི་ལུང་གིས་བསྟུགས་པའི་འབྲོག་མི་དཔལ་གྱི་ཡེ་ཤེས་དང་རིག་འཛིན་གློང་གསལ་ཟུང་གི་རྣམ་འཕྲུལ་གཏེར་མིང་འཛིན་པ་འཇམ་དབྱངས་ལུང་རྟོགས་རྒྱལ་མཚན་གྱིས་སོ༔ ཡོངས་གྲགས་མཚན་ཨ་ཆོས་མཁན་པོ༔

༄། ཀརྨ་ཆགས་མེད་ཀྱི་ཞབས་བརྟན་འཆི་མེད་རྩེའི་ཛ་སྒྲ་ཞེས་བྱ་བ་ནི།

ཨོཾ་སྭ་སྟི། རབ་འབྱམས་བདེ་ཆེན་སྟོང་གསལ་ལྷ་ཡི་ལམ།
།སྤྲུལ་འཕྲུལ་འོད་དཀར་བདུད་རྩིའི་འཛུམ་རླབས་ཅན།
།འཆི་མེད་ཀུན་ཏུ་དགའ་བའི་ལྷ་མོ་ཡིས།
ཤིས་པའི་བདུད་རྩིའི་སྒྲ་དབྱངས་སྒྲོག་གྱུར་ཅིག
ཆོས་ཀུན་སྟོང་དང་སྙིང་རྗེ་ཟུང་འབྲེལ་ལས།
།འགག་མེད་རྣམ་པར་རོལ་པའི་འཛོ་སྒེགས་ཀྱིས།
།སྙིགས་མའི་འགྲོ་རྣམས་སྒྲོལ་བའི་ཁུར་ཁྱེར་བ།
།ཟླ་བྲལ་སེམས་དཔའ་ཁྱོད་ཉིད་འཚོ་གཞེས་གསོལ།
དྲི་བྲལ་ཀུན་གསལ་ལམ་གྱི་ཉ་གང་ཟླ།
རབ་དཀར་ཀུ་མུད་གཉེན་དུ་འཛུམ་པ་བཞིན།
།གང་གི་ཕྲིན་ལས་རྣམ་བཞིའི་འོད་རེས་ཀྱིས།
།ཐུབ་བསྟན་པད་ཚལ་རྒྱས་པའི་དཔལ་དུ་ཤོག
།དེ་ལྟར་སྨོན་པའི་དབང་སྔོན་དོ་ཤལ་ནི།
།ལྷག་བསམ་རིན་ཆེན་སྲད་བུར་བརྒྱུད་པ་ཡི།
།དོན་གཉིས་བླ་ན་མེད་པའི་གཟི་འོད་ཀྱིས།

།ས་གསུམ་སྐྱེ་དགུ་དགའ་བའི་དཔལ་དུ་ཤོག

ཅེས་པ་འདིའང་དད་ལྡན་འགའ་ཞིག་གི་ངོར་ ༄ ཨོ་རྒྱན་ཕྲིན་ལས་ཀྱིས་བྲིས་པའོ།། ཤུ་བྷཾ།

༄། ཨོཾ་སྭ་སྟི། ཚེ་འོད་དཔག་མེད་སྤྱན་རས་གཟིགས་དབང་ཕྱུག
།ཨོ་རྒྱན་བརྒྱུད་པར་བཅས་པའི་དབང་བྱིན་མཐུས།
།བདག་ཅག་མོས་གདུང་གསོལ་བཏབ་སྨོན་པའི་དོན།
།མཁས་གྲུབ་རྩོད་མེད་ཀརྨ་ཆགས་མེད་རྗེའི།
།སྒྱུ་འཕྲུལ་ཟླ་བྲལ་དཔལ་ལྡན་བླ་མ་ཡི།
།ཞབས་པད་མི་འགྱུར་རྡོ་རྗེའི་གདན་ཁྲི་ལ།
།འཚོ་གཞེས་གང་འདུལ་མཛད་ཕྲིན་སྐྱོང་བཞིན་པར།
།བགེགས་དང་བར་ཆད་མིང་ཡང་མི་གྲགས་ཤིང་།
།བཞེད་དགུ་ལྷུན་གྲུབ་བསྟན་འགྲོའི་ཕན་བདེ་སྤེལ།
།བཀྲ་ཤིས་བདེ་ལེགས་ཕུན་ཚོགས་དཔལ་འབར་ཤོག།

ཅེས་པའང་རིགས་ལྡན་མ་དོན་གྲུབ་དཔལ་མོས་ལྷ་རྫས་མཎྜལ་རྟེན་དོད་ཀྱི་ནོམ་པ་བཅས་བསྐུལ་ངོར་༧ རི་ཁྲོད་པ་ཀུན་པོ་སངས་རྒྱས་རྡོ་རྗེས་བལ་ཡུལ་ཡང་ལེ་ཤོད་ཀྱི་མཚམས་ཁང་དུ་བྲིས་པ་སིདྡྷི་རསྟུ།།

༄ དབུ་ཞྭ་པདྨ་མཐོང་གྲོལ་གྱི་ལོ་རྒྱུས་དང་བརྡ་དོན་བསྡོད་པ་བཅས་བཞུགས་སོ།།

དབུ་ཞྭ་མཐོང་གྲོལ་རིན་པོ་ཆེ་འདི་ཉིད་ཀྱི་ལོ་རྒྱུས་ཟུར་ཙམ་ཞུས་ན། ཨོ་རྒྱན་རིན་པོ་ཆེ་པདྨ་འབྱུང་གནས་ཀྱི་རྒྱལ་ཚབ་གཉིས་པ་རྗོད་པ་ཐམས་ཅད་དང་བྲལ་བ། དུས་བབ་ཀྱི་སྤྲུལ་པའི་གཏེར་ཆེན་མཆོག་གྱུར་གླིང་པ་དེ་ཉིད་ཀྱིས་སྩལ་བ་ཡིན་ལ། འདི་ཡི་ནང་རྟེན་གྱི་ལོ་རྒྱུས་ཅུང་ཟད་ཅིག་ཞུ་བའི་དབང་དུ་བྱས་ན། སྔོན་ཨོ་རྒྱན་རིན་པོ་ཆེ་རྔ་ན་ཀོ་ཥའི་མཚོ་གླིང་དུ་སྐུ་འཁྲུངས་མ་ཐག་ཏུ། མ་མོ་དང་མཁའ་འགྲོ་མ་དཔག་ཏུ་མེད་པ་རྣམས་ལ་གསང་སྔགས་ཀྱི་ཆོས་གསུངས་པའི་ཚེ། མཁའ་འགྲོ་མ་འབུམ་ཕྲག་ངོ་མཚར་དཔག་ཏུ་མེད་པ་སྐྱེས་ནས། རང་རང་གི་སྒྲ་ཞག་མ་རེ་རེ་ལས་གྲུབ་པའི་མཁའ་འགྲོ་འབུམ་ཞྭ་རིན་པོ་ཆེ་སྣ་ཚོགས་ཀྱིས་བརྒྱན་ཏེ་ཕུལ་བ། སླར་ཡང་མ་འོངས་པའི་སེམས་ཅན་རྣམས་ལ་དགོངས་ཏེ་གཏེར་དུ་སྦས་པར་མཛད་པ། ཕྱིས་གྲུབ་ཐོབ་མཆོག་ལྡན་རྡོ་རྗེའི་གཏེར་ལ་བཞེས་པ་དེ་ཉིད་ཀྱང་མཆུར་ཕུའི་རྟེན་སྒམ་ནང་དུ་བཞུགས་པ་ཡང་དབུ་ཞྭ་འདིའི་ནང་དུ་བཞུགས། གཞན་ཡང་སྟོན་པ་སངས་རྒྱས་ཀྱི་འཕེལ་གདུང་། འཕགས་བོད་ལོ་པཎ་མང་པོའི་བྱིན་རླབས་དམ་རྫས་མཐོང་གྲོལ་འཁོར་ལོ་ལ་སོགས་

པ། གཞན་ཡང་སྲིད་ན་དགོན་པའི་དམ་རྫས་བརྫོད་ཀྱི་མི་ལང་པ་མང་དུ་བཞུགས་ཅིང་། ཁྱད་པར་ཨོ་རྒྱན་མཆོག་གྱུར་གླིང་པའི་སྒྲུབ་ཐེངས་སུམ་ཅུ་ལྷག་ཙམ་གྱི་དཀྱིལ་འཁོར་དུ་མངོན་པར་སྒྲུབ་ཅིང་ཁྲིད་ཀྱིས་བསླབས་ནས། ༧ཆགས་སྤྲུལ་ལྔ་པ་གསང་སྔགས་བསྟན་འཛིན་ལ་གསང་སྔགས་རྡོ་རྗེ་ཐེག་པའི་སློབ་དཔོན་ཆེན་པོར་དབང་བསྐུར་ཞིང་། དབུ་ཞྭའི་བརྡ་བསྟོད་ཀྱང་སྤྲུལ་པའི་གཏེར་ཆེན་ཉིད་ཀྱི་རྡོ་རྗེའི་བཀའ་ལུང་གིས་བསྔགས་པ་ནི་འདི་ལྟ་སྟེ། རྗེ་བླ་མ་རྣམས་ལ་ཕྱག་འཚལ་ལོ། དབུ་ཞྭ་པཎྜ་མཐོང་གྲོལ་གྱི། །བརྡ་དོན་ལོ་རྒྱུས་ཟུར་ཙམ་ཞུ། །ཞྭ་དབུས་སུ་མཐིང་ག་འདུག་པ་འདི། །གཞི་འགྱུར་མེད་ཆོས་སྐུ་སྟོན་པའི་བརྡ། ཁྱུང་གཤོག་གཉིས་སུ་འདུག་པ་འདི། །ཐབས་ཤེས་རབ་གཉིས་སུ་ལྡན་པའི་བརྡ། །རྩེ་མོ་གསུམ་དུ་འདུག་པ་འདི། །སྐུ་གསུམ་ལྷུན་གྱིས་གྲུབ་པའི་བརྡ། །མདུན་པདྨ་དམར་པོའི་བརྒྱན་པ་འདི། །མ་ཆགས་སྐྱོན་གྱིས་མ་གོས་ཤིང་། །འགྲོ་ལ་རྗེས་སུ་བརྩེ་བའི་བརྡ། ཁ་དྲིལ་སེར་པོའི་བརྒྱན་པ་ནི། །གསང་སྔགས་ཀྱི་བསྟན་པ་རྒྱས་པའི་རྟགས། རིན་ཆེན་གྱི་ཕྲ་ཚོམ་བཀོད་པ་དེ། །དངོས་གྲུབ་ཀྱི་གཏེར་ཆེན་འབྱུང་བའི་བརྡ། །སྣ་ཚོགས་རྡོ་རྗེའི་བརྒྱན་པ་ནི། །འཕྲིན་ལས་རྣམ་བཞི་འགྲུབ་པའི་བརྡ། །ཉི་མ་ཟླ་བས་བརྒྱན་པ་དེ། །མ་

རིག་སྨུན་པ་སེལ་བའི་བརྗོད། །དར་སྣ་ཚོགས་ཀྱི་ཅོད་པན་བཞི་འཆང་བ། །ཆོས་ཚད་མེད་བཞི་དང་ལྡན་པའི་བརྗོད། །རྡོ་རྗེ་རྩེ་ལྔསབརྒྱན་པ་ནི། །མི་འགྱུར་རྡོ་རྗེ་ལྷ་བུ་ཡི། །ཧྲིང་ངེ་འཛིན་ལ་མངའ་བརྙེད་བརྗོད། །ནོར་བུ་པདྨ་རཱ་ག་ཡི། །རིན་ཆེན་ཧོག་གིས་སྤྲས་པ་དེ། །པདྨའི་རིགས་མཆོག་འོད་མི་འགྱུར། །འཆི་མེད་ཚེ་དབང་འགྲུབ་པའི་བརྗོད། །བརྗོད་དོན་བཅུ་གཅིག་དང་ལྡན་པའི་དབུ་ཞྭ་འདི། །གང་མཇལ་ཀུན་ལས་ངན་སྡིག་སྒྲིབ་བྱང་། །གསོལ་བ་ཀུན་ཇི་ལྟར་བཏབ་པ་འགྲུབ། ཅེས་གགཏེར་ཆེན་ཉིད་ཀྱིས་གསུངས་པ་ལྟར་མཐོང་གྲོས་དྲན་རིག་གི་འབྲེལ་བ་ཐོབ་ཚད་དོན་དང་ལྡན་པར་འགྱུར་བའི་དབུ་ཞྭ་མཐོང་གྲོལ་འདི་མཇལ་བའི་ཚེ་མཆོག་དམན་ཚང་མ་ཐུགས་མ་ཡེངས་པར་དད་པ་དང་། གུས་པ། རྩེ་གཅིག་གིས་གསོལ་བ་གང་བཏབ་པར་འགྲུབ་པ་སངས་རྒྱས་ཀྱི་བཀའ་ལ་བསླུ་བ་མི་སྲིད་པས། མེ་ནི་གྲང་བར་འགྱུར་ཡང་སྲིད། རླུང་ནི་ཞགས་པས་ཟིན་ཡང་སྲིད། ཉི་ཟླ་ཐང་ལ་ལྷུང་ཡང་སྲིད། རྒྱལ་བའི་བཀའ་ལ་བསླུ་མི་སྲིད། ཅེས་གསུང་བ་ལྟར་སོགས་རིགས་པས་དཔྱད། ༔ ཀརྨ་པ་ཀུན་བཟང་མཁའ་ཁྱབ་རྡོ་རྗེས་མཛད་པའི་དབུ་ཞྭའི་བརྗོད་བསྟོད་ནི། ནམོ་གུ་རུ། གྲུབ་བརྙེས་ཀརྨ་ཆགས་མེད་ཞེས་འཕགས་པ་འཇིག་རྟེན་དབང་ཕྱུག་གི་

ཐུགས་རྗེའི་སྒྱུ་འཕྲུལ་སྟོན་ཁྱོན་ལོ་པཎ་གྲུབ་ཐོབ་ཆོས་རྒྱལ་སོགས་ས་གནས་སེམས་དཔའ་མང་པོའི་ཚུལ་གྱིས་བསྟན་འགྲོའི་དོན་རླབས་པོ་ཆེ་མཛད་ཅིང་། འོད་མཚན་ཅོད་པན་འཆང་བ་དྲུག་པ་དང་། རྗེ་རྒྱལ་བའི་དབང་པོ་ཆོས་དབྱིངས་རྡོ་རྗེ་ཡབ་སྲས་དང་ངོ་བོ་གཅིག་པར་ཞལ་གྱིས་བཞེས་པའི་སྙིང་པོའི་བསྟན་པའི་སྲོག་ཟུང་ཟླ་མེད་པ་དེ་ཉིད་ཀྱི་ཡང་སྲིད་སྤྲུལ་པའི་ཕྲེང་བ་རིམ་པར་བྱོན་པ་རྣམས་ཀྱང་གྲུབ་པའི་སྐྱེས་བུ་ཁྱད་པར་འཕགས་པ་གསེར་རིའི་ཕྲེང་བ་ཚར་དུ་དངར་བ་ལྟར་རིམ་པར་བྱོན་པའི་སྐུ་ཕྲེང་ལྔ་པ་འདི་ཉིད་འབྲེལ་ཚད་དོན་ལྡན་གྱི་ཕྲིན་ལས་འཕེལ་ཕྱིར་གཏེར་ཆེན་མཆོག་གྱུར་གླིང་པས་དབང་རྟགས་ཀྱི་ཅོད་པན་ཕུལ་བ་འདི་ཉིད་བསྒྲོན་ཕུལ་མཛད་ན་རླབས་ཆེན་གྱི་ཕྲིན་ལས་དོན་ལྡན་དུ་འགྱུར་བའི་ལུང་དང་ལས་ཀས་གཟེངས་བསྟོད་ཕུལ་བ་སྟེ། བརྗ་དོན་གྱི་བསྟོད་པའང་འདི་ལྟ་སྟེ། ན་མོ་གུ་རུ་སིདྡྷི་ཧཱུཾ། དབྱིངས་ཆོས་སྐུའི་མགོན་པོ་འོད་མི་འགྱུར། །རང་རིག་གི་བདག་པོ་མཆོན་པའི་སླད། །དབང་རྟགས་ཀྱི་ཅོད་པན་ཚུལ་དུ་སྣང་། །གཞི་ལྟ་བ་ཆོས་དབྱིངས་འགྱུར་མེད་ཀྱི། །ཡ་ཕུབ་མཐོན་མཐིང་གི་འོད་བརྒྱས་མཆོན། ལམ་རྒྱལ་བསྟན་མདོ་སྔགས་ཟུང་འཇུག་གི། །ཐེག་རིམ་དགུའི་སྤྱོད་པ་མས་འཛོམས་ཀྱི། །བརྗ་དོན་དུ་ཞ་འདབ་

དམར་མདངས་འཚེར། །ཁྱུང་གཤོགས་གཉིས་ཐབས་ཤེས་ཟུང་
འཇུག་མཚོན། །རྩེ་མོ་གསུམ་སྐུ་གསུམ་འབྲས་བུའི་བརྡ། །མདུན་
ངོ་སྔོ་པདྨའི་དབང་རྟགས་ཀྱིས། །འགྲོ་ལ་རྗེས་སུ་བརྩེ་བའི་བརྡ།
ཁ་དྲིལ་སེར་པོའི་བརྒྱན་པ་འདི། །ཆོས་སངས་རྒྱས་བསྟན་པ་
མཐའ་རྒྱས་བརྡ། །རིན་ཆེན་སྣ་ལྔའི་ཕྲ་ཚོམ་གྱིས། །མཆོག་ཐུན་
དངོས་གྲུབ་སྩོལ་བའི་བརྡ། །སྣ་ཚོགས་རྡོ་རྗེའི་མཚན་པ་དེ། །ཕྲིན་
ལས་ཐོགས་མེད་ལྷུན་གྲུབ་བརྡ། །ཉི་མ་ཟླ་བའི་རབ་སྤྲས་པ།
།ཐུགས་རྗེའི་འགྲོ་བ་མུན་སེལ་བརྡ། །དར་སྣ་ཚོགས་ཅོད་པན་
འཕུར་བ་འདི། །དབང་བཞིའི་ཆུ་བོ་འབེབ་པའི་བརྡ། །རྡོ་རྗེ་རྩེ་
ལྔས་བརྒྱན་པ་འདི། །རིགས་དྲུག་ཁྱབ་བདག་མཚོན་པའི་བརྡ།
།ནོར་བུའི་ཏོག་གི་རྩེ་ཕྲན་གྱིས། །འོད་གསལ་རྒྱུན་ཆད་མེད་པ་
དང་། །འཆི་མེད་ཚེ་ལ་མངའ་བརྙེས་པའི། །རིགས་བདག་འོད་
མི་འགྱུར་བའི་བརྡ། །ནང་དར་ཟབ་ཟ་འོག་བརྒྱན་པ་དེ། །བྱམས་
སྙིང་རྗེའི་འགྲོ་ལ་རྗེས་འཛིན་བརྡ། །བརྡ་བཅུ་གསུམ་རྡོ་རྗེ་འཛིན་
པའི་བརྡ། །མཚོན་བྱེད་པདྨ་མཐོང་གྲོལ་འདི། །མཐོང་ཐོས་དྲན་
རེག་གྲོལ་བ་བཞིས། །སྐལ་ལྡན་ཐར་ལམ་ཐེན་པ་དང་། །སྐལ་
མེད་རྒྱུད་ལ་ཐར་པ་ཡི། ས་བོན་འདེབས་པའི་འབྲེལ་ཚད་ཀུན།

།ཐེག་མཆོག་ལམ་ལ་གཞོལ་བ་དང་། །ཀུན་མཁྱེན་ཡེ་ཤེས་ཐོབ་པར་ཤོག ཅེས་ཆེད་དུ་བརྗོད་པ་དང་བཅས་དཔལ་ཀརྨ་པ་མཁའ་ཁྱབ་རྡོ་རྗེས་སྤེལ་བ་ཕྲིན་ལས་ཕྱོགས་མཐར་ཁྱབ་པའི་རྒྱུར་གྱུར་ཅིག མངྒ་ལཾ།།

རྣམ་གྲོལ་ཞི་བའི་རྒྱ་མཚོར་རོ་གཅིག་ཏུ།
།གཞོལ་བའི་ཆོས་རྒྱུད་མཐའ་ཡས་དལ་འབབ་སླུང་།
།ཚིག་གི་གཟེགས་མ་རེས་ཀྱང་དུག་གསུམ་གྱི།
།དྲི་མ་ཡོངས་ཁྲུད་ལེགས་བཤད་བདུད་རྩི་འདི།
།དཔར་དུ་བསྒྲུན་པའི་རྣམ་དཀར་ཕུང་པོའི་མཐུས།
།ཡང་དག་ཆོས་ཀྱི་སྣོ་མོ་སྙིང་ཕྲག་བརྒྱ།
།གདངས་ཏེ་རྒྱུད་ལྡའི་འགྲོ་བ་མ་ལུས་པ།
།ངེས་ལེགས་ནོར་བུའི་མཛོད་ལ་དབང་འབྱོར་ཤོག །

སྒྲུབ་གནས་དཔལ་རི་རྩེ་དང་ཆགས་མེད་སྟཱུ་ག་འབྲུངས་པའི་སྐུལ།

དམ་ཅན་མགར་བ་ནག་པོའི་མགར་ཐབས་དང་མགར་ཆུ།

དཔལ་རི་རྩེའི་སྒྲུབ་ཁང་གི་ཟུར་གཅིག

ངོམ་དཔལ་རི་རྩེར་ཨ་ནུ་གས་ལོ་བཅུ་གསུམ་ལ་འདམ་སྦྱར་མཛད་པའི་སྒྲུབ་ཁང་།

གཏོར་བཅོམ་བཏང་བའི་རྗེས་ཀྱི་གནས་མདོ་དགོན་པ་གསར་བཞེངས།

ཆགས་མེད་རིན་པོ་ཆེར་གུར་དྲག་ཞལ་གཟིགས་པའི་གནས།

བོད་ཀྱི་སླ་བྲང་གི་རྣམ་པ།

དགོན་པའི་ཉེ་སྐོར་དུ་གསར་དུ་བཞེངས་པའི་ཤག་འགའ་ཤས།

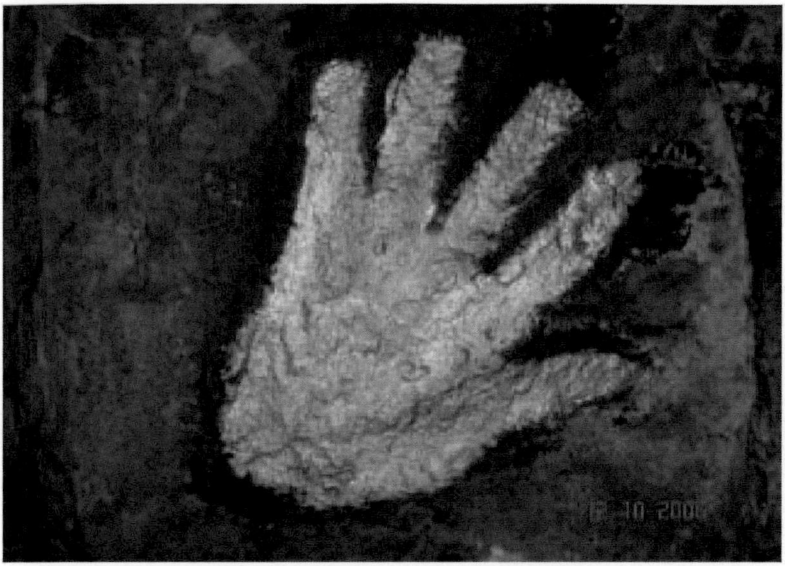

ཆགས་མེད་སྐུ་ཕྲེང་ལྔ་པའི་ཕྱག་རྗེས།

ཆགས་མེད་སྐུ་ཕྲེང་ལྔ་པའི་ཞབས་རྗེས།

སྒྲུབ་ཁང་ནང་གི་རྣམ་པ།

རིན་པོ་ཆེ་དགུང་ན་ཆུང་བའི་སྐབས་ཀྱི་སྐུ་པར།

བོད་དུ་ཕེབས་སྐབས་ཆིབ་བསྒྱུའི་རྣམ་པ།

ལྕང་སྒྲིང་དུ་སྡོད་བཞུགས་གནང་བ།

བོད་ནས་ས་མཐོའི་གངས་ཁྲོད་དུ་ཕེབས་པ།

གནའ་བོའི་རྗོ་ཁྲིའི་ཐོག་ཏུ་ཞབས་སོར་འཇོད་པ།

ཕ་ཡུལ་གྱི་དད་ལྡན་མང་ཚོགས་ལ་མཇལ་ཁ་གནང་བཞིན་པ།

ཀརྨའི་མཁན་ཆེན་རིན་པོ་ཆེ་དང་ལྷན་དུ་བཞུགས་པ།

ཁྲུས་གནས་མདོ་སངས་སྤྲུལ་རིན་པོ་ཆེ་དང་མཁན་ཆེན་རིན་པོ་ཆེ་ལྷན་རྒྱས།

གནས་ཡུལ་གྱི་བཀོད་པ་དང་སྲོལ་རྒྱུན་སེར་ཕྲེང་གི་རྣམ་པ།

སྲོལ་རྒྱུན་གར་འཆམས་ཀྱི་རྣམ་པ་ངོམ་བཞིན་པ།

སེར་ཕྲེང་གི་རྣམ་པ་ཡིད་དུ་འོང་བ་ཞིག་གི་ཟུར་སྣེ།

བྱ་བྲལ་རིན་པོ་ཆེ་རིན་པོ་ཆེའི་ནང་དུ་ཞྭོད་བཞུགས་གནང་བ།

རིན་པོ་ཆེའི་རིགས་ཆོས་གཉིས་ཀའི་སྲས་ཞུ་ལྷང་པ་ཀ་རྨའི་མཁན་ཆེན་རིན་པོ་ཆེ།

མི་མང་འདུ་འཛོམས་ཀྱི་དབུས་སུ་གར་འཁྲབ་བཞིན་པ།

སྒྲོལ་རྒྱན་གྱི་འགྱིངས་འཆམས་ལ་རོལ་བཞིན་པ།

སྒྲོལ་རྒྱན་གྱི་འཛིགས་ཛམ་ཌོམ་བཞིན་པ།

ཁ་སྤྲུལ་རིན་པོ་ཆེ་དབུ་བཞུགས་ཀྱིས་དགེ་འདུན་པ།

ཡུལ་སྐྱོང་ས་གི་བཀོད་པ་དང་དགོན་པའི་ལོག་ངོས།

ཆགས་མེད་རིན་པོ་ཆེ་སྐུ་ཕྲེང་དང་པོ་ཨ་ནུ་གའི་ཞབས་རྗེས།

ལྷ་ལྡན་ཇོ་བོའི་དྲུང་དུ་མཆོད་འབུལ་དང་འབྲེལ་ཐུགས་སྨོན་གནང་བ།

གྲུབ་དབང་པད་ནོར་རིན་པོ་ཆེ་དང་ལྷན་དུ་བསྒྲོན་པ།

ལུས་སྦྱིན་གྱི་ཕྱག་ལེན་གནང་བཞིན་པ།

༄དཔལ་རྒྱལ་དབང་ཀརྨ་པ་དང་ལྷན་དུ་ཡབ་སྲས་རྣམ་པ་གཉིས་སྐྱོད་བཞུགས།

མཁན་ཆེན་རིན་པོ་ཆེའི་གདན་ས་ཀརྨ་དགོན་གྱི་འདུ་ཁང་གཡེར་མོ་ཆེ།

༄སྐྱབས་རྗེ་བྱ་བྲལ་རིན་པོ་ཆེ་དང་ལྷན་བཞུགས་གནང་བ།

རྒྱུན་གྱི་ཉམས་བཞེས་གནང་ཚུལ་གྱི་པར།

ལྷ་ལྡན་ཇོ་བོའི་སྐུ་མདུན་དུ་ཕྱག་སྟོན་གནང་བཞིན་པ།

རྒྱལ་དབང་མཆོག་གི་ཡབ་ཡུམ་གཉིས་དང་ལྷམ་སྲིང་མཁའ་འགྲོ་དང་རིན་པོ་ཆེ།

སྤྲ་འགྱུར་བསྟན་པའི་གཙུག་རྒྱན་གུབ་དབང་པད་ནོར་རིན་པོ་ཆེ་དང་དགྱེས་བརྩེའི་ངང་གསུང་གླེང་གནང་བ།

མཁན་ཆེན་རིན་པོ་ཆེ་དང་བཀྲིས་སེ་རྡེ་དགུང་ན་ཆུང་བའི་སྐབས།

༧ རྒྱལ་དབང་མཆོག་དང་ལྷན་བཞུགས་གནང་བ།

གཟིམ་མལ་དུ་རྒྱུན་པར་གྱི་ཉམས་བཞེས་སྐྱོང་ཚུལ།

བལ་ཡུལ་གནས་མདོ་དགོན་གྱི་བྱང་ཤར་དུ་གནས་པའི་ཇོ་མོ་གླང་མའི་རི་རྒྱུད།

རིན་པོ་ཆེའི་ས་གཞི་གསར་པར་གསུང་འདོན་གནང་བ།

བལ་ཡུལ་ཡང་ལེ་ཤོད་དུ་མཁན་ཆེན་རིན་པོ་ཆེ་དང་སངས་སྤྲུལ་རིན་པོ་ཆེ་རྣམ་
པ་གསུམ་གྱིས་ས་འདུལ་མཛད་པའི་སྐབས།

དངོས་སུ་ལས་གཞི་འགོ་འཛུག་སྐབས་ངོ་མཚར་ཆེ་བའི་འཇའ་དམར་པོ་ཤར་བ།

བལ་ཡུལ་ཡང་ལེ་ཤོད་དུ་བཞེངས་པའི་བྱེས་ཀྱི་གནས་མདོ་དགོན་པ།

དམ་ཚིག་གཙང་བའི་བླ་སློབ་ཟུང་ནས་ཚེ་འབར་ཞལ་འབྱེད་གནང་བ།

གནས་མདོ་ཁ་སྐྱིལ་རིན་པོ་ཆེ་དང་གནམ་ཆོས་མི་འགྱུར་རྡོ་རྗེའི་ཡང་སྲིད།

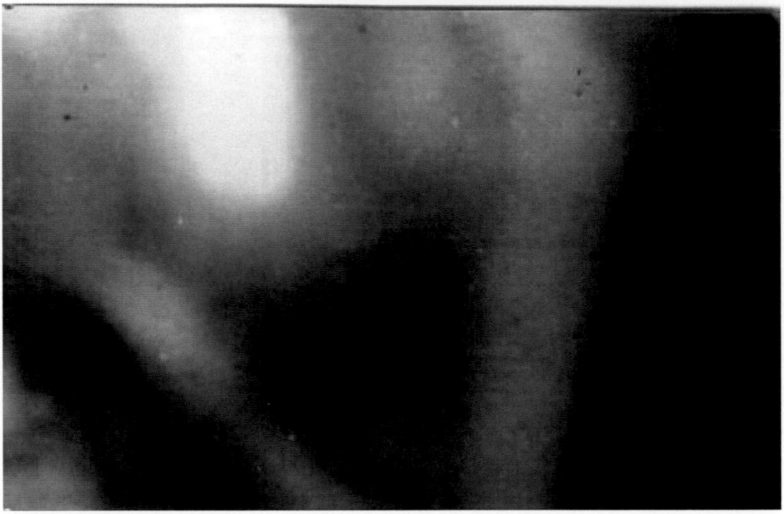

རིན་པོ་ཆེའི་བླ་སྒྲུབ་ཀྱི་གཏེར་སྒྲོད་མཁན་པོ་ཨ་ཆོས་ཀྱིས་གནང་བ།

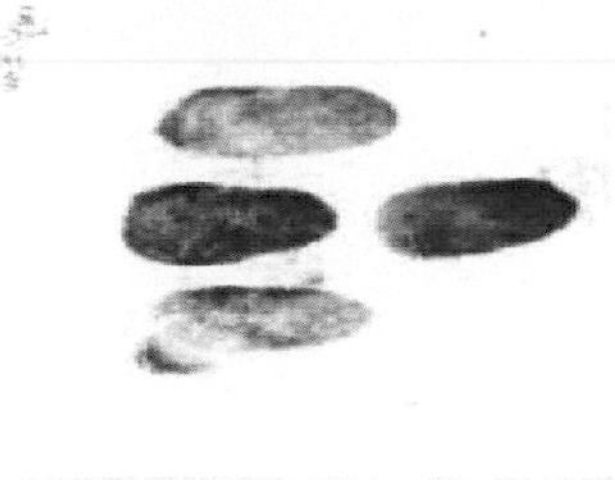

དེ་དང་འབྲེལ་བའི་མཁན་པོ་ཨ་ཆོས་ཀྱི་ཕྱག་དམ་འགག་ཤིས།

མཁན་ཆེན་རིན་པོ་ཆེའི་མ་ཡུམ་དང་སྤྲུལ་མཆེད་བསྟན་འཛིན་ཆོས་འཕེལ།

ཆགས་སྤྲུལ་སྐུ་ཕྲེང་དྲུག་པ་དང་ལྔ་པའི་དབུ་ཐོད་ཨ་རང་བྱོན།

རྒྱ་གར་ལྷོ་ཕྱོགས་ཨོ་རིས་སའི་གནས་མདོ་དགོན།

མཁན་ཆེན་རིན་པོ་ཆེས་རིན་པོ་ཆེ་བརྟན་བཞུགས་འབུལ་བར་གདན་འདྲེན་པ།

བརྟན་བཞུགས་འདེགས་འབུལ་ཞུ་བ།

ཡབ་སྲས་རྣམ་པ་གཉིས་ནས་འཕྲིན་བཅོལ་གནང་བཞིན་པ།

དགུང་ན་གཞོན་པའི་སྐབས་ཀྱི་རིན་པོ་ཆེའི་སྐུ་པར་ཞིག

དགུང་ལོ་དགུ་བཞི་ལ་ཕེབས་པའི་སྐབས་ཀྱི་ལུས་སྦྱོང་གི་རྣམ་པ།

རིན་པོ་ཆེའི་གདུང་སྲས་གནས་མདོ་སངས་སྤྲུལ་རིན་པོ་ཆེ།

མཁན་པོ་པདྨ་རང་གྲོལ། མཁན་ཆེན་རིན་པོ་ཆེ། བུ་རིས་ལྷན་དུ་བཞུགས་པ།

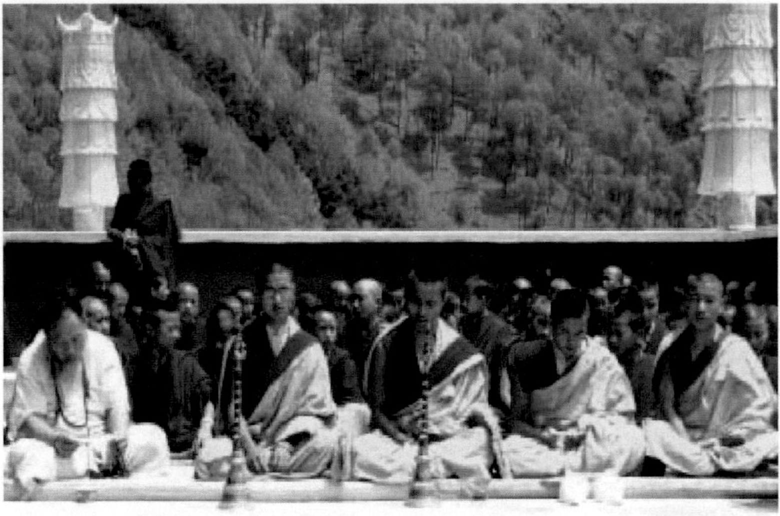

བུ་རིས་དང་དགེ་འདུན་པ་རྣམས་ཀྱིས་ཡང་ཐོག་ཏུ་ཞལ་འདོན་གསུང་བ།

རིན་པོ་ཆེ་ཚོ་སྒྲུབ་ལ་ཕེབས་སྐབས་ཀྱི་བྲག་ཕུག་སྣ་ར་དྲི་ཀ།

ནུ་རིན་ཐང་དུ་བཞུགས་སྐབས་ཀྱི་གྲྭ་ཚང་གི་བཞུགས་ཤག་གི་ཟུར་གཅིག

ཐེ་རྒྱལ་གྱི་སློབ་མ་ལ་གསུང་ཆོས་བཀའ་དྲིན་སྩོལ་བཞིན་པ།

སངས་སྤྲུལ་རིན་པོ་ཆེ་དང་མཁན་ཆེན་རིན་པོ་ཆེ་རྣམ་པ་གཉིས་དགྱེས་བཞིའི་ལྷན་བཞུགས།

མགོན་ཁང་ནང་དུ་མཁན་ཆེན་རིན་པོ་ཆེ་ལྷན་དུ་འཁྲིན་བཅོལ་གཏོང་བཞིན་པ།

ཞབས་ཞུ་བ་དད་དམ་ཚེ་བའི་བུ་རིས་དགོན་པའི་མདུན་ཐང་དུ་དཔར་བའི་པར་ཞིག

བལ་ཡུལ་ཡང་ལེ་ཤོད་ཀྱི་གནས་ཀྱི་བཀོད་པ།

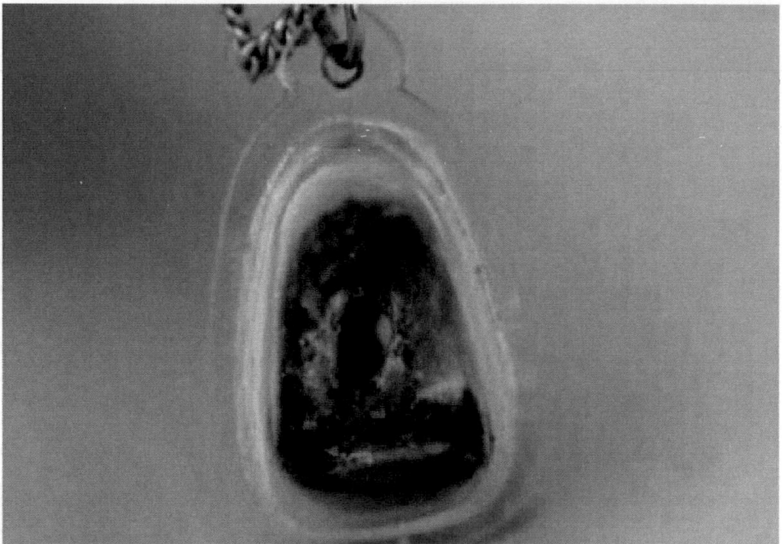

གནམ་ཆོས་མི་འགྱུར་རྡོ་རྗེའི་ཐུགས་ཤིན་ཏུ་ནས་རྙེད་དཀོན་པ་ཞིག་ཡིན།

སྡིག་ཐམ་འདི་བཏགས་ན་ནད་མཚོན་སོགས་འགོག་ཐུབ་པ་སྒྲོང་གྲུབ་ཡིན་པའི་ལོ་རྒྱུས་དང་ལྡན།

གནམ་ས་གྲུ་གསུམ་ཨ་རྣ་ག་སྐུ་འཁྲུངས་པའི་གནས་ཁྱད་པར་ཅན།

書名：第七世噶瑪恰美仁波切傳記（藏文版）
ཆགས་མེད་རིན་པོ་ཆེའི་རང་རྣམ
系列：心一堂彭措佛緣叢書
編者：聶多基金會有限公司

出版：心一堂有限公司
地址：香港九龍尖沙咀東麼地道六十三號好時中心LG61
電話號碼：(852) 6715-0840　(852)3466-1112
網址：www.sunyata.cc　publish.sunyata.cc
電郵：sunyatabook@gmail.com
心一堂 讀者論壇: http://bbs.sunyata.cc
網上書店：http://book.sunyata.cc

香港發行：香港聯合書刊物流有限公司
香港新界大埔汀麗路36號中華商務印刷大廈3樓
電話號碼：(852)2150-2100
傳真號碼：(852)2407-3062
電郵：info@suplogistics.com.hk

台灣發行：秀威資訊科技股份有限公司
地址：台灣台北市內湖區瑞光路七十六巷六十五號一樓
電話號碼：+886-2-2796-3638
傳真號碼：+886-2-2796-1377
網絡書店：www.bodbooks.com.tw
心一堂台灣國家書店讀者服務中心:
地址：台灣台北市中山區二0九號1樓
電話號碼：+886-2-2518-0207
傳真號碼：+886-2-2518-0778
網址：www.govbooks.com.tw

中國大陸發行 零售：心一堂
深圳流通處：中國深圳羅湖立新路六號東門博雅負一層零零八號
電話號碼：(86)0755-82224934
北京流通處：中國北京東城區雍和宮大街四十號
心一堂官方淘寶流通處：http://sunyatacc.taobao.com/

版次：2015年5月初版

定價：HKD 198
NT 798

國際書號　978-988-8316-75-5

Title: Autobiography of the 7th Karma Cha
Rinpoche (Tibetan Edition)
ཆགས་མེད་རིན་པོ་ཆེའི་རང་རྣམ
Series: Sunyata Buddhism Series
Editor: The Neydo Foundation Limited

Published in Hong Kong by Sunyata Ltd
Address: LG61, Houston Center, 63 Mody R
Kowloon, Hong Kong
Tel: (852) 6715-0840　(852)3466-1112
Website: publish.sunyata.cc
Email: sunyatabook@gmail.com
Online bookstore: http://book.sunyata.cc

Distributed in Hong Kong by:
SUP PUBLISHING LOGISTICS(HK)LIMITE
Address: 3/F, C & C Buliding, 36 Ting Lai R
Tai Po, N.T., Hong Kong
Tel: (852) 2150-2100 Fax: (852) 2407-3062
E-mail: info@suplogistics.com.hk

Distributed in Taiwan by:
Showwe Information Co. Ltd.
Address: 1/F, No.65, Lane 76, Rueiguang R
Neihu District, Taipei, Taiwan
Tel: +886-2-2518-0207
Fax: +886-2-2518-0778
Website: www.bodbooks.com.tw

First Edition 2015

HKD 198
NT 798

ISBN: 978-988-8316-75-5